1　イルグン（ユダヤ民族軍事機構／エツェル）がイスラエル国家独立宣言の前日にテルアビブの街頭を行進し力を誇示した

2　サファドの近郊の，おそらくビールヤー村を占領したユダヤ軍

3　マールキーヤ村に侵攻するユダヤ軍

4　兵士になりうる年齢のアラブ人男性は一斉検挙され，テルアビブの勾留地まで歩かせられた

5　1947 年からハガナーの司令部となったテルアビブのレッドハウスでは，顧問団が会合を開いた

6　自宅から追い出され難民となった女性や子ども，老人たち。10 歳から 50 歳までの男性は捕虜収容所へ送られた

200 ARABS KILLED, STRONGHOLD TAKEN

Irgun and Stern Groups Unite to Win Deir Yasin—Kastel Is Recaptured by Haganah

By DANA ADAMS SCHMIDT
Special to THE NEW YORK TIMES.

JERUSALEM, April 9—A combined force of Irgun Zvai Leumi and the Stern group, Jewish extremist underground forces, captured the Arab village of Deir Yasin on the western outskirts of Jerusalem today. In house-to-house fighting the Jews killed more than 200 Arabs, half of them women and children.

At the same time a Haganah counter-attack three miles away drove an Arab force, estimated by the Haganah at 2,500 men, out of the strategic village of Kastel on a hill overlooking the Jerusalem-Tel Aviv convoy road. This village was captured after a six-hour fight during which it repeatedly changed hands. The Jews, who first seized Kastel last Saturday, had been forced out yesterday.

Tonight Fawzi el-Kawukji, commander of the Arab "Liberation Army," was reported, although without confirmation, to be leading large forces of Syrians, Iraqis and Palestinians in an attempt to retake Kastel. The Arabs were equipped with several French 75-mm field guns, many mortars and at least eight armored cars.

On the scene of this, the greatest Arab-Jewish battle to date, the Arabs claimed that 110 Jews had been killed yesterday. On the other hand, Jews said that Arab casualties ran into the hundreds.

3 Galilee Points Seized

In southern Galilee units of the Haganah in the besieged settlement of Mishmar Haemek, a model colony of Jewish Socialists, ended a two-day truce by breaking out and occupying three Arab villages, Abu Shusha, Abu Zureik and Naaieh.

Still other forces of the Haganah were reported to have evacuated Khulda and Deir Muheisan, villages just west of Latrun on the Jerusalem-Jaffa road, yesterday, and to have driven 600 Iraqis out of the near-by Wadi Sarrar camp this morning.

The capture of Deir Yasin, situated on a hill overlooking the birthplace of John the Baptist, marked the first cooperative effort since 1942 between the Irgun and Stern groups, although the Jewish Agency for Palestine does not recognize these terrorist groups. Twenty men of the gency's Haganah militia reinforced fifty-five Irgunists and forty-five Sternists who seized the village.

This engagement marked the formal entry of the Irgunists and Sternists into the battle against the Arabs. Previously both groups had concentrated against the British.

In addition to killing more than 200 Arabs, they took forty prisoners.

The Jews carried off some seventy women and children who were turned over later to the British Army in Jerusalem.

Victors Describe Battle

The Irgunists and Sternists escorted a party of United States correspondents to a house at Givat Shaul, near Deir Yasin, tonight and offered them tea and cookies and amplified details of the operation.

The spokesman said that the village had become a concentration point for Arabs, including Syrians and Iraqi, planning to attack the western suburbs of Jerusalem. If, as he expected, the Haganah took over occupation of the village, it would help to cover the convoy route from the coast.

The spokesman said he regretted the casualties among the women and children at Deir Yasin but asserted that they were inevitable because almost every house had to be reduced by force. Ten houses were blown up. At others the attackers blew open the doors and threw in hand grenades

One hundred men in four groups attacked at 4:30 o'clock in the morning, the spokesman said. The Irgunists wore uniforms of a secret design and they used automatic weapons and rifles.

An Arabic-speaking Jew, the spokesman said, shouted over a loudspeaker from an armored car used in the attack, that Arab women and children should take refuge in the caves. Some of them, he said, did so.

7　1948年4月10日付ニューヨーク・タイムズ。イルグンとシュテルン（イスラエル解放戦士団／レヒ）によるデイル・ヤースィーン村の虐殺を伝える

8　何千人ものパレスチナ人が激しい砲撃を逃れて海岸に殺到している。脱出するさなかに多くの人が溺死した

9　何千人もの難民が徒歩で避難した

10　ユダヤ軍に村を占領され，家財道具をトラックに積むパレスチナ人の村人

11　多くの難民が何百 km も歩くことを強いられた

12　パレスチナ難民は先を争って釣り船に乗りこみ，南部からはガザ地区やエジプトへ，北部からはレバノンへと逃れた

13　何千人もの群衆がハイファの港に集まり，ヨーロッパから到着した1500人のユダヤ人移民・難民を歓迎した（1949年1月31日）

14　破壊される前のイクリット村（1935 年）。住民のほとんどが 1948 年 11 月に追放された

15　イクリット村に唯一残る建物は教会の廃墟だった（1990 年）

16　1948 年に虐殺が起きたハイファ近郊のタントゥーラ村は，今ではテーマパークになっている

17　サラマ村の墓地は現在，ヤーファに近い公園の下に埋まっている

18　レバノン北部にあるナハル・アル＝バーリド難民キャンプは，追放されたパレスチナ人のために作られた最初期のキャンプの一つである（1948 年冬）

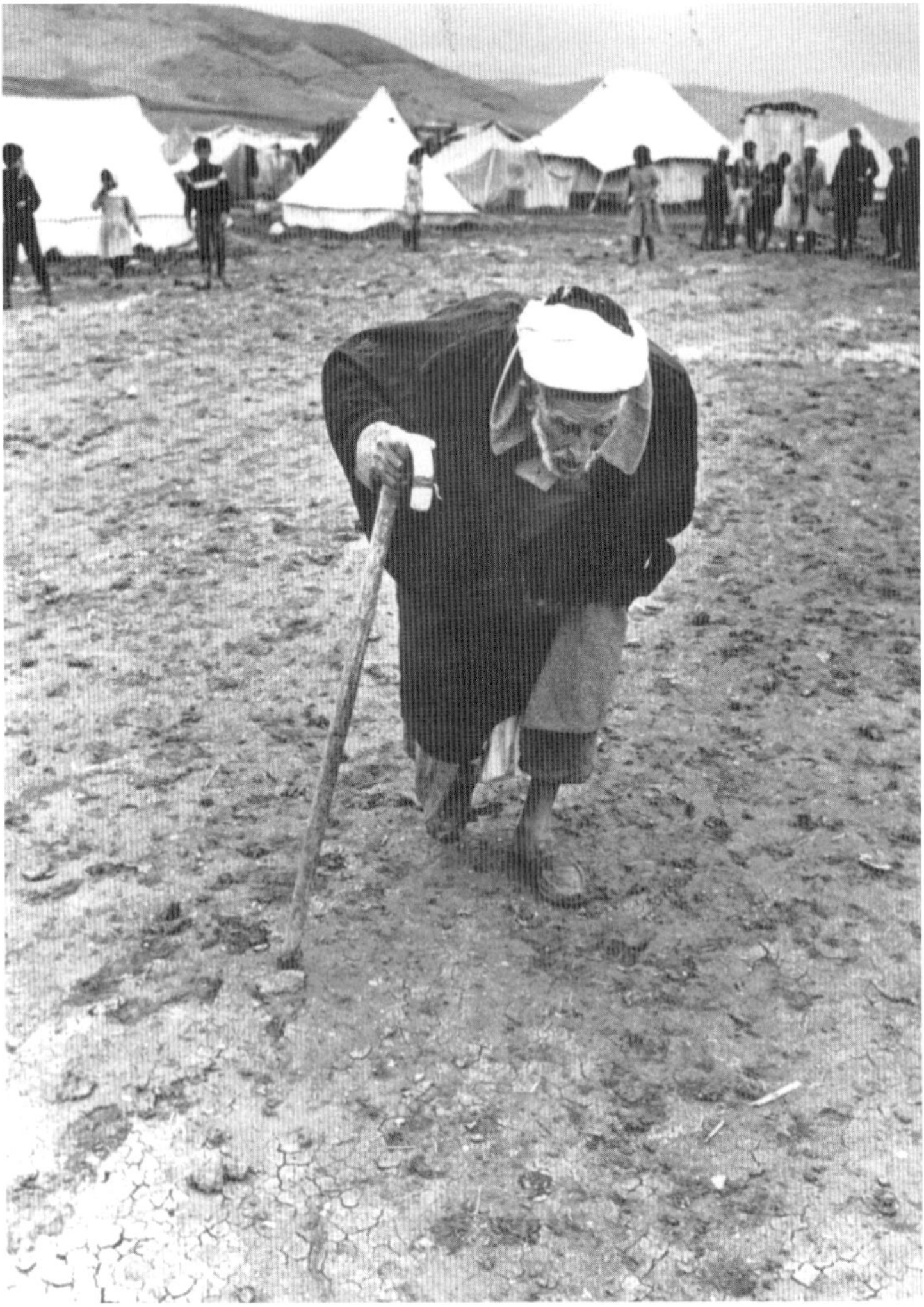

19　ヨルダンのバカア難民キャンプの年老いた難民

サピエンティア *sapientia* 50

パレスチナの民族浄化

イスラエル建国の暴力

The Ethnic Cleansing of Palestine

イラン・パペ［著］

田浪亜央江・早尾貴紀［訳］

法政大学出版局

Japanese translation published by arrangement
with Oneworld Publications
through The English Agency (Japan) Ltd.

謝辞

本書の主題について、長年にわたって多くの友人たちと議論してきた。彼らはみな、何らかのかたちで励ましたりサポートしたりして、本書に貢献してくれた。資料や証言や証拠を提供してくれた人も多い。たいへん数が多いので一人ひとりお名前は挙げないが、謝意を表したい。軍事資料を集めてくれたオシュリ・ネタ＝アヴにも感謝する。資料が膨大なうえに陰鬱な政治的空気のせいで、結果的にひどく困難な作業となってしまった。

ウリ・デイヴィス、ヌール・マサールハ、チャールズ・スミスは原稿を読んでくれた。その熱意が少しでも本書に反映されていればと思う。言うまでもないことだが、最終的な判断は私が下し、文責はすべて私にあるが、彼らの協力に心から感謝したい。

ワリード・アル＝ハーリディーとアントーン・シャンマースが原稿を読み、応援し励ましてくれたおかげで、本になる前から執筆は意義深く価値あるものとなった。

古い友人ディック・ブルーグメンはいつもどおり正確で丁寧な編集作業をしてくれた。彼がいなければ、本書が完成することはなかっただろう。

「ワンワールド」社のノヴィン・ドゥスター、ドゥルモン・ムーア、ケート・カークパトリック、そしてとりわけジュリアット・メービーは、本稿のために睡眠時間を削ってくれた。彼らの尽力に本書が十分応えていることを願っている。

レヴィタル、イド、ヨナタンは、夫や父親である私が、専門分野そして趣味、執着対象として選んだのが、はるか昔の遠く離れた国ではなかったために、ずっとつらい思いをしてきた。本書はとりわけ彼らに、なぜわれわれの愛する国が荒廃し、展望なく、憎悪と流血によって引き裂かれているのか、その理由を改めて伝えようとする試みである。

最後になるが、本書は特定の人に捧げたのではなく、誰よりも一九四八年の民族浄化で犠牲となったパレスチナ人のために書いたものである。その多くは私の友人や同志、その他名も知らない大勢の人々であり、私はナクバについて知ってからずっと、彼らの苦しみや喪失、希望をともに感じてきた。彼らが帰還してはじめて、この一連の大惨事がみなの切望する終焉をようやく迎えたと感じられるだろうし、われわれみながパレスチナで平和に、そして穏やかに暮らすことができるのだろう。

パレスチナの民族浄化／目次

凡例

一、原著者による（　）および［　］は多くの場合そのまま生かしたが、一部取り外して訳出した。

一、訳者による言い換えや補足は、やや小さなフォントで〔　〕および（　）により示した。

一、原文中の引用符は「　」で括り、大文字で記された文字についても「　」で括った箇所があるが、「顧問団」など頻出するものについてはこの限りではない。

一、アラビア語、ヘブライ語等からの固有名詞については相対的に原音に近いカタカナ表記を心がけたが、すでに日本語圏で定着しているものはそれを用いた。

一、アラビア語の定冠詞「アル」が複数の語をつなぐと、「アル」は促音等としてしか発音されない。そのため実際の発音と表記にずれが生じるが、この場合の多くは表記を優先した。なお、地名冒頭および敬称に付く「アル」は省略し、人名に付く「アル」は家名（姓）のみの略式表現においては省略した（例　アル＝ハーリディー→ハーリディー）。

プロローグ　レッドハウス

別れの時
私たちは泣かなかった
泣く時間なんてなかった
別れなんかなかった！
別れの時だとは
知らなかったのだ
一体どうして泣けよう？

ムハンマド・アリー・ターハー（一九八八年）
サッフーリヤ村出身の難民

「私は強制移送に賛成である。そこに何ら不道徳なものを見出さない」
ダヴィド・ベングリオン
ユダヤ機関執行部に対して、一九三八年六月(1)

「レッドハウス」は典型的な昔のテルアビブの建物だ。一九二〇年代にこれを建てたユダヤ人の大工や職人たちは、ここが地元の労働者協議会の本部に指定されたことを誇りとした。一九四七年末以降は、ハガナーの司令部になった。ハガナーとは、パレスチナにおけるシオニストの中心的な地下軍事組織である。この建物はテルアビブ北部地区のヤルコン通りにあり、地中海沿岸の最初の「ヘブライの」都市に新たな魅力を付け加えた。知識人や事情通は、愛情を込めてこの町を「ホワイトシティ」と呼んでいた。今と違い、当時はまだ汚れのない純白の家並みが、時代と地域を象徴する地中海港湾都市のあふれる輝きで町全体を覆っていた。バウハウス風の意匠がパレスチナの土着の建築と上品に融合し、悪い意味ではなくレヴァント風と呼ばれる混合様式となり、見る者を楽しませた。レッドハウスも同様で、シンプルな長方形の外観を飾る正面アーチは玄関を形作り、二階と三階のバルコニーを支えていた。建物の名前は、「赤」という形容詞を連想させる労働運動にも、日没時にピンク色に染まることにも関係していた。[2]この建物はシオニスト版の社会主義とずっと関わりをもっていたので、前者の解釈のほうがぴったりくる。一九七〇年代には、イスラエルのキブツ運動の本部事務所になった。これらの建物は委任統治時代の重要な歴史遺産として、二〇〇三年にテルアビブがユネスコの世界文化遺産に指定される要因となった。

レッドハウスはすでに存在しない。新しく建ったシェラトンホテルの隣に駐車場スペースを確保するために、この建築学的記念碑は破壊され、開発の犠牲となった。ヤルコン通りにも「ホワイトシティ」の名残は見られない。汚染され、けばけばしく無秩序な都市という現代のテルアビブにゆっくりと姿を変えていったのだ。

一九四八年三月一〇日水曜日の寒い午後、この建物で、古参のシオニスト指導者と若手のユダヤ人将校からなる一一人の男たちが、パレスチナの民族浄化計画の最終調整を行なった。その晩、国じゅうからパレスチナ人を組織的に追放する準備のため各地上部隊に命令が送られた。[3]この指令には、人々を強制的に立ち退かせるためにとるべき手段の詳細な説明が添えられていた。大規模な威嚇。村々や住宅地の包囲と爆撃。家屋や資産、物資への放火。追放、破壊。そして最後に、追放した人々が誰も戻ってこられないよう、瓦礫のなかに地雷を敷設すること。各部隊は、担当する村や地区のリストを受け取った。ヘブライ語アルファベットの第四字をつけたD《ダレット》計画と暗号名で呼ばれた今回は、シオニストの指導者らがパレスチナとその住民に用意した運命を示してきたこれまでの計画の総仕上げであり、より実質的な第四次計画であった。ユダヤ民族運動は、多数のパレスチナ人がいる土地を自分たち固有の土地だとして切望したが、第三次計画までは、彼らにどう対処するか検討した内容を、あくまでこっそりと説明していた。総仕上げの第四次計画では、それをはっきり明瞭に説明している。つまり、パレスチナ人は出て行かなくてはならない[4]。この計画の重要性に注目した最初の歴史学者の一人シムハ・フラパンの言葉を借りれば、「「農村部の征服と破壊」など、対アラブ人軍事作戦は、ハガナーのダレット計画に明記された[5]」。事実同計画は、パレスチナの農村部と都市部の両方を破壊することを目的としていたのだ。

本書の初めのほうでは、パレスチナをユダヤ人だけのものにするというシオニズムのイデオロギー傾向が生んだ必然の結果がダレット計画であり、イギリスの内閣が委任統治の終了を決めて以降の状況に対する反応であったことを示したい。地元のパレスチナ人民兵との衝突は、民族的に浄化したパレスチナというイデオロギー像の実現にむけて、申し分のない文脈と口実になった。シオニストの方針は当初、一九四七年二月のパレスチナ人の攻撃に対する報復を根拠としていたが、翌年三月には、パレスチナ全土を民族的に浄化する構想へ変容した[6]。

ひとたび方針が決まると、任務は六か月で完了した。すべてが終わったとき、パレスチナにもとから住んでいた人の半数以上、約八〇万人が追放され、五三一の村が破壊され、一一の都市部が無人にされた。

一九四八年三月一〇日に決定され、その後数か月にわたって組織的に実行されたダレット計画は、今日の国際法では人道に対する罪とみなされる民族浄化作戦だったのは明らかだ。

ホロコースト以降、大規模な人道に対する罪を隠すことはほとんど不可能になった。情報主導型の現代世界では、とりわけ電子メディアが急速に発展して以来、もはや人為的惨事を人々の目から隠したままにしたり、否定したままにすることはできない。それにもかかわらず、そうした犯罪が一つ、グローバルな公的記憶からほぼ完全に抹殺されてきた。一九四八年にイスラエルが行なったパレスチナ人の追放である。パレスチナという国の現代史を大きく規定したこの事件は組織的に否定されてきたし、今日でも、政治的・倫理的に向き合うべき犯罪と認めるどころか、歴史的事実とすら認知されていない。

民族浄化は人道に対する罪であり、今日それを行なえば、特別な法廷に連れ出されるべき犯罪者だとみなされる。法的には、一九四八年にパレスチナで民族浄化を開始し実行した者たちをどのように名指し、どのように扱うのかを決めるのは困難かもしれない。しかし彼らの罪を再構築し、さらに正確な歴史叙述と、より高い倫理を獲得することは可能である。

レッドハウスの最上階のあの部屋に座っていた人々の名前を、われわれは知っている。彼らの頭上のマルクス主義風のポスターには、「戦友」とか「鉄拳」といったスローガンが掲げられ、「敵対的なアラブ侵略者」と「勇敢に戦う」健康的で日焼けした筋肉質の「新しい」ユダヤ人が、防護壁の陰でライフルを構えた姿が描かれていた。われわれは、現場で命令を下した上級将校たちの名前も知っている。いずれもイスラエルの英雄として、よく知られた名前である。(7) 彼らの多くが生き長らえ、イスラエルの政治や社会で主要な役割を果したのはそう昔のことではない。今日も存命している者はわずかである。

私が本書を執筆するずっと前から、パレスチナ人にとっても、シオニストのナラティヴを認めない誰にとっても、これらの人々が犯罪者であるのは明らかだったが、彼らはまんまと司法の手を免れ、その所行が裁判にかけられることはあるまい。こうした人間に責任のある犯罪行為が全否認され、一九四八年以来、自分たちの苦難が完全に無視されてきたことで、パレスチナ人はトラウマに加えて、強いフラストレーションを抱えてきた。

およそ三〇年前、民族浄化の犠牲者たちは、一九四八年に関するイスラエルの公式のナラティヴが隠し歪曲するためにあらゆる手だてを尽くした歴史像を再構築しようとし始めた。イスラエルの歴史記述では、新生ユダヤ国家を破壊せんとしたアラブ侵略軍の進路を開放するため、家や村を一時的に離れることを決めた数十万人のパレスチナ人たちの「自発的移住」がでっち上げられた。一九七〇年代にワリード・アル＝ハーリディーをはじめとするパレスチナ人の歴史家は、同胞に何が起きたかについて信頼に足る証言や資料を収集し、イスラエルがもみ消そうとした全体像の相当部分を回復することができた。しかし、一九七〇年にダン・クルツマンの『創世記一九四八』などが刊行されると、それはたちまち影が薄くなってしまった（一九九二年の復刊には、民族浄化を実行した一人であり、当時イスラエルの首相だったイツハク・ラビンの序文が付いていた）。だが、パレスチナ側から一九四八年の事件を検証した本も数冊あり、パレスチナ人の全面的な協力のもと一九八七年に刊行されたマイケル・パルンボの『パレスチナ人の大災厄』はその一つだ。同書は国連の資料やパレスチナ難民や亡命者のインタビューを活用しており、ナクバの記憶は、なお鮮明に彼らの脳裏に焼き付いていることがわかる。(8)

一九八〇年代にいわゆる「新しい歴史家」が登場すると、パレスチナの記憶をめぐる論争で政治的に大きく前進する可能性が生まれた。イスラエル人歴史家の小さなグループが、一九四八年の戦争に関するシオニストのナラティヴを再検討しようと試み、(9)私もそうした一人だった。しかしわれわれ新しい歴史家は、ナクバ否認派と闘うのに役立つ貢献をしたことなど一度もなかった。民族浄化に関する問いを避け、典型的な世渡り上手の歴史家として、細部に焦点を当てたからである。それにもかかわらず、主にイスラエル軍の記録文書《アーカイブ》を使うことで、「新しい歴史家」という修正主義者たちは、パレスチナ人が「自発的に」去ったというイスラエルの主張がいかに誤りであり馬鹿げたものであるかを示してみせたのである。村や町からの大規模な追放の事例を数多く確認し、ユダヤ軍が皆殺しを含めて相当な件数の残虐行為を犯したことを明らかにしたのである。

このテーマを取り上げている人物として、イスラエル人の歴史家ベニー・モリスはとくに有名だった。[10]彼はイスラエル軍の文書のみに依拠したため、現場で起こったことをごく表面的に捉えただけだった。パレスチナ人の「自発的な逃避」が神話であり、「遅れた」敵意に満ちた「野蛮な」アラブ世界とイスラエルが一九四八年に「倫理的な」戦争を行なったという自己像がゆらぎ、ほぼ破綻したことを悟り、彼のイスラエル人読者のなかにはもう十分だと言う者もいた。

モリスは資料のなかに見つけたイスラエル軍の報告書を完全な真実と思いこんだせいで、叙述が偏ってしまった。彼は、アッカの給水設備にチフス菌を入れたり、多数をレイプしたり虐殺したユダヤ人の残虐行為を無視したのである。また、一九四八年五月一五日以前には強制追放はなかったという間違った主張を続けている。[11]アラブ軍がパレスチナに入る前の数か月間、つまり一九四八年五月一五日以前は、イギリスはまだパレスチナの法と秩序に責任を負っていたが、ユダヤ軍がすでに一〇〇万人のパレスチナ人のほぼ四分の一を強制追放していたことを、パレスチナ側の資料は示す。[12]アラブ側の資料を用いたり、オーラルヒストリーに関心を持っていたら、モリスたちも一九四八年にパレスチナ人が追放された事件の背後にある組織的計画についてもっと理解することができただろうし、イスラエル人兵士による多数の犯罪の真相を描けただろう。

歴史的・政治的にモリスのような叙述を乗り越えてゆかねばならないのは、当時も今も変わらない。全体像を明らかにする（あるいは残りの半分〔パレスチナ側の視点〕に手をつける）ためだけにあるのではない。はるかに重要なこととして、われわれにとって今日のイスラエル・パレスチナ紛争の起源を完全に理解するには、これより他に方法がないからである。もちろんそれ以上に、犯罪の否定と闘い続けるという道義的な責任がある。すでに他の人々が前に進もうと試み始めている。否定との闘いにおけるもっとも重要な先行研究は、ワリード・アル＝ハーリディーの独創的な著書『残されたもの』であろう。破壊された村々に関する百科事典であり、一九四八年の大災厄の非道性を理解したい人にとって、今でも基本図書である。(13)

厄介な問題提起をするには、すでに明らかになっている歴史で十分なはずだと考える向きもあろう。しかし、「新しい歴史」のナラティヴや近年のパレスチナ人の歴史叙述は、倫理観や道徳的行為の公的領域に切り込めていない。本書では、一九四八年に起きた民族浄化の仕組みと、シオニズム運動がパレスチナ人に犯した罪について社会に忘却を、実行犯に否認を許した認識体系の両方を探究したい。

言い換えると、一九四八年の事件に関する学問研究や国民的議論を基盤に民族浄化という枠組みの論拠を述べ、戦争という枠組みに置き換えて使いたい。この大災厄についてかくも長い間否認が許されてきたのは、民族浄化という枠組みがこれまでなかったからだろう。シオニスト運動が国民国家をうち建てるにあたって、それは先住民の「一部」の追放を生んだ「悲惨だが不可避の」戦争をしたのではない。まったく逆である。最大の目的はパレスチナ全土の民族浄化であり、それこそ新国家建設のために切望されたのである。民族浄化作戦が開始されてから数週間後、近隣のアラブ諸国は保有兵力からするとささやかな規模を派兵し、妨害しようと試みたが、無駄に終わった。民族浄化作戦が一九四八年秋に無事完了するまで、アラブ正規軍がそれを止めることはなかった。

民族浄化の枠組みを一九四八年のナラティヴの前提とするこのアプローチは、最初から告発しているように見えるかもしれない。さまざまな意味で、これはまさしく民族浄化を考案した政治家や実行した将校らに対する、「J'Accuse（我、弾劾す）」〔ドレフュス事件におけるエミール・ゾラの告発〕なのである。私が彼らの名前を挙げるのは、その死後裁きにかけられるのを見たいからではなく、犠牲者と同様、加害者も人間として扱うためである。イスラエルの犯した罪の原因を「状況」や「軍隊」といった捉えどころのないものにしたり、モリスが「à la guerre comme à la guerre（戦争には戦争を）」と述べたように、主権国家が責任を逃れ、個人が司法の手を免れるのを可能にするような曖昧な表現をするのはごめんである。私は告発する、しかし私も本書で非難される社会の一員である。私は自分に責任があると感じるし、物語の一部であるとも考える。そして最後のページで述べたように、もしわれわれがパレスチナ人にとってもイスラエル人にとってもより良い未来を作りたいのであれば、痛みのともなうこうした過去への旅は、前に進むための唯一の方法であると、この社会に暮らす人々と同様に私も確信している。それこそ本書の言いたいことなのだ。

管見のかぎり、こうしたアプローチは見あたらない。一九四八年にパレスチナで起きたことに関する二つの公的なナラティヴは、いずれも民族浄化という概念を無視している。シオニスト／イスラエル側は住民たちが「自発的に」去ったと主張し、パレスチナ側は自分たちに降りかかった大災厄、ナクバについて語る。誰があるいは何が原因だったのかではなく、災難それ自体を語るため、ある意味、これも捉えどころのない言葉だ。ナクバという言葉は、ユダヤ人のホロコースト（ショアー）の道義的重みに対抗しようというもっともな理由で使われるようになったが、当事者を除外したため、一九四八年とそれ以後のパレスチナの民族浄化を世界が忘却し続けるのにある意味で力を貸してきたのである。

本書は、民族浄化に関する、すべての人に受け入れてほしい明快な定義から始まる。これは過去も現在も、こうした犯罪の実行者に対する法的措置の基本原理となっている。たいていは複雑で（ほとんどの人間にとって）不可解な法的言説が、ここでは専門用語を使わずに明確に定義されているのに驚く。平易だからといって行為のおぞましさが軽減されることも、犯罪の重大性が曲解されることもない。それどころか、今日の国際社会なら許さない残虐な政策が平易に定義されているのである。

民族浄化の一般的な定義は、一字一句変えずにほぼそのままパレスチナの事例に当てはまる。一九四八年の物語そのものは、複雑ではない。しかしそのために、パレスチナが奪われた歴史のなかで簡単に扱われたり、重要でない章となったりはしない。実際、民族浄化というプリズムを通せば、一見複雑そうなものの本質を見抜くことができる。外部の人間がシオニズムやユダヤ国家の政策や姿勢を批判しようとすると、イスラエルの外交官がほとんど本能的に言い訳にし、イスラエルの学者が当然のように隠すのが、この複雑さなのである。「外国人にはこんなややこしい話がわかるわけない」というわけである。したがって、イスラエルの見解を受け入れている限り、彼らは説明しようとするふりすらしなくてよいし、われわれも彼らを紛争解決に携わらせるべきではない。できることと言えばせいぜい、イスラエル政府がこれまで世界に向けてとくとくと語ってきたように、紛争当事者のうち「文明化した」「理性的な」側の代表である「われわれ」イスラエル人が自らのために、そして「文明化されていない」「感情的な」アラブ世界に属するパレスチナ人のために、公平な解決策を見つけるよう促すことぐらいである。われわれが「和平交渉」を手にしたその瞬間、合衆国がこの偏ったアプローチをとるつもりでおり、それを支える傲慢さを承認したことがわかった。それは問題の核心を完全に無視しているため、何の実も結ばず、結ぶはずもないのだ。

しかしもちろん一九四八年の物語は、少しも複雑ではない。したがって私は、長年さまざまな理由でパレスチナの問題に関わり、解決の道を探ってきた人々のためだけでなく、この分野の初心者のためにも本書を書いた。イスラエルが否定し、世界に忘れさせたがったのは、パレスチナ民族浄化という単純だが恐ろしい物語であり、人道に対する罪なのである。これを忘却から救うのはわれわれの責務であり、歴史叙述の再構築というひじょうに遠大な作業や専門家の責務におさまらない。道徳的な決断であり、少しでも和解のチャンスを望み、そして引き裂かれたパレスチナとイスラエルの地に平和が根づくよう望むのであれば、踏み出さなくてはならない第一歩だと私は考える。

原註

（1）Central Zionist Archives, minutes of the meeting of Jewish Agency Executive, 12 June 1938.

（2）だが、社会主義への連帯を示すために正面を赤く塗ったと考えている人もいる。

（3）歴史家メイール・パイルは、この指令は一週間後に出たと主張している。Meir Pail, *From Hagana to the IDF*, p. 307.

（4）会合中の文書は、IDF Archives, GHQ/Operations branch, 10 March 1948, File 922/75/595 および Hagana Archives, 73/94 に要約されている。Hagana Archives, 80/50/18 所収の Mapai center meeting, 4 April 1948 でイスラエル・ガリーリが報告している。本書の各章で説明するように、いくつもの文書を寄せ集め再構築した結果、この集団の構成や討議内容を明らかにできた。第4章では、三月一〇日付の指令や、この計画が最終決定される以前の会合についても記した。この会合の数週間前に採用されたダレット計画を同様に解釈したものとしては、Uri Ben-Eliezer, *The Emergence of Israeli Militarism, 1936–1956*, p. 253 を参照。彼は「ダレット計画は村々の浄化と混住地区からのアラブ人の追放を目的としていた」と書いている。指令の伝達については次も参照。Meir Pail, p. 307 および Gershon Rivlin and Elhanan Oren, *The War of Independence: Ben-Gurion's Dairy*, vol. 1, p. 147. 伝達された指令は、Hagana Archives 73194, for each of the units: orders to the brigades to move to Position D–Mazav Dalet および from the brigade to the Battalions, 16 April 1948 で見ることができる。

（5） Simcha Flapan, *The Birth of Israel: Myths and Realities*, p. 93.

（6） ダヴィド・ベングリオンは *Rebirth and Destiny of Israel*, p. 530 において、次のように率直に指摘している。「イギリスが［一九四八年五月一五日に］去るまで、遠隔地であっても、アラブ人に侵入されたり奪取されたりしたユダヤ人入植地は一つもなかった。一方ハガナーは、……アラブの拠点多数をおさえ、ティベリア、ハイファ、ジャッファ、サファドを解放した。……したがって運命の日、ハガナーが展開したパレスチナの一部では、すでにアラブ人はほとんどいなかった」。

（7） 本書で私が顧問団と呼ぶものを構成していた一一名に関しては、第3章を参照。こうした政策決定者以外の者が同席することもあっただろうが、立場としては部外者である。上級将校については、現場の一二の旅団に一二件の指令が送られた。前掲の 922/75/595 を参照。

（8） Walid Khalidi, *Palestine Reborn*; Michael Palumbo, *The Palestinian Catastrophe: The 1948 Expulsion of a People from their Homeland*; Dan Kurzman, *Genesis 1948: The First Arab-Israeli War*.

（9） Avi Shlaim, "The Debate about the 1948 War" in Ilan Pappe（ed.）, *The Israel/Palestine Question*, pp. 171–92.

（10） Benny Morris, *The Birth of the Palestinian Refugee Problem, 1947–1949*.

（11） Am Oved, Tel-Aviv から一九九七年に刊行された同書のヘブライ語版の一七九頁で、彼はこの主張を展開している。

（12） モリスは同じ箇所で、二〇万から三〇万人の難民について述べている。一九四八年五月一五日に破壊された二〇〇の町や村の人口を加えるのであれば、実際には三五万人である。

(13) Walid Khalidi (ed.), *All That Remains: The Palestinian Villages Occupied and Depopulated by Israel in 1948.*

第1章　「疑わしい」民族浄化なのか？

民族浄化とは、特定の人々の集団が別の集団を、宗教やエニスシティやネイションといった出自に基づく所与の領土から組織的に抹消すると明確に定義された政策を指す、というのが現在の私の解釈である。この政策には暴力の行使が含まれ、多くの場合、軍事行動をともなう。差別から絶滅にいたるありとあらゆる手段で完遂され、人権侵害と国際人道法違反を引き起こす。……どの手段で行なおうが、たいていは一九四九年のジュネーヴ条約と一九七七年の追加議定書に対する重大な違反行為である。

ドラジェン・ペトロヴィッチ「民族浄化——方法論の試み」
(*European Journal of International Law*, 5/3, 1994, pp. 342–60)

民族浄化の定義

民族浄化は、現在では明確な概念となっている。もっぱら旧ユーゴスラヴィアの出来事に関連して概念化され、「民族浄化」は人道に対する罪、つまり国際法で罰すべき犯罪と定義された。一部のセルビア人将校や政治家の「民族浄化」という言葉の使い方が独特だったため、学者たちは以前もそれを耳にしたことがあるのを思い出した。第二次世界大戦中のナチスやその同盟者、たとえばユーゴスラヴィアのクロアチア民兵らが使っていたのだ。もちろん集団追放の起源は、もっと昔に遡る。聖書時代から植民地主義の最盛期にいたるまで、外部からの侵入者は「民族浄化」やその同義語を使ってきたし、決まって先住民に対して実行してきた。

『ハッチソン百科事典』によると、民族浄化とは、複数の民族が混住する特定の地域や領域を一つの民族で均質にするために力ずくで先住民を追放すること、と定義されている。追放は、できるだけ多くの住民を立ち退かせることを目的とするため、実行する側は非暴力的なものも含めてあらゆる手段を使う。クロアチアのムスリムが、一九九五年のデイトン合意〔ボスニア・ヘルツェゴヴィナ和平一般枠組み合意〕の後に追放されたのもその一例である。

アメリカ合衆国国務省もこの定義を認めるが、同省の専門家たちはこう付け加えた。民族浄化の本質は、なにがなんでもある地域の歴史を抹消することだと。もっともよく見られるのは、「懲罰や報復などの行為を正当化する雰囲気」のなかで、住民を減らすやり方である。その結果、難民問題が発生する。アメリカ国務省は、一九九九年五月に西コソボの街ペックで起きたことにとくに注目している。ペックでは二四時間以内に無人となったが、事前に計画され組織的に遂行されなければとうていできない話である。作戦の迅速化をねらった皆殺しもときどきあった。一九九九年にペックで起きたことは、一九四八年にパレスチナの数百の村でも、ほぼ同じように起きたのであった(1)。

一方、国連も似たような民族浄化の定義を採用している。国連は、一九九三年に真剣にこの概念について審議した。国連人権委員会は、大セルビアの建設のように、ある国家や政権が混住地域に民族支配を敷こうとすることと、民族追放などの暴力的手段の行使を結びつけて考える。国連人権委員会の報告書では、女性と男性を隔離することや、男性を拘禁すること、家屋を爆破すること、住人を追い出した家屋に別の民族集団を住まわせることなども民族浄化に含まれる行為と定義している。また、コソボで住民が追放される際に虐殺のあった地域では、ムスリム市民兵の抵抗運動がとくに激しいとも指摘している。[2]

プロローグでも触れたように、イスラエルによる一九四八年のダレット計画には、あらゆる民族浄化の手法が挙げられており、国連の定義した行為にすべて一致する。同計画は、大量追放をともなう虐殺の遠因となった。

民族浄化についてこのようにいくつか参照することは、学術研究分野のきまりでもある。ドラジェン・ペトロヴィッチは民族浄化の定義に関するひじょうに幅広い研究を公刊しており、彼はそこで民族浄化を、ナショナリズムや新たな国民国家の建設、あるいは民族紛争と結びつけている。その観点に立って、民族浄化を遂行するにあたっての政治家と軍隊の密接な連携を明らかにし、虐殺の位置づけを説明する。それによると、政治指導部は将校レベルに民族浄化の実行を委ねるが、そのとき必ずしも組織的な計画や明確な指示まで伝えるわけではない。だが、全体方針は間違いなく伝わっているのだ。[3]

したがって、追放のしくみが動きはじめ順調に進みだすと、政治指導部はある時点で積極的な関与をやめる。これもまさにパレスチナで起きたことである。巨大ブルドーザーが慣性力で自走し、作業が終わるまで停止しないのと似ている。計画を立てた政治家たちは、その下で押しつぶされ殺される人々にまったく関心がない。ペトロヴィッチら研究者は、二種類の虐殺を区別しなければならないと注意をよびかける。一つはあらかじめ計画されたジェノサイドの一環としての虐殺であり、もう一つは民族浄化を実行せよという上官からの一般的な指令に後押しされたとはいえ、直接的には憎悪と報復による「計画的でない」虐殺である。

先述した百科事典の定義は、このように民族浄化という犯罪を概念化する研究者の試みと一致しているように思われる。どちらの解釈でも、民族浄化とは、特定の集団を追放し難民化させ、住居を破壊して、複数の民族が混住する地域を一つの民族で均質化する活動である。マスタープランもあるかもしれないが、民族浄化に関与する部隊はたいてい、直接の命令を必要としない。兵士たちは自分に何が求められているのか、あらかじめ知っているからだ。作戦行動にともなって虐殺が起こるが、それはジェノサイド計画の一部なのではなく、追放対象とされた住民が逃げ出すのをあおる重要な戦術である。追放された人々は、その地の正史や民衆史からのちに抹消され、集合記憶から削除される。一九四八年にパレスチナで起きた、計画段階から総仕上げまでのすべての出来事は、こうした情報や学問的な定義により、民族浄化の明確な事例となった。

一般的定義

インターネット百科事典のウィキペディアは、知識と情報が蓄積された便利な媒体である。だれもが閲覧したり、既存の定義に加筆や修正したりできる。それゆえ、ある考えや概念を世間一般がどう認識しているのか、検証されたものではなく直観的なものだが、表れている。さきに触れた学術的な定義や百科事典の定義と同様に、ウィキペディアでも民族浄化は、大規模な住民の追放であり犯罪であると説明されている。引用する。

もっとも一般的なレベルで民族浄化は、宗教的・民族的な差別、または政治的・戦略的・イデオロ

ギー的な動機、もしくはその両方の理由で、所与の領土から「好ましくない」住民を強制的に追放することとされている。(4)

ウィキペディアのこの項目には、一九一三年にトルコからブルガリア人が追放された事例に始まり、二〇〇五年にイスラエルがガザ地区からユダヤ人入植者を退去させた事例にいたるまで、二〇世紀に起きた民族浄化がいくつも列挙されている。だが、ある主権国家が一部の国民を非合法な入植者だと決めつけ排除したことと、ナチスの民族浄化を同じカテゴリーでくくっているのは、やや奇妙に思われる。このような分類が見られるのも、編集者――この場合はウィキペディアの編集用サイトにアクセスするすべての人――が採用している論理的根拠、つまり一覧にあるそれぞれの民族浄化の歴史事例の前に「疑わしい」という形容詞を付すことにする、という方針ゆえである。

ウィキペディアには、一九四八年のパレスチナのナクバという項目もある。しかし編集者らがナクバを、ナチス・ドイツや旧ユーゴスラヴィアと同様に完全な民族浄化の事例とみなしているのか、あるいはイスラエルがガザ地区からユダヤ人入植者を退去させたときのようにやや不確かな事例とみなしているのかはわからない。ウィキペディアや他の百科事典の情報源は一般的に、関係者がかつて国際裁判所に起訴されたことがあるかどうかを基準に深刻度を測る。言い換えれば、加害者が法の裁きを受ける、つまり国際的な司法制度によって裁判にかけられれば一切の曖昧さは排除され、民族浄化という犯罪はもはや「疑わしい」ものではなくなる。しかしよく考えてみると、この基準は、国際裁判所ができる前に起きた事例にも対象を広げて適用すべきだが、それは一度もない。たしかに際限のない話であって、明確な人道に対する罪であっても、世界に歴史的事実として認めてもらうまでに長年戦わねばならないこともある。アルメニア人はこの教訓をジェノサイドの犠牲になって学んだ。一九一五年にオスマン政府は、アルメニア人の組織的な大量殺戮に乗り出した。一九一八年までに推定で一〇〇万人が死亡したが、個人であれ団体であれ、だれも裁判にかけられたことなどない。

犯罪としての民族浄化

民族浄化はいくつかの国際条約によって人道に対する罪と規定されている。国際刑事裁判所（ICC）設立条約もその一つである。民族浄化は「疑わしい」ものであれ、全面的に認められたものであれ、国際法で裁かれることになっている。旧ユーゴスラヴィアの場合はハーグに、ルワンダの場合はタンザニアのアルーシャに、加害者や犯罪者を訴追するため国際戦犯法廷が特別に設置された。訴追手続が進められなかった案件でも、民族浄化は戦争犯罪とされた（たとえばスーダン政府がダルフールで関与した行為など）。

私は、パレスチナの民族浄化を人道に対する罪としてわれわれの記憶と意識にとどめ、嫌疑のリストからはずすべきだという強い信念を持って本書を執筆した。この件では加害者ははっきりしており、特定の集団である。ユダヤ人の独立戦争の英雄であり、おそらくその名前は読者諸氏もよくご存じだろう。その名簿の筆頭には当然シオニズム運動のリーダー、ダヴィド・ベングリオンが挙げられ、民族浄化の物語は彼の自宅で序章から終章まですべて話し合われ仕上げられた。彼を支援したのは、本書で「顧問団」と呼ぶ少人数のグループであり、パレスチナ人の追放をたくらみ計画するためだけに招集された秘密結社だった(5)。顧問団の会合を記録した貴重な文書では、「顧問委員会」（ハヴァアダー・ハメヤイェツィット）

と呼ばれている。別の文書では、検閲によってすべて消されているとはいえ、団員一人一人の名前が書いてあった（しかし後述するように、私は全員の名前をなんとか推測することができた[6]）。

顧問団が民族浄化の計画を立て、実行を指揮し、パレスチナ人住民の半分を故郷から追い立てたのだった。団員で真っ先に思い浮かぶのが、伝説の存在であるイガエル・ヤディンやモシェ・ダヤンなど、未来のユダヤ人国家で高級将校になる人たちである。他には、イスラエルの外では知られていないが、イーガル・アロンやイツハク・サデーといった地元の気風を熟知した人物がいた。彼ら軍人は、いまで言う「オリエンタリスト」、つまりアラブ世界全般の専門家とパレスチナ人にかんする専門家からなっていた。彼ら自身がアラブ諸国の出身者や中東研究者だったからである。おいおい他の人の名前も登場するだろう。

将校や専門家らを補佐したのが、たとえばサファド地域を一掃したモシェ・カルマンや、ガリラヤ地方の大半を根こそぎにしたモシェ・カルミルといった、地方司令官であった。イツハク・ラビンは、リッダおよびラムレ地域と大エルサレム地域で軍事作戦を指揮した。彼らの名前は、イスラエルの戦争の英雄としてではなく覚えておいてほしい。たしかに彼らはユダヤ人のための国家建設に加わっていたし、外敵の攻撃からユダヤ人を救うのに大きく寄与したと尊敬されているのは無理もない。ユダヤ人の危機の観点から考えれば、あるいはとくに、別の地域で宗教的に迫害されていたユダヤ人に安全な避難場所を提供したことを勘案すれば、そうなるだろう。しかし、天秤のもう一方の皿に、もとからいたパレスチナ住民に対する罪が載っている場合、そうした功績が最終的に釣り合いが取れるのかは、歴史が証明するだろう。地方司令官としては他に南部を一掃したシモン・アヴィダンがいるが、彼とともに戦った同志のレハヴァム・ゼエヴィは、何年も経ってから述べている。「ギヴアティ旅団のシモン・アヴィダンのような司令官たちは、担当した数十もの村や街を一掃した[7]」、と。アヴィダンを補佐したイツハク・プンダクは、二〇〇四年にハアレツ紙に対しこう語った。「[最前線には]二〇〇もの村があったが、すべて消滅した。われわれは破壊しなければならなかったのだ。さもなければ、ガリラヤと同様、そこ[パレスチナ南部]にアラブ人が暮らしていただろう。そうすればいまより一〇〇万人もパレスチナ人は多かったはずだ」[8]。

当時は、諜報将校も現場につめていた。「敵」に関するデータ収集におさまらず、民族浄化に中心的な役割を果たし、パレスチナ人の組織的追放に際しおそろしい残虐行為に関与した。彼らは、どの村を破壊し、その村の誰を処刑するのか、最終決定権を与えられていた[9]。パレスチナ人の生存者の記憶によると、村や居住地を占拠して、その住民を拘束するのか解放するのか、生かすか殺すか決めるのはこの将校たちであった。一九四八年に軍事作戦を陣頭指揮したのはイサル・ハルエルで、彼はのちにイスラエルの諜報機関モサド〔海外担当〕とシャバク〔国内担当〕の初代長官となった。多くのイスラエル人がハルエルの人となりを知っている。背は低いががっしりした体格で、一九四八年には慎み深く大佐となったが、実質的には尋問やブラックリストの作成、イスラエル占領下のパレスチナ人の生活を抑圧する仕事まで、あらゆる工作を監督する最高司令官だった。

最後に繰り返しておくが、法的、学術的な視点でも、もっとも大衆的な視点でも、どこから見ても民族浄化は今日では議論の余地なく人道に対する罪であり、戦争犯罪に関わるとみなされている。そして、民族浄化を計画したり実行したりした廉で起訴された人は、そのための国際裁判所で裁かれる。しかし、これは後の視点での判断になるが、パレスチナの事例に陳腐化の法則〔時効〕を適用することはありえることだし、ごく率直に言えば、パレスチナで和平の機会をつかむためには、むしろ適用すべきである、ということをここで付け加えておく。ただしそれは、アメリカと国連の双方が和解には不可欠であると普通に認めていた政治的解決を実施する場合、つまりパレスチナ難民が故郷へ無条件に帰還できる場合に限られる。アメリカは、パレスチナ難民の帰還の権利を定めた一九四八年一二月一一日の国連決議一九四を、あまりにも短期間ではあったが支持したことがあった。しかし一九四九年春にはすでに、はっきりと親イスラエル路線へ方向転換し、ワシントンの人々を公正な調停者とは対極のものに変えてしまった。すなわち、パレスチナの考えをほぼ全面的に黙殺し、なかでもパレスチナ難民の帰還権は無視することにしたのだ。

民族浄化を再構築する

先述した民族浄化の定義に固執すると、民族浄化のイデオロギー的動機であるシオニズムの根源に深く踏み込む義務を自ら免れることになってしまう。民族浄化という主題が重要でないというわけではない。すでにワリード・アル＝ハーリディーやヌール・マサールハ、ゲルション・シャフィール、バルーフ・キマーリングなど、多くのパレスチナ人やイスラエル人の研究者がこの問題に取り組み、一定の成果を上げている[10]。私自身は軍事作戦の前にそれをもたらした直接的な背景に焦点を当てようと思うが、彼らの主要な議論を概観しておくのも、読者には有益であろう。

入門編としては、ヌール・マサールハの『パレスチナ人の追放[11]』がよいだろう。この本は、「トランスファー（移送）」という概念が、昔も今もいかに深くシオニズムの政治思想に根を下ろしているのかをわかりやすく説明する。シオニズム運動の創始者テオドール・ヘルツルから、パレスチナでシオニズムを実践した主な指導者たちにいたるまで、この地からパレスチナ人を一掃することは正当であると思っていた。シオニズム運動のもっともリベラルな指導者の一人レオ・モツキンは、一九一七年に次のように述べている。

パレスチナの植民地化は、二つの方向に向かうべきだとわれわれは考える。エレッ・イスラエル〔イスラエルの地〕へのユダヤ人の入植と、エレッ・イスラエルに住んでいたアラブ人をよその土地に移住させることだ。そんなに多くのアラブ人を移送するなんて、経済的にみてはじめは許容できないかもしれないが、しかしそのほうが現実的である。パレスチナ人の村を別の土地に移すのに、さほど莫大な資金はかからない。(12)

追放する側のほうがその土地の新参者であるという事実、および植民地化計画の一部は、パレスチナの事例と植民地主義者の民族浄化の歴史を結びつける。南北アメリカ、アフリカ、オーストラリアでは、白人入植者が日常的にそうした犯罪に手を染めていた。イスラエルが示す歴史的な事例のこの興味深い一面は、近年の優れた研究が取り上げている。ゲルション・シャフィールやバルーフ・キマーリングは、シオニズムと植民地主義の結びつきを告げる。両者が結びつくと、最初は追放ではなく搾取が起こる。しかし、ユダヤ人の独占経済という考えがいったん計画の中心を占めると、アラブ人の労働者や農民の居場所はなくなってしまう。(13)ワリード・アル＝ハーリディーやサミーフ・ファルスーンは、移送《トランスファー》イデオロギーの核を、むしろ〔イギリスによる〕委任統治の終焉と結びつけて考える。なぜ国連はかくも膨大なパレスチナ人の運命を、明らかに移送《トランスファー》イデオロギーを含み持つシオニズム運動に委ねてしまったのかを、二人は探究している。(14)

私は、関与した人々のイデオロギー的な傾向を明らかにしようとは思わない。それよりも、複数の民族が混住する地域を一つの民族だけの空間にする組織的計画を浮き彫りにしたい。これが本書の前半の目的である。そして後半では、イデオロギー的な結びつきに立ち返る。その際、一九四八年に始まり現在までさまざまな方法で続く、イスラエルによるパレスチナ人の民族浄化について、唯一妥当な説明としてイデオロギー的な結びつきを分析する。

ついであまり楽しい作業ではないが、イスラエルが追放と破壊のマスタープランを実行するために用いた手法を再構築し、そうした手法が民族浄化の行為と一般的にどれほど関連しているか検証する。すでに述べたように、もし旧ユーゴスラヴィアの事件を聞いたことがなく、パレスチナの事例しか知らなかったとしたら、アメリカと国連による民族浄化の定義は、仔細にいたるまでナクバから触発を受けたものとなっていたと考えて差し支えないだろうと私には思われる。

パレスチナの民族浄化の歴史を掘り下げ、今日まで続くその意味について考察を加える前に、すこし立ち止まって、相対的な数字を考えておかねばならない。根こそぎにされたパレスチナ人約七五万人という数字は、第二次世界大戦の結果ヨーロッパで数百万人が移住したことや、二一世紀初頭にアフリカで起きた追放と並べると、「ささやか」に見えるかもしれない。しかし、ある地域の全住民を巻き込んだ悲劇の大きさを理解する手がかりとして、数字を相対化し、比率で考えることもときには必要である。もとから住んでいたパレスチナ人の半数が追放され、村や町の半分が破壊され、ごくわずかな人たちしか戻ってくることができなかった。

しかし数字以上に、パレスチナの事例でひどく困惑させられるのは、現実と表象との深い断絶である。外国人記者や国連監視団が立ち会っていた現代の歴史的岐路で行なわれた犯罪が、これほど黙殺されてきたのはなぜなのか。それを理解し、さらに説明することは、じつに困難である。ともあれ、一九四八年の民族浄化が世界の集団的記憶からほとんど完全に抹消され、世界に忘れられた事実を否定することはできない。こういうことを想像してほしい。あなたのよく知る国で、少し前に全人口の半分が一年もしないうちに強制的に追放され、その国の村や町の半分が壊滅させられ、あとには瓦礫と石ころだけが残された、と。あるいは次のような可能性も想像してほしい。こうした犯罪行為がどういうわけか歴史書でまったく説明されず、その国で勃発した紛争を解決するためのあらゆる外交努力は、この大災厄を、無視はしないまでも、完全に脇に追いやっている、と。私個人は、第二次世界大戦後の世界の歴史にこうした性質の事例や同じような運命を探してみたが、無駄骨に終わった。それ以前の似たような道を辿った事例として、たとえば一九世紀末の〔ハンガリーで起きた〕非ハンガリー人に対する民族浄化や、アルメニア人のジェノサイド、一九四〇年代にナチス占領が移動生活者（シンティ・ロマの人々）に対して行なったホロコーストなどがある。将来パレスチナが、もうこのリストに並んでいないことを望んでいる。

原註

（1）「民族浄化」に関する国務省特別報告（一九九九年五月一〇日）。

（2）国連安全保障理事会決議八一九号を受けた報告（一九九三年四月一六日）。

（3）Drazen Petrovic, "Ethnic Cleansing: An Attempt at Methodology", *European Journal of International Law*, 5/3, 1994, pp. 342–60.

（4）Petrovic, ibid., p. 10, note 4 より引用。もとは Andrew Bell-Fialkow, "A Brief History of Ethnic Cleansing" からの引用である。

（5）そのもっとも重要な会合については、本書第4章で論じる。

（6）Ben-Gurion Archives, The Corespondence Section, 1.01.1948–07.01.48, documents 79–81. FromBen-Gurion to Galili and the members of the committee. 同資料には、ハガナー軍が暗殺対象としていた四〇人のパレスチナ人のリストが含まれている。

（7）　*Yideot Acharonot,* 2 February 1992.

（8）　*Ha'azretz,* 21 May 2004, Pundak.

（9）　こうした破壊や処刑がどのように進められたのかについては、以下の各章で詳述するが、破壊の権限は、一九四八年三月一〇日に各部隊へ出した命令によって与えられた。また処刑の権限については、IDF Archiv, 49/5943 doc.114, 13 April 1948 に文書がある。

（10）　以下の出典を参照。

（11）　Nur Masalha, *Expulsion of the Palestinians: The Concept of "Transfer" in Zionist Political Thought, 1882–1948*; *The Politics of Denial: Israel and the Palestinian Refugee Problem.*

（12）　Alexander Bein（ed.）, The Mozkin Book, p. 164.

（13）　Baruch Kimmerling, *Zionism and Territory: The Socio-Territorial Dimension of Zionist Politics*; Gershon Shafir, *Land Labor and the Origins of the Israel-Palestinian Conflict, 1882–1914*; Uri Ram, "The Colonialism Perspective in Israeli Sociology", in Pappe（ed.）, *Israel/Palestine Question,* pp. 55–80.

（14）　Walid Khalidi（ed.）, *All That Remains*; Samih Farsoun and C. E. Zacharia, *Palestine and the Palestinians.*

第2章　ユダヤ人だけの国家を目指して

国連総会は、民族浄化の促進を目的としたいかなる政策やイデオロギーも、断固として拒絶する。

決議四七／八〇、一九九二年一二月一六日

シオニズムのイデオロギー的動機づけ

シオニズムは、一八八〇年代末に東欧と中欧で民族復興運動として登場した。完全に同化するかさもなくば迫害され続けるか、両地方でユダヤ人に対する圧力が強まるなかでのことだった（ナチス・ドイツの例が示すように、完全に同化したところで絶滅を防ぐ手段にならなかったのは、周知のとおりである）。二〇世紀初頭には、シオニズム運動の大半の指導者が、この民族復興運動とパレスチナの植民地化を結びつけて考えるようになっていた。シオニズム運動の創始者であるテオドール・ヘルツルのように、あいまいな姿勢をとる者もなかにはいたが、ヘルツルが一九〇四年に死去すると、シオニストのパレスチナ志向は定着し、統一見解となった。

エレツ・イスラエル（ユダヤ教ではパレスチナをそう呼ぶ）は、何世紀にもわたってユダヤ人が代々巡礼の聖地として崇めてきたのであって、将来の世俗国家として尊んだのではけっしてなかった。ユダヤ人の伝統や宗教は、ユダヤの神権政治における独立した民として、すなわち神の忠実なしもべとしてエレツ・イスラエルに帰還できるまでは、ユダヤ人はメシアが「終末」に現れるのを待てとはっきり指示する（ユダヤ教の超正統派に、非シオニストや反シオニストの潮流があるのはそのためである）。言い換えればシオニズムは、ユダヤ教を世俗化し国家化したのだった。シオニズム思想家たちは計画を実現するために、聖書に書かれた領土を要求した。いやむしろユダヤ人の新たな民族運動の揺籃の地として、その土地を再生・再発明したのだった。彼らが目にしたように、パレスチナは「よそ者」に占領されていたため、取り戻す必要があった。この場合の「よそ者」とは、ローマ時代からパレスチナに暮らしてきた、ユダヤ人以外のすべての人間を指す。(1) 実際、一八八二年に初めてパレスチナにやってきたシオニストの多くは、ここを「住民のいる」土地とはまったく考えず、「無人の」土地とみなした。以前から暮らしていたパレスチナ人は、ほとんどシオニストの目には入っていないか、かりに見えていたとしても自然の障害と同じで、制圧して除去すべきものだった。岩石だろうとパレスチナ人だろうと、シオニズム運動が切望していた土地をユダヤ民族に「取り戻す（redemption. 救済／贖い）」のを、何ものも邪魔することはできないというわけだ。(2)

イギリスがパレスチナを占領する一九一八年までに、シオニズムは民族主義《ナショナリズム》のイデオロギーと植民地主義《コロニアリズム》の実践を融合した。しかしその範囲は限られていた。シオニストは、当時のパレスチナの総人口のわずか五%にすぎなかった。入植地に住んでいたため、地元の住民に影響を及ぼすこともなく、とくに気にされてもいなかった。この土地が将来ユダヤ人に乗っ取られ、もとからのパレスチナ人住民が追放される可能性など、歴史家は後年シオニズムの創始者らの文書ではっきりと確認できたが、第一次世界大戦前にすでにそれを見通していたパレスチナ人の指導者はごく一部であった。そのほかの人々は、シオニズム運動に関心を払っていなかった。

パレスチナの指導者たちも一九〇五年から一九一〇年までのいずれかの時点で、シオニズムはパレスチナの土地と資産と権限を手に入れようとする政治運動だと議論していたことが実証されている。だが、その潜在的な破壊力については、当時十分理解されていなかった。多くの地元エリートは、シオニストをヨーロッパからの宣教者や入植活動家と思い込んでいた。たしかに一部はそうであったが、しかしシオニズムはそれにはとどまらず、のちに地元民に対する危険なたくらみへと変化していった[3]。

シオニストの指導者たちは、そうした将来の可能性について議論したり明言することはあまりなかったが、この迫りくる危機に気づいていたパレスチナの有力者や知識人もいたはずだ。彼らは、ユダヤ人のパレスチナへの移民や入植を制限（全面的に禁止ではない）するよう、イスタンブルのオスマン政府に要請していたからだ。パレスチナは一九一八年までオスマン帝国の支配下にあった[4]。

オスマン帝国議会のパレスチナ人議員、サイード・アル＝フサイニーは、一九一一年五月六日にこう発言している。「ユダヤ人は、パレスチナ、シリア、イラクを含む地域に国家をつくろうとしている[5]」。ところが、アル＝フサイニーの一族と氏族は、一九三〇年代までユダヤ人の入植に反対するよう説いてまわりながら、自らは新移民に土地を売っていたのである。イギリスの委任統治が始まって数年経つと、迫りくる危機感、いやむしろ破局の予感は、エリートの知識階層に広く浸透したが[6]、待ち受ける存亡の危機に腰を据えて対処することはなかった。

パレスチナの周辺諸国では、たとえばエジプトの指導的な知識人層は、ユダヤ人のパレスチナ移住を、ヨーロッパが自国の極貧層や無国籍者を移送する無責任な計画の一環とみなし、地元住民の追放を目的とするマスタープランの一部だなどとは考えなかった。ヨーロッパの植民地勢力や教会が宣教師や外交官や入植地を使って「聖地」を乗っ取ろうとするずっと目立つ企てに比べれば、貧弱な人々によるこうした運動は小さな脅威でしかなかった[7]。実際のところ、一九一七年末にイギリスがパレスチナを支配し始める前は、シオニストの行動計画は漠然としていた。それは方向性が欠如していたためというよりも、当時まだ小さなユダヤ人移民コミュニティの利害を優先する必要があったためである。ユダヤ人移民は、イスタンブルの〔オスマン〕政府に追い出される危険にたえずさらされていたのだ。

ところが、より明確な将来的見通しを〔ヨーロッパ・キリスト教社会の〕内部向けに説明する必要が生まれると、いかなる曖昧さも払拭された。シオニストは、西洋の迫害とポグロムの歴史を逃れるため、「大昔の故郷」を宗教的に「救済」しつつ、パレスチナにユダヤ人国家を建設したいと願っていた。これは公式見解であり、もちろんシオニスト指導部の動機の大半をそのまま表している。しかし、現在では、シオニストが他の見込みのある場所ではなくパレスチナに無理矢理入植したのは、一九世紀のキリスト教の至福千年説とヨーロッパの植民地主義がきっちり絡みあったためだと批判的に解釈される。プロテスタントのさまざまな伝道協会と、ヨーロッパ協調〔第一次大戦までの均衡状態〕下の各国政府は、ともに「キリスト教の」パレスチナをオスマン帝国から切り離したいと考え、その未来をめぐって張り合っていた。ヨーロッパの野心家のなかでも信仰心に篤い人々は、ユダヤ人のパレスチナへの帰還を神の思し召しとみなし、キリストの再臨と彼の地に神聖国家を建設するのを早めるととらえた。第一次世界大戦時のイギリス首相ロイド・ジョージをはじめ信心深い政治家はその熱意に触発され、シオニズムの計画を成功させるために、いっそう深く関与するようになった。だからといって、ロイド・ジョージは、シオニズム運動でパレスチナを植民地化すべき理由を救世主のように考えたわけではなく、あくまで「戦略的」な主人であり続けた。彼は、「アラブ人」や「マホメット教徒（Mohammedans）」（パレスチナ人のことを彼はそう呼んだ）に対する深い不信感と侮蔑を持ち込んだのだった。[8]

イスラエルの公的な歴史叙述は、パレスチナの初期の植民地化にはマルクス主義の特色があると主張してきたが、近年の研究はこれに疑問を呈する傾向がある。シオニズムはこれまで、ロシアでの失敗を乗り越えて、社会主義革命・マルクス主義革命を成し遂げた、と公式に言われてきた。[9] もっと手厳しい解釈では、こうした野心は、よく言っても信用できない、悪く言うと巧みなごまかしと断定する。事実、イスラエルのどちらかと言えばリベラルなユダヤ人も、国内で非ユダヤ人が多数派となる見込みを突きつけられると、すぐにでも民主主義原則を放棄するのをいとわないが、それとまったく同じように、社会主義のシオニストも即座に自分の普遍的な理想を捨て、ナショナリズムの強力な魅力と取りかえてしまったように見える。パレスチナを社会主義者ではなくユダヤ人だけのものにすることが主な目的となったとき、地元住民の民族浄化を計画し遂行したのがシオニズム運動のなかの労働組合だったのは重要である。

初期のシオニストの入植者たちは労力と資産の大半を、土地区画の購入につぎ込んだ。それによって、まだ小さく経済的にも脆弱な新参者の集団を維持できるように、地元の労働市場に参入し、社会共同体のネットワークを構築しようとしたのだ。パレスチナを丸ごと奪い取って、その全土に国民国家を建設するのがよいのか、またはその一部に建設するのがよいのか。それを探る綿密な戦略は、イギリス自体が泥沼にはまった紛争を解決するための計画と密接に関わっており、それをさらに発展させたものだった。

イギリスの外相バルフォア卿[10]は、一九一七年にシオニズム運動に対して、パレスチナにユダヤ人の民族的郷土を建設すると約束して終わりなき紛争への扉を開き、まもなくその土地と住民を巻き込んでいった。

イギリス政府の名でなされたその確約で、バルフォアは、非ユダヤ人住民の要望も保障すると約束しているが（圧倒的マジョリティの地元住民にこの表現は奇妙だ）、しかしこのバルフォア宣言は、パレスチナ人の民族独立という願望とも自然権ともすぐさま衝突した。

一九二〇年代末には、このバルフォアの提案が潜在的に暴力を柱としていることが明らかとなった。それは、何百人ものパレスチナ人とユダヤ人が以前から指摘していたとおりであった。この段階になってイギリスは、くすぶっている紛争を解決すべく、しぶしぶながらも本気で取り組まざるをえなくなった。

一九二八年までイギリス政府は、パレスチナを植民地ではなく、イギリスの影響下にある国家のひとつとみなしていた。すなわち、イギリスが庇護するこの国では、ユダヤ人に対する約束とパレスチナ人の願望はどちらも成就できるとしていたのだ。イギリスは、双方のコミュニティが議会でも政府でも対等な条件で代表する政治体制を整備しようとした。しかし実際にこの提案がなされたときは、公正ではなかった。シオニストの入植地が有利に扱われ、マジョリティであるパレスチナ人が差別されたのである。新たな提案では、立法議会の比率はイギリス統治当局の指名する議員と連携することになっていたユダヤ人コミュニティに有利だった[11]。

パレスチナ人は一九二〇年代当時、全住民の八〇〜九〇%を占めるマジョリティだったため、イギリスの均等に配分する提案をはじめは拒否したのも当然であったし、パレスチナ人に不利な、つまりシオニズム指導者にパレスチナ人差別を促すような提案については言うまでもなかった。こうして一つのパターンが明らかとなる。ユダヤ人移民の増加と入植地の拡大を懸念して、パレスチナ人の指導部は一九二八年に交渉の土台としてこの提案に同意したが、シオニズム指導部は即座にそれをはねつけた。イギリスは、勢力圏内にあるアラブ諸国と交渉する際は、多数決による政治という民主主義の原則を基本として擁護したのだが、パレスチナ人はその例外にされかけていた。一九二九年に起きたパレスチナ人の反乱は、少なくとも対等な条件という約束の履行をイギリスが拒んだことが直接の原因だった。[12]

この一九二九年の反乱の後、イギリスの労働党政府はパレスチナ側の要求を受け入れるかに思われたが、シオニスト・ロビーは、政府がバルフォア路線へ安心して戻るよう軌道修正させることに成功した。そのせいでまた反乱が起きるのは必至だった。イギリス政府は、インド亜大陸〔英領インド〕よりも大勢の兵隊を駐留させる決定を下したのだが、次の反乱はそれに反対する民衆暴動として一九三六年に然るべく勃発した。イギリス軍は三年にわたってパレスチナの村落を容赦なく冷酷に攻撃し、ようやく反乱を鎮圧した。パレスチナ人の指導層は追放され、委任統治軍に対してゲリラ戦を続けた民兵部隊は解体された。その過程で、関与した多くの村人は拘束されたり暴行を受けたり、あるいは殺害された。パレスチナ人指導部も戦闘力のある部隊もほぼなくなったため、一九四七年にユダヤ軍はパレスチナの村落にやすやすと乗り込むことができたのだ。

この二度の反乱のあいだに、シオニストの指導部は時間を無駄にすることなく、パレスチナをユダヤ人で専有する計画を立てた。まず一九三七年に、王立ピール調査委員会が勧告したパレスチナの二国家分割案に賛同し、ささやかな土地の割り当てを受け入れた。[13]続いて一九四二年には、領土を最大にする戦略を試み、パレスチナ全土を領土として要求した。切望した地理空間は、時とともに環境や状況に応じて変化したかもしれないが、主目的が変わることはなかった。シオニズムの計画は、純粋なユダヤ国家を、迫害されたユダヤ人の安全な避難場所であり新たなユダヤ・ナショナリズムの発祥の地として、パレスチナに建設してはじめて実現できる。こうした国家は、社会政治体制も民族構成も、ユダヤ人だけのものでなければならなかった。

軍事的な準備

イギリス委任統治当局は、将来の国家の基盤として、シオニズム運動がパレスチナに独立した飛び地をつくるのを最初から許していたし、同運動の指導者たちは、一九三〇年代末には、抽象的だったユダヤの排他的な未来像をより具体的な計画へ変えることができた。外交手段による土地の収用が失敗した暁には、シオニストは武力で奪うことも覚悟しており、賛同してくれるイギリス軍将校の支援のもと効率的な軍事組織をすでに設立し、世界中に散らばるユダヤ人に無心するなど十分な資金源の調査もすんでいた。また、さまざまな方法で外交団のひな形をつくっておくことも、パレスチナで武力によって国家を奪い取るための準備として同じように不可欠だった(14)。

ユダヤ人国家という理念は軍国主義や軍隊ともっと強く結びつけなければならないと、シオニスト指導者らに教え込んだのは、イギリス軍将校のオード・チャールズ・ウィンゲートであった。第一にパレスチナ国内に増え続けるユダヤ人の飛び地や入植地を守るためだが、もっと重要なのは、現地のパレスチナ人の抵抗を武力攻撃で効果的に抑制するためであった。もとからの住民を丸ごと強制的に移送する計画を立案するまで、ここからほんの一息だったことがわかる(15)。

オード・ウィンゲートは、二〇世紀初頭のインドで軍人の家庭に生まれ、きわめて宗教的な教育を受けた。スーダンにいたころからアラブ好きになり、とくに奴隷商人の待ち伏せ攻撃で成果を上げて名声を得た。一九三六年にパレスチナ行きを命じられると、たちまちシオニストの夢に魅せられた。シオニストの入植者を積極的に応援しようと決心し、より効果的な戦闘の仕方と地元住民に対する報復の方法を自分の部隊で教え始めた。シオニストの仲間たちが彼を高く評価するのも不思議ではない。

ウィンゲートは、パレスチナにおけるユダヤ人社会の民兵組織ハガナーを改編した。ハガナーとは、一九二〇年に創設されたヘブライ語で「防衛」を意味する組織であり、表向きはユダヤ人の入植地を守ることを主な目的とした。ウィンゲートの影響と、彼に好戦的な気分を吹き込まれた指揮官らにより、ハガナーはすぐさまユダヤ機関の軍事部門となった。そして最終的にはパレスチナ全土を武力で支配し元の住民に対する民族浄化を発案し実行した、パレスチナにおけるシオニストの統治組織となったのである。[16]

アラブ人の反乱は、ハガナーの兵士らに、ウィンゲートに教わった軍事戦術をパレスチナの村落地帯で実践する機会を与えた。その大半は、沿道の狙撃兵やキブツから物を盗み出す人間を標的にした報復作戦だった。だが、主たる目的は、期せずしてユダヤ人入植地のすぐ近所に暮らすはめになったパレスチナ人社会を脅かすことだっただろう。

ウィンゲートは、アラブ人の反乱のあいだ、ハガナーの部隊を首尾よくイギリス軍に配属し、彼らがアラブ人の村に「懲罰活動」を行なうのに必要なことを学べるようにしてやった。たとえば、パレスチナ人の村を占領するとはどういうことなのか、一九三八年六月にユダヤ人部隊は初めて経験した。ハガナーの一部隊とイギリス軍中隊は共同でパレスチナとレバノンとの境界上にある村を攻撃し、数時間にわたって占拠したのである。[17]

その作戦に参加したアマツィヤ・コーヘンは、無防備な村人を襲撃するために、イギリス軍の軍曹から銃剣の使い方を教わったことを覚えている。「あなたがたは、ラマト・ヨハナン［ハガナーの訓練基地］にいて、まったく何も知らないようだな。汚いアラブ人を襲うのに、銃剣の基本的な使い方すら知らないのだから。どうしたら左足を一歩前に踏み出せるんだ！」。基地に戻ると、そう軍曹はアマツィヤや同僚たちを怒鳴りつけた[18]。この軍曹が一九四八年頃までいたならば、ユダヤ人部隊が村を襲撃する技術を速やかに習得したのを自慢しただろう。

ハガナーは第二次世界大戦でも、多くのメンバーがイギリスの戦争に志願し、貴重な軍事経験を積んだ。パレスチナに残ったメンバーらは、数百年も前から地方に点在する一二〇〇ほどのパレスチナの村々に侵入し監視を続けた。

村の資料集《ファイル》

パレスチナの村を襲撃して興奮を味わうだけでは十分ではなかった。系統だった計画を立てる必要があった。それを提起したのは、ヘブライ大学出身の眼鏡をかけた若い歴史学者ベン゠ツィオン・ルーリアで、彼がユダヤ機関の教育部門で働いていたときのことだ。ルーリアは、アラブ人のすべての村を詳細に記録することがいかに有効かを指摘し、ユダヤ民族基金(JNF)が主導して村の明細一覧を作成するよう提案した。「そうすれば土地を取り返す〔贖う〕のに大いに役立つだろう」と同基金に書き送ったのだ[19]。同基金ほど熱心な聞き手はいなかった。来たるべき民族浄化に同基金を関与させようというルーリアの構想は、その後の追放計画に弾みと情熱を加えた。

一九〇一年に設立された同基金は、パレスチナを植民地化するためのシオニストの主要な道具であり、シオニズム運動がユダヤ人移民をその後に入植させるためにパレスチナの土地を購入する際の代理機関として機能した。第五回シオニスト会議で創設され、委任統治期はずっとパレスチナをシオニズム化する陣頭指揮を執った。当初からユダヤ人と、シオニストが手に入れたパレスチナの土地の「守衛」として計画されていた。イスラエルの建国後も、時とともにいくつか他の任務も加わったが、この主要な役割を担い続けた。[20]

委任統治期およびナクバ前後におけるユダヤ民族基金の主たる活動は、入植部門のトップであったヨセフ・ヴァイツの名前と深く関係している。ヴァイツは典型的なシオニストの植民地主義者であった。その当時ヴァイツが最優先としていたのは、不在地主から同基金が購入した土地にそれまで住んでいた借家人を立ち退かせることであった。不在地主は所有地から多少離れたところに住んでいるが、委任統治制度がいままで空き地だった場所に国境を引いたため、国外に住んでいることさえあった。伝統的に、土地の一部とか村全域の所有者が別の人に変わったとしても、農民や村人は移転しなくてよかった。[21] パレスチナは農業社会であり、新しい地主も、その土地を耕し続けてくれる借地人を必要とするからだ。しかし、シオニズムの出現ですべてが変わった。ヴァイツは側近を連れて、新たに購入した区画を個人的にたびたび訪れた。そして彼は、たとえ所有者に土地全体の使い途がまったくなかったとしても、ユダヤ人の土地所有者らにとにかく借地人を立ち退かせるよう促したのだった。側近の一人だったヨセフ・ナフマニは、あるときヴァイツにこう報告した。「遺憾ながら」借地人が出て行くのを拒否しており、新しいユダヤ人地主たちは「借地人の居住権が認められる場合を想定して臆病になっている」ようだ、と。[22] そうした「弱腰」であり続けないようにするのが、ナフマニたち側近の任務であった。彼らの監視下で、借地人はすぐに広範囲かつ効率的に立ち退かされるようになる。

当時こうした活動の影響は限定的だった。シオニストの財源は依然乏しかったし、パレスチナ人の抵抗は激しく、イギリスの政策は制限を設けていたからだ。委任統治が終わる一九四八年に、ユダヤ人はパレスチナの約五・八％の土地を所有した。しかし、使える財源と機会が増えれば、もっと土地を欲しいと望んでいた。ヴァイツはだからこそ、村に関する資料集《ファイル》のことを耳にすると熱弁を振るい、即座にそれを「国の事業」にするように提案したのであった。[23]

関係者全員が、このアイディアを熱心に支持した。シオニスト指導部の重要人物イツハク・ベン＝ツヴィは、歴史家でのちにイスラエルの第二代大統領にもなったが、モシェ・シェルトク（シャレット）宛の書簡で以下のように説明した（シェルトクは、ユダヤ機関の政治部門のトップでのちにイスラエルの首相となった）。この事業では各村の配置を地形学的に記録するだけでなく、それぞれの村の「ヘブライ的起源」も明らかにしなければならない。さらに、どの村が比較的新しいかという情報もハガナーにとって重要である。なかには、エジプトがパレスチナを支配した「せいぜい」一八三〇年代にできた村もあるからだ。[24]

とはいえ、村々の地図制作が事業の中心だったので、委任統治時代にヘブライ大学にいた地形学者がそのために雇われた。彼は、航空写真測量を実施するよう提言し、ベングリオンにスィンディヤーナ村とサッバーリーン村の二枚の航空写真地図を誇らしげに見せた（破壊された村に関して一九四八年以降も現存する資料は、イスラエル政府文書館が所蔵するこれらの地図だけである）。

国内最高の写真家たちがただちに事業に加わるよう招かれた。テルアビブからイツハク・シェフェルやマルゴット・サデーも招集された。マルゴットは、パルマッハ（ハガナーの突撃部隊）の隊長イツハク・サデーの妻でもあった。現像所はマルゴットの自宅だったが、この家は灌漑会社の看板を隠れ蓑にしていた。というのも、現像所はイギリスに対する不法な諜報活動とみなされていたため、委任統治当局の目をあざむかねばならなかったからだ。イギリスは諜報の知識はすぐれていたが、秘密の隠れ家を見つけることはできなかった。一九四七年に地図制作部門は、そっくりレッドハウスに移された。[25]

こうした地形学者と東洋学者《オリエンタリスト》の成果はシオニストの専門家が引き継いで、パレスチナの各村について徐々に蓄積されて、最終的に詳細な資料集になった。一九三〇年代末には、この「記録資料《アーカイブ》」はほぼ完成した。各村の地理的な位置、村につながる道路、土地の特徴、水源地、主な収入源、社会政治の構造、信仰する宗教、長老《ムフタール》たちの名前、他の村との関係、一六歳から五〇歳までの男性一人一人の年齢、その他もろもろにわたって正確な詳細が記録された。なかでも「敵対心」(シオニズムの事業に対する敵意)の指数という項目は重要で、一九三六年の反乱にその村がどの程度関与していたのかによって決められた。反乱に加わった者全員のリストと、イギリスとの戦闘で死者を出した家のリストもつくられた。とくに注意したのは、ユダヤ人を殺害した疑いのある人物だった。以下で述べるように、こうした情報は、一九四八年に最悪の残虐行為に油を注ぎ、大規模な虐殺と拷問を招いた。

村を「偵察」で遠征し情報収集を任されたハガナーの正規メンバーは、その任務がたんなる地形学の調査ではないことにはじめから気づいていた。そうした一人に、一九四〇年に初期の遠征と情報収集作戦に参加したモシェ・パステルナークがいる。彼は何年も経ってから次のように回顧している。

　　われわれは、アラブ人の村の基本構造を学ばなければならなかった。構造を理解すれば、いちばんよい攻撃の仕方がわかるからだ。士官学校では、ヨーロッパの近代的な街の攻撃の仕方は教えられたが、近東の原始的な村については教わらなかった。それ[アラブ人の村]とポーランドやオーストリアの村とは比べようもなかった。ヨーロッパの村とは異なり、アラブの村は丘という地形にあった。われわれは、丘の上側と下側から侵入するのと、どちらが最善か見極めなければならなかった。そして、アラブ人の情報提供者とうまく仕事をするために、われわれのなかで「アラビスト」[密告者のネットワークを操る東洋学者」を養成しなければならなかった。[26]

実際、数多くの村の資料集で、パステルナークやその同僚たちが原始的で野蛮だとみなした人々のなかに内通者の組織をいかにして作り上げるかが問題と指摘された。「〔アラブ式の〕コーヒーを飲み、手づかみで米を食べる連中は、情報提供者として利用するのがきわめて困難である」。そして一九四三年に、やっと情報提供者のネットワークがしかるべく機能していると手応えを感じるようになった。この年、村の資料集はいっそう体系的なものに整理された。主にエズラ・ダニンがこの作業を担い、彼はのちにパレスチナの民族浄化において主導的な役割を果たす。[27]

エズラ・ダニンは柑橘類の果樹園の経営で成功した人だったが、彼が加わったことによって諜報活動と村の資料集作成は新たな次元に達した。一九四三年以降、資料集には農業や耕作地、農園に植わっている木の本数、果樹園ごとの特質（木の一本一本にいたるまで）、一家族が所有する平均土地面積、村ごとの自動車や商店主の数、熟練職人の名前と技能などについての詳しい説明が含まれるようになった。[28] のちには氏族やその政党、名士と農民の社会階層、委任統治政府の役人の名前といったさらに詳細な項目が加わった。

情報収集に弾みがつくと、一九四五年頃には、各村のモスクとその導師《イマーム》の名前や（「普通の人」といった）性格、さらにはそうした重要人物の居宅の正確な部屋数といった情報まで加えられた。委任統治の末期には、守衛の数（ほとんどの村にはいなかった）や、各村に配備されている武器の質と量（たいていは旧式で、まったく保持していない地域もあった）など、明らかに軍事関係が重視された。[29]

ダニンは、ドイツ系ユダヤ人でヤアコヴ・シムオーニという、のちにイスラエルを代表する東洋学者となる人物を起用し、情報提供者の仕事を指揮するなど村の特殊任務に就けた。[30] ダニンやシムオーニたちのなかに、「財務係《ギズバル》」と呼ばれる男がいた。彼は情報の泉のような人物で、一九四一年から四五年にかけて、密告網を監督した。だが四五年にそれが発覚し、パレスチナ人の民兵に殺害された。[31]

すぐにイエホシュア・パルモンとトゥヴィア・リシャンスキーの二人がダニンとシムオーニに合流した。この二人の名前もまた、パレスチナの民族浄化を準備するのに積極的な役割を果たした人物として想起される。リシャンスキーはすでに一九四〇年代には、ユダヤ民族基金が地主（不在地主も含む）から購入した土地から借家人を追い立てる活動を精力的に行なっていた。何世紀にもわたってその一族が耕してきた土地から立ち退くように脅し、その後強制的に追い出すべく心血を注いだ。

フライディース村や「古参」のユダヤ人入植地ズィフロン・ヤアコヴの近くには、いまでは沿岸幹線道路が走り、ワーディー・ミルク村を通ってマルジュ・イブン・アーミル（エズレル平野）に向かう道路が接続されている。そこからさほど遠くない場所に、シフェヤーという若者の村（シオニストの若者のための一種の寄宿制学校）がある。村の資料集作成事業に従事していた特殊部隊が一九四四年に訓練を受けたのはまさにこの場所であったし、偵察の任務に出発したのもここからであった。シフェヤーは、さながら冷戦時代のスパイ村のようであった。ユダヤ人がアラビア語を話しながら歩き回り、地元のパレスチナ人の生活習慣や行動様式らしきものを真似ようと努めた。[32]

この特殊訓練基地の第一期生の一人が、一九四四年にすぐ近くのウンム・アル゠ズィナート村へ初めて偵察任務に出たときのことを、二〇〇二年に回想している。目的は村を調査し、長老がどこに住んでいるのか、モスクがどこにあるのか、村の富裕層がどこに住んでいるのか、一九三六年の反乱に誰が関与したのかなどの情報を持ち帰ることであった。偵察はさほど危険な任務ではなく、潜入者たちは、アラブのもてなしの伝統を利用できると気づいていたし、実際、長老の自宅に客として招かれさえした。ほしい情報を一日で入手できなかったため、また招待してくれるようにお願いした。二度目の訪問では、彼らがもっとも感銘を受けた、土地の肥沃度について情報を得るように指示を受けていた。一九四八年、村人の側からはいかなる挑発行為もなかったにもかかわらず、ウンム・アル＝ズィナート村は破壊され、全員が追放された。[33]

村の資料集が最後に更新されたのは一九四七年だった。各村の「指名手配者」のリストを作成することが主眼であった。一九四八年にユダヤ人部隊は村を占拠するとすぐに、このリストを捜索・逮捕作戦のために使用した。村の男たちは一列に並ばされ、リストに記載された人かどうか確認された。そもそもリストづくりに協力して通報した人が指名手配者を確認することが多かったのだが、その場合は通報者が誰かわからないように目の部分だけ穴を空けた布の袋を頭にかぶせた。見つかった男たちは、たいていその場で射殺された。リストに名前が載るかどうかの基準は、パレスチナの民族運動に関与しているか、運動の指導者でムフティー〔法学裁定を出す資格のあるイスラーム法学者〕のハーッジ・アミーン・アル＝フサイニーと親密か、そしてすでに触れたように、イギリスやシオニストに対する抗議活動に参加していたか、であった。[34]そのほか、「レバノンへ旅行したことがある」とか「村の民族委員だったせいでイギリス当局に逮捕されたことがある」といったさまざまな容疑も含まれた。[35]

一番目のパレスチナ民族運動への関与は、かなり大まかな定義で、すべての村が含まれうる。このムフティーと交際したり、彼の率いる政党に加入したりするのは、ごく普通のことであった。彼の政党は、一九二三年に公式にイギリス委任統治が始まって以来ずっと、パレスチナの地方政治では支配的だったからである。その政党員が民族議会や地方議会の選挙で勝ち続け、パレスチナ人の萌芽的な政府となったアラブ高等委員会で優位に立っていた。シオニストの専門家の目には、これは犯罪に映った。一九四七年の一覧表を見ると、人口一五〇〇人ほどの村で、たいてい二〇人から三〇人ぐらいが容疑をかけられリストに載っている（たとえば、カルメル山脈南部でハイファの南にあるウンム・アル＝ズィナート村には三〇人、その近くのダームーン村には二五人の容疑者がいた[36]）。

イガエル・ヤディンの回想によると、一九四七年一一月に軍司令部が「パレスチナのアラブ人にはうまく組織化する人物がいない」と断定できたのも、一つ一つの村で何が起きているのか事細かく知っていたからだった。唯一深刻な問題はイギリスの存在だった。「イギリスさえいなかったら、アラブの暴動［一九四七年の国連パレスチナ分割決議への抗議］なんて一か月で鎮圧できただろうに[37]」。

イギリスとの対峙――一九四五～一九四七年

シオニズム運動は、将来国土を奪取するためにパレスチナの農村部の地図を作製しただけでなく、第二次大戦後に新生国家を軌道に乗せるため最善策をとりたいとはっきり意識するようになった。イギリスが一九三六年の反乱を鎮圧した際、パレスチナの指導部や防衛力を壊滅していたのはここで重要な要因であり、シオニズム指導部はそのおかげで次の手を考えるのに十分な時間と空間を持てたのである。ナチスがパレスチナに侵攻する危機が一九四二年になくなると、シオニズムの指導者たちは、土地を首尾よく占拠するうえで唯一の障害が、パレスチナ人の抵抗ではなくイギリスの存在であると痛感していた。ここからたとえば、一九四二年のビルトモア・ホテルの会議で、なぜベングリオンが委任統治領パレスチナの全土にユダヤ人国家《コモンウェルス》を建設する要求を議題としたのか明らかになる[38]。

第二次世界大戦が終わりに近づくにつれて、ユダヤ人指導部はイギリスをパレスチナから追い出す活動を始めた。そして同時に、人口の七五%を占めるマジョリティのパレスチナ人に対する綿密な計画を立てた。指導部の人々は自らの見解を公の場では明らかにしなかったが、親しい仲間だけには考えを打ち明けたり、日記に書き込んだりした。その一人、ヨセフ・ヴァイツは、一九四〇年にこう記した。「アラブ人を移送するのはわれわれの権利だ」、「アラブ人は出て行くべし!」[39]。ベングリオン自身は、一九三七年に息子にあてた手紙で、これがシオニズムが見出せる唯一の道だと確信していたようだ。「アラブ人は去らなければならないだろう。だが、そうなるには時機をうかがわねばならない。たとえば戦争のような」[40]。好機は一九四八年にめぐってきた。ベングリオンは、いろいろな意味でイスラエル国を建国した人であり、最初の首相であった。そして彼は、パレスチナの民族浄化の首謀者でもあった。

ダヴィド・ベングリオン――計画立案者

ダヴィド・ベングリオンは、一九二〇年代半ばから一九六〇年代まで、ずっとシオニズム運動の先頭に立った。ダヴィド・グルーエンとして一八八六年にポーランド(当時ロシア帝国の一部)プロンスクで生まれ、一九〇六年にパレスチナへ渡ったときは、すでに熱心なシオニストだった。背が低く、もじゃもじゃの白髪を後ろになでつけ、つねにカーキ色の軍服を着た姿は、いまや世界中に知れわたっている。民族浄化作戦が始まると、ベングリオンは精鋭部隊の装備をまねてピストルを身につけ、クーフィーヤを首に巻いた。彼は当時すでに六〇歳近く、ひどい腰痛にも苦しんでいたが、シオニズム運動の指導者のなかでもきわめて精力的かつ熱心に働く人であった。

パレスチナの運命を決めるにあたりベングリオンは中心的な役割を果たしたが、それは、パレスチナのユダヤ人共同体の安全保障と防衛の問題で発揮した完璧な統率力ゆえであった。彼は労働組合の幹部だったが、ユダヤ人国家をつくる計画を立てるのにまもなく忙しくなった。一九三七年にイギリスがユダヤ人共同体に建国を提案したときは、ユダヤ人側の想定よりもはるかに小さな割り当てしかパレスチナの地に認められなかったが、ベングリオンは幸先がよいとこの提案を受け入れた。しかし彼は、できるだけ多くのパレスチナの土地にユダヤ人が主権を持てるよう切望した。そうしてシオニスト指導部を方向づけ、自分が最高権力者であること、および、国家の将来像は完全にユダヤ人の支配するものであることの両方を受け入れさせたのだった。完全なユダヤ人国家をいかにして実現するかについても、一九三七年頃にベングリオンの指示で検討された。そこで二つの魔法の言葉が登場した。力（Force）と好機（Opportunity）である。ユダヤ人国家は力によってのみ勝ち取ることができる、だが現地の人口統計的な現実、つまり非ユダヤ人住民という多数派に「軍事的に」対処するには、絶好の歴史的瞬間が来るのを待たなければならない、というわけだ。

長期的な過程と包括的な解決を重視するベングリオンは、シオニスト指導部のなかでは異質であった。他の人々はなおも、こちらで土地を一区画、あちらで家を数軒と購入すれば、思い描く新しい現実になるだろうと期待していた。ベングリオンは、そうした考えではまったく不十分だと早い段階で理解していた。そして彼のほうが正しかったことは言うまでもない。前述したように、委任統治が終わるまでにシオニズム運動が購入できたのは全国土のわずか六％ほどでしかない(41)。

しかし、ベングリオンの副司令官で、委任統治下のユダヤ人共同体で「外務大臣」だったモシェ・シャレットなど、より慎重なシオニズムの指導者でさえも、ユダヤ人の入植とパレスチナ住民の追放を結びつけて考えていた。たとえば一九三八年一二月一三日、シャレットは、エルサレムのシオニズム組織で働く人々に向けた講演で、満足のいく成果を報告することができた。パレスチナ東部のベイサーン渓谷に二五〇〇〇ドゥナム（二五〇〇ヘクタール）の土地を購入したというのである。そして詳細を付け加えた。

興味深いことに、土地の購入には住民の移送（transfer）が付きものだった［聴衆がこの単語を知っていたかどうかは不明だが、彼は英語で繰り返し使った］。ヨルダン川の西側にある一族が住む土地を購入するときには、その一族に対して川の東側へ移動する費用を支払うことになる。これによって、われわれは［パレスチナで］アラブ人の数を減らせるだろう。(42)

前述したように、パレスチナ全土に対するシオニストの権利を公然と要求した一九四二年の段階で、ベングリオンはさらなる高みをすでに目指していた。シオニズムの指導者たちは、バルフォア宣言の時期と同様、その約束〔ビルトモア綱領〕が全土を対象としたものだと考えていた。しかし、ベングリオンは建国者であるだけでなく、実利的な植民地主義者でもあった。ビルトモア綱領のように委任統治下のパレスチナ全土を声高に要求し、一切妥協しない姿勢を貫けば、実現の可能性は低いと考えた。また、ヨーロッパでナチス・ドイツと戦っているイギリスに圧力をかけることも、もちろんできなかった。そのため第二次世界大戦中は、自らの野望を抑えていた。しかし戦後イギリスのクレモント・アトリー労働党政権は、パレスチナについて異なる意向をもっていた。ヨーロッパのユダヤ人はもはや絶滅の危機に瀕しておらず、また大半のユダヤ人は中東に向かうよりも大西洋の向こう側〔アメリカ合衆国〕に行くことを望んでいた。そこでイギリスの新内閣と精力的な外務大臣アーネスト・ベヴィンは、シオニズムの指導者たちのいうパレスチナへの移住希望者ではなく、現にパレスチナに暮らしている人々の希望と利害に基づいた解決、すなわち民主的な解決を模索したのだった。

地下組織のユダヤ人民兵による武装攻撃、とくにテロ攻撃ではこの政策を変えさせることはできなかった。橋や軍事基地やエルサレムのイギリス政庁（キング・デーヴィッド・ホテル）が爆破されても、イギリスの反応は控えめであった。とりわけ一九三〇年代にイギリスがパレスチナ人の反乱に厳しく対処したのと比べると穏やかなものだった。イギリスは、ユダヤ人部隊の武装解除というかたちで仕返しをした。この兵士の多くは、まず一九三七年のパレスチナ人の反乱のとき、次に一九三九年の枢軸国との戦争のときに、イギリスが自ら採用し装備を与えた人々だった。武装解除はごく一部に限られたが、逮捕者は比較的多く、イギリスがこの地の法と秩序を担っているかぎり、それに合わせた策をとらねばならないとシオニズムの指導者たちに気づかせるには十分であった。すでに述べたように、第二次世界大戦直後、イギリスは人口二〇〇万人にも満たないパレスチナとしては不相応に多い約一〇万人の兵士を抱えていた。これは間違いなく抑止力となったし、ユダヤ人のテロリストがキング・デーヴィッド・ホテルを攻撃した後イギリス軍の兵力がいくぶん減ってもそれは変わらなかった。こうした事情を勘案してベングリオンは、若干「縮小」したパレスチナの八〇％程度の国家でも、シオニズム運動が夢と野望を達成するのには十分だろうと判断するにいたったのである。(43)

一九四六年八月末、ベングリオンは、シオニズム運動の指導部をパリのホテル、ロワイアル・モンシューに召集し、パレスチナ全土の奪取を目指したビルトモア綱領に代わる案を探ってほしいと言った。こうしてシオニズム運動の「古くて新しい」案であるパレスチナ分割が再び浮上したのだった。「われらに独立を与えよ、たとえ小さな土地の上でも」と、ナフーム・ゴールドマンがロンドンのイギリス政府に嘆願したのは、ちょうど同僚たちがパリで次の手段を講じているときだった。ゴールドマンは、当時のシオニスト指導部のなかでもっとも「ハト派」であり、彼の主張したパレスチナのごく「小さな」土地というのは、ベングリオンの野望を反映していなかった。ベングリオンは〔分割という〕原則を受け入れはしたものの、面積については認めなかった。「われわれはパレスチナのかなりの部分を要求するつもりだ」と、フランスの首都に召集した人々を前にベングリオンは言った。二〇〇五年のアリエル・シャロンにいたるまで、自分に続く多数のイスラエルの指導者たちと同様に、ベングリオンは、過激なシオニストを抑えなくてはならないと気づいており、ユダヤ人の支配が保証されるのなら、委任統治下パレスチナの八〇～九〇％であっても独立可能な国家をつくるには十分である、と語った。それから六〇年、この考えも割合も変わることはなかった。数か月後、ユダヤ機関はベングリオンの言った「パレスチナのかなりの部分」を地図に転写し、地図はパレスチナの将来に関わるすべての人に配布された。この一九四七年の地図は、一九六七年までのイスラエル、すなわちパレスチナから西岸地区とガザ地区を除いた範囲とほぼぴったり重なる土地のユダヤ人国家を想定していた(44)。

これらを検討するあいだ、シオニズムの指導者たちは地元住民から抵抗を受ける可能性についてはまったく議論しなかった。彼らの主たる関心はイギリスと、おそらくは国際社会の反応だったのだろう。これは偶然ではない。シオニストの指導部は、第二次世界大戦後にパレスチナの指導部が完全に崩壊していたこと、および、アラブ諸国が総じてパレスチナ問題に及び腰であることに気づいていた。冷静な決意と意欲をもったシオニズム運動はパレスチナ人の国の大半を切望するが、彼らと自分たちのあいだに立ちはだかるのが、まさにパレスチナ人の解放運動を押し潰したイギリス委任統治当局しかいないことに気がつけば、パレスチナ住民の絶望的な状況は痛ましいまでに明白となる。しかし、もっとひどいのは、ヨーロッパで吹き荒れたホロコーストの補償として、西洋がパレスチナの地でユダヤ人に国家を与えようとしていたことだった。これはパレスチナ住民を犠牲にしてはじめて可能だが、その点は無視された。

パレスチナ側の権力が空白なことを考えると、シオニズムの政策決定者がパレスチナ人を考慮すべき要素ではないかのように振る舞うのも、驚くにはあたらない。とはいえ、もちろんパレスチナ人は依然としてその地で圧倒的多数を占めていたし、そうした多数のパレスチナ人の存在自体が「問題」とされた。しかもアラブ世界は、パレスチナ人を助けに来たり軍隊を送り込んだり武器を供給することは、少なくとも可能だった。ダヴィド・ベングリオンは、こうしたシナリオがありうると十分認識していたので、彼とその側近らは、治安、ヘブライ語で〈ビタホーン〉関連の問題にのめりこんだ。ベングリオンは、パレスチナの（もちろんのちにはイスラエルの）ユダヤ人社会で取り組むべき他のあらゆる社会的・政治的課題の影が薄くなるほどに、入念かつ巧妙に〈ビタホーン〉を強めていき、強迫観念にまでなってしまった[45]。

〈ビタホーン〉は、シオニストやのちにはイスラエルの指導者が、幅広い問題を扱い中心的な政策を正当化するために使うメタ用語であったし、いまでもそうである。問題は海外からの武器購入、他の政党との内部抗争、将来の国家のための準備、パレスチナ現地住民対策に及ぶ。現地住民対策とは、本質も言葉のうえでも報復だったが、実際には挑発的行為であることが多かった。一九四六年以降、より包括的な一連の戦略的目標が掲げられ、将来のシナリオや計画を定めようとした。ダヴィド・ベングリオンは、イスラエルの〈ビタホーン〉観の形成に決定的な役割を果たした。自分が頂点に立つシオニズムの政策決定機構は煩わしく非効率なピラミッド構造をしていたが、その構造改革を行なった。一九四六年の第二二回シオニスト会議で防衛問題の長に選出されると、ベングリオンは、パレスチナのユダヤ人社会のあらゆる治安問題の全権を手にしたのであった[46]。

まだ国家はなかったが、政府内で決をとる権威をかんがみても、ベングリオンはすでに首相と国防大臣の役割を担っていた。彼は多くの面で責任を分担しており、ユダヤ人社会におけるほとんどの課題は、パレスチナのユダヤ人のなかの主要な諸政治党派の構成を反映した機関で民主的に議論された。しかしパレスチナの運命に関して重大な決断をしなければならない時が近づくにつれて、ベングリオンは公的な組織を無視し、もっと内密の人々に任せ始めた。

一九四六～四七年にシオニズムにとって大きな問題だったイギリスとの軋轢は、一九四七年二月にイギリスがパレスチナを去りパレスチナ問題を国連に移譲すると決定したため、自然に解消した。実際のところ、イギリスにほとんど選択肢はなかった。ホロコーストの後でイギリスは、一九三〇年代のアラブ人の反乱のときと同じようにユダヤ人の反乱に対処することなど決してできなかっただろう。また、労働党〔イギリスの与党〕はインドから退くと決断し、パレスチナも魅力をかなり失ったのだった。とりわけ一九四七年の寒い冬には、大英帝国が二流の大国へ転落する岐路にあり、世界に及ぼす影響力は二つの新しい超大国のために低減し、イギリスポンドの価値を急落させた資本主義システムのせいで衰退した、というメッセージをロンドンは強くかみしめた。労働党は、パレスチナのような遠く離れた土地にしがみつくよりも、国内に福祉国家を築くことを優先事項としたのだ。結局イギリスはなんの未練もみせず、さっさと立ち去ってしまった(47)。

ベングリオンは一九四六年末にはすでにイギリスが落ち目であることに気づいており、イギリスが去るとすぐに側近らとともに、パレスチナ人に実施すべき総合戦略に取りくみ始めた。この戦略はC計画、ヘブライ語ではギメル計画と呼ばれた。

C計画とは、かつてのA計画とB計画の改訂版であった。A計画は、エリメレフ・アヴニールの名をとって「エリメレフ計画」とも呼ばれた。彼はハガナーのテルアビブの司令官として、一九三七年には早くもベングリオンの求めに応じて、イギリスが撤退したときに備えてパレスチナを乗っ取るための指針の策定に着手していた。A計画は一九四六年に考案されたB計画と統合され、C計画になった。

C計画もA計画やB計画のように、パレスチナにおけるユダヤ人共同体の軍事力の準備を目的としており、それは、イギリスが撤退したらすぐにパレスチナの農村部や都市部を攻撃するためであった。パレスチナ人がユダヤ人入植地を攻撃するのを「阻止」し、ユダヤ人の家屋や道路や輸送機関の襲撃に報復するのが目的であった。C計画は、この種の懲罰的行動には何が必要かを明確に説明している。

パレスチナ人の政治指導者を殺害すること。
パレスチナ人の煽動者および資金援助者を殺害すること。
ユダヤ人に敵対行動をとるパレスチナ人を殺害すること。
[委任統治制度における]パレスチナ人の高官および役人を殺害すること。
パレスチナの輸送機関を破壊すること。
パレスチナ人の生活にかかせない井戸や製粉所などを破壊すること。
将来的に攻撃に手を貸しそうな近隣のパレスチナ人の村を攻撃すること。
パレスチナ人の社交場、喫茶店、集会場などを攻撃すること。

C計画はさらに、こうした活動を実施するのに必要な情報(指導者や活動家や「標的になりうる人物」のリストや、村の正確な見取り図など)は、各村の資料集にある、と付け加えた。[48]

ところが、数か月後にさらに別の計画が策定された。D（ダレット）計画である。[49] 将来のユダヤ人国家のためにシオニスト指導者らが目をつけていた領土内のパレスチナ人の運命は、まさにこの計画によって定められた。パレスチナ人たちがユダヤ人国家に協力するのか反抗するのか、そのどちらを決断するのかとは無関係に、とにかくダレット計画はパレスチナ人を組織的に故国から全面的に追放するよう提唱したのであった。

原註

（1）たとえば、Haim Arlosarov, *Articles and Essays: Response to the 1930 Shaw Commission on the concept of strangers in Palestine's history*, Jerusalem, 1931 を参照。

（2）こうした神話のわかりやすい説明は、Israel Shahak, *Racism de l'etat d'Israel*, p. 93 にある。

（3）Alexander Schölch, *Palestine in Transformation, 1856–1882: Studies in Social, Economic and Political Development*.

（4）Neville Mandel, *Arabs and Zionism before World War I*, p. 233.

（5）同日のアル＝アハラーム紙の記事による。

（6）Ishaq Musa Al-Husayni, *The Memories of a Hen* も同様の警告をした。同書はエルサレムのフィラスティーン紙に連載された記事を、一九四二年に書籍にまとめ刊行したものである。

（7）概略的な分析としては、Rashid Khalidi, *Palestinian Identity: The Construction of a Modern National Consciousness* を、より特殊な研究としては、*Al-Manar*, vol. 3, issue 6 を参照。

（8）Pappe（ed.）, *Israel/Palestine Question* 所収の Uri Ram 論考、および David Lloyd George, *The Truth about the Peace Treaties* 参照。

（9）代表的な研究として、Zeev Sternahal, *The Founding Myths of Israel: Nationalism, Socialism, and the Making of the Jewish State*

がある。

（10） バルフォア宣言というのは、イギリス外相アーサー・ジェームズ・バルフォアが、イギリスのユダヤ人共同体の指導者であったロスチャイルド卿に宛てた、一九一七年一一月二日付の書簡である。バルフォア宣言の文言は、一九一七年一〇月三一日の閣議で承認され、以下のようにイギリスの立場を示した。「イギリス政府は、パレスチナにユダヤ人の民族的郷土を建設することを支持し、この目的の達成を手助けするために最善の努力をする。その際、パレスチナに居住している非ユダヤ人共同体の市民的・宗教的権利、および他の国々に住むユダヤ人がそこで享受している諸権利と政治的地位を損なうような行為は、一切なされないことが明白に了解されるものとする」。

（11） Yehosua Porath, *The Emergence of the Palestinian Arab National Movement, 1919–1929.*

（12） Eliakim Rubinstein, 'The Treatment of the Arab Question in Palestine in the post-1929 Period', in Ilan Pappe (ed.), *Arabs and Jews in the Mandatory Period: A Fresh View on the Historical Research*（ヘブライ語）.

（13） ピール調査委員会については、Charles D. Smith, *Palestine and the Arab-Israeli Cinflict*, pp. 135–7 を参照。

（14） Barbara Smith, *The Roots of Separatism in Palestine: British Economy Policy, 1920–1929.*

（15） この結びつきを示したのは、Uri Ben-Eliezer, *The Making of Israeli Militiarism* である。

（16） John Bierman and Colin Smith, *Fire in the Night: Wingate of Burma, Ethiopia and Zion.*

（17） Hagana Archive, File 0014, 19 June 1938.

（18） Ibid.

（19） The Bulletin of the Hagana Archive, issues 9–10（prepared by Shimri Salmon）'The Intelligence Service and the Village Files, 1940–1948'（2005）.

（20） ユダヤ民族基金に関する批判的な概説は、Uri Davis, *Apartheid Israel: Possibilities for the Struggle Within* を参照。

（21） Kenneth Stein, *The Land Question in Palestine, 1917–1939.*

(22) この文書は The Cental Zionist Archives にあり、Benny Morris, *Correcting A Mistake*, p. 62, notes12–15 で引用されている。
(23) Ibid.
(24) Hagana Archives, File 66.8.
(25) Hagana Archives, Village Files, File 24/9, testimony of Yoeli Optikman, 16 January 2003.
(26) Hagana Archives, File 1/080/451, 1 December 1939.
(27) Hagana Archives, File 194/7, pp. 1-3, 二〇〇二年一二月一九日に行なわれたインタビューより。
(28) 註15参照。
(29) Hagana Archives, S25/4131, 105/224, 105/227 をはじめ、同資料はそれぞれ別の村を取り上げている。
(30) Hillel Cohen, *The Shadow Army: Palestinian Collaborators in the Service of Zionism*.
(31) パルティ・セラとのインタビュー、Hagana Archives, File 205.9, 10 January 1988 所収。
(32) 註27参照。
(33) Hagana Archives, Village Files, 105/255 files from January 1947.
(34) IDF Archives, 49/5943/114, orders from 13 April 1948.
(35) 註27参照。
(36) Ibid., File 105.178.
(37) Harry Sacher, *Israel: The Establishment of Israel*, p. 217 に引用されている。
(38) Smith, *Palestine and the Arab-Israeli Conflict*, pp. 167–8.
(39) Yossef Weitz, *My Diary*, vol. 2, p. 181, 20 December 1940.
(40) Ben-Gurion, *Diary*, 12 July 1937; *New Judea*, August-September 1937, p. 220.
(41) Shabtai Teveth, *Ben-Gurion and the Palestinian Arabs: From Peace to War*.

(42) Hagana Archives, File 003, 13 December 1938.

(43) イギリスの政策については、Ilan Pappe, *Britain and the Arab-Israeli Conflict 1948–1951* を参照。

(44) Moshe Sluzki と Moshe Sneh へのインタビュー、Gershon Rivlin（ed.）, *Olive-Leaves and Sword: Documents and Studies of the Hagana* 所収、および Ben-Gurion, *Diary*, 10 October 1948.

(45) Yoav Gelber, *The Emergence of Jewish Army*, pp. 1–73 を参照。

(46) Michael Bar-Zohar, *Ben-Gurion: A Political Biography*, vol. 2, pp. 639–66（ヘブライ語）.

(47) Pappe, *Britain and the Arab-Israeli Conflict* を参照。

(48) Yehuda Sluzki, *The Hagana Book*, vol. 3, part 3, p. 1942.

(49) 本書第4章参照。

第3章　分割と破壊
国連決議一八一とその衝撃

旧ユーゴスラヴィアの紛争でもっとも残忍だったのは「民族浄化」であった。多数派の集団が、占拠した土地からマイノリティ集団を力ずくで除去するために行なったのだ。かつては異なる民族が同じ村に一緒に暮らしており、エスニック集団による区別も、民族浄化もなかった。したがってこうした状況をもたらした原因は、明らかに政治的なものであった。

人種差別撲滅国連委員会の旧ユーゴスラヴィアに関する要約記録

一九九五年三月六日

パレスチナの住民

シオニズム運動がパレスチナで民族浄化作戦を開始した一九四七年一二月初頭、この国ではパレスチナ人とユダヤ人が「混住」していた。パレスチナ住民は全体の三分の二を占めるマジョリティだったが、委任統治開始時の九〇%からは減っていた。残りの三分の一は、ほとんどが一九二〇年代以降に来たユダヤ人ニューカマーで、ユダヤ人入植者や、戦争で荒廃したヨーロッパからの難民である。[1] 一九世紀末以降、当初パレスチナ住民は、汎アラブ・アイデンティティの枠内で自決権を求めてきた。そして第一次大戦が終わるとすぐに、今度は委任統治制度の枠組みでそれを求めた。この制度は、中東に作られた国民国家を独立させ、さらに民主主義の原則に基づいた将来へ導くことを約束していた。しかしイギリスの委任統治憲章には、一九一七年のバルフォア宣言もそっくり組み込まれており、ここでパレスチナのユダヤ人に「郷土」を確保するとイギリスは約束していた。

イギリスの親シオニズム政策と、拡大するユダヤ人マイノリティの存在感にもかかわらず、パレスチナは委任統治が終わるまでアラブ人の国だった。パレスチナのほぼすべての耕作地はもともとの住民の所有地だった。ユダヤ人が所有するのは一九四七年にはわずか五・八%だった。ここで「混住の」という形容詞を使えば、控えめにいって誤解を生む。シオニズム運動がパレスチナで始まって以来、指導部はユダヤ移民に村落に定住するよう説得しようとしたが、失敗した。ユダヤ人ニューカマーは圧倒的に都市や町を好んだ。そのせいでシオニストの入植地は互いに遠く離れる結果となった。北部のガリラヤや南部のナカブ（ネゲヴ）などの地域は事実上、パレスチナの村落に囲まれた孤島のようだった。

こうした入植地は孤立しているため、村というより軍事駐屯地のように建設された。住居であることよりも警備上の配慮が設計やデザインで重視された。こうした入植地が内向きに遮断されているのと奇妙に対照的なのが、伝統的なパレスチナの村である。ここでは自然の石造りの家屋と誰でも近づける囲いのない田畑が隣接し、周囲には果樹園やオリーブ畑がある。

二つのコミュニティの衝突が増えるなか、分割の原理に基づいて解決をはかりたいと考える者たちにとって、パレスチナの辺境地域にほとんどユダヤ人が定住していないことは、明らかに深刻な問題となった。だが国土の四分の三以上を占める地方〔農村や砂漠〕をそのままパレスチナの土地にしておくのは、論理と常識からすれば当然だった。しかし都市部には、ほぼ同じ割合で住民がいた。問題は、これが現実だった場合、どうやって均質なパレスチナ人国家とユダヤ人国家を別々に作り出すかということだった。パレスチナの分割は、もともとイギリスの編みだした解決策だった。しかし一九三七年以来、シオニストの政策の目玉となった。それ以前にイギリスはいくつか別の選択肢を示したが、とくに二民族国家の創出についてはユダヤ人側が拒絶し、スイスをモデルとした連邦制パレスチナについてはいずれの側も検討を拒絶した。結局、イギリス政府は迫りくる紛争の解決策を見つけるのをあきらめ、一九四七年二月にパレスチナ問題を国連に委ねた。分割はシオニストの指導部にとって都合がよく、イギリスにも支持されて、いまや当然のこととなった。パレスチナ人の利益はやがて一連の工程からほぼ完全に削除された。

国連の分割決議

一九四七年、設立からわずか二年の未熟な国連は、将来のパレスチナの運命をパレスチナ特別委員会（ＵＮＳＣＯＰ）の手に委ねた。どの委員も紛争解決に関わった経験がなく、パレスチナの歴史もほとんど知らないことが判明した。

ＵＮＳＣＯＰもまた、将来的な解決の指針として分割を支持することに決めた。委員たちは実はしばらくの間、パレスチナ全土を一つの民主国家とし、住民の多数決によって将来を決定することはできないか検討したのだが、最終的にその考えを放棄した。かわりにＵＮＳＣＯＰは、パレスチナを二つの国家に分割し、連邦国家のように双方を経済的に統合する案を国連総会に提出した。さらにエルサレム市については、国連の管理の下で国際的な特別都市とすることを提案した。UNSCOPの報告書は結論として、将来の二つの国家が国内の人口比を除けば同質であることを想定し、したがっていずれもリベラルデモクラシーの原則を信奉する国家であることの必要性を強調した。一九四七年一一月二九日、この案は総会決議一八一として成立した。[2]

国連が分割決議を採択したということは、パレスチナの人口の民族構成比を明らかにまったく無視している。ユダヤ人がパレスチナに入植した領域を将来の国家の領土に一致させようと決めていたならば、国連はユダヤ人にパレスチナのせいぜい一割しか与えなかっただろう。しかし国連は、パレスチナを求めるシオニズム運動の民族主義的な主張を受け入れ、ヨーロッパでナチスが行なったホロコーストの償いをしようとしたのである。

その結果、シオニズム運動はパレスチナの半分以上の国家を「与えられ」た。UNSCOPの委員がシオニスト寄りに方向を変えたのは、一九一八年以来パレスチナの指導部が国土の分割に反対していたからでもあった。指導部は主に都市の名士で構成されていたが、これまでも何度となくパレスチナ住民の正確な代弁をしそこなっていた。しかし今回は正しく理解し、植民地化するためにやってきたヨーロッパの入植者と自国を「分かち合う」案に憤るパレスチナ社会を全面的に支持した。

アラブ連盟や地域的なアラブ機構とアラブ高等委員会（パレスチナ政府の前身）は国連決議に先立つUNSCOPとの交渉をボイコットすることを決め、決議された一九四七年一一月以降は最善の実施方法を探る会議に参加しなかった。シオニストの指導部はその空白を利用し、気楽に自信を持ってパレスチナの将来構想をいかに実現するか、国連との協議の場をただちに設けた。パレスチナの和平プロセスでは、とりわけ一九六七年にアメリカが関与するようになって以来、このパターンが頻繁に繰り返されるのをわれわれは目にするだろう。今日に至るまで、「パレスチナ和平の実現」とはつねに、パレスチナ人を考慮するどころか彼らと真剣な協議もせず、アメリカとイスラエルだけで決めた構想を追求することだったのである。

シオニズム運動があっというまに一九四七年の外交ゲームを制したため、ユダヤ人社会の指導部は大胆にも、パレスチナ全土の八〇%を国家として配分するようUNSCOPに要求した。国連と交渉するにあたって、シオニストの特使は実際に希望する国家の地図を作成した。そこには一年後にイスラエルが占領するすべての土地、つまり西岸地区を除いた委任統治領パレスチナが描かれていた。しかしUNSCOPのほとんどの委員が、これでは少し大きすぎると感じ、パレスチナの五六%で満足するようユダヤ人を説得した。さらに、カトリック諸国はエルサレムの宗教的な重要性に鑑み、同市を国際都市にするよう国連を促した。そのためUNSCOPも、この聖なる都市を将来のユダヤ国家の一部にしたいという要求は拒絶した。[3]

パレスチナ人が圧倒的多数を占める国をまっぷたつに分割するのが完全な誤りだったことは明らかである。もともとの大多数の住民の意思に反して遂行されたからである。国連は、パレスチナに平等にユダヤ人国家とアラブ人国家をつくると言いふらしてパレスチナ人の基本的権利を侵害し、中東での反植民地主義の絶頂期にあって、アラブ諸国がパレスチナに寄せる関心を完全に無視したのである。

国連の決議がパレスチナとその住民にもたらした影響はもっとひどかった。事態を収拾するどころかかえって緊張を高め、この地が史上もっとも暴力的な局面に突入する直接の原因となった。イギリスがパレスチナから撤退する意志をはじめて明らかにした一九四七年二月に、すでに両社会はかつてないほど全面衝突に近づいていたように思われた。一九四七年一一月二九日に国連で分割決議が成立する以前は、深刻な暴力の発生は一切報告されていなかったが、とりわけ民族が混住する都市の不安は大きかった。国連がどちらに進むのかはっきりしないうちは、おおむね普段どおりの暮らしが続けられた。しかしついに賽が投げられ、国連がパレスチナ分割に圧倒的多数で賛成したことがわかると、法と秩序は崩壊し、分割が示している最終決着に人々は不吉な予感を抱いた。混乱は最初のアラブ・イスラエル戦争〔第一次中東戦争〕を引き起こした。パレスチナの民族浄化が始まったのである。

アラブ人とパレスチナ人の立場

すでに述べたとおり、パレスチナの指導部は当初から国連の手続きをボイコットすることを決めた。現在イスラエルはこの決定を根拠に、イスラエルではなくパレスチナ人自身が一九四八年に彼らにふりかかった運命に責任があるとことさら宣伝する。パレスチナ人による歴史叙述は、国連が進めた手続きがどれほど不公平で不法であったかを明らかにし、UNSCOPの存在理由を探求して、こうした言いがかりをきっぱりはねつける。

国連は分割を主要目的とし、パレスチナ人のあげる理にかなった反対意見を無視した。イギリスがバルフォア宣言を発表した三〇年前から、仲介者らはこうした反論についてよく知っていた。ワリード・アル＝ハーリディーはパレスチナ人の立場を簡潔に述べる。「パレスチナの現地住民は、アラブ世界やアジア、アフリカ、ヨーロッパ諸国の先住民と同様に、入植者の社会とのあいだで土地を分け合うことを拒否したのだ(4)」。

UNSCOPが作業を開始して数週間すると、パレスチナ人は自分たちが不利な立場におかれていると悟った。そのあげく、もとから暮らしていたパレスチナ人と、つい最近新しくやって来たばかりの大勢の入植者で国土を分割するという国連決議が採択されたのだった。一九四七年一一月に決議一八一が成立し、彼らの眼前で最悪の悪夢が展開した。九か月後にイギリスが撤退を宣言したころには、パレスチナ人はある国際組織〔国連〕のなすがままになっていた。国連は「憲章」を定めていたにもかかわらず、国際的な仲介ルールのすべてを無視しているように見え、パレスチナ人の目からすれば不法で不正な解決法を進んで宣言しようとしているようだった。当時、決議の適法性を国際司法裁判所（一九四六年創設）に問おうと考えたパレスチナ人指導者もいたが、実現しなかった。[5] 国民の多数派が激しく抗議する解決策の押し付けについて、国際裁判所がいかなる判断を下すのか、偉大な法律家でなくても予想がつく。

不法なのは現在と同じく当時もはっきりしていたが、パレスチナの取材をしていた西洋のおもだった新聞は、どこもほとんど論評しなかった。パレスチナ全土の六％以下の土地しか所有せず、人口のわずか三分の一しかいないユダヤ人が、半分以上の領土を与えられる。国連の提案によるユダヤ人の国の領域内で考えても、彼らは一一％の土地しか所有しておらず、すべての行政区で少数派だった。ユダヤ人国家のかなりの部分を占めていたネゲヴ地方は、不毛の土地ではあるが相当の農村人口とベドウィンの人口を有しており、ユダヤ人はその人口の一％しか満たしていなかった。

決議の倫理的信憑性を疑わせる点が、他にもすぐに露呈した。分割決議ではパレスチナのなかのユダヤ人の居住する都市と農村のほとんどすべて、そしてもっとも肥沃な土地の大半をユダヤ国家に組み入れていた。さらに一〇〇〇以上ある村落のうち四〇〇もここに含まれた。決議一八一は二つの新生国家が平和に共存するという想定に基づいていたため、人口や地理の比率にあまり気を配る必要はなかった、とあと知恵でUNSCOPを擁護する人もいるかもしれない。だが、後にUNSCOPの複数の委員が論じたように、彼らは完全にシオニズムを誤解し、その野望を全面的に過小評価するという過ちを犯した。ふたたびワリード・アル＝ハーリディーの表現を借りると、決議一八一は「すでに一九三〇年代にパレスチナを非アラブ化すると公言していたイデオロギー活動に、パレスチナを半分与えた軽率な行為」[6]だったのである。したがって決議一八一がもっとも非道徳的だったのは、パレスチナの民族浄化を防ぐ仕組みが一切なかったことである。

一九四七年一一月に国連が提出した最終案（巻末地図5）を詳しく見てみよう。パレスチナは実際には三つに分割されることになっていた。国土の四二％が八一万八〇〇〇人のパレスチナ人（一万人のユダヤ人を含む）の国家で、国土の五六％に及ぶユダヤ人の国家には四九万九〇〇〇人のユダヤ人が四三万八〇〇〇人のパレスチナ人とともに住むとされた。三つめはエルサレム市周辺の小さな飛び地で国際的に統治し、二〇万人の人口のうち半数がパレスチナ人、半数がユダヤ人とされた。[7]

ユダヤ国家の人口比がほぼ半々だったので、もしもこの地図どおりに実施されれば、シオニストの指導部にとって政治的な悪夢となっただろう。シオニズムはどの目的も絶対に果たせなかったはずだ。一九四八年の事件に関する従来のシオニスト史観にはじめて異議を唱えたユダヤ系イスラエル人の一人であるシムハ・フラパンがいうように、アラブ人やパレスチナ人が分割決議に賛成したとしても、ユダヤ人指導部はこのUNSCOPの案を間違いなく拒絶していただろう。[8]

実際この国連の地図は、決議一八一の成立後に広がり始めた悲劇を確約した処方箋だった。のちに民族浄化の理論家が認めたように、民族に関してかなり緊迫した状況で排除のイデオロギーが採用されれば、結果は一つしかない。民族浄化である。分割決議に賛成票を投じた国連の委員たちは、あの地図を描いたことで、発生しかけていた犯罪に直接手を貸したのである。

ユダヤ人の反応

一九四七年に、ダヴィド・ベングリオンは政策決定機関を統轄するようになったが、それはおそらく本書が対象とする歴史で唯一複雑な要素だろう。しかしこれについては他の文献が詳しく論じているし[9]、本書の範囲を越える。簡単に言えば、彼はこうして世界や近隣アラブ諸国、パレスチナ人に関するユダヤ社会の主要な政策をほぼ独断で決めることができるようになったのである。彼は仲間の先頭に立って、一九四七年一一月二九日の国連分割決議を受け入れると同時に無視したのだった。

アラブ諸国やパレスチナの指導部がはっきり決議案を拒否してくれたおかげで、ベングリオンが同計画を受け入れながらそれと反対のことをやりやすくなったのはまちがいない。決議が成立する前の一九四七年一〇月、納得いく分割案でなければ受け入れる義務はないと彼はすでに幹部たちに明言している[10]。したがって、パレスチナ人が決議案を拒否しようと受諾しようと、決議案の欠陥に対する彼の評価は変わらなかった。シオニストの頂点にいる彼とその友人たちにとって正当なユダヤ国家とは、パレスチナの大半を占め、たとえパレスチナ人がいたとしてもごく少数しか認めない国を指した[11]。同様にベングリオンは、エルサレムを国際的な都市にするという決議案の要求も意に介さなかった。彼はエルサレム市をそっくりユダヤ国家の首都にしようと心に決めていた。それが失敗に終わったのは、パレスチナとエルサレム市の将来をめぐるヨルダンとの交渉が紛糾し決裂したためであるが、これについては後述する。

国連案に不服だったベングリオンはしかし、アラブ世界やパレスチナが分割案を完全に拒否している現状では、最終的な国境は確定しないままだろうとよく理解していた。大切なのは、パレスチナにユダヤ人の国をつくる権利を国際社会に承認されることだった。あるイギリス人駐エルサレム職員は本国政府に宛てた手紙で、シオニストは選択的に分割案を受け入れたのだ、と鋭く指摘している。シオニストはユダヤ国家が国際的に承認されたことは喜んだが、国連が提示した「それを維持するための非シオニストの条件」については非難した[12]。

アラブやパレスチナ側が分割案を拒否すると予想されたので[13]、ベングリオンやシオニスト指導部は、国連分割案は成立した日に死文化されたと主張することができた。しかしもちろん、パレスチナにおけるユダヤ国家の正当性を認めた条項は有効だとみなしたのである。パレスチナ人やアラブ人が拒否すれば、国境は「分割決議ではなく軍事力で決まるだろう」とベングリオンは述べた[14]。それこそ現在、アラブ人が経験している運命にほかならない。

活動を始めた顧問団

ここに一つの公式が成立する。ベングリオンは、あまり重要でない機関では分割決議を強く支持し、重要な機関であるほど拒否の姿勢を示した。安全保障問題に関する諮問機関の防衛委員会では、分割決議を退けてみせた。だが、国連決議一八一がまだ成立していない一九四七年一〇月七日の時点で、すでに顧問団の側近に対し、アラブが国連との協力を拒んでいる以上「ユダヤ国家に国境線は存在しない」と話したことがわかっている[15]。

一九四七年の一〇月と一一月に、顧問団はベングリオンのもっとも重要な相談相手となった。ユダヤ人が確実に国内の多数派となって独占できるようにするため、自分が分割案を無視し軍事力を行使したらどのような結果になるか、顧問団とだけ率直に意見を交わした。政治家や軍人のなかから厳選したこの仲間たちにしか、こうした「微妙な」問題について打ち明けることができなかったのである。

そもそもこうした問題は公表できないと思ったからこそ、ベングリオンは顧問団を作ったのだった。すでに説明したとおり、顧問団は公式の組織ではなく、会合のきちんとした議事録はほとんどない[16]。後述する一、二の重要な会合以外は、果たして記録をとったのかどうかすら疑わしい。しかしベングリオンは、多くの会合について日記に要約している。彼の日記はこの時代の重要な歴史的資料である。さらに顧問団のメンバーには、後年インタビューを受けたり、自伝や回想録を書いた人物がいる。以下の記述については、私はベングリオンの日記や記録文書、そしてすべての会合に出席していたイスラエル・ガリーリの個人記録資料《アーカイブ》から手がかりを得ている（すべての資料はスデー・ボケルにあるベングリオン文書館に所蔵されている）。また、会合の前後に集中して書簡がやり取りされており、どれもイスラエル各地の文書館で見ることができる。会合はテルアビブにあるベングリオンの自宅で開かれたり、レッドハウスで開かれたりした。一九四八年三月一〇日のように、水曜日、レッドハウスで開かれた高等司令部の週例会議であるマクタルと兼ねることもあった（この会合の公的な部分〔マクタル〕については、イスラエル国防軍の記録資料《アーカイブ》に残されている）。公的な会合を水曜日にやって、もっと私的な会合を翌日ベングリオンの自宅で開くこともあった。後者について、ベングリオンはひじょうに注意深く日記で触れているが、ヨセフ・ヴァイツの日記やイスラエル・ガリーリの記録資料《アーカイブ》、さまざまな同僚（そのうちもっとも有名なのは、この時期ほとんど外国勤務だった副司令官のモシェ・シャレットである）に宛てたベングリオンの手紙などの資料が、再現する助けになる[17]。

前に述べたとおり、顧問団は安全保障の担当者と「アラブ問題」専門家からなっていた。これは後年、対アラブ世界（とくにパレスチナ）の安全保障、戦略、政策立案に関するイスラエル政府の諮問機関では長らく柱となる枠組みだった。[18] ベングリオンの側近たちは、イギリスがパレスチナから撤退すると決めた一九四七年二月以降定例会議を持つようになり、パレスチナ人が国連分割案を拒否することが明らかになった一九四七年一〇月には、その頻度を増やした。パレスチナ人やアラブ全体の立ち位置がはっきりすると、顧問団のメンバーたちは、国連の指定したユダヤ国家内のパレスチナ人の運命だけでなく、国連の決めたアラブ国家内のパレスチナ人にも、自分たちの方針が影響を与えることを知った。パレスチナのどこに住んでいたかに関わりなく一〇〇万人のパレスチナ人を追放する最終計画に行き着くまで、顧問団の思考の過程を次章で見ていこう。

記録として残る顧問団の最初の会合は一九四七年六月一八日、高等司令部の水曜日午後の定例会議を兼ねて開かれたものである。ベングリオンは日記と、公刊された回想録の両方にこの会合について記している。彼は出席者に対し、ユダヤ社会は「入植地だけでなく、全国土とわが民族の未来を防衛」しなければならないと述べた。その後一九四七年一二月三日の演説で彼は再び「わが民族の未来」と口にし、この語を国の人口比に関する符号として用いたのである。[19]

原註

（1）パレスチナはいくつかの行政区に分かれていた。一九四七年の各区のユダヤ人の割合は次のとおり。サファド一二%、アッカ四%、ティベリア三三%、ベイサーン三〇%、ナザレ一六%、ハイファ四七%、エルサレム四〇%、リッダ七二%（ジャッファ、テルアビブ、ペタハ・ティクバを含む）、ラムレ二四%、ベエルシェバ七・五%。

(2) Ilan Pappe, *The Making of the Arab-Israeli Conflict, 1947-1951*, pp. 16–46 を参照。

(3) United Nations Archives: The UNSCOP Documents, BOX 2 を参照。

(4) Walid Khalidi, 'Revisiting the UNGA Partition Resolution', *Journal of Palestine Studies*, 105 (Autumn 1997), p. 15. ＵＮＳＣＯＰに関するより詳細な情報と、ＵＮＳＣＯＰがシオニストに促されてパレスチナの分割という親シオニスト的な解決方向に国連を導いたやり方については、Pappe, *The Making of the Arab-Israeli Conflict*, pp. 16–46 を参照。

(5) Khalidi, ibid.

(6) Ibid.

(7) Plenary Meetings of the General Assembly, 126th Meeting, 28 November 1947, *UN Official Record*, vol. 2, pp. 1390–1400.

(8) Flapan, *The Birth of Israel*, pp. 13–54.

(9) たとえば次を参照。David Tal, *War in Palestine, 1948: Strategy and Diplomacy*, pp. 1–145.

(10) Bar-Zohar, *Ben-Gurion*, part II, pp. 660–1.

(11) Mapai Centre on 3 December, 1947 における演説を参照。

(12) Private Archives, Middle East Centre, St. Antony's College, Cunningham's Papers, Box 2, File 3.

(13) Ibid.

(14) アラブ側の反応に関する詳細な分析については、Eugene L. Rogan and Avi Shlaim (eds.), *The War For Palestine: Rewriting the History of 1948* を参照。とくに Charles Tripp, 'Iraq and the 1948 War: Mirror of Iraq's Disorder'; Fawaz A. Geregs, 'Egypt and the 1948 War: Internal Conflict and Regional Ambition'; Joshua Landis, 'Syria and the Palestine War: Fighting King Abdullah's "Greater Syria" Plan' を参照のこと。

(15) Ben-Gurion's *Diary*, 7 October, 1947.

(16) ベングリオンがこれ〔顧問団〕について名指しで言及したのは一度きりである。日記(一九四八年一月一日)の冒頭で、彼はそれを「専門家グループ *Mesibat Mumhim*」と呼んだ。公刊されている日記の編集者たちは、グループとはアラブ問題の専門家の会合を指すと注をつけている。〔だが〕この会合の記録では、アラブ問題の専門家に加えて、高等司令部のメンバーの一部が含まれていることが明らかである。まさにこの二つのグループが合流し、私が顧問団と呼ぶものになったのである。

(17) ベングリオンの日記には、次の会合の記述がある。一九四七年六月一八日、一九四七年一二月一〜三日、一九四七年一二月一一日、一九四七年一二月一八日、一九四七年一二月二四日(日記には二五日の欄にネゲヴでの防衛戦術とともに書いてある)、一九四八年一月一日、一九四八年一月七日(ジャッファの将来についての議論)、一九四八年一月九日、一九四八年一月一四日、一九四八年一月二八日、一九四八年二月九〜一〇日、一九四八年二月一九日、一九四八年二月二五日、一九四八年二月二八日、一九四八年三月一〇日、一九四八年三月三一日。日記で触れた全会合の前後の書簡は、Ben-Gurion Archives の通信部門と私信部門で入手できる。これらは日記の大雑把な記述に欠けた大きな空白を埋めてくれる。

(18) 推定できる顧問団のメンバーは以下のとおり。ダヴィド・ベングリオン、イガエル・ヤディン(作戦司令官)、ヨハナン・ラトナール(ベングリオンの戦略顧問)、イーガル・アロン(パルマッハおよび南部戦線司令官)、イツハク・サデー(装甲部隊司令官)、イスラエル・ガリーリ(高等司令部司令官)、ツヴィ・アヤロン(ガリーリの副官、中央戦線司令官)。マクタル〔高等司令部定例会議〕のメンバーでなかったのは、ヨセフ・ヴァイツ(ユダヤ機関の入植地部隊司令官)、イサル・ハルエル(情報局長)、および彼の部下であるエズラ・ダニン、ガド・マクネス、イェホシュア・パルモン。他の一、二の会合には、モシェ・シャレットとエリヤフ・サッスーンも参加していたが、日記によればベングリオンは、サッスーンとは個別にほぼ毎週日曜日、ヤアコヴ・シムオーニとともにエルサレムで会っていた。また、何人かの現地将校が代わるがわる呼ばれて参加した。ダン・エヴェン(沿岸戦線司令官)、モシェ・ダヤン、シモン・アヴィダン、モシェ・カルミル（北部戦線司令官）、シュロモ・シャミール、イツハク・ラビンといった人々である。

(19)　この会合については、彼の著書 *When Israel Fought*, pp. 13–18 でも触れている。

第4章　マスタープランの仕上げ

NATOの報道官ジェイミー・シェイによると、あらゆる報告を見るかぎり、コソボで起きたことは、セルビアによるマスタープランに完璧に従っていた。セルビア軍の戦車がまず村を包囲し、ついで民兵が銃口を向けて民間人を駆りたて、若い男を女性や子どもたちから引き離すというのが暴力のパターンである。女性と子どもたちは自宅から追い出され、国境へ送られる。彼らが村を去ると、家屋は荒らされ組織的に放火された。

CNN、一九九九年三月三〇日

これらの作戦は次のいずれかの方法で実行できる。村を破壊する。とくに継続的な管理の困難な居住地を、放火や爆破、または瓦礫に地雷を敷設して破壊する。もしくは以下のガイドラインに従って捜査し制圧する。村を包囲し捜索する。抵抗があれば武装勢力を一掃し、住民を国境外に放逐すること。

ダレット計画、一九四八年三月一〇日

民族浄化の方法

一九四七年二月から一九四八年五月までの重大事件を、ここで時系列にまとめておいてもよいだろう。本章で詳しく取り扱う時代を、最初に概観しておきたい。

一九四七年二月にイギリスは、委任統治領パレスチナから撤退し、将来の問題解決は国連に委ねると閣議で決定した。国連はこの問題の審議に九か月をかけ、パレスチナを分割する案を採用した。分割を支持してきたシオニスト指導部は最終的にこの案を受け入れたが、アラブ世界やパレスチナの指導者たちは拒絶した。彼らはパレスチナをひとつの国家として維持し、もっと交渉に時間をかけて現状を打開したいと望んだのである。分割決議は一九四七年一一月二九日に可決された。それから数日もしないうちに、パレスチナ人による抗議でバスやショッピングセンターが破壊され、その報復としてユダヤ人はパレスチナの村やその周辺を一斉に攻撃した。こうしてパレスチナの民族浄化が一九四七年一二月上旬に始まったのである。(1) 散発的ではあったが、このユダヤ人の攻撃は、大勢の人々（約七万五〇〇〇人）に移住を決意させるほど苛烈だった。

一月九日、全アラブ義勇軍の最初の部隊がパレスチナ入りし、幹線道路や孤立したユダヤ人入植地でユダヤ軍と小規模な戦闘をかわした。これらの小競り合いでやすやすと優勢に立つと、ユダヤ人指導部は報復行為から浄化作戦へ正式に戦術を転換した。一九四八年二月中旬、ユダヤ軍はパレスチナ人の五つの村を一日で無人とし、続けて強制追放に取りかかった。一九四八年三月一〇日、ダレット作戦が採用された。最初の標的はパレスチナの都市中心部で、いずれも四月末までに占領された。この段階でおよそ二五万人のパレスチナ人が追い立てられ、同時に虐殺もいくつか起きた。もっとも有名なのがデイル・ヤースィーン村の虐殺である。アラブ連盟はこうした動きを知ると軍事介入することに四月末に決めたが、ただしイギリスの委任統治が終了してからであった。

一九四八年五月一五日、イギリスは撤退した。ユダヤ機関はただちにパレスチナにユダヤ国家を建国したと宣言し、当時の二大国、アメリカ合衆国とソヴィエト連邦はこれを正式に承認した。同日、正規のアラブ軍がパレスチナに進攻した。

アメリカ政府は、国連分割決議は和平案どころか、流血と対立を継続させる秘策なのは明らかだとすでに一九四八年二月には結論を出していた。そこでアメリカは、紛争の進展を止めようと代替案を二度にわたって提出した。一九四八年二月に提出した五年間の信託統治案と、五月一二日に提出した三か月の停戦案である。シオニスト指導部はどちらの和平案も一蹴した。(2)

この頃のシオニストの公式な戦略は二つの理由で動いていた。第一の理由は、現地の思いがけない二つの展開に対するその場しのぎの反応だった。一つは、完全に崩壊したわけではないものの、パレスチナの政治的・軍事的な権力体系のほころびであった。もう一つは、ユダヤ人の積極的な活動や、シオニストのプロジェクトおよび将来のユダヤ国家が国際的な支持を受けるのをみて、アラブ世界で混乱や困惑が高まったことである。

シオニストの戦略を動かした第二の理由は、排他的ユダヤ人国家という夢を実現する唯一無二のチャンスを最大限に活用することだった。これまで各章で見たとおり、一九世紀末にシオニズム運動が登場して以来、ユダヤ人だけの国民国家という構想は、シオニスト・イデオロギーの中核にあった。一九三〇年代半ばにひと握りのシオニスト指導者は、イギリス支配の終了とパレスチナの脱アラブ化(パレスチナをアラブ人から解放すること）をはっきり結びつけて理解していた。さらに一九四七年一一月末になると、指導部中枢の大半はこの結びつきを認識していたようである。そしてベングリオンの指導のもと、両者が結びついて生まれるチャンスの多くをどう生かすかという問題に彼らは関心を向けていた。

一九四七年以前は、もっと緊急の別の課題があった。パレスチナに政治的・経済的・文化的なシオニストの飛び地を作り、そこへ確実にユダヤ人を移住させることが第一の任務だった。前述したように、現地のパレスチナ住民をどう扱うのが最善策かは、曖昧なままだった。しかしイギリス委任統治がまもなく終わること、アラブが分割決議を拒否したこと、存続可能なユダヤ国家にはパレスチナの国土がどれくらい必要なのかについて、ベングリオンが熱心に認識を示したことは、古いイデオロギーと漠然としたシナリオを明確なマスタープランに転換する助けとなった。

一九四八年三月以前の、シオニスト指導部が将来構想の実現のために行なった活動は、敵意に満ちたパレスチナ人やアラブ人に対する報復としてまだ説明することができた。しかし、三月以降はそう言うことはできない。シオニスト指導部は、委任統治が終了する二か月前に、武力で土地を奪い現地住民を追い出すと公然と宣言した。ダレット計画である。

空間の定義

できるだけ少数のパレスチナ人しかいないパレスチナをできるだけ広く獲得するというのが、シオニストの目標であった。地理的な面で独立国家を構成するものを定める作業は、その第一歩だった。決議一八一として正式に承認された国連分割案は、ネゲヴ地方と沿岸部、東部の渓谷（マルジュ・イブン・アーミルとベイサーン渓谷）と下ガリラヤをユダヤ国家に組み込んでいた。だが、これで終わりではなかった。

ベングリオンはイギリス軍に従軍した経験のあるユダヤ人将校たちのグループと定期的に会合を設けており、それを「戦時内閣」と呼んでいた（ハガナーのメンバーに迫られて、のちに解散した）。彼は将校たちに、パレスチナ全土を占領する準備を始めるべきだという考えを植えつけようと決心した。一九四七年一〇月、ベングリオンはこのうちもっとも地位の高いエフライム・ベン＝アルツィに宛てて、近隣のアラブ諸国による攻撃の可能性を払拭し、なるべく広いパレスチナを、できることなら全土を占領できるような軍隊を創設したいと書簡を送った(3)。

シオニスト指導部は、もっとも遠くに点在するユダヤ人入植地の場所にしたがって境界を定めることにした。委任統治国家の最果てに点在する入植地を結んだ土地はすべてユダヤ人のものにしなければならなかったし、パレスチナ住民との緩衝地帯として、自分たちの周囲にさらなる「安全地帯」をめぐらせばなお好ましかった(4)。

トランスヨルダンのハーシム王家と交渉を続けるうち、将来の地図の形が変わる条件を一つだけ認めた人々も指導部にいた。パレスチナ東部（現在のヨルダン川西岸地区）が、将来、イスラエルではなくヨルダンの一部になる可能性である。一九四六年末にユダヤ機関は、ヨルダンのアブドゥッラー国王と集中的な交渉を開始した。アブドゥッラーはメッカ、メディナといったムスリムの聖地のあるヒジャーズ出身のハーシム王家の末裔で、一族は第一次世界大戦ではイギリス側で参戦した。その報酬として、イギリスは委任統治制度のもと成立したイラク王国とヨルダン王国をハーシム家に与えた。当初ハーシム家は（少なくとも彼らの理解では）、中東の一画を狙うフランスを妨害するため、一九一五年から一九一六年にかけてフサインとマクマホンが交わした書簡に基づき、シリアを約束されていた。しかしフランスがアブドゥッラーの弟のファイサルをシリアから追い出したため、イギリスはアブドゥッラーではなくファイサルにイラクを与えて報酬とした[5]。

年長の王室継承者として、アブドゥッラーはこの取引の分け前に不満だった。一九二四年にハーシム家の本拠地であるヒジャーズがサウード家に奪われていたのだから、なおさらだった。トランスヨルダンはヨルダン川東部の乾燥した砂漠地帯にすぎず、ベドウィンの部族やチェルケス人の村がいくつかあるだけだった。肥沃で文化的で人口の多いパレスチナを手に入れたいと彼が考えたのも不思議ではなく、あらゆる手段は目的のために正当化された。そのためには、シオニストの指導者たちとよい関係を築くのが最善の策だということに、アブドゥッラーはすぐ気がついた。第二次世界大戦後、彼は委任統治後のパレスチナの分割の仕方について、ユダヤ機関と大筋で合意に達した。一九四七年一一月二九日の国連一八一号決議成立直後から、土地を分け合うという漠然とした考えを土台に、真剣な交渉が始まった。王が希望した土地（現ヨルダン川西岸地区）にユダヤ人入植地はほとんどなかったので、ユダヤ人指導部の大半は「喜んで」パレスチナのこの部分をあきらめた。ヘブロン（アル＝ハリール）の町のように、聖書由来のユダヤの遺跡もいくつか含まれてはいたのだが。指導部の多くがこの決定を後悔し、一九六七年六月には西岸地区を占領するため再び奮闘したのだが、この時点では、ヨルダンからの見返りは、ひじょうに魅力的だった。アブドゥッラーはユダヤ国家を攻撃するアラブの軍事作戦には一切加わらないと約束したのである。委任統治が終わりに近づくにつれ交渉は一進一退したが、西岸地区は手つかずのままだった。この地区にほとんどユダヤ人はいなかったし、一九四八年の後半にヨルダン側はイラク派遣部隊の助けを借りて、ユダヤ軍の西岸各地区を占領しようとする数度の試みを見事に撃退したからでもある（一九四八年にアラブ軍が勝利を収めた数少ない局面の一つだった[6]）。

シオニズム運動が望んだ地理的領土とはパレスチナ全土を指し、一九四二年のビルトモア綱領の要求と同じであることが、ここから明らかである。ただしそう主張するには、現在通説となっているように、シオニスト指導部がヨルダン人と共謀したと認める必要がある。ようするにユダヤ人指導部は、委任統治領パレスチナの八〇％に及ぶ将来の国家を想定していた。五六％は国連がユダヤ人に約束したもので、二四％は国連がパレスチナ人に配分したアラブ国家から奪い取る。残りの二〇％はヨルダンの取り分となる。(7)

ヨルダンとのこの暗黙の合意は、さまざまな意味で、民族浄化作戦を滞りなく確実に進めるための第二段階を作りだした。この合意によってアラブ世界で最強の軍隊は決定的に無力となり、パレスチナのごく一部でしかユダヤ軍と戦えなくなる制約を受けた。ヨルダン軍がいなければ、アラブ軍団もアラブ世界もパレスチナを防衛したり、現地住民の犠牲のうえにユダヤ国家を建国するシオニストの計画を頓挫させる能力に欠けた。

手段の構築

民族浄化を確実に成功させるための第三の、そしてもっとも決定的な段階は、充実した軍事力の構築だった。顧問団は、パレスチナの大半を奪取してパレスチナ人住民を追放する両面作戦に自信が持てるような、強大な軍事力をユダヤ社会に備えておきたかった。最後のイギリス軍部隊が撤退したらすぐに委任統治国家を占領し、アラブ軍のユダヤ国家に対するいかなる侵略計画も食い止めねばならず、それと同時に、占領したパレスチナ全土で民族浄化を実行するつもりだった。したがって旧委任統治領パレスチナに強固なユダヤ国家を建設するため、優秀な正規軍はきわめて重要な手段となったのである。

一九四八年の戦争前夜に、ユダヤ軍の兵力は総計五万人に達した。うち三万人が戦闘員で、残りは各入植地に在住の予備役だった。一九四八年五月には、小規模ながら空軍や海軍、戦車や装甲車、重砲など各部隊の支援をあてにできるようになった。これに対抗するパレスチナ側は、わずか七〇〇〇人の民兵組織であった。組織編成や階級などまったくない、ユダヤ軍より劣る装備しかもたない部隊であった[8]。一九四八年二月にアラブ世界から約一〇〇〇人の義勇兵が加わり、それから数か月で三〇〇〇人になった[9]。

一九四八年五月までは、両陣営とも貧弱な装備だった。その後共産主義諸国の支援で新設されたイスラエル軍はチェコスロバキアとソヴィエト連邦から大量の重火器を受け取ったが[10]、アラブ正規軍は自前の重火器をいくらか持ってきただけだった。開戦して数週間で、イスラエルはひじょうに効率的に兵士を補充し、夏が終わるまでに兵力は八万人に達した。アラブ正規軍は五万人台に達することはなかった。さらに、主要な武器供給源であったイギリスからの調達も途絶えた[11]。

つまり民族浄化の初期段階（一九四八年五月まで）では、数千人のパレスチナ人やアラブ人の民兵が、訓練を積んだ数万のユダヤ人部隊と戦ったのである。次の段階では、アラブ全軍のほぼ二倍となったユダヤ軍の任務を妨げるものなどないに等しかった。

ユダヤ正規軍とは別な方面で、二つの過激派集団も活動していた。イルグン（ヘブライ語では普通エツェルと呼ばれる）とシュテルン団（レヒ）である。イルグンは一九三一年にハガナーから分かれ、一九四〇年代はメナヘム・ベギンが率いていた。イルグンは駐留するイギリス当局にも現地住民にも、攻撃的な独自の方針をとってきた。シュテルン団は、一九四〇年代にイルグンから分派した。ハガナーとこの二つの組織は、ナクバの最中に一つの軍隊へ統合された（後述するが、これらがつねに一致協力して行動していたわけではない）。

シオニストの軍事的努力では、一九四一年に創設された特殊部隊パルマッハの訓練が重要である。もとは、ナチスがパレスチナまでやってきた場合にイギリス軍を助けるために作られた組織だった。パルマッハはやがて、パレスチナの農村地域にその情熱と活動を向けるようになった。一九四四年以降は、新たなユダヤ人入植地を建設する主要工兵部隊となった。一九四八年秋に解体されるまで、隊員はひじょうに精力的に、パレスチナの北部や中部の主要な民族浄化作戦を実行した。

その後の民族浄化作戦で、実際に各村を占領した部隊はハガナーとパルマッハとイルグンだった。村は占領されるとただちに、戦闘員の少ない現場監視軍（ヘブライ語でヒシュ）の部隊に引き渡された。これはユダヤ軍に一九三九年に作られた兵站部隊だった。民族浄化作戦で起きた残虐行為のいくつかは、こうした非戦闘部隊によるものだった。

ハガナーには一九三三年に設立された情報部隊もあった。主な任務は、イギリス当局の盗聴や、パレスチナ国内外におけるアラブ政府組織の情報通信を傍受することだった。村の資料集《ファイル》の作成を指導し、農村僻地でスパイや協力者のネットワークをつくりあげたのは、前述したようにこの部隊である。村の協力者たちは数千人のパレスチナ人の身元を確認する手助けをした。彼らはその場で処刑されたり、民族浄化が始まると長期にわたって収監されたりしたのである[12]。

こうした部隊があわさって強大な軍事力となり、ベングリオンは、ユダヤ人社会には委任統治国家を継承し、パレスチナの領土や住民の資産の多くを奪取する能力があると確信を深めた[13]。

アラブの指導者たちは、国連決議一八一が成立するとすぐ、パレスチナを防衛するために部隊を派遣すると公式に宣言した。しかし一九四七年一一月末から一九四八年五月までのあいだ、ベングリオンにせよシオニスト指導部にせよ、将来の自分たちの国が危機にあるとか、軍事作戦が多すぎて適切にパレスチナ人を追放できないかもしれないとは一度も考えなかった。ユダヤ人指導部は、公的には最後の審判のシナリオを描いたり、人々に「第二のホロコースト」がいまにも起こると警告したりした。しかし私的な場でそうした言辞を使うことは決してなかった。アラブ人の戦争のレトリックが、現場の十分な準備に基づかないことをよく心得ていたのである。すでに述べたように、パレスチナ側の軍備が貧弱で、戦闘経験や訓練が乏しく、いかなる戦争を遂行する能力もほとんどないと情報を得ていた。シオニスト指導部は、自分たちが軍事的に優勢で、野心的な計画をほぼ実現できると確信していた。彼らは正しかったのである。

ユダヤ国家の外務大臣に「指名された」モシェ・シャレットは、〔一九四八年に〕建国を宣言するまでの数か月間、国外にいた。時おりベングリオンから届く手紙には、滅亡の危機にあるなか、将来の国家のために国際社会やユダヤ人の支援をうまく勝ちとるようにといった指示のほか、現場の最新報告が記されていた。一九四八年二月一八日付の手紙でシャレットがベングリオンに「わが兵力は自衛するのに精一杯で、パレスチナの奪取などできない」と書くと、ベングリオンは次のように返信した。

支払い済みの武器が間に合うように届き、国連がわれわれに約束した土地の一部でも割譲されるなら、われわれは自衛できるばかりか、シリア国内のシリア人に致命的な打撃を与えられるだろう。こうしてパレスチナ全土を占領するのだ。私はそう確信している。われわれは全アラブ軍に立ち向かうことができる。これはあいまいな信念ではなく、実際の調査に基づいた冷静で合理的な予測である。(14)

この手紙は、シャレットが外国に派遣されて以来二人が交わした他の書簡ともまったく矛盾しない。一九四七年一二月に書簡をやりとりするようになると、ベングリオンは文通相手に、パレスチナにおけるユダヤ人の軍事的優位を納得させようとした。「[もしそう望むなら]われわれはハイファやジャッファのアラブ人を餓死させることだってできる」[15]。パレスチナ全土かそれ以上を占領できるハガナーの能力に関するこの自信にあふれる態度は、ヨルダンと交わした約束に水を差されながらも、戦争中、ずっと変わることはなかった。

この政策を実行する過程では、後述するようにもちろん危機の瞬間もあった。孤立したユダヤ人入植地をすべて防衛したり、エルサレムのユダヤ人地区に至る安全な供給路を確保できないとわかったときなどである。しかし、シオニスト指導部のもとで各部隊は、アラブ世界との今後の対決にも現地住民の浄化にもユダヤ人社会に十分備えさせることができた。アラブ諸国がようやく具体的に介入したのは、国連分割案が成立して五か月半後の一九四八年五月一五日であった。それまでの長い期間、多くのパレスチナ人は、民兵団が一種の抵抗勢力を組織しようとした数か所を除いて、すでに始まったユダヤ人の作戦の前に、無防備のままさらされたのである。

漠然としたイデオロギーが具体的な形になる過程の一端を再構築する際、われわれ歴史家には二つの選択肢がある。一九四八年のパレスチナの例では、第一の選択肢は、ヘルツルからベングリオンにいたるシオニスト指導者が一貫して、将来のユダヤ国家からパレスチナ人をできるかぎり排除したがっていたことに読者の注意を引き、それと一九四八年に行なわれた追放がどのように関連したかを記述する方法であろう。この方法をとった歴史家でヌール・マサールハの研究はとくにすぐれており、彼は追放論者たちの夢の系譜をたどり、「建国の父」であるシオニストらの計画を詳細に描いた[16]。テオドール・ヘルツルがシオニズム運動を政治の舞台に引き込んで以来、パレスチナの非アラブ化がいかにシオニストの思考における支柱となってきたのかを示している。この問題についてベングリオンは、前述したように、一九三七年までに旗幟を鮮明にした。彼の伝記を書いたマイケル・バー＝ゾウハーは説明している。「幹部との議論や、側近に対する指示では、〈ボス〉は立ち位置を明らかにした。国内に残っているアラブ人はできるだけ少ないほうがよい」[17]。

第二の選択肢は、政策決定過程に焦点をあて、戦略と手段をめぐる議論が会合を重ねるにつれて組織的・包括的な民族浄化計画にまとまっていく様子を示す方法であろう。私は両方の選択肢を利用するつもりだ。

将来のユダヤ国家のパレスチナ人住民をどう扱うかという問題は、委任統治が終わる直前の数か月間に集中的に議論され、シオニストが権力を握る過程で新しい概念が登場する。「バランス」である。これは、パレスチナにおけるアラブ人とユダヤ人の人口比を指す。ユダヤ人が土地の多数を占めたり土地を独占するるのと逆の傾向を示せば、悲惨な状況だとみなされる。国連がユダヤ人に提示した国境でも、シオニスト指導部が自ら定めた国境でも、ユダヤ人にとって人口比はまさに「迫りくる破局」と映った。

シオニスト指導部はこの状況に二種類の反応を示した。一つは一般向けの反応であり、もう一つはベングリオンの内輪だけで見せる反応であった。地方の人民会議（パレスチナにおけるユダヤ人の「議会」）といった討論の場で、ベングリオンら幹部は、パレスチナにユダヤ人の大規模な移住を奨励する必要性を公然と訴えた。だが比較的小さな集まりでは、移民が増えてもマジョリティであるパレスチナ人と釣り合うにはとうてい足りないと指導者たちは認めていた。移民は他の手段と組み合わせる必要がある。ベングリオンは一九三七年にすでに、将来の国家に確固としたユダヤ人マジョリティがいないことについて友人たちと議論し、他の手段を説明した。彼はパレスチナ人がマジョリティであるという「現実」に直面し、ユダヤ人入植者は、自分たちだけの純粋なパレスチナという「夢」を叶えるための武力に訴えざるをえない、と言うのだった。[18] 一〇年後の一九四七年一二月三日にマパイ党（エレツ・イスラエル労働者党）の古参議員に対してはさらに公然と、国連分割決議が構想する受け容れがたい現実にどう対処するのかについて語っている。

ユダヤ人国家に割り当てられた領土では現在、非ユダヤ人が四〇％いる。ユダヤ国家にとって、この構成は安定した基盤にはならない。われわれはこの新たな現実に厳粛にはっきりと向き合わなくてはならない。このような人口比は、ユダヤ人の主権を維持するわれわれの能力に疑問を投げかける。……少なくともユダヤ人が八〇％を占めなければ、存続可能な独立国家とはいえない。[19]

国連分割決議が成立する約一か月前の一一月二日に、ユダヤ機関執行部という別の場所で、初めてベングリオンはできるかぎり明確な言葉で、民族浄化は、新生国家をユダヤ人だけのものにする代替案または補完案になる、と発言した。また、ユダヤ国内のパレスチナ人は、〔敵に通じる〕第五列になるだろうとし、そうなれば「彼らは大量逮捕されるか追放されよう。ならば追放したほうがよい」と述べた。[20]

しかし、この戦略的目標をどうやって実現するのか？　シムハ・フラパンは、当時のシオニスト指導者の大多数は、大量追放を思いとどまったはずだと断言する。つまり、分割決議が成立したさいにパレスチナ人がユダヤ人を攻撃しなかったら、そしてパレスチナ人エリート層が町を離れなかったら、シオニズム運動はパレスチナの民族浄化構想を受け入れなかっただろうというのだ。[21] しかしフラパンも、ダレット計画がパレスチナの民族浄化のマスタープランだったことは認めている。それは、たとえばベニー・モリスが難民問題の発生に関する著書の第一版で行なった分析とは異なる。しかしモリスは第二版で修正し、ダレット計画はパレスチナを民族浄化するための青写真であり、他と無関係に登場したわけではないと分析した。フラパンの見解はこの変更内容とかなり一致している[22]。現場で事態が少しずつ進展し、追加の対策としてその場に応じた方法がとられたが、最終的にダレット計画として現れたのである。しかしそれは、シオニストのイデオロギーとその目標である混じりけのないユダヤ国家にしっかり基づいていた。したがって、パレスチナの脱アラブ化という主目的は、当初から明白だったのだ。だが、最大の効果を上げるべく手段が進化したのは、イスラエルという新生ユダヤ国家になることになったパレスチナの領土を実際に軍事支配するのと歩調を同じくしていた。

領土が明確になり、軍事的な優位性が確認されたいま、シオニスト指導部は、パレスチナ住民の追放を完了するため、第四段階では、大勢の人間の移転を可能にする具体的手段を実際に整備した。将来のユダヤ国家の領土内には一九四七年一二月上旬の時点で、パレスチナ人の総人口一三〇万人のうち、一〇〇万人が暮らしていた。一方ユダヤ人は六〇万人というマイノリティだった。

手段の選択：いつもどおりという障害（一九四七年一二月）

アラブ高等委員会は、国連で分割決議が成立したことに抗議して三日間のストライキを宣言し、大衆デモを組織した。これは何ら目新しくない反応だった。有害で危険とみなした政策に対するパレスチナ人のよくある反発であり、あっという間に終わって効果もなかった。なかには勢い余ってユダヤ人の商業地区に拡がったデモもあり、エルサレムではデモ参加者がユダヤ人の商店や市場を襲撃した。しかしユダヤの諜報機関によれば、他の襲撃事件は国連決議とは関係なかった。たとえばユダヤ人のバス一台が突然襲われた事件は、イスラエルのどの歴史書でも、一九四八年戦争の幕開けとみなされている。アブー・キシェク団が仕組んだこの騒ぎは、民族意識につきうごかされたものというよりは仲間うちの衝動的犯罪だった[23]。いずれにせよ、デモやストライキの様子を見ていた外国人記者たちは、三日目になると多くのパレスチナ民衆がしぶしぶ抗議を続け、明らかに普段の生活に戻りたがっていると書きとめた。結局のところ、大多数のパレスチナ人にとって国連決議一八一とは、その歴史上、憂鬱ではあるがお馴染みの一幕だったのである。数世紀にわたってこの地は手から手に渡り、ヨーロッパやアジアの侵略者の支配下におかれたことも、ムスリム帝国の一部になったこともある。しかし庶民の暮らしはほとんど変わらなかった。人々はコツコツ働き、行く先々で商売し、また変化するまで新しい状況に身を任せた。ゆえに村でも都市でも住民はみなユダヤ国家の一部とか、イギリスの代わりの体制の一部になるのがどういう意味をもつのかわかるまで、辛抱強く待とうとした。ほとんどの人は、自分たちを待ち構えているもの、起こりつつあるものがパレスチナの歴史で前例のない一幕になるとは知らなかった。単に別の支配者に変わるだけではなく、この地に暮らす人々が実際に追いたてられるということを。

パレスチナ社会は、いまはカイロに目を向けていた。アラブ連盟の本部があり、一九三七年にイギリスによって国外追放された指導者ハーッジ・アミーン・アル゠フサイニーが一時滞在した地である。決議から数日間は、アラブ諸国の指導者たちは完全に混乱していたが、翌月にはしだいに政策らしきものが形をなす。アラブ諸国のなかでもパレスチナの隣接国の指導者たちは、この問題で個別に決断したり極端な決定を下さないよう望んだ。彼らは自国の世論が、国連決議に抗議し緊急に対処してほしがっているのを十分承知していた。結果として、アラブ諸国の外務大臣で構成されるアラブ連盟理事会は、パレスチナに対する武器の供与とアラブ義勇軍の創設を提言した。義勇軍はアラブ解放軍と呼ばれた（Jaish al-Inqadh、直訳すると「救済軍」で、「差し迫った危機から救う」という意味の動詞 anqadha に由来する）。連盟はシリア人司令官を指揮官に任命した。一二月後半には、解放軍の小部隊が少しずつパレスチナに入り始めたが、それは顧問団にとっては、すでに進行中のハガナーの作戦に拍車をかけるか検討するのに願ってもない口実となった。

流れは定まった。こう考えると、一九四七年一二月という月はおそらく、パレスチナの民族浄化の歴史でもっとも興味深い一章である。ベングリオンの顧問団は、パレスチナ近隣のアラブ諸国政府の穏やかな反応を歓迎したが、無関心でほとんど無気力といえるようなパレスチナ側の反応にはとまどった。分割決議が成立してから三日間、顧問団の幹部は毎日会合を開いていた。[24] しかしその後やや緊張を解き、毎週水曜日午後の高等司令部の会合と、翌日のもっと少人数で（たいていベングリオンの自宅で）の打ち合わせという普段の態勢に戻った。一二月の最初の会合は、パレスチナ側の雰囲気と意図をいかに評価するかにあてられた。「専門家」は、義勇兵が早くからパレスチナの町村にぽつぽつと入り始めているものの、住民たちは普段どおりの生活をしたがっているように見えると報告した。[25] このように普段どおりを望む意識はそれから数年間、パレスチナのパレスチナ人のあいだで顕著で、事態が最悪となり苦闘の底に陥ってもそれは変わらなかった。そして一九四八年以降ずっと、日常そのものが否定されているのだ。

しかし早く普段の暮らしに戻りたい、内戦に巻き込まれたくないというパレスチナ人の願いは、将来のユダヤ国家からアラブ人をゼロは無理としても激減させようと決意するシオニスト指導部にとっては、不都合なものだった。その口実が必要なので、パレスチナ側の反応が穏やかなままでは、当然それはむずかしくなってしまう。だが「幸運なことに」、アラブ義勇軍がある時ユダヤ人の護衛隊や入植地に敵対行為を拡大してくれたおかげで、顧問団は、ヘブライ語でタグムール、すなわち「報復」として占領・追放政策を考案しやすくなった。しかしすでに一九四七年一二月の時点で、顧問団はヨツマー（主導）というヘブライ語を使っていた。彼らの熱望するユダヤ国家内のパレスチナ人対策のことである。「主導」とは、報復《タグムール》の口実ができるのを待たずにパレスチナ住民に対して行動を起こすことを意味した。報復のための口実はますます見つけにくくなるだろう。

パルティ・セラは、民族浄化作戦を実行する上で重要な役割を担う情報部隊の一員だった。パレスチナの地元住民の雰囲気や傾向を毎日報告することもその任務の一つだった。パレスチナ北東部の渓谷に配置されたセラは、自らを取り巻く政治情勢の変化に関し、コミュニティによって対応がまったく違うことに驚いた。キブツや集団入植地、私営の入植地のユダヤ人農民は、防壁を強化し、フェンスを修理し、地雷を埋めたりして住居を前哨基地とし、防衛と攻撃に備えた。どの農民も銃を持って現れると、ユダヤ軍に編入された。だがパレスチナ人の村は、セラが驚いたことに、「いつもどおりの生活を続けた」。実際、彼が出向いたアイン・ドゥール村、ダッブーリーヤ村、アイン・マーヘル村では、人々はいままでどおり彼を迎え、物々交換や商売の潜在的顧客として挨拶し、軽口や冗談を交わしたのである。三つの村はアフーラーのイギリス病院の近郊だった。この病院にはパレスチナのイギリス警察の一部としてアラブ軍部隊が駐屯していた。ヨルダン兵も状況を平常どおりとみなしていたようで、とくになんの備えもしなかった。セラは一九四七年一二月の月次報告を次のようにまとめている。「日常性が支配しており、動揺は滅多に見られない」(26)。これらの人々を追放する場合、相手に攻撃されたので「報復」したという言い訳はできなかったのである。

変わる顧問団の姿勢――報復から脅迫へ

一九四七年一二月一〇日水曜日午後、当てがはずれた顧問団は、状況を見極めようとレッドハウスの最上階で会合をもった。二人の発言者が話を進めた。エズラ・ダニンとイェホシュア・パルモンである[27]。すでに述べたとおり、エズラ・ダニンは柑橘類の農園経営者で、アラビア語に堪能だったため情報部隊に招かれていた（彼はシリア生まれだった）。一九四〇年にハガナーに加わったとき、ダニンは四〇代半ばだった。一九四七年には「アラブ人部隊」の隊長となった。同隊は、高等司令部の指令を受けアラブ社会や近隣アラブ諸国をスパイしているアラブ系ユダヤ人やアラブ人現地住民の協力者の仕事を監督した。一九四八年五月に、彼は新たな任務を引き受けた。民族浄化作戦が本格化するなか、占領下のユダヤ軍の活動を監督するのである。彼らは、占領したパレスチナ人の村や近郊のその後の処置を担当した。つまり、情報提供者の助けを借りて、過去にユダヤ人を攻撃したりパレスチナの民族運動に参加した疑いのある男や、あるいは単に地元の情報提供者に嫌われ、恨みを晴らす機会を利用された男たちを見破ったり特定したりしたわけである。選びだされた男たちは、たいていその場で処刑された。ダニンは頻繁にその様子を直接視察した。そのほか、町や村を占領後ただちに一〇歳から五〇歳までの「兵士年齢」に相当する男性全員を他の村民と引き離すこともダニン部隊の任務で、この男たちは「ただ」追放されたか、長期間、捕虜収容所に拘束された[28]。

イェホシュア（ジョシュ）・パルモンはさまざまな意味でダニンの副官だったが、個人的には選別と尋問、時には処刑の執行に大きな関心を寄せていた。ダニンより若く、パレスチナ生まれのパルモンは、すでにダニンについで堂々たる軍務歴を積んでいた。一九四一年にイギリス特殊部隊の新兵として関わったシリアとレバノンの占領作戦は、フランス・ヴィシー政権による同地の支配を終わらせた。ダニンとパルモンが率いる将校たちは多くのパレスチナ人のあいだで有名で、恐れられていた。くすんだカーキの制服を着て目立たないようにしていたにもかかわらず、パレスチナ人は彼らの正体をすぐに見抜く術を身につけた。数百もの村落で裏工作に関わった彼らやその所業は、ナクバに関する口述証言に何度も登場する。(29)

しかし一九四七年一二月一〇日の段階では、ダニンとパルモンはまだ人目を引かなかった。この時顧問団が会合を開いたのは、パレスチナ人の都市エリートが自宅を離れ、シリアやレバノン、エジプトにある冬季用の住居に移っているとの報告を受けたためだった。これは状況が落ち着くまで安全な場所に移動するという、非常時に都市住民がとる典型的な反応だ。しかしベニー・モリスのような修正主義者をはじめイスラエルの歴史家は、イスラエルは彼らに対して責任がないと言うために、この伝統的な一時移住を「自発的逃避」と解釈する。だが彼らは当然帰宅するつもりで離れたのであり、イスラエルに戻るのを妨げられただけなのだ。外国に短期滞在した人を帰国させないとは、無人にするために地元住民にしたあらゆる行ないと同じく、追放である。

国連が定めたユダヤ国家の外を目指すパレスチナ人の動きとして確認できたのは、これが唯一の事例である、とダニンは報告した。ユダヤ人の攻撃を恐れて、ベドウィンの数部族がアラブ人の村近くに移住した例はこれと関係ない。ダニンは落胆したらしく、すぐにもっと強硬策を取るよう要求した。パレスチナ人側では攻撃的な動きもその気配もなかったのだが。そして強硬策の利を説くため、顧問団に出向いた。情報提供者らによれば、パレスチナ人は暴力行為に怯え、「アラブ世界からの救援は無意味となるだろう」。ユダヤ軍はしたがって、思うがままのことがやれるだろう。

「暴力行為とはどういう意味か」ベングリオンは尋ねた。

「交通（バスや、農産物を運ぶトラック、自家用車）を破壊し、ジャッファの漁船を沈め、商店を閉鎖させ、原材料が工場に届くのを阻止することです」

「連中はどう反応するだろうか」ベングリオンは尋ねた。

「最初は暴動を起こすでしょう。しかし徐々にメッセージを理解するはずです」。全住民がシオニストの手中にあり、連中の運命は決まっているのだ。ベングリオンはこの提案が気に入ったようで、三日後に概要を説明する手紙をシャレットに宛てて書いた。ユダヤ国家内のパレスチナ人社会はわれわれの「手中に」あり、「餓死させること」も含め、ユダヤ人は彼らになんでもできる、と。[30]

もう一人のシリア系ユダヤ人、エリヤフ・サッスーンは、顧問団でわざと反対意見を出す役を演じようとした。ダニンとパルモンが概要をまとめた新しい強硬策に懐疑的だったようだ。彼は一九二七年にパレスチナに移住しており、顧問団でおそらくもっとも興味深く、また矛盾を抱えた人物だった。シオニストになる前の一九一九年には、シリアのアラブ民族運動に参加した。一九四〇年代は、パレスチナ人社会の「分断統治」策を推進するのが主な役割で、アラブ諸国でも並行して同じ策を実施した。このようにパレスチナの将来に関しヨルダンのハーシム王家との連携強化に努めたが、パレスチナの集団どうしを対立させる彼のやり方はもはや時代遅れとなり、シオニスト指導部はパレスチナ全土をまとめて民族浄化する方向へ傾きつつあった。しかしサッスーンの「分断統治」策は、その後何年もイスラエルの政策に必然的な影響を与えた。たとえば、アリエル・シャロン国防相が、アラビストのメナヘム・ミルソン教授の助言に従い、一九八一年にとった行動にそれを見ることができる。占領下の西岸地区で親イスラエルの一派いわゆる「村落連合」を組織し、パレスチナの抵抗運動を弱体化しようとしたのである。この試みは短期間で、失敗に終わった。一九四八年にマイノリティのドゥルーズ〔イスラームの一宗派〕をイスラエル軍に編入する試みはうまくいき、この部隊は後に被占領地でパレスチナ人を抑圧するための主要な道具となった。

サッスーンのいう「包括計画」（現地住民の追放）が必要にもかかわらず、彼はまだ慎重にアラブ人全員を敵視しなくても「分断統治」策を続ければよいではないかと同僚らを説得しようとした。しかし、それも一二月一〇日の会合が最後だった。彼は、一九三〇年代にパレスチナ人グループが武装化するよう画策したことをひじょうに誇りに思っていた。パレスチナ人指導者ハーッジ・アミーン・アル＝フサイニーと張り合う、いわゆる「サラーム団」であった。アラブ反乱のあいだ、サラーム団は民族的なパレスチナ人編成部隊と戦った。今回サッスーンは、忠実なベドウィンの部族に、この分断統治戦略を持ち込みたいと思ったのである。

一九四七年一二月——初期の活動

顧問団は、協力的な「アラブ人」を取り込む案を否定しただけでなく、オード・ウィンゲート〔第2章参照〕の助言で採用した「報復」策との訣別を提起すらしていた。会合に参加した人の多くは、組織的な脅迫作戦に「取り組む」ことに賛成した。ベングリオンは了承し、新たな方針は会合の翌日に実行された。

第一段階は、よく組織された脅迫作戦である。ハガナーの特別部隊が「潜入者」（「アラブ義勇兵」のこと）を捜索しながら村に入り、住民にアラブ解放軍との協力について警告したビラを配る。何らかの抵抗があれば、ユダヤ軍は無差別に銃撃し、数人の村人を殺して終わりというのが常だった。ハガナーはこうした侵入行為を「暴力的偵察《ハスィユール・ハアリーム》」と呼んだ。これもオード・ウィンゲートが考案したものの一つで、一九三〇年代に彼は、パレスチナの村民にこのテロリストの手法を行使するようハガナーに指導した。夜半近くに無防備な村に入り、数時間留まって家から出る人がいれば撃ち、立ち去るというものだ。これはウィンゲートの時代にすでに懲罰行為や報復行為を超えた、力の誇示を意味した。

一九四七年一二月、ウィンゲートの戦術を復活させるべく、無防備な二つの村が選ばれた。デイル・アイユーブとベイト・アッファーである。現在、ラムレの町から南東に一五キロあたりを車で走ると、奇怪な光景に出くわす。パレスチナ内陸部の平原でハリエニシダの黄色い茂みが緑に変わる冬季だととくによくわかるが、瓦礫や石が野原に長く伸びており、かなり大きな四角形をつくっている。これはデイル・アイユーブ村の石垣だった。背の低い石垣は、村の防御のためというより見た目の美しさのために造られた。ヨブ〔旧約聖書に登場する篤信者〕のアラビア語読みにちなんで名付けられたこの村では、住民五〇〇人の多くがムスリムで、この地域に特有の石と泥の家に住んでいた。ユダヤ人が襲撃する直前まで、村は新しい学校の開校を祝っていた。すでに五一人の生徒の入学も決まっていて、村人たちは互いに出し合ったお金で学校を建て、教師の給与もそこから出すことになっていた。しかしその喜びは、一瞬で消し去られたのだ。夜の一〇時、二〇人のユダヤ人兵士が村に入り（一二月時点で、アイユーブ村には他の村と同じように何の防衛手段もなかった）、数軒の家に無作為に火を放った。一九四八年四月に力ずくで立ち退かされるまで、アイユーブ村は三度攻撃され、完全に破壊された。ユダヤ軍は一二月、ガザのベイト・アッファーも同様に攻撃をしたが、そこでは侵入者は見事に撃退された[31]。

パレスチナとの国境沿いにあるシリアやレバノンの村々でも、脅迫のビラが撒かれ、住民に警告した。諸君の村で戦争が起きれば、女子どもを含め村人は一斉に追放されるだろう。そんな運命を望まない諸君に、ここで言っておこう。この戦争では、情け容赦なく人が殺される。だが、この戦争に加わらないなら、自宅や村から出て行かなくてよい。[32]

その後、パレスチナの農村部でも都市部でも、範囲を限定した破壊作戦が数多く実施された。地方での破壊活動は、当初控えられていた。ガリラヤ東部ではヒサース、ナーイマ、ジャーフーラーという三つの村が選ばれたが、作戦は中止された。おそらく高等司令部は欲張りすぎと判断したのだろう。しかし北部にいたパルマッハ部隊の司令官イーガル・アロンは、その命令を無視した。アロンは一つくらい村の攻撃を経験したいと思い、ヒサースを襲うことにした。

ヒサースは数百人のムスリムと一〇〇人のキリスト教徒が暮らす小さな村だった。フーラ平原北部にある幅約一〇〇メートルの段丘という珍しい地形の場所で、彼らは平和に共存していた。この段丘はフーラ湖が徐々に縮小するにしたがい、数千年前に形成された。外国人旅行者は、近隣のハースバーニー川とともに、湖岸のこの村の美しさを特筆したものだ。[33] ユダヤ軍は一九四七年一二月一八日にヒサース村を攻撃し、住民がまだ眠っている真夜中に無差別に住居へ放火した。五人の子どもを含む一五人の村人がこの攻撃で殺された。ニューヨーク・タイムズの特派員はこれに衝撃を受け、次々に明らかになる事件の詳細を報じた。彼はハガナーに説明を求めたが、当初ハガナーは作戦自体を否定した。記者は事実を知ろうと諦めず、ついにハガナーは認めた。ベングリオンは公式に芝居がかった謝罪をし、正式な許可なく行なわれたと主張したが、数か月後の四月には、成功した作戦リストに加えた。[34]

一二月一七日水曜日の顧問団の会合には、ヨハナン・レトナーとフリッツ・エイゼンシュタイン（エシェット）が加わった。顧問団を考案する前、ベングリオンが「国家戦略」を練るために選任したのがこの二人の将校だった。会合では、成功したヒサースでの作戦の結果が詳しく説明された。メンバーの中には、村を破壊したり住民を追放してかわりにユダヤ人入植者を住まわせるなど、さらなる「報復」作戦を求める者もいた。翌日ベングリオンは、国防問題を担当するユダヤ人の公的連合「防衛委員会」の前で、前日の会合の概要を述べた。作戦は誰にとっても、わくわくするものだったようだ。それは超正統派ユダヤ教徒が組織する「アグダト・イスラエル」の代表も同じで、彼はこう述べている。「われわれは、軍が村を丸ごと破壊し、全住民を立ち退かせる力があるという話をうかがいました。では実行しましょう！」。委員会は、各作戦における諜報将校の任命も承認した。諜報将校は民族浄化の第二段階で、重要な役割を果たすことになる。[35]

新たな方針ではパレスチナの都市部も対象となり、ハイファがその最初の目標に選ばれた。興味深いことに、主流派のイスラエル人歴史家や修正主義者の歴史家ベニー・モリスは、シオニストが現地住民に心底親切だった例としてこの町を選ぶ。一九四七年末にはすでに現実はまったく違っていた。国連分割決議が成立した翌朝、ハイファの七万五〇〇〇人のパレスチナ人は、イルグンとハガナーが協同して扇動したテロ作戦の対象となった。ユダヤ人入植者は、ほんの数十年前にやって来たため、自宅を山の上の方に建てていた。つまり彼らは近隣のアラブ人たちよりも地形的に高い場所に住んでいたので、容易に攻撃したり狙撃することができたのだ。そして一二月上旬から頻繁に攻撃を始めた。また同様に、他の脅迫の手段も使った。ユダヤ人部隊は爆発物の詰まった樽や巨大な鋼鉄の球をアラブ人の住宅地へ転がし、燃料と混ぜた油を路上に撒いて火を点けた。パニックに襲われたパレスチナ住民が家を飛び出して火を消そうとすると、マシンガンの銃弾を浴びせられた。

混住地域では、ハガナーはパレスチナ人の自動車修理工場に爆発物と爆発装置を積んだ車を運びこみ、死と混乱をもたらした。襲撃の背後にはハガナーの特殊部隊ハシャハル（「夜明け」）がおり、ミスタルヴィームを編制していた。ヘブライ語で「アラブ人になる」という意味で、パレスチナ人に変装するユダヤ人のことを指す。こうした作戦の首謀者は、「夜明け」部隊を率いるダニー・アグモンなる人物だった。主流の歴史家はパルマッハ部隊に関し、ウェブサイトでこのように述べている。「［ハイファの］パレスチナ人は、一二月以降、包囲され脅迫された」[36]。しかしもっと悪いことが起こる。

暴力事件の発生により、混住都市ハイファでのかなり長期にわたる労働者の協力と連帯の歴史は、悲しい結末を迎えた。一九二〇年代、三〇年代にユダヤ人指導者もアラブ人指導者も労働者階級の覚醒を抑えようとし、それはユダヤ人労働組合で顕著だった。しかしどの職種でも協力して経営者側に向けて示威行為を続け、不景気や食糧難のときは相互扶助を促した。

ユダヤ人がハイファを攻撃したせいで、ユダヤ人とアラブ人が肩を並べて働いていた地区の空気は緊迫した。湾岸地帯にある、イラク石油会社の精油所である。工場の入口で待っていた大勢のパレスチナ人に、イルグンのギャングが爆弾を投げこんだのがきっかけだった。以前アラブ人労働者がユダヤ人同僚を暴行したことへの報復だ、とイルグンは主張した。よりよい労働環境をイギリス人経営者から勝ちとろうと、アラブ人とユダヤ人の労働者がいつも協力してきた工業地帯で、これは新しい現象だった。しかし国連分割決議によってそうした階級連帯にひびが入り、緊張が高まった。アラブ人の群衆に爆弾を投げるのはイルグンの得意技で、一九四七年以前にもすでに行なっていた。しかしながら今回の精油所の攻撃は、ハイファのパレスチナ人を脅すという新たな計画の一環として、ハガナー軍との協力のもとで特別に実行された。パレスチナ人労働者は数時間のうちに反応し、暴動を起こし、多数のユダヤ人労働者を殺した。その数は三九人で、パレスチナ人の攻撃としては最悪の部類に入るが最後の暴力でもあった。通常の報復の連鎖は、そこで止まったからである。
　次の段階で、パレスチナの歴史の新たな幕が開いた。顧問団の一角をなすハガナーの高等司令部は、自分たちの活動を見た、とくにイギリス人がどんなに警戒するかを知りたいと思い、村じゅうを荒らして大勢の住民を虐殺することを決めた。当時はまだイギリス当局に法と秩序を維持する責務があり、パレスチナに駐在していた。高等司令部は、イッズッディーン・アル゠カッサームの埋葬の地であるバラド・アル゠シャイフ村を選んだ。彼は一九三〇年代のパレスチナでもっとも尊敬されたカリスマ的リーダーの一人であり、一九三五年にイギリスによって殺された。彼の墓は、ハイファから約一〇キロ東にあるこの村が残した数少ない面影の一つで、今日も現存する。[37]
　地元の司令官ハイム・アヴィノアムは、「村を包囲し、できるだけたくさんの男を殺し、財産を破壊せよ。女と子どもに対する攻撃は控えよ」と命令を受けた。[38] 攻撃は一二月三一日に始まり、三時間続いた。六〇人以上のパレスチナ人が死んだが、男だけではなかった。しかし、このときはまだ男女が区別されていたことに留意してほしい。顧問団は次の会合で、男女の区別は今後の作戦では無駄な手間だと結論づけた。バラド・アル゠シャイフ村の攻撃と同じ頃、ハイファのハガナー部隊はより過激な実験を行なった。ハイファのアラブ人地区の一つワーディー・ルシュミーヤに侵入し、住民を追い出して家屋を爆破したのだった。これをもって、パレスチナ都市部で民族浄化作戦は公式に始まったと見てよいだろう。こうした虐殺が起きていたにもかかわらず、イギリスは見て見ぬふりをしていたのだった。
　二週間後の一九四八年一月に、パルマッハ部隊は設立の目的に「沿って」ハイファのやや外れのハッワーサ地区を攻撃し、住民を追放した。ここはハイファの最貧地区で、もともと一九二〇年代に仕事を求めてやって来た貧しい村人たちが小屋を建て、劣悪な環境で暮らしていた。当時ハイファ東部のこの地区には約五〇〇〇人のパレスチナ人がいた。小屋も地元の学校も破壊され、パニックが起きて多くの人々が逃げ出した。学校はハッワーサの廃墟に再建され、現在はテル・アマール地区の一角となっている。しかしこの建物も最近、ユダヤ人の学校を新設する場所を確保するため、破壊されたのである。[39]

一九四八年一月――報復作戦の放棄

こうした作戦とともに、イルグンやシュテルン団によるテロ行為が起きた。彼らがハイファのアラブ人地区や近隣の町で恐怖の種をまき散らすことができたのは、イギリスが法と秩序に対するあらゆる責任から、徐々にだが明らかに手を引いていることに直接影響を受けていた。一月の第一週だけで、イルグンはこれまでのどの時期よりも多くのテロ攻撃を実行した。ジャッファの隊商宿《サラーヤー》も爆破された。この建物には地元の民族委員会が入っており、[40]二六人の死者を出して崩壊した。続いてエルサレム西部のカタモーンにあるセミラミス・ホテルが爆破され、スペイン領事を含む多数が殺害された。おそらくこの事件に背中を押され、最後のイギリス高等弁務官アラン・カニンガムは、ベングリオンに弱々しく抗議したが、ベングリオンは私的にも公的にもこの行為を非難することを拒否した。ハイファでは、そのような行為はもはや日常と化していたのだ。[41]

その後数週間でハガナーの方針が報復から攻撃的戦略に変わったことに気づき、カニンガムは再度ベングリオンに抗議したが、無視された。一九四八年三月、ベングリオンとの最後の会談で彼は、パレスチナ人が国内で平穏を保とうとしているのに、ハガナーは状況を悪化させるためにあらゆることをしているように思える、とシオニストの指導者に本音を語った。[42]これはベングリオン自身の評価と対立しなかった。

ベングリオンは会談を終えるとすぐに、ユダヤ機関の幹部にこう述べた。「パレスチナ庶民の大多数は分割を既成事実として受け容れ、それを覆したり拒否したりできるなどと考えていないだろう。連中の圧倒的多数は、われわれと戦いたいとは思わないさ」[43]。パリにあるユダヤ機関代表部のエミール・ナッジャールは、この現状で有効な宣伝工作をいかに進めればよいか問い合わせてきた[44]。

ハイファのパレスチナ民族評議会は、繰り返しイギリスに陳情した。ハイファはイギリス撤退時の最後の拠点になるはずで、少なくともそれまではイギリスの保護をあてにできるだろうと間違った想定をしていた。その希望が叶わないと見ると、こんどはパレスチナ内外のアラブ高等委員会のメンバーに助言と支援を求めて、絶望的な手紙を大量に送りはじめた。一月には義勇兵の小さな部隊がハイファに到着したが、その時までに名士や地元の指導者の一部は、国連がパレスチナ分割決議を成立させた瞬間から、自分たちは隣人であるユダヤ人に追放される運命だったのだと悟っていた。そのユダヤ人こそ、オスマン朝末期にヨーロッパから惨めに無一文で到着し、ともに暮らそうとハイファの住民から呼びかけてもらい、多文化的で繁栄したこの町の暮らしを享受した人々なのである。国連が不吉な決定を下すまでは。

このような状況にかかわらず、ハイファのおよそ一万五〇〇〇人のパレスチナ人エリートが、この時期に脱出したことは記憶しておくべきである。その多くが富裕な商人であり、彼らの流出は地元の商業活動を破壊し、ハイファの貧困層にさらなる負担を強いたのである。

ここで一九四八年一月上旬までのアラブ人の活動について触れないと、全体像がつかみにくいだろう。一九四七年一二月中は、アラブ人民兵はユダヤ人の護衛隊を攻撃したが、ユダヤ人入植地に対する攻撃は控えていた[45]。顧問団はすでに一一月に、こうした各攻撃に報復する方針を明確にしていた。しかしより思い切った行動に移る必要があるという点で、シオニスト指導部は一致していた。

長時間の会合——一二月三一日〜一月二日[46]

「これでは不十分だ」。一九四七年一二月三一日に開かれた顧問団の会合で、ヨセフ・ヴァイツは叫んだ。バラド・アル゠シャイフ村で虐殺が起きてからわずか数時間後のことだった。ここで彼は、一九四〇年代初頭から日記にしたためてきた自分の思いを公にしたのだ。「連中を追い払うのは今ではないというのか？　脅威を与えるようなやつらをなぜわれわれのなかに置いておくのだ？」[47]。報復は、村落を攻撃して占領するという主目的をはずしており、彼には古くさい方法に思えた。ヴァイツはユダヤ民族基金の入植地局長であるため顧問団に加えられており、同僚たちに、移送《トランスファー》という曖昧な観念を具体的な政策へ翻訳してやって、重要な役割をすでに果たしていた。今後に関するこの議論は、自分が一九三〇年代や四〇年代に描いた方向性のような目的意識が希薄だ、と彼は感じていた。

一九四〇年代のヴァイツの日記によれば、「移送とは、アラブ人口を減らすという目的だけを満たすのではない。それに負けないくらい第二の目的にも資する。いまはアラブ人の耕作地を、ユダヤ人の入植地として明け渡すのだ」。そしてこう結論づけた。「唯一の解決法は、アラブ人どもをここから近隣諸国に移送することである。一つの村も一つの部族も、見逃してはならない[48]」。

かつて村の資料集《ファイル》作成計画に関わっていたため、ヴァイツは顧問団の新メンバーのなかでも、とくに貴重な存在だった。顧問団の誰よりも、いまやヴァイツは民族浄化の実行に深く関与していた。今後の参考のためにあらゆる場所や村を書きとめ、自らの調査を村の資料集《ファイル》に追記した。ヴァイツが当時もっとも信頼していた同僚はヨセフ・ナフマニで、彼はヴァイツと同様、この問題をめぐるユダヤ指導層のぱっとしない仕事ぶりをみて失望していた。ヴァイツはナフマニ宛てに、アラブ人の土地をすべて奪取することは「聖なる務め」であると書き送った。ナフマニは同意し、ある種のジハード（彼はミルハマット・キブーシュ、つまり占領戦争という言葉を用いた）*が必要だが、ユダヤ指導部はそれがわかっていない、と付け加えた。ヴァイツの親友（ナフマニ）はこう書いている。「いまの指導部は、無能で決断力のない人たちだ」。ヴァイツも同じく、指導部は歴史的好機に対処できないとみなし失望していた。顧問団の一月最初の例会に誘われたため、ヴァイツは指導部の考案した民族浄化作戦に関わることになった(49)。

ヴァイツは自分の考えを開陳する機会に、すぐに恵まれた。一月の第一水曜日の例会は、近所のベングリオンの自宅へ場所を変え、腰を据えて話しあうことになったからである。長時間議論するのはベングリオンのアイディアで、大イスラエルという自分の夢がまもなくかなうと感じていたためだった。くつろいだ雰囲気のなか、ヴァイツたちは長めの発言をし、自分の見解を丁寧に説明した。顧問団の会合では唯一記録原本が残っていて、ハガナーの文書資料から見つかった。ヴァイツは「長時間の会合」のため、個人的にベングリオン宛てのメモを作成している。自分の計画では、ユダヤ人が占領したい地域の外へパレスチナ住民を移送し、それを「シオニスト政策の柱」とする。この計画を認めるよう、指導者をせっついたのだった。彼は明らかに、移送計画の「理論」段階は過ぎていると感じていた。もう実行に移してよい時だった。実際ヴァイツは、この会議で「移送委員会」という名称の組織を作る許可を得て、後述するような具体的計画を持って次の会合に現れたのである。

長時間の会合に誘われた人のうちもっともリベラルなヤアコヴ・タホン博士でさえ、かつての及び腰の態度を捨て、賛同したようだった。タホンはドイツ系ユダヤ人で、アーサー・ルピンとともに、二〇世紀初頭の数十年間、ユダヤ人によるパレスチナ植民地化の第一次計画を立てた。まっとうな植民地主義者である彼は、当初「現地民」を追放する必要はないと思っていた。現地民を搾取できればそれでよかった。しかし会議で彼もまた「追放なくしてユダヤ国家なし」というヴァイツの考えに捕われたようだ。

じつのところ、異議はほとんど聞かれなかったのであり、だからこそこの長時間の会合は、この話の核なのである。「民族浄化は必要である」を議論の出発点とすることに全員が賛成した。残る論点というか問題は、もっと心理的・論理的なことに関わっていた。ヴァイツのようなイデオローグ、マクネスのようなオリエント学者、アロンのような軍司令官は口々に、通常の選択的な行動を超えて活動を拡大せよという指示を、兵士たちがまだ十分に理解していないと不満を述べた。報復という古くさい方法から切り替えられないように見え、大きな問題だった。「兵士どもはいまだに、あちこちの家を爆破しているんです」と、ガド・マクネスは不平を述べた。彼はダニンとパルモンの同僚で、皮肉なことに一九四九年にはイスラエルの少数民族省長官になる（ここで彼を擁護する人が少なからずいるだろう。彼は一九四八年のおのれの活動をいくらか後悔しているらしく、一九六〇年代に率直にこう認めている。「［シオニストが軍事的］準備をこれ見よがしにしていなかったら、［一九四八年に］戦争に突入するのは避けられただろう」）。しかし一九四八年一月の時点では、ユダヤ兵が積極的に破壊するのではなく、いまだに各地区で「犯罪者」探しをしていることに苛々していたようである。

＊ ミルハマット・キブーシュ（占領戦争）が「ある種のジハード」だとするのはイラン・パペの解釈によると思われるが、イスラームの概念である「ジハード」をこの文脈で用いることには疑念が残る。またジハードの本来の意味は、アッラーのために自己犠牲的に戦う／努力することであり、武器を取る戦いに限定されない。

アロンとパルモンは、同僚たちに新たな方針を説明する仕事に取りかかった。「あまりにも長いあいだ平穏」だった地域には、もっと強引な政策が必要である、と。[50] ベングリオンを説得する必要はなかった。長時間の会合が終わるころには、彼はアラブ人の村に対する挑発的かつ破滅的な攻撃を承認していた。報復を目的とする場合もあったが、最大の損害を与え、可能なかぎり多くの村人を殺害するのが目的の場合もあった。そして、新たな方針では最初の標的はみな北部を想定していると聞くと、彼は南部でも通常のではなく特殊な軍事行動を試験的にやってみるよう求めた。ここで突如、執念深く帳尻合わせをする姿を露呈したのだった。彼はベエルシェバの町を攻撃し、とくに副市長アル＝ハーッジ・イブン・サラーマとその弟の命を狙えと要求した。二人は過去に、この一帯に入植を考えるシオニストの計画に協力するのを拒んだのだ。もはや「無実」か「有罪」かを区別する必要などない、一般市民を巻き添えにして攻撃する時が来た、とベングリオンは強調した。ダニンは後年、ベングリオンが一般市民の巻き添えについて、こう説明したと回想している。「攻撃はつねに占領、破壊、追放で締めくくらねばならない」[51]。ダニンは特定の村がいくつか検討されたとも言っている。[52]

ハガナー部隊の参謀総長代理イガエル・ヤディンは、ウィンゲートが報復部隊として訓練したためハガナーにはまだ「保守的な」雰囲気があるが、もっと明白な用語を使い、厳しい教育方針をとることで展望が拓けると提案した。ちなみにハガナー部隊は一九四八年五月一五日をもってイスラエル軍となる。彼は「報復」という言葉を使うのをやめようと提案した。「われわれが行なっているのは報復ではない、攻撃である。われわれが先制攻撃をしなければならないのであって、村が［先に］攻撃してはならない。パレスチナ経済を圧迫するために、われわれはもてる力を上手に活かしてこなかったのだ」。多くのイスラエル人にとってパルマッハ部隊の伝説的リーダーであるイツハク・サデーは、ヤディンに賛同し補足した。

させる必要があったのだ。

「報復だけを教え込んだのは間違いだった」。攻撃性が「いまの風潮であり様式である」ことを兵士に浸透させる必要があったのだ。

パルマッハ部隊のナンバーツーであるイーガル・アロンは、もっと批判的であった。一二月上旬に包括的な攻撃を明確に指示しなかった件で、顧問団を間接的に非難した。「われわれは今頃ジャッファを簡単に攻略しているはずだし、テルアビブ周辺の村を攻撃していなければならない。［攻撃した］家に子どもが住んでいようが、「集団の処罰」をやると決めなければならない」。エリヤフ・サッスーンは、助手のレーベン・シローア（のちイスラエルにおけるオリエント研究の第一人者）に補佐されながら、挑発すれば友好的で平和的なパレスチナ人の離反は避けられないという事実に注意喚起しようとした。だが、会議の間ずっと苛々していたアロンは、こう断言してはねつけた。「平和を求めることが弱点になるんだ！」。モシェ・ダヤンは同様の見解を表明し、ベングリオンは、ジャッファでもどこでも折り合いを付けようとするいかなる試みも認めなかった。

それでも部隊に心理的な問題があったということは、ジャッファの事例でまさに明らかである。一月七日に開かれた定例会合ではテルアビブ市の職員が、なぜイルグンだけでなくハガナーまでジャッファのアラブ人を挑発するのか、と質問した。彼らは、隣りあう二つの町の平和な雰囲気を確保できると信じていたのである。[53] 一九四八年一月二五日、上級役人の代表がベングリオンの自宅を訪ね、ジャッファに対するハガナーの態度が明らかに変化したように感じると苦情を述べた。ジャッファとテルアビブのあいだには、沿岸の無人地帯を境界とする暗黙の合意があり、それがむずかしい共存を可能にしていた。彼らに相談することもなく、ハガナーの部隊は柑橘類が植わっている境界地帯に入り、その微妙な均衡を脅かした。訪問者のうちの一人が抗議したところでは、二つの町が新たな協定をまさに結ぼうとしていた時にこの事件は起きたのだった。ハガナーは全力でこうした試みを挫こうとしているようだと彼は不満を述べ、さらに無差別攻撃していると語った。「無人地帯の井戸の周辺で、挑発行為をしていないアラブ人を殺害し、強奪し、辱め、井戸を破壊し、財産を没収し、威嚇のために発砲しています」[54]。

ベングリオンの日記によれば、同様の苦情は、アラブ人の町村に近接するユダヤ人の自治体職員からも寄せられた。レホボート、ネス・ツィヨナ、リション・レ・ツィヨン、ペタハ・ティクバなど、大テルアビブ地区のもっとも歴史あるユダヤ人入植地から抗議が届き、ここの住民も、隣人であるパレスチナ人と同様、ハガナーがパレスチナ住民に「新しい方針」を採ったことを理解できなかったのだ。

しかし早くも一か月後には、まさに同じ役人が、譲歩を許さない世間の風潮にのみ込まれ、ベングリオンにこう言うのである。「あらゆる手段でジャッファを攻撃しなければなりません」。誘惑はじつに大きかった。二月はジャッファでオレンジの収穫が最盛期となるので有名で、貪欲なテルアビブ市は隣接するパレスチナ人の町とこれまで保っていた暗黙の協定を破棄した[55]。もう口実は必要なかった。高等司令部は数日前に、ジャッファのパレスチナ人が所有する柑橘類の農園や選果場を攻撃するとすでに決定を下していた[56]。

長時間の会合があった週末、ベングリオンは一一人いる顧問団のうち六人を集め[57]、軍の高等司令部の方針が民間人である自治体首長の共感を呼ばないと当初考えた理由を仄めかした。そして、新しく「積極的防衛」という用語を使ってはどうかと提案した。ヤディンはそのアイディアに賛意を示した。「わが軍の指揮官たちに、われわれが優位に立っていることを説明しなければならない。アラブ人の交通や経済を麻痺させ、連中の村や町を執拗に攻撃し、士気を挫かなくてはならない」。ガリーリは賛成しつつも警告した。「われわれには装備がないのだから、まだあちこち破壊することはできない」。また、イギリスの反応についても心配した[58]。

しかし帰趨を握ったのはテルアビブ市の上級役人たち〔イギリス当局〕ではなく、イーガル・アロンであった。アロンによると、部隊はいつでもアラブ人の村やその近郊を攻撃してやろうという熱意とやる気でいっぱいで、上層部の明確な指示を望んでいた。明確な調整役がいないため、顧問団の他の軍人も苦労していた。高等司令部がいかなる挑発も当面は避けたい地域の村を、熱狂した部隊が攻撃したという報告もあった。長時間の会合では具体的事例として、西エルサレムにあるロメマ地区の事件が議論された。エルサレム市内でもこの地区はとくに平穏だったのだが、それも現地のハガナー司令部が近隣地区のパレスチナ人を威嚇すると決定するまでのことだった。この決定はロメマ地区のガソリンスタンド経営者が、通り過ぎるユダヤ人の車両を襲うよう村人をけしかけた、という申し立てに基づいていた。部隊がガソリンスタンドの経営者を殺害すると、彼の出身地のリフター村で、報復としてユダヤ人のバスが襲撃された。サッスーンは、申し立てが誤りだったことがわかったと補足した。しかしハガナーの攻撃がきっかけとなり、エルサレム丘陵地帯の西にあるパレスチナ人の村が一斉に攻撃され、リフターはとくに対象となった。ハガナーの情報部隊にも、この村で車列が襲撃されたという記録はまったくなかったのだが。

エルサレム―テルアビブ高速道路と、エルサレム北部のユダヤ人居住区（一九六七年以降の占領地）を結ぶ道路が、二〇〇一年に不法に建設された。その新しい道路ができるまでは、エルサレムに入るとき、左手の山側に魅力的な古い家屋が何軒もほぼ無傷のまま残っているのが見えた。いまはもうなくなってしまったが、パレスチナで最初に民族浄化の起きた村の一つで、絵のように美しいリフター村の面影が、長年そこにあったのだ。カースィム・アフマドの住まいもあり、彼はエジプトのイブラヒーム・パシャの支配に対する一八三四年の反乱のリーダーだった。この反乱をパレスチナにおける最初の民族的反乱だったとみなす歴史家もいる。リフター村には山の斜面と平行に走る狭い路地があり、農村建築の好例となっている。他の多くの村と同様、とくに第二次大戦中・後にこの村が比較的景気がよかったことは、家屋の新築や道路の改良や舗装、全体的な生活水準の向上に表れている。二五〇〇人が住む大きな村で、住民のほとんどがムスリムだが少数のキリスト教徒もいた。その他に近年の繁栄を示すものとしては、いくつかの村が力を合わせ共同投資して、一九四五年に建てた女子校がある。

リフター村の社会生活は、社交場と二軒のコーヒーショップなどが入った小さな商業施設を中心に回っていた。エルサレム市の住民にとっても魅力ある施設だったし、いまも残っていれば間違いなくそうだろう。一軒のコーヒーショップは、一九四七年一二月二八日にハガナーが攻撃した際に標的となった。マシンガンで武装してコーヒーショップに向かってハガナーの兵士が乱射する一方、シュテルン団のメンバーたちは近くのバスを止めさせると、車内に向けて無差別発砲した。パレスチナの農村部でシュテルン団が初めて実行した軍事作戦だった。攻撃に先立って隊員向けに刊行したパンフレットは、呼びかける。「アラブ住民を粉砕し、アラブ人の村を罰せよ(59)」。

顧問団によれば、シュテルン団がリフター村の攻撃に加わることは、ハガナーのエルサレム司令部の全体計画に入っていなかった。しかし一度起きてしまうと、計画に組み込まれた。既成事実を作ることが戦略全体の一部になるというのは、繰り返されがちなパターンである。ハガナーの高等司令部は当初、一二月末のシュテルン団の攻撃を非難した。しかし攻撃によって村人が逃げたことが明らかになると、リフター村で追放を完了させるよう、一月一一日に別の作戦を命じた。ハガナーは村のほとんどの家屋を爆破し、まだ残っていた人をすべて追い出した。

これが長時間の会合の最終結果である。シオニスト指導部は、組織的で管理された軍事行動の必要性を認識していたにもかかわらず、過去の無断の行動をすべて称えて、全体計画に統合することにした。以下のエルサレムの事例がこれにあたり、散発的な報復行動が、占領と追放のための先制攻撃に組み込まれたのだった。一月三一日、ベングリオンはエルサレム市の軍事司令官ダヴィド・シャルティエルに直接指示して、シャイフ・ジャッラーフ地区の破壊と近隣地域の占領によりユダヤ人の近接性と拡張を確保させ、追放が完了した土地にただちにユダヤ人を入植させた。彼の任務は「ロメマのような奪還した元アラブ人地区で、全戸にユダヤ人を定住させること」だった。[60]

その任務は首尾よく達成された。ユダヤ人の安息日《シャバト》である土曜日とたまたま重なった一九四八年二月七日、ベングリオンは無人となり破壊されたリフター村をその眼で見るためにテルアビブからやって来た。同日夕方、彼は自分が見たものについて大喜びでエルサレムのマパイ党の会議で報告した。

> いまエルサレムに来て、私はユダヤ（ヘブライ《イヴリート》）の町にいると感じる。これまでは、テルアビブか農場でしかそう感じることはできなかった。確かに、エルサレムのすべてがユダヤ的なわけではない。しかしすでに、巨大なユダヤ人街がある。リフター村やロメマ地区、マハネ・イェフダ市場、キング・ジョージ通り、メア・シェアリーム地区を通ってエルサレム市に入れば、アラブ人は一人もいない。一〇〇%ユダヤ人だ。ローマ人に破壊されて以来、エルサレムが現在ほどユダヤ的であったことはない。西側にあるたくさんのアラブ人地区で、一人のアラブ人も見かけない。この状態が変わることはないだろう。エルサレムとハイファで起きたことは、この国の大部分の地域で起こりうる。われわれがやり抜けば、六か月とか八か月のうちに、この国に大きな変化が十分起こり得る。われわれにとって有益な、著しい変化が。間違いなく、この国の人口構成に大きな変化が生じるだろう。[61]

ベングリオンの日記を見ると、より有能な攻撃部隊の創設について、一月に彼がいかに熱心に検討したかもよくわかる。イルグンとシュテルン団が、ハガナーの司令部に無断でパレスチナ住民を攻撃し続けていることをとくに懸念した。エルサレムのハガナー司令官ダヴィド・シャルティエルは、エルサレムだけでなく全国各地で、他の部隊がまだ準備がろくに整っていない地域でイルグンが行動を起こすことがよくあると報告した。たとえば、イルグンの下位部隊はティベリアでアラブ人運転手を何人も殺害したり、あちこちで捕えた村人を拷問にかけたりした。シャルティエルは主に、エルサレム旧市街でぽつんと離れたユダヤ人地区にそれがどう影響するのか気をもんだ。旧市街をヨルダンが確保しようとヨルダンの軍団が抵抗していたため、そこを占領しようとするユダヤ人の努力は当時もそのあともすべて失敗に終わった。結局、ユダヤ人地区の住民自身が降伏を決めた。

顧問団の軍事専門家であるアロン、ヤディン、サデー、ダヤンは、親しみを込めて「ボス」と呼ぶベングリオンを、他の誰よりも理解していた。無断であろうがなかろうが、軍事行動はとにかく「よそ者」を追放するのに役立ったのだ。ベングリオンは彼らに対し、公式の協調政策と各地の「無断の」先制攻撃をなぜ同時に進めたいと思うのか、その理由を打ち明けた。こんどの威嚇政策は、ユダヤ人入植地問題と関連させねばならない。国連が割り当てたアラブ国家には、ユダヤ人入植地が三〇か所あった。それらとユダヤ国家に指定された地域とのあいだに新たな入植地帯を建設すれば、三〇の入植地をユダヤ国家に統合しやすくなる。この戦略は、オスロ合意期間中も、そして二一世紀初頭も、イスラエルが西岸の占領地区で使った手だった。

ベングリオンのことをまったく理解できないのが、エリヤフ・サッスーンだった。彼は長時間の会合で、挑発もされないのにユダヤ人が平和的な村人を「野蛮」に攻撃したと思われる事例をまた報告した。こんどは前述したヒサースの事件で、こう訴えた。「ヒサースでやったような所業のせいで、穏健なアラブ人がわれわれに刃向かうようになる。われわれが挑発的な行動をしていない沿岸部やネゲヴではどこも落ち着いた雰囲気だが、ガリラヤは違う」。前回と同様、誰も彼の話を聞かなかった。モシェ・ダヤンの次の発言には、全員が賛成した。「ヒサースに対するわれわれの行動がガリラヤに火を付けた。結構なことだ」。ベングリオンは公式に謝罪までしたが、彼が当初ヒサースの作戦をどう受け止めたのか手がかりはないようである。長時間の会合では、事件を歓迎する側に立ったが、公式にハガナーの名のもとでこの種の軍事行動をすべきではないとほのめかした。「こうした活動は、モサド［イスラエルの秘密諜報機関になる特別部局］に関与させるべきである」。日記でもアロンの発言を引いて、会合の内容を要約した。

いまは大胆で厳しい対応を要す。時期と場所、攻撃対象について、正確を期すべし。たとえばある家族を糾弾するなら、女・子どもを含め容赦なく懲らしめること。さもなくば効果はない。作戦において、有罪か無罪か区別する必要なし。(62)

エリヤフ・サッスーンは長時間の会合から帰るとき、「敵対的アラブ人」だけ選択する方針を維持するということで、ベングリオンを説得できたとまだ思い込んでいた。事実、パレスチナの大半は「友好的な」地域であり、平穏で平和なままだった。しかし以後の会合では、彼は多勢に歩調を合わせ、かつて熱烈に推進していた分断統治戦術にも触れなくなる。もはや同僚の誰も政治的勢力どうしの違いを利用することに関心を持っておらず、できるだけ大勢のパレスチナ人を追放することにしか興味がないのだと気づいたのである。

他方イーガル・アロンとイスラエル・ガリーリは、切望するユダヤ国家内のパレスチナ人の町村に大規模攻撃をしかける件で、自由裁量権を与えられたという印象を抱きつつ長時間の会合を後にした。彼ら軍人のほうが、ベングリオンの意思をよく理解したようだった。少なくとも、ベングリオンは軍が主導するもっと攻撃的な作戦に反対はしないだろうと確信していた。彼らは正しかったのである。

この段階でベングリオンが奪取、占領、追放という組織的な作戦に変更したのは、世界の趨勢の揺らぎを敏感に察したことと大きく関わっている。彼はパレスチナの危機に関して国際社会の政治的意思が変化する可能性を感じとり、より迅速な作戦の必要性を長時間の会合で強調した。成立した平和決議は解決策ではまったくなく、実際には戦争を生み出していると国連職員はすでに認識し始めており、アメリカの外交官もイギリスの当局者にしてもそうだった。たしかに、アラブ解放軍の存在は概してパレスチナ側の行動を制限し、有効なアラブの総攻撃を遅らせはした。しかし国連やアメリカが方針を変える危険性はまだあり、その可能性を阻止する最善の策は、既成事実を作ることだとベングリオンは考えた。

さらにシオニスト指導部は、パレスチナ人やアラブ人の軍事的抵抗が実際には脆弱であると知り、国土を浄化するのに絶好のタイミングだとの意を強くした。ハガナーの情報部隊は、傍受した電信から、アラブ解放軍がエルサレムのアブドゥル゠カーディル・アル゠フサイニー率いる民兵組織やジャッファのハサン・サラーマ率いる民兵組織との連携に失敗したと承知していた。そのため解放軍は、都市部で作戦を展開するのではなく、点在するユダヤ人入植地を攻撃することを一九四八年一月に決定した。[63] 解放軍の司令官代理はシリア人将校ファウズィー・アル゠カーウクジーで、彼は一九三六年反乱の際にパレスチナに来たイラク人主体の義勇兵団を率いていた。それ以後彼はフサイニー家と不仲となり、かわりにシリアとイラクに忠誠を捧げた。両国政府は一九三六年と一九四八年に、彼がパレスチナに行くのを容認した。ハーシム家同士であるイラクとヨルダンのうち、イラク政府はパレスチナの指導者ハーッジ・アミーン・アル＝フサイニーを、姉妹国ヨルダンのライバルとみなしていた。一方当時のシリア政府は、アル＝フサイニーの汎アラブ的野心を恐れていた。そのためアラブ連盟は、北部はカーウクジー、エルサレムはアブドゥル＝カーディル、ジャッファはサラーマ、とパレスチナを三人の司令官で分担すると決定したが、茶番もいいところだった。パレスチナ人自身が保有するわずかな兵力は、こうした選択により完全に無駄になった。

見方によれば、国際社会が現状に躊躇し、汎アラブ軍事行動がひじょうに限定されていたことは、パレスチナに平穏を取り戻し、問題を解決する新たな試みに道を開いたかもしれなかった。しかし顧問団が新たに採用した積極的攻撃というシオニストの方針は、融和に向けたあらゆる可能性を封じたのである。

一九四八年一月九日、アラブ解放軍の義勇兵部隊がはじめて、国連がパレスチナ内でアラブ国家に割り当てた地域に入った。彼らは頻繁に、この想像上の国家の境界に沿って野営をした。概ね防御的な方針を採り、民族委員会（一九三七年に設立された地元名士の組織で、各都市で非常時の指導部として機能した）や村長《ムフタール》たちと協力し、住民の防衛対策の組織化に焦点をあてた。しかしごくまれに、国境のすぐ先などでユダヤ人の車列や入植地を攻撃した。

最初に攻撃された入植地は、クファル・ソルド（一九四八年一月九日）、クファル・エツィヨン（一九四八年一月一四日）だった。応援のためエルサレム南西部のクファル・エツィヨンへ送られた車列が奇襲され、ユダヤ兵三五人が殺された。ハガナー部隊は仲間が殺されて以降、その報復作戦の暗号名として、ヘブライ語で三五を意味する「ラメド・ヘー」（数字を文字で代用している）* を使い続けた。ベングリオンの伝記作家マイケル・バー＝ゾウハーが的確に指摘するように、報復作戦は長時間の会合ですでに計画されており、ベングリオンの願いどおり一般市民を巻き添えにすることを目的としていた。ラメド・ヘー部隊に対する攻撃は、一九四八年三月に実施する最終計画、つまり新たな先制攻撃の口実に過ぎなかったことがわかる(64)。

長時間の会合以降、ユダヤ側の軍事作戦は、報復や懲罰的行為の範囲を超えてより組織的になり、国連がユダヤ国家に割り当てた地域を浄化するものになっていった。浄化を意味するヘブライ語のティフールという言葉は、顧問団の会合ではめったに使われなかったが、高等司令部が現場の部隊に伝えるあらゆる指令に登場する。ヘブライ語の意味も他のすべての言語と同じく、全住民をその村や町から追い立てることを指している。この決定は、他のあらゆる政治的検討事項に影をおとした。

その後、シオニスト指導部が別の道を選択する機会は、米国やアラブ諸国によってなんども与えられた。だがベングリオンと顧問団は新たな道を切り拓くと決め、次々とそうした提案を拒絶したのだった。

一九四八年二月――衝撃と畏怖

顧問団の最初の会合で幅をきかせていた雰囲気は、ベングリオンの一般向けの熱い演説には反映されなかった。大げさに情感を込めて、聴衆に語りかけた。「これはユダヤ人社会を破壊し、殲滅しようとする戦争である」。パレスチナ人が無抵抗であることや、シオニストの行動が挑発的であることは話さなかった。

こうした演説は単なるレトリックではなかったと補足しておかねばならない。ユダヤ軍は、シオニストがパレスチナ人地区の中心部に配置したすべての入植地との連絡路を守ろうとして、死傷者を出した。一月末までに、四〇〇人のユダヤ人入植者がこうした攻撃で死んだ。人口六六万人のコミュニティにとっては大きな数である（しかしそれでも、その周辺部の村で無差別攻撃によって殺された一五〇〇人のパレスチナ人よりは少ない）。これらの死者をベングリオンは「第二のホロコーストの犠牲者」と形容した。

ホロコーストから三年という時期に、パレスチナ人やアラブ人一般をナチスと描写するのは、ユダヤ人兵士が他の人間を浄化し殺し破壊するよう命じられてもやる気を失わないようにするための、意図的な宣伝策だった。一九四五年に、早くもユダヤ系の民族詩人ナタン・アルテルマンは、パレスチナ人との対決を、ヨーロッパにおけるナチスとの戦争と同一視していた。

ヨーロッパとフランスが暗闇に覆われたとき
壁に背を向けて立つ
勇敢な君たち英国民のように
海岸で、家の中や路上で闘った　君たちのように
われわれも闘おう　海岸で、家の中や路上で
勝利に沸く英国民が　最後の戦いで我らを出迎える

＊　ヘブライ語にはそれぞれの文字を数字に置き換えた、古典的な記数法がある。ヘブライ語の文字ラメドは三〇、ヘーは五に対応するため、ラメド・ヘーは三五となる。

ベングリオンは公の場で、ユダヤ人の戦争遂行努力を、国連の名誉とその憲章を守ろうとするものとさえ説明した。破壊的で暴力的なシオニストの政策と、平和の言説という矛盾は、紛争の歴史で節目のたびになんども顔を出す。しかし一九四八年の欺瞞性には、とくに驚かされる。

一九四八年二月、ダヴィド・ベングリオンは顧問団を拡充し、シオニスト組織の募兵と武器購入の担当者も加えることにした。これによってまたしても、民族浄化と軍事力がいかに密接に結びついていたかという点が浮かび上がる。外部に対してはいまだに第二のホロコーストという破局的シナリオがあるように見せながら、拡充した顧問団は、ベングリオンからめざましい達成事項について概説を聞かされた。シオニスト指導部はユダヤ人共同体に徴兵義務を課し、また、重火器と戦闘機も購入した。

新たな武器を調達したおかげで、一九四八年二月までに軍は地上で作戦を拡大し、パレスチナの奥地でずっと効率よく行動できた。武器の性能が上がり、人口密度の高い村やその周辺に激しい爆撃が加えられるようになり、その大半が新しい迫撃砲によるものだった。

ユダヤ軍の自信のほどは、いまや破壊兵器をみずから開発することさえできるという事実からうかがえる。ベングリオンはある殺傷兵器の購入を個人的に支援し、それはやがてパレスチナ人の田畑や家屋に放火するために使われた。火炎砲である。イギリス系ユダヤ人の化学教授サーシャ・ゴールドバーグはプロジェクトの責任者で、まずこの兵器を購入してはじめはロンドンの実験室で製造した。後にテルアビブ南部のレホボートにある実験室に移り、それが一九五〇年代にワイツマン研究所となった。[65] ナクバに関するオーラルヒストリーには、この兵器が人々や財産に与えた恐るべき結果に関する証言が溢れている。

火炎砲プロジェクトは、生物兵器の開発に携わるさらに大きな部署の一部だった。この部署の指導者は、エフライム・カツィールという名の物理化学者だった(後のイスラエル大統領であり、一九八〇年代、ユダヤ国家が核兵器を保持していると口を滑らせ、世界じゅうの知るところとなった）*。カツィールは弟のアハロンとともに生物学班を率い、二月から熱心に活動を開始した。その主な目的は人々を失明させる武器の開発だった。彼はベングリオンに報告した。「いま動物実験を行なっている。研究スタッフは、ガスマスクと装備一式を身につけていた。よい結果が出た。動物は死ななかった（失明のみ）。この材料を一日に二〇キロ製造できる」。六月になると、それを人間に使うよう提案した。[66]

アラブ解放軍はいくつかの村に部隊を配置したため、村を占領するのにもっと労力がかかるようになり、より多くの兵士が必要になった。解放軍の到着は、実質的というより心理的に重要だった地域もあった。解放軍には村人を戦闘員に変える時間がなかったし、村を守るための装備もなかった。結局のところ、解放軍は二月までにいくつかの村に入っただけだった。つまり、大半のパレスチナ人はどれほど自分たちの生活が劇的に、かつ決定的に変わろうとしているのか、気づかないままだった。パレスチナの指導者たちも新聞も、ジャッファ北端のレッドハウスで秘密裏に計画されたことを、想像もしなかったのである。一九四八年二月に大規模な浄化作戦が起きてはじめて、パレスチナのある地域の人々は、差し迫る災厄の意味を理解し始めたのである。

一九四八年二月中旬、顧問団はパレスチナで増すアラブ義勇兵の存在感の意味について議論するために会合をもった。エリヤフ・サッスーンは、いまのところ合計でわずか三〇〇〇人の義勇兵がアラブ解放軍に加入したと報告した（ベングリオンの日記では、もっと少ない人数になっている）。「義勇兵の訓練は不十分で、われわれが挑発しなければ連中はすることもなく、アラブ諸国はこれ以上送りこんでこないだろ

＊ 文中では八〇年代とされているが、彼の大統領任期中（一九七三～七八）の発言と思われる。

う」と付け加えた。これを受けてイーガル・アロンは声高に大規模な浄化作戦を説いたが、参謀総長に任命されたヤアコヴ・ドロリーは反対し、もっと慎重な策をとることを主張した。しかしドロリーはその後ほどなくして病気になり、職を辞した。その後任は、より好戦的なイガエル・ヤディンだった[67]。

ヤディンはこれより前の二月九日に、パレスチナ人地区の「深部への侵攻」を要求し、本音をあらわにしていた。その対象として、具体的にガリラヤ北部にあるファッスータやタルシーハ、アイルートのように人口の多い村を挙げ、完全に村を破壊することを目的とした。顧問団は遠大な計画だと却下し、ベングリオンは当面棚上げにしようと述べた。ヤディンはこの計画に「ラメド・ヘー」という暗号名をつけた。グッシュ・エツィヨンで車列が攻撃された事件の報復の意味を込めたのだ[68]。数日後、顧問団はこれと似た別の計画を承認した。パレスチナの農村部に関する同じ暗号名の計画だったが、それでも、ある程度はアラブの敵対的行為に関係していなければならないと強調してあった。これらの作戦も、イガエル・ヤディンの発案だった。作戦は一九四八年二月一三日に始まり、いくつかの地域に焦点を合わせた。ジャッファでは、無作為に家屋が選ばれ、まだなかに住民がいるまま爆破された。サアサアの村も、キサーリヤ（今日のカイザリア）周辺の三つの村も攻撃された。

二月の作戦は顧問団が綿密に計画したもので、一二月の行動とは異なっていた。もはや散発的な出来事ではなく、パレスチナの幹線道路でユダヤ人を際限なく輸送する構想と村の浄化をはじめて結びつけたのである。しかしそれから数か月して作戦に暗号名が付き、範囲と対象が明確に定まるまでは、指令は依然曖昧だった。

最初の攻撃目標は、はるかフェニキアまでさかのぼる華々しい歴史を誇る古代ローマ都市カエサリア〔今日一般的にはカイザリア〕周辺の三つの村だった。交易のために拓かれた植民都市で、庇護者カエサル・

アウグストゥス〔初代ローマ皇帝オクタウィアヌス〕にちなみ、ヘロデ大王によってカエサリアと名付けられた。三つのうちいちばん大きな村はキサーリヤで、一五〇〇人の住民が古代の壁に囲まれた昔の街に暮らしていた。パレスチナ沿岸部の村ではごくごくあたりまえだったが、ユダヤ人の数家族も村に土地を買って住んでいた。村人の多くは石造りの家に暮らした。隣にはいまだにテントで生活をするベドウィンたちの家族もいた。村の井戸は半定住社会にも農村社会にも十分な水を供給したため、村人は広い土地を開墾し、柑橘類やバナナなどさまざまな農産物を育てることができた。キサーリヤ村は、パレスチナ沿岸部の農村に浸透していた、共生スタイルの典型的な例だった。

この三つの村が選ばれたのは、格好の餌食だったからである。自警団もよそから来た義勇兵も、防衛組織は何ひとつなかった。三つの村を占領し追放し破壊せよという指令は、二月五日に下った。[69]

キサーリヤは完全に無人化された最初の村で、それは一九四八年二月一五日に起きた。追放には数時間しかかからず、ひじょうに組織的に行なわれたため、ユダヤ軍はこの日さらに四つの村を無人化し破壊することができた。すべては近隣の警察署に駐留していたイギリス軍の見守るなか実行されたのである。[70]

二番目の村は人口約一〇〇〇人の、バッラート・キサーリヤ（「キサーリヤの外」の意）だった。古代ローマの廃墟となった都市近くの砂浜で、絵のように美しいこの村を一九三〇年代に撮影した写真が、いまもたくさん残っている。二月にあまりに突然すさまじい攻撃で徹底的に破壊されたため、イスラエル人の歴史家もパレスチナ人の歴史家も、その消滅はまったく謎だと言う。いまでは、この破壊された村の上に新たに造成したユダヤ人の町オール・アキヴァが広がっている。一九七〇年代には古い家屋が数軒まだ残っていたが、この地域のパレスチナの遺産を再建する企画の一環でパレスチナ人調査チームが記録を取ろうしたとたん、取り壊された。

同様に、近隣の村ヒルバト・アル＝ブルジュについても、曖昧な情報しかない。この村は他の二つと比べて小さく、古手のユダヤ人入植地ビンヤミーナ（一九二二年設立なので、比較的「古手」である）の東側を通るさいに、目を離さなければいまでも見ることができる。村の主要な建物はオスマン朝の隊商宿《ハーン》で、現存する唯一の建物である。そばの銘板に、ここはかつてブルジュ〔塔〕と呼ばれた歴史的に重要な城塞だったと記されている。だが、この村については一言も触れていない。今日、この建物は展覧会や見本市、家族の行事などに使われる、イスラエルの名所だ。[71]

この三つの村から北へそう遠くないところに、もう一つ古い遺跡がある。アトリートにある十字軍の城塞だ。この城塞は中世以来、長い年月とこの地を侵略するさまざまな敵にみごとに耐えてきた。アトリートの村はその隣に作られ、委任統治期にアラブ人とユダヤ人が海岸沿いの製塩業で協力した稀有な例であった。長年この村は、地形のため海水の採取場所となっていて、ユダヤ人とパレスチナ人は村の南西部の塩田で一緒に働き、上質な海塩を生産した。パレスチナ人が経営するアトリート製塩社は五〇〇人のユダヤ人を雇用し、彼らはこの村のアラブ住民一〇〇〇人とともに暮らし、働いた。しかし一九四〇年代に、ハガナーは村のユダヤ人地区を隊員の訓練場にし、それを脅威に思ったパレスチナ人は二〇〇人に減ってしまった。キサーリヤ近郊の作戦と同じく、訓練場のユダヤ兵が村の仕事仲間のパレスチナ人を一切の躊躇なく追放したことは、驚くにあたらない。今日その城塞は、イスラエルの海軍エリート部隊の中心的な訓練所となっているため、一般公開されていない。

二月、ユダヤ軍はダーリヤト・アル＝ラウハー村にも進攻した。パレスチナ北東部のマルジュ・イブン・アーミルと海岸を結ぶワーディー・ミルク渓谷を見下ろす平原に村はある。村の名はアラビア語で「香り高いブドウの木」を意味し、この国の景勝の地が匂いと眺めに特徴のあることの証拠となっている。ここもユダヤ人がアラブ人のなかで暮らし、土地を所有した村だった。攻撃を主張したのはヨセフ・ヴァイツで、村人を追放する方針に変わったのを利用したかったのだ。彼は、実り豊かな畑とブドウ園の要因である、肥沃な土壌とこんこんとわき続ける水源に目を付けた。(72)

その後二月一四日晩から一五日にかけて、サアサアを襲撃した。今日、サアサアを見逃すはずはない。アラビア語でサアサアは咽頭音の「A」〔アイン〕を二回発音するが、村の廃墟の上に建つキブツの入口の看板には「サーサー」と示されている。ヘブライ語化して、喉から出すアラビア語の音(ヨーロッパ人には習得がむずかしい)が消え、もっと柔らかい響きの「A」〔アレフ〕に変わったのだ。パレスチナ人の家屋はいまも数軒姿をとどめており、標高一二〇八メートルのパレスチナ最高峰ジャルマク山(ヘブライ語でメロン山)へ続く途上のキブツの中にある。国内唯一の常緑地帯にある美しく、石造りの家並みのあったサアサアは、イスラエルの公式の観光ガイドに頻繁に登場するパレスチナの村の一つである。

サアサアの攻撃は、パルマッハの北部司令官イーガル・アロンが命じ、ヒサースで残虐行為を働いた第三大隊の副司令官モシェ・カルマンが実行した。アロンは、村の立地のため攻撃する必要があると説明した。「われわれは主導権を握ることができると証明してみせなければならない」とカルマンに書き送った。指令はひじょうに明確だった。「二〇軒の家屋を爆破し、できるだけ多くの戦士〔村人のことである〕を殺せ」。サアサアは深夜に攻撃された。「ラメド・ヘー」作戦で攻撃対象となった村はすべて、真夜中近くに侵攻したとモシェ・カルマンは回想している。一九四八年四月一六日付のニューヨーク・タイムズによると、ユダヤ軍の大部隊は住民から何の抵抗も受けずにサアサア村に入り、家屋にトリニトロトルエンを取り付け始めたという。「われわれはアラブ人の見張りに出くわした」と、カルマンは振り返る。「彼はとても驚いたので「ミン・ハダ(誰だこれは)?」と尋ねるところを、「エーシュ・ハダ(何だこれは）？」と言った。アラビア語がわかる部隊の人間がふざけて「ハダ・エーシュ（これは弾だ）！」と答え（「ハダ《これ》」はアラビア語、「エーシュ《弾だ》」はヘブライ語）、そいつに向けて一斉に発射した」。カルマンの部隊は村の大通りを抑え、なかで家族が寝ている家屋を次々に手際よく爆破した。カルマンは村の三分の一が木っ端みじんになった様子を詩的に思い起こす。ついに空はこじ開けられ、破壊された三五軒の家と、六〇～八〇の死体があとに残った（そのうちのかなりの数が、子どもだった）[73]。また、飛び散った瓦礫で負傷した二人の兵士をサファド病院へ運ぶのに、イギリス軍が力を貸してくれたとほめている[74]。

　長時間の会合の参加者たちは、一九四八年二月一九日に別の会合に招集された。サアサア攻撃から四日後の木曜日の朝、みな再びベングリオンの家に集まった。このシオニストの指導者は、このときの議論をほぼ一字一句違えず日記に記録している。会合の目的は、ラメド・ヘー作戦がパレスチナ人に与えた影響を検証することだった。

　ジョシュ・パルモンは、パレスチナ人はいまだに戦意を見せていない、という「オリエント学者」の解釈を持ち出した。エズラ・ダニンはこの説を支持し、「村人は戦うつもりがまったくないようだ」と報告した。また、アラブ解放軍は、国連決議が将来のパレスチナ国家として割り当てた地域に明らかに活動範囲を限定されていた。ベングリオンは心を動かされなかった。すでに別のところに考えは移っていたのだ。彼は各作戦の攻撃範囲が限定されているのが不満だった。「［アラブ人の敵意に］少しばかり反応したところで、誰の記憶にも残らない。家を一軒破壊したって、何の意味もない。一帯を破壊するのだ、そうすれば心に焼き付くだろう！」。「アラブ人を追い立てた」サアサアの作戦を好ましいとした。

　ダニンは、戦闘に加わらないよう住民を抑えてきた周辺の村はサアサアの作戦に衝撃を受けただろうと考えた。そこで、すべてのアラブ人のあらゆる行動に武力で応え、特定の村や人が中立的かどうかはあまり気にしないことにした[75]。この反応を今後の計画にフィードバックさせる方法は、一九四八年三月まで続けられる。それ以降は、民族浄化は報復の一環ではなくなり、明確に定義された計画に体系化され、パレスチナ人をひとまとめに故郷から追い立てることを目的としたのである。

アロンは顧問団の二月半ばの会合で、ラメド・ヘー作戦に学んだ教訓の説明を続けた。「サアサアでやったように、村一帯や多くの家屋を破壊すれば、印象づけられるだろう」。この特別会合には、いつもよりたくさんの人間が呼ばれていた。アラブ問題の「専門家」が全国から招集され、そのなかにはガリラヤ西部のギヨラ・ザイド、ネゲヴ地方のダヴィド・カロンがいた。会合では総力戦に備えたいという要請について説明がなされた。参加者は全員例外なく、パレスチナの農村部には戦闘や攻撃するつもりがまったく見られず、無防備であると報告した。ベングリオンは、当分のあいだいっそう慎重に行動してほしいこと、そして事態の進展を見守りたいことを述べて締めくくった。それまでは「報告されているとおり無抵抗の風潮が広がるように、連続攻撃で農村地域を威嚇し続け」ておくに限る[76]。無抵抗のせいで作戦が妨げられた地域も少しはあったが、他の作戦につながった地域も多かったのだ。

さらにハイファ地区のキーラ村を占領・追放して、二月は終わった。キーラ村でもユダヤ人とアラブ人が混住していたが、ダーリヤト・アル＝ラウハー村と同じように、ユダヤ人入植者がいたことが村の運命をほぼ決した。この村の作戦を先延ばしにしないよう軍司令官に要請したのは、またしてもヨセフ・ヴァイツだった。「いますぐ連中を追放しよう[77]」と提案した。キーラはカームーン村の近くにあり、ユダヤ人入植者は戦略的に二つの村のあいだに住居を建てていた。

キーラ村は私がいま暮らしている場所のすぐ近くで、現在はヨクニアムと呼ばれている。オランダ系ユダヤ人がここに幾ばくかの土地を購入したのは一九三五年で、その後一九四八年にパレスチナ人の二つの村が無人化されこの入植地に「組み込まれ」た。近くのハゾレア・キブツもキーラ村の土地を一部奪取した。マルジュ・イブン・アーミル地方に最後の清流があるおかげで、ヨクニアムは魅力的な場所だ。春先に湧き出る水は、かつて村の石造りの家に届いていたのと同様に、美しい渓谷を通って谷へと流れ込む。かつては村の石造りの家にもその水は届いていた。キーラの住民はムカッタア川と呼んだ。いまイスラエル人は「平和の川」と呼んでいる。余暇や観光のために保全されたハイファ地区の多くの景勝地と同じように、ここにも一九四八年のキーラ村の廃墟が隠されている。恥ずかしいことだが、私はそれに気づくのに何年もかかってしまった。

ヴァイツが猛烈に追放を推進したのは、キーラ村とカームーン村だけではなかった。できる場所ならどこでも追放したがった。すでにユダヤ人が購入した土地からパレスチナ人の借地人を追い立てるのに「報復」作戦をどう利用すればよいか。顧問団に加わるよう誘われてすぐ、一月の日記にはこうある。「連中を一掃する時ではないのか。悩みの種をいつまでもなぜ抱えておくのか」[78]。一月二〇日の日記には、「われわれの当初の計画」どおり、つまり一九三〇年代に自分の提出したパレスチナ人移送に関する案に基づいて、借地人を扱う〔移送する〕べきだと書いている[79]。

ベニー・モリスは、ヴァイツが二月と三月に指示した多数の作戦を列挙し、「政治的首脳部」なるものに許可されたのは一つもなかったと付言している。そんなことはあり得ない。中央集権的なハガナーの司令部が、すべての追放作戦に許可を与えたのだ。一九四八年三月一〇日以前は、必ずしも前もって把握していなかったのは事実だが、つねにさかのぼって許可を与えていた。ヴァイツはカームーン、キーラ、ナアマーン渓谷のアラブ・アル＝ガワーリナ、クームヤ、マンスーラト・アル＝ハイト、フサイニーヤ、ウルマーニーヤ、キラード・アル＝ガンナーマ、ウバイディーヤの追放に関与したが、いちども非難されなかった。これらはすべて、土壌の質や、地区内や周囲にユダヤ人入植地があるからと、彼が選び出した村なのである。[80]

三月——計画の総仕上げをする

顧問団は、一九四八年二月の後半にダレット計画の草案についてはじめて議論した。イスラエルのある軍事史家はこれを二月一四日としているが、[81]ベングリオンの日記によれば二月二九日の日曜日だった。ダレット計画は三月上旬に仕上げられた。イスラエルの歴史叙述はいずれも、当時の軍司令官らの記憶に基づいて、一九四八年三月がこの戦争でもっとも厳しい月だったという。しかしこれは、次々に明らかになる衝突の一方向からだけの評価である。三月初旬には、アラブ解放軍が入植地に向かうユダヤ人の車列を攻撃して一時、成果をあげたことがあった。さらに解放軍の将校のなかには、小規模な連続攻撃でユダヤ人地区を恐怖に陥れ、混住地区で続くユダヤ人の攻撃をかわしたりやり返そうと考える者もいた。こうした攻撃は結局、アラブ解放軍がユダヤ人の〔パレスチナ〕占領にすこしは抵抗を示すことができるかもしれないという（間違った）印象を市民に与えた。

事実一九四八年三月はじめ、自分たちのコミュニティを守ろうとパレスチナ人が軍事行動を開始したが、それは最後となり短命に終わった。ユダヤ軍はまだ、すべての反撃にすぐにうまく対処できるほど十分組織されていなかった。ユダヤ人コミュニティの一部が悲観したのは、それで説明できる。しかし、顧問団は現状を把握する力を一瞬も失わなかった。三月上旬の会合ではアラブ解放軍による反撃は議題にさえならず、全体的な状況をとくにむずかしいとみなしていた様子はない。それよりもベングリオンの指導のもと、最終的なマスタープランの作成に追われていたのである。

顧問団のなかには、孤立した入植地への道を守る最善策として、浄化作戦の続行を提案する者もいた。彼らはテルアビブ―エルサレム間の道路に大きな関心を寄せたが、ベングリオンはすでに、もっと包括的なことに専念していた。一九四七年一一月下旬から一九四八年三月上旬までの間に彼は、これまであらゆる努力をしたにもかかわらず、現場にまだ有能な指導者がいないと結論づけた。彼はまた、委任統治国家を奪取するために、ハガナーが一九三七年に一つ、一九四六年に二つ作成した三つの計画をいま改訂する必要があると感じていた。そこで、暗号名プランBとCという直近の二つの計画を見直す命令を出した。

一九四八年三月一〇日水曜日午後の顧問団の例会に参加した人々に、民族浄化に関してベングリオンが何を言ったのか、記録は見あたらない。しかしわれわれがいま目にしているのは、彼らが草案を書き、煮詰め、ハガナー高等司令部に承認され、軍の命令として現場の部隊に送られた計画である。

ダレット計画の正式な名称は、イェホシュア計画だった。一九〇五年にベラルーシで生まれたイェホシュア・グローバーマンは、一九二〇年代に反共産主義活動のために投獄されていたが、ソ連の刑務所に三年いたあと、両親の友人だったマキシム・ゴーリキーが取りなしてくれたおかげで釈放された。グローバーマンはパレスチナ各地でハガナーの司令官を務めていたが、一九四七年一二月、自家用車を運転中に何者かに狙撃されて死んだ。ゆくゆくは将来のイスラエル軍参謀総長になるはずだったが、早すぎた死のせいで、その名は武勲ではなくパレスチナにおけるシオニストの民族浄化計画と結びつけられた。彼は仲間たちからたいへん崇拝されていたため、ユダヤ国家建国ののち、将官の地位を死後贈与された。

グローバーマンが殺害された数日後、ハガナー情報部隊はこれから数か月間の計画を立てた。この暗号名ダレット計画は、将来のユダヤ国家の地理的な範囲（ベングリオンは七八％を希望）とともに、その空間に住んでいる一〇〇万人のパレスチナ人の運命について、直接言及している。

これらの作戦は次のいずれかの方法で実行できる。村を破壊する。とくに継続的な管理の困難な居住地を、放火や爆破、または瓦礫に地雷を敷設して破壊する。もしくは以下のガイドラインに従って捜査し制圧する。村を包囲し捜索する。抵抗があれば武装勢力を一掃し、住民を国境外に放逐すること。[82]

村が要所にあったか、何か抵抗を目論んでいると思われたため、村人は追放されようとしていた。占領はつねに何らかの抵抗を生み出す。したがって、その立地のせいであれ、住民が占領を認めないせいであれ、追放を免除される村などないのは明白ななか、この命令が下ったのだ。これはパレスチナの農村部から全住民を追放するためのマスタープランだった。パレスチナの都市部を対象とした作戦に向け、いくつかの命令が同様の文言で出された。

現場の各部隊に届いた命令は、より具体的だった。もともと四つあったハガナーの旅団は、計画をすみやかに実行するため一二に分けられ、それにあわせて全土を分担した。各旅団の司令官は、占領し破壊し住民を追放する村や地域のリストを、具体的な日取りとあわせて受け取った。司令官のなかには命令の履行に野心的なあまり、熱心に場所を追加する者もいた。他方、現実離れした命令もあり、期限内に完了できないものもいくつかあった。予定では五月中に占領することになっていた沿岸部の村は、七月まで破壊されなかったのである。ハデラ村近隣の沿岸部とマルジュ・イブン・アーミル（エズレル平野、アフーラーを結ぶ渓谷（現国道六五号線）はワーディー・アーラ地帯をなしているが、ここにある村々は、この戦争でなんどもユダヤ軍に攻撃されながらも耐え抜いた。しかしこれらは例外であり、五三一の村と一一の都市および町が破壊され、住民が追放された。顧問団が一九四八年三月に直接出した命令に基づいていた。三〇の村は、すでにそのときまでに消えていた。

ダレット計画は清書され、ハガナーに編入された一二の旅団の司令官に数日後配布された。各司令官が受け取ったリストとともに、担当地区の村に関する詳細な説明と、差し迫るその運命が記されていた。すなわち占領、破壊、追放である。一九九〇年代末に国防軍が公開したイスラエルの記録文書では、ベニー・モリスのような歴史家の主張とは異なり、ダレット計画は曖昧な指針ではなく、実行すべき明確な作戦命令として、各旅団の司令官に伝えられていたことがはっきり示されている。[83]

政治指導者たちに送られた概要案と違い、軍事司令官たちが受け取った村のリストには、破壊や追放をどのように実行すべきか詳述されていなかった。たとえば無条件降伏すれば村は助かるといった説明は概要案では保証していたが、ここにはなかった。

政治家に渡された文書と軍事司令官に与えられた文書には、他にも相違点があった。政治家の文書では、作戦は委任統治終了後に始めるといっていた。しかし現場の将校たちは、受け取ってから数日以内に開始するよう命じられた。こうした二分法は、今日まで続く典型的なイスラエルの政軍関係である。軍は政治家に対し、真の意図について誤った情報を伝えることが頻繁にある。モシェ・ダヤンは一九五六年*に、アリエル・シャロンは一九八二年*に、シャウル・モファズは二〇〇〇年*にそうしたのである。

ダレット計画の政治家版と軍の指令に共通していたのは、計画の全体的な目的だった。言い換えれば、直接の指令が現場に届く前に、部隊はすでに自分たちに期待されていることを正確に知っていたのである。尊敬すべき勇敢なイスラエルの女性人権活動家シュラミット・アロニーは当時司令官だったが、政務事務官がやってきてパレスチナ人を悪魔化したり、今後の作戦の評価基準としてホロコーストを引き合いに出

していかに部隊を鼓舞したか、回想している。そうして教化された翌日に、作戦が実行されることがよくあった。(84)

顧問団がダレット計画を承認すると、参謀総長代理のイガエル・ヤディンは、ユダヤ公衆保健局本局《クパト・ホリーム》の入っているテルアビブのザメンホフ通りにあるビルに、ハガナーの諜報将校を全員招集した（現在も保健局のままで、向かいには人気のインド・レストランがある）。普段は患者のための受付ホールが、数百人の将校であふれた。

＊一九五六年にスエズ危機が起きると、イスラエル軍参謀総長モシェ・ダヤンはエジプトに対する先制攻撃を唱えるとともに、イスラエル国内のアラブ人の暴動を防止するため、彼らを国外に移送する秘密作戦の準備を指令した。実施には至らなかったものの、これがコフル・カースィム村での虐殺（スエズ戦争勃発直後、外出禁止令を知らずに村に戻ろうとしたアラブ人四八人が国境警備兵によって殺害された事件）につながったと考えられる。

＊一九八二年のイスラエルによるレバノン侵攻、およびそのさなかに起きたサブラー・シャティーラ難民キャンプでのパレスチナ人虐殺を指す。国防大臣アリエル・シャロンは、レバノンでの親イスラエル政権樹立を構想し侵攻を立案・主導したが、レバノンのファランヘ党民兵による同虐殺を招いた責任を問われ、辞任した。

＊アリエル・シャロンがエルサレムのイスラーム聖地「神殿の丘」を挑発的に訪問したことをきっかけに、二〇〇〇年に第二次インティファーダが勃発した。イスラエル軍参謀総長シャウル・モファズは、その数年前から占領地での軍事作戦を準備しており、衝突を最小限に抑えようとする首相サイドの意向から逸脱し、抵抗への過剰な報復と軍事作戦を指揮した。

ヤディンは彼らにダレット計画について話さなかった。命令はその週に各旅団長へ送られていたが、諜報将校たちに部隊の実行力について疑念を抱かせないよう、一般論を語るにとどめた。諜報将校はある種の政治将校《ポリトルーク》でもあった。したがってヤディンは、指導部がいまにも「第二のホロコースト」が起きると公表していることと、ユダヤ国家となる地域を無人化するにあたりユダヤ軍が実際にはまったく攻撃されていないこととの乖離について説明しなければならないと承知していた。全滅の危機にあると新聞で読み、政治家たちからも聞かされているのに、占領し、征服し、住民を追放せよという命令が出るだろう。それがどうして可能なのか、諸君は説明を受けて当然だ、とヤディンは相変わらず芝居がかった調子で、聞き手に印象づけようとした。やがてすべてのイスラエル人がよく知るようになる、この長身で痩せ型の将校は、誇らしげに告げた。「われわれが必要としている武器は、いまやすべて手中にある。すべて船に積まれ、イギリス人が去ったら搬入する。前線の状況は一変するだろう(85)」。

換言すれば、この戦争では一九四八年三月がもっとも厳しかったというイガエル・ヤディンの言説を知れば、むしろ、パレスチナのユダヤ軍はまったく絶滅の危機になかったと結論するに違いない。たしかに民族浄化計画を仕上げる過程でいくつか障害はあった。武器が比較的不足していたり、将来のアラブ国家内にユダヤ人入植地が点在していたことなどである。とりわけ西岸地区のいくつかと、ネゲヴ北西部の入植地(ネグバ、ヤド・モルデハイ、ニザニーム、ガット)は無防備に思われた。エジプト軍がパレスチナに進攻し、ほんの少しの間奪取されていた頃でも、この四つの入植地は孤立したままだった。同様に上ガリラヤにあるいくつかの入植地は、運よくアラブ解放軍の数百人の義勇兵が守るたくさんのパレスチナ村に囲まれていたため、そこに向かうのもそれを防衛するのも容易なことではなかった。最終的にエルサレムに行く道は、パレスチナ人狙撃手の攻撃目標となったため、三月にエルサレムのユダヤ人地区に向かうのは困難で、包囲された気分になるほどだった。

イスラエルの公式の歴史叙述では、一九四八年四月が転機とされている。この解釈によれば、孤立し脅威を感じたパレスチナのユダヤ人コミュニティは、危うく敗北を喫する直前に防衛から攻撃へ方針を変えたという。しかし実際の状況は、まったく違っていたのだ。両社会の軍事的・政治的・経済的なバランスをすべて考慮しても、ユダヤ人の大多数はまったく危機になかっただけでなく、一九四七年一二月上旬から一九四八年三月末にかけてマスタープランが実行される前でさえ、ユダヤ軍は民族浄化の第一段階を遂行できたのである。四月に変わったことがあるとしたら、それは散発的な攻撃やパレスチナ民間人への反撃から、これから見ていくように組織的で大規模な民族浄化作戦になったことである。

原註

(1) 当初ストライキだったこの抗議行動が暴力に変わった経緯については、駐パレスチナイギリス高等弁務官アラン・カニンガム卿による証言がある。「アラブ暴動は当初、自然発生的で、組織されたものではなかった。そしてユダヤ人を狙った攻撃というよりも、国連決議案に対する失意を示すために実行された。当初使われた武器は棒や石であり、ユダヤ側が火器に頼らなければ興奮も収まり、失われる人命はわずかですんだかもしれない。ストライキの呼びかけに力強い反応があったことに、ムフティー〔四二頁参照〕はじめアラブ高等委員会はみな喜んだものの、大規模な暴動は望んでいなかった。これは信頼に足る証拠に基づいており、暴動が意図せずして拡大したことはいっそう明白である」。Nathan Krystal, 'The Fall of the New City, 1947–1950', in Salim Tamari, *Jarusalem 1948. The Arab Neibourhoods and their Fate in the War*, p. 96より引用。

(2) これについては次章で詳しく論じる。

(3) Bar-Zohar, *Ben-Gurion*, p. 663.

（4） Meir Pail, 'External and Internal Features in the Israeli War of Independence' in Alon Kadish（ed.）, *Israel's War of Independence 1948–1949,* pp. 485–7.

（5） Smith, *Palestine and the Arab-Israeli Conflict,* pp. 91-108.

（6） Avi Shlaim, *Collusion.*

（7） Avi Shlaim, 'The Debate about 1948' in Pappe（ed.）, *The Israel/Palestine Question,* pp. 171–92.

（8） Rivlin and Oren, *The War of Independence,* vol. 1, p. 320, 18 March 1948; p. 397, 7 May 1948; vol. 2, p. 428, 15 May 1948.

（9） Ibid., 28 January 1948, p. 187.

（10） これにはハガナーがチェコスロバキアと結んだ一二二八万ドル相当の武器取引が含まれ、ライフル二万四五〇〇丁、マシンガン五二〇〇丁、銃弾五四〇〇万発分を購入した。

（11） 註8を参照。

（12） 諜報将校への指令については、後でまた言及する。IDF Archives, File 2315/50/53, 11 January, 1948.y t に確認できる。

（13） Bar-Zohar, *Ben-Gurion,* p. 663で引用されているベングリオンからベン＝アルツィ宛の書簡にあるとおり。シャレット宛書簡については、Ben-Gurion Archives, Correspondence Section, 23.02–1.03.48 document 59, 26 February 1948.

（14） Ben-Gurion's letters, ibid.

（15） Israel State Archives Publications, *Political and Diplomatic Documents of the Zionist Central Archives and Israeli State Archives,* December 1947–May 1948, Jerusalem 1979（ヘブライ語）, Doc. 45, 14 December 47, p. 60.

（16） Masalha, *Expulsion of the Palestinians.*

（17） Bar-Zohar, *Ben-Gurion,* p. 702.

（18）一九三七年七月一二日のベングリオンの日記には、アラブ人をパレスチナから移送する意思と能力がユダヤ指導部にあればいいのだが、という願望が長々とつづられている。
（19）演説の全文は David Ben-Gurion, *In the Battle*, pp. 255–72 に収録されている。
（20）Central Zionist Archives, 45/1 Protocol, 2 November 1947.
（21）Flapan, *The Birth of Israel*, p. 87.
（22）Morris, *The Birth of the Palestinian Refugee Problem Revisited*.
（23）これが〔民族意識と〕無関係であることは、ベングリオンに報告された。Ben-Gurion Archives, Correspondence Section, 1.12.47–15.12.47, Doc. 7, Eizenberg to Kaplan, 2 December 1947 を参照。
（24）ベングリオンが日記に記した一九四七年一二月二日の会合もその一つである。この集まりではオリエント学者たちが、パレスチナ人の水源や交通拠点を攻撃するよう提案した。
（25）一九四七年一二月一一日のベングリオンの日記を参照。農民の多くは戦争に巻きこまれたくないと思っている、と判断した。
（26）Hagana Archives, 205.9.
（27）この会合はについてベングリオンは、翌日の一九四七年一二月一一日の日記で触れている。参加者をもっと限定した可能性もある。
（28）IDF Archives, 49/5492/9, 19 January 1948.
（29）ウェブサイト www.palestineremembered.com を参照のこと。オーラルヒストリーの証言に触れられる双方向的なサイトである。
（30）Ben-Gurion's *Diary*, 11 December 1947. モシェ・シャレット宛の書簡は G. Yogev, Documents, December 1947–May 1948, Jerusalem: Israel State Archives 1980, p. 60.
（31）一九四七年一二月二二日付のニューヨーク・タイムズより。ハガナーはイガエル・ヤディンに一二月一四日に報告した。 Hagana Archives, 15/80/731 を参照。

（32） IDF Archives, 51/957, File 16.

（33） Central Zionist Archives, Report S25/3569, Danin to Sasson, 23 December 1947.

（34） *The New York Times,* 20 December 1947; Zionist Executive, 6 April 1948 におけるベングリオンの演説。

（35） ベングリオンは一九四七年一二月一八日の日記に、水曜日の会合について簡単に記している。

（36） Yaacov Markiviski, 'The Campaign on Haifa in the Independence War' in Yossi Ben-Artzi（ed.）, *The Development of Haifa, 1918–1948.*

（37） *Filastin*, 31 December 1947.

（38） Milstein, *The History of the Independence War,* vol. 2, p. 78.

（39） Benny Morris, *The Birth of the Palestinian Refugee Problem,* p. 156; Uri Milstein, *The History of the Independence War,* vol. 2, p. 156.

（40） 民族委員会は地元の名士たちによる組織で、各都市のパレスチナ社会が緊急時の指導体制をとるため、一九三六年に設立された。

（41） Morris, *The Birth of the Palestinian Refugee Problem,* p. 50; Uri Milstein, *The History of the Independence War,* vol. 3, pp. 74–5.

（42） Morris, *The Birth of the Palestinian Refugee Problem,* p. 55, note 11.

（43） Political and Diplomatic Documents, Document 274, p. 460.

（44） Ibid., Document 245, p. 410.

（45） Rivlin and Oren, *The War of Independence,* editorial remark, p. 9.

（46） 長時間の会合の議事次第は、Ha-Kibbutz Ha-Meuchad Archives, Aharon Zisling's private collection 所収。

（47） Ben-Gurion's, *Diary,* 31 December 1947.

(48) Weitz, *My Diary*, vol. 2, p. 181.
(49) Morris, *The Birth of the Palestinian Refugee Problem*, p. 62.
(50) Ben-Gurion Archives, The Galili papers, Protocol of the meeting.
(51) Danin Testimony for Bar-Zohar, p. 680, note 60.
(52) Ben-Gurion Archives, Correspondence Section, 16.1.48–22.1.48, Document 42, 26 January 1948.
(53) Ben-Gurion's *Diary*, 7 January 1948.
(54) Ben-Gurion's *Diary*, 25 January 1948.
(55) Rivlin and Oren, *The War of Independence*, p. 229, 10 February 1948.
(56) Ben-Gurion Archives, Correspondence Section, 1.1.48–31.1.48, Doc. 101, 26 January 1948.
(57) ヨハナン・ラトナール、ヤアコヴ・ドロリー、イスラエル・ガリーリ、イガエル・ヤディン、ツヴィ・レシナール（アヤロン）、イツハク・サデーである。
(58) Ben-Gurion, *Diary*, 9 January 1948.
(59) *Mivrak* より。
(60) Ben-Gurion's *Diary*, 31 January 1948.
(61) Rivlin and Oren, *The War of Independence*, pp. 210–11.
(62) Ben-Gurion's, *Diary*, 1 January 1948.
(63) 註52を参照。
(64) Bar-Zohar, *Ben-Gurion*, p. 681.
(65) Ben-Gurion's, *Diary*, 30 January 1948.
(66) Ibid., 14 January 1948, 2 February 1948, and 1 June 1948.
(67) 二月の会合についての情報は、ベングリオンの日記から得た。

(68) Ben-Gurion's, *Diary*, 9 and 10 February 1948; *Haganah Book*, pp. 1416–18.

(69) *Hashomer Ha-Tza'ir* Archives, Files 66.10, meeting with Galili 5 February 1948（二月四日水曜日のマクタルの会合の翌日に報告されている）.

(70) Zvi Sinai and Gershon Rivlin（eds.）, *The Alexandroni Brigade in the War of Independence*, p. 220（ヘブライ語）.

(71) Morris, *The Birth of the Palestinian Refugee Problem*, pp. 53–4.

(72) Weitz, *My Diary*, vol. 3, p. 223, 11 January 1948.

(73) 公式文書に記載された数字はさらに控えめで、家屋四〇軒を爆破、村人一一人を殺害、八〇人を負傷させたとある。

(74) Israel Even Nur（ed.）, *The Yiftach-Palmach Story*.

(75) Ben-Gurion's *Diary*, 19 February 1948.

(76) Ibid.

(77) Khalidi（ed.）, *All That Remains*, pp. 181–2.

(78) Weitz, *My Diary*, vol. 3, p. 223, 11 January 1948.

(79) Ibid., 239–40.

(80) Morris, *The Birth of the Palestinian Refugee Problem*, pp. 84–86.

(81) Pail, *From the Hagana to the IDF*, p. 307. 次章のＤ態勢についての議論を参照のこと。

(82) 英訳は Walid Khalidi, 'Plan Dalet: Master Plan for the Conquest of Palestine', *Journal of Palestine Studies*, 18/69（Autumn 1988）, pp. 4–20.

(83) 本書第５章を参照。

(84) 兵士に配布された計画書および最初の直接命令書は IDF Archives, 1950/2315 File 47, 11 May 1948 所収。

(85) Yadin to Sasson IDF Archives, 16/69/261 the Nachshon Operations Files.

第5章　民族浄化の青写真

ダレット計画

セルビア人はセルビア民族だけのスルプスカ共和国を建国したいと思っていたが、都市部にはムスリム・マイノリティが大勢暮らしているため、同質の民族国家の形成は困難であった。そこでスルプスカ共和国軍は、ラトコ・ムラディッチ参謀長官の指揮の下、彼らがセルビア人の土地とみなす場所で、ムスリムに対して民族浄化政策を開始したのである。

GlobalSecurity.org, 2000―2005

ベングリオンの日記を編纂した人々は、パレスチナのユダヤ人社会の指導者が、一九四八年四月一日から五月一五日にかけての出来事の軍事的側面について、ほとんど無関心だったことを知り、驚いた(1)。それどころかベングリオンは、シオニストどうしの政治的駆け引きに気を取られていたようで、離散ユダヤ人の諸団体を新生イスラエル国家の機関に組みこむといった組織の問題に集中して取り組んでいたのである。迫りくる破局とか「第二のホロコースト」など、公の場では悲哀を込めて扇動したが、本気で心配する様子は、日記からはうかがえない。

彼は側近には違う言い方をした。四月初旬、自身のマパイ党員には、ユダヤ軍がその時期占領したアラブの村の名前を誇らしげに挙げた。四月六日には別の場所で、地主《エフェンディ》ではなく農民を攻撃することに疑問を呈したヒスタドルート〔労働総同盟〕の社会主義寄りの役員たちを叱責し、中心格の人物にこう言っている。

「われわれが対峙しているのは地主《エフェンディ》であって農民ではない、という君の意見には賛成できない。われわれの敵はアラブ人の農民なのだ！(2)」

日記には、公の場でベングリオンが聴衆に植え付け、その結果イスラエルの集団的記憶となった恐怖心との著しい相違が表れている。すでにパレスチナは掌中にあると彼が認識していたことがうかがえる。しかし過信はしておらず、一九四八年五月一五日の祝賀行事に参加しなかった。この先問題が山積みであると気づいていたのだ。パレスチナを民族浄化し、ユダヤ人のパレスチナ奪取を止めようとしても無駄だとアラブ人に思い知らせねばならない。ガリラヤの僻地やネゲヴ地方、エルサレムの一部の地域のように孤立したユダヤ人入植地では、アラブ軍とあまりに力に差があるため、顧問団は事態が進展した場合どうなるか懸念したし、ベングリオンも同様だった。だがベングリオンや側近たちは、地方が不利であっても全体像は変わらないと十分に理解していた。国連分割決議によってユダヤ国家に割り当てられた地域の大半を、イギリスが撤退する前に占有する力がユダヤ軍にはある。「占有する」が意味するところは一つしかない。都市部と農村部とを問わず、そこに住んでいるパレスチナ人を家や職場や土地から大規模に追放するということだ。

イギリス委任統治が正式に終了した日、通りで踊り出したユダヤ人大衆と一緒になっておおっぴらに喜んだりしなかったが、ベングリオンはすでにユダヤ軍が実力を発揮し始めたことをよく承知していたのである。ハガナーは五万人以上の動員力をもち、その半数は第二次世界大戦中に英軍の訓練を受けていた。ダレット計画を決行すべき時だった。

ナハション作戦――ダレット計画の第一次作戦の最初のプラン

アラブ人の人口密度の高い地域の真ん中にぽつぽつと入植地を建設するシオニストの戦略は、イギリス委任統治当局に事後承諾されたのだが、緊張が高まったときには不都合であることがわかった。こうした遠隔地まで、かならず安全に物資や部隊を届けられるとは限らなかった。ひとたび戦端が開かれれば、西からエルサレムへ入る道はパレスチナ人の村をいくつも通らねばならないためとりわけ防御がむずかしく、エルサレム市の少数のユダヤ人住民は敵に包囲されたように感じた。シオニストの指導者がエルサレムのユダヤ人を心配するのは、もう一つ理由があった。このコミュニティは主に正統派と東方系《ミズラヒ》ユダヤ人で構成されていたが、シオニズムやその野望にはほとんど関心がなく、疑わしくさえ思っていたのだ。そこで、ダレット計画を最初に実行する場所には、テルアビブに向かう道の半ば手前にあるエルサレムの西側の丘陵地帯が選ばれた。これがナハション作戦で、以降の作戦の手本となった。これによって、孤立したユダヤ人入植地を守ったり、エルサレムに向かう道など、敵の脅威にさらされている道路を開放するのに、突如大規模な追放を実施するのがもっとも効果的であることがわかった。

この作戦についたすべての旅団は、ダレット（D）計画をすぐに実行するよう、マツァヴ・ダレット（D態勢）をとれ、と命じられた。各部隊に届いた指示はこう始まっていた。「ダレット計画を実行に移すため、D態勢に入ること」。そして「おさえた村の浄化または破壊に関しては、アラブ局顧問または情報将校との協議に従って決定されるものとする」[3]と続いた。一九四八年四月から五月にかけての結果から判断すれば、この通達を免れる村は一つもなかった。ダレット計画は、表向きは降伏するという選択肢を各村に与えていたが、作戦命令ではいかなる理由があっても免除される村はなかった。これによって作戦の青写真は、村を破壊せよという軍事命令に変わったのである。

攻撃の日程は地理条件によって異なった。アレクサンドローニ旅団は四月末に命令を受け、数十の村がある沿岸部を猛攻し、残ったのは二つの村だけだった。ゴラーニー旅団はガリラヤ東部を浄化するよう一九四八年五月六日に指示され、翌日にはその「担当地区」のシャジャラ村をまず浄化した。[4]

特殊部隊パルマッハは、ナハション作戦の命令を一九四八年四月一日に受けた。その前夜、顧問団は同部隊への命令をまとめるため、ベングリオンの家に集まった。命令は明確だった。「本作戦の主な目的は、アラブ人の村の破壊である。……［そして］村民を追放し、彼らをアラブ軍の経済的負担とするのだ」[5]。

ナハション作戦がこれまでと違う点は他にもある。ユダヤ人のさまざまな軍事組織がはじめてまとまって一つの軍隊として行動しようとした作戦で、将来のイスラエル国防軍（ＩＤＦ）の基礎となった。また、アラブ世界や、ホロコーストを経験したヨーロッパからの新移民など他のエスニック集団とともに、もと戦闘現場で活躍していた東ヨーロッパの退役ユダヤ人が動員されたはじめての作戦だったのである。

この作戦に参加した部隊司令官、ウリ・ベン＝アリは回想録で、「離散ユダヤ人を統合する」ことがナハション作戦の重要な目標の一つだったと述べている。ベン＝アリは、その数年前にパレスチナにやってきたドイツ系ユダヤ人の青年だった。彼の部隊は、ハデラ近郊の地中海沿岸でナハション作戦に向けて最後の準備を行なった。彼は、自分が第二次世界大戦中にナチスと闘ったロシア人司令官だったかのように振り返る。この場合「ナチス」に当たるのは、ジャッファとエルサレムを結ぶ街道筋の武器を持たない多数のパレスチナ村民と、彼らを助けにきたアブドゥル＝カーディル・アル＝フサイニー率いる民兵組織だった。彼ら民兵は、ユダヤ人の攻撃に対する報復として、路上でユダヤ人の車列に無差別に発砲し、乗客を死傷させた。しかしパレスチナの他の地域と同様、村人はふだんどおりの生活を続けようとしており、ベン＝アリやその同僚たちが悪魔化したイメージを自分たちに貼りつけたことなど知る由もなかった。数日のうちに村人の多くは先祖代々何世紀にもわたって暮らし、働いてきた家や畑から永遠に追放される。アブドゥル・カーディルの民兵組織はベン＝アリの部隊が予想した以上に抵抗し、ナハション作戦は当初、計画どおりには進まなかった。しかし四月九日、作戦は完了した。

この日は、エルサレム周辺にたくさんある村の一つが、ユダヤ人の手にはじめて落ちた日であった——カスタル（城塞）という縁起のよい名前の村だったのだが。ここには実際、古い砦があったが、数でまさるユダヤ軍から村を守ることはできなかった。カスタル村はエルサレムの西側の丘にあった。イスラエルがここに建てたハガナーの記念碑は、かつてこの地にパレスチナ人の村があったことを言い忘れている。戦闘を記念した碑文は、ダレット計画に関する言い回しが今日のイスラエルの一般的な歴史叙述にいかに深く根づいているかの典型例である。ダレット計画では（ゆえにこの碑文では）、カスタルは村ではなく「敵の陣地」と呼ばれる。破壊し追放して「当然の対象」にするため、パレスチナ住民は非人間化された。イスラエル全土で、たくさんの新たな入植地や国立公園が、そこにかつてあったパレスチナの村にまったく言及しないまま、この国の集団的記憶の一部となっている。家屋やモスクなどがぽつんと残り、一九四八年まで人々が暮らしていた形跡が目に見える形で証明される土地でもそうだった。

四月九日、アブドゥル＝カーディル・アル＝フサイニーはカスタル村を防衛する戦闘中に死んだ。彼の死によって部隊は士気を失い、大エルサレム地域のすべての村はあっけなくユダヤ軍の掌中に落ちた。村は一つずつ包囲され、攻撃され占拠され、村人は追放され、家や建物は破壊された。追放に虐殺がともなう村もあった。カスタル村が陥落したのと同じ日、ユダヤ軍がデイル・ヤースィーン村で起こした虐殺は、もっとも悪名高い。

デイル・ヤースィーン村

ダレット計画が組織的なものであったことは、デイル・ヤースィーン村の事例で明らかである。のどかで人情味豊かなこの村は、エルサレムのハガナーと不可侵の取り決めを結んでいたのだが、ダレット計画の浄化対象地域に入っていたため、壊滅させられる運命にあった。村と取り決めを交わしていたため、ハガナーはイルグンとシュテルン・ギャング団を村に送り、自分たちはあらゆる公的責任を免れることにした。その後「友好的な」村を浄化し続けるうち、こうした策略さえ、もはや必要とはみなされなくなるのだが。

一九四八年四月九日、ユダヤ軍はデイル・ヤースィーン村を占拠した。この村はエルサレム西部の海抜八〇〇メートルの丘にあり、近隣にはユダヤ人入植地ギヴアト・シャウールがあった。村の学校は、いまでは破壊された村から西に拡がるユダヤ人居住者のための精神病院となっている。

ユダヤ兵は村に押し入ると、住居に向けてマシンガンを乱射し、多数の住民を殺害した。その他の村人たちも一か所に集められて冷酷に殺され、死体は損壊された。大勢の女性はレイプされ、その後殺された(6)。

当時二〇歳だったファヒーム・ザイダーンは、目の前で家族が殺されるのを見たことを思い返す。

彼らは私たちを次々に連れ出しました。一人の老人が撃たれ、その娘が泣き叫ぶと、彼女も撃ち殺されました。兄のムハンマドが呼ばれ、私たちの目の前で撃ち殺されました。母は腕に妹のフドゥラーを抱えながら、兄に泣きすがりました。まだ母乳を飲ませていたのです。彼らは母も撃ち殺しました。(7)

ユダヤ兵は子どもたちを壁に向かって一列に並ばせ、「ただ面白いから」と銃弾を浴びせ、去って行った。ザイダーンは撃たれながらも、かろうじて生き残ったのである。

最近の研究の結果、デイル・ヤースィーン村で虐殺された人数は、一七〇人から九三人に減った。もちろんこれは虐殺の犠牲者と、戦闘中に殺された数十人を分けたためで、犠牲者の公式リストに後者は含まれていない。しかしユダヤ軍はパレスチナの村をすべて敵の軍事基地とみなしたので、村人を虐殺することと「戦闘で」殺すことにほとんど違いはなかった。

ただ、デイル・ヤースィーン村で殺されたなかに三〇人の赤ん坊がいた事実は述べておかねばならない。これで「数量的な」課題〔殺された人数が減ったこと〕そのものにはたいした意味がない理由が理解できるし、二〇〇二年四月のジェニーンの虐殺のような最近の事件でも、イスラエル人は同じことを繰り返している。当時ユダヤ人指導層は、犠牲者が多かったと吹聴してデイル・ヤースィーン村を惨事の中核に据え、もし家を捨てて逃げださなければお前たちには同じ運命が待っている、とすべてのパレスチナ人に警告したのだった。(8)

お次は近隣のカールーニヤー村、サーリース村、ベイト・スーリーク村、ビッドゥ村の四つだった。ハガナーの部隊はどの村でも、わずか一時間ほどで家屋を爆破し住民を追い出した。興味深いことに(お望みなら「皮肉なことに」と言い換えよう)、ハガナーの司令官は各村を占拠する最終段階で、部下たちの凄まじい略奪を止めるために苦労した。家屋を爆破する工作部隊を指揮したベン゠アリは、どれほど必死に村で略奪をやめさせようとしたか回想している。しかし、農民たちが何も持たずに逃げ、その財産を兵士や司令官たちが戦争の記念品として自分の居間や農園においていることを考えると、この主張は大げさだと言わざるを得ない(9)。

同じ地域のアブー・グーシュ村とナビー・サムーイール村は、掃討を免れた。それぞれの村長《ムフタール》が、シュテルン団の地区司令官とわりあい友好的な関係にあったからだった。皮肉にもそのおかげで破壊と追放を免れることができたのだ。ハガナーはこの二つの村を破壊するつもりでいたが、もっと過激なシュテルン団が今回は弁護に回った。しかしこれはまれな例外であり、数百の村がカールーニヤー村やカスタル村と同じ運命をたどったのである(10)。

パレスチナの都市の破壊

ユダヤ司令部は、国連がユダヤ国家として認めた地域を奪取し、さらに浄化できると四月初旬には見積もっていた。それは、ナハション作戦が終わるとすぐにパレスチナの主要な都市に関心を向けたことからもうかがえる。四月末まで各都市は組織的な攻撃を受けたが、国連の出先機関もイギリス当局も無関心に傍観していた。

都市部への攻撃はティベリア市から始まった。デイル・ヤースィーン村の一件と、三日後(四月一二日)にその近くのナーセル・アル゠ディーン村で虐殺があったという知らせが伝わると、ティベリア市に住んでいたパレスチナ人の多くは逃げ出した。[11] 人々は、ユダヤ軍がガリラヤ湖畔のこの歴史的古都を見下ろす丘に陣取り、連日激しく砲撃してくるのに仰天した。この町には六〇〇〇人のユダヤ人と五〇〇〇人のアラブ人がいて、先祖代々何世紀も平和に共存してきたのである。イギリスの妨害によって、アラブ解放軍はわずか三〇人の義勇兵しか送り込めなかった。ハガナー軍にとっては戦闘などないに等しく、丘の上から樽爆弾を転がし、住民を脅すために拡声器を使って恐ろしい音声を流した。これを初期バージョンとすれば、一九八三年のベイルートや二〇〇五年のガザでは〔強い衝撃波を出す〕超音速飛行を行ない、人権団体は犯罪行為であると非難している。ティベリア市は四月一八日に陥落した。[12]

イギリスはティベリアの攻撃で、いかがわしい役割を演じた。はじめはパレスチナ住民を保護すると表明したが、すぐに町から全員退避する件についてユダヤ軍と協議するよう勧告した。ヨルダンのアブドゥッラー国王は、もっと「現実的」だった。女性と子どもの移動に手を貸すべく、三〇台のトラックを送り込んだのだ。回想録で彼は、デイル・ヤースィーン村と同じようなことがまた起こるに違いないと思ったと述べている。[13] イギリス当局も同様の認識を持っていたことを後に明らかにしているが、町の指導者たちに出て行くよう強く圧力をかけたイギリスの文書からは、差し迫る虐殺に対する大きな関心はうかがえない。イギリスは避難を促してアラブ住民が虐殺されるのを防いだと言う人もいるだろうし、住民を追放した側に手を貸したと主張する人もいるだろう。イギリスの役割がより明確となり、ずっと否定的なものになるのは、ハイファとジャッファが占拠されたときだった。これについては、パレスチナの都市の壊滅を扱う次章以降で述べる。

ハイファの非アラブ化

顧問団は、ハイファの作戦を開始したわけではないにせよ、前述したように事後承認し歓迎した。前年一二月にハイファのアラブ人住民が威嚇を受けたため、大半のパレスチナ人エリートは、町が平穏を取り戻すまでのあいだレバノンやエジプトにある持ち家へ去った。このカテゴリーに当てはまる人数を割り出すのは困難だが、多くの歴史家は、一万五〇〇〇~二万人とみている(14)。

一九四八年一月一二日、アラブ銀行ハイファ支店長で、地区の民族委員でもあるファリード・アル＝サアドという地元指導者は、アラブ高等委員会事務局長フサイン・アル＝ハーリディー博士に絶望的な電報を打った。「ユダヤ人が真実を知らないのは幸いだ(15)」。一か月に及ぶユダヤの猛攻によって、パレスチナの都市上流層が崩壊したというのが真実であった。しかしユダヤ人は、何が起きているのか正確に知っていた。それどころか顧問団は、富裕層がすでに一二月に逃げ出していることも、アラブ軍の到着はないことも知っていたし、アラブ諸国がパレスチナ人のために介入する気がないのを隠すため、あちこちで怒ったふりをする以外にほとんど何もしていない事実も十分承知していたのである。

富裕層が去り、ハイファの五万五〇〇〇~六万人のパレスチナ住民には指導者がいなかった。また、アラブ義勇兵も比較的少なかったため、一九四八年四月にこの町はユダヤ軍のなすがままであった。地元民の安全と安寧について、建前としては責任を負う英軍が駐留していたのだが。

ユダヤのハイファ包囲作戦には、「ハサミ《ミスパライーム》」という不吉な名前がつけられた。これは挟み撃ち作戦という意味と、パレスチナの後背地からこの町を切り離すという意味の二つを表していた。ハイファはティベリア同様、国連の案ではユダヤ国家に割り当てられていた。国内唯一の大規模港がユダヤの支配地域に組み込まれたのを見て、パレスチナ人は国連の提示する和平案が不公平であることをはっきりさとったのだった。ユダヤ人は、七万五〇〇〇人のパレスチナ住民を排除してこの港湾都市を手に入れたかった。そして一九四八年四月、その目標を達成したのである。

ハイファはパレスチナの主要港だったので、イギリスが撤退するときの最後の拠点でもあった。イギリスは八月まで駐留すると予想されていたが、一九四八年二月、日程を五月に前倒しすると決定した。そのためハイファのイギリス軍は膨大な数となっていたが、この町で法と秩序を保つべき法的権限、および異論はあろうが倫理的権限をまだ有していたのである。イギリスの多くの政治家がのちに認めたように、その行ないは中東における大英帝国の歴史上もっとも恥ずべき一章となっている[16]。

ユダヤ人は一二月から威嚇活動を始めた。激しい砲撃や狙撃をし、山腹から石油や燃料を川へ流し、樽爆弾を爆発させた。一九四八年になっても数か月続き、四月上旬に激化した。ティベリア市のパレスチナ人が逃亡を余儀なくされた四月一八日、英軍の北部方面司令官ヒュー・ストックウェル少将はハイファに来ると、この町のユダヤ人上層部を自分のオフィスに呼び、二つのコミュニティの緩衝地帯の役目を果たしていた英軍は二日以内に撤退するとの情報を伝えた。この「緩衝」は、いまだに五万人以上が暮らすパレスチナ人地区にとって、ユダヤ軍に直接攻撃や占領されないための唯一の障壁だったのである。

この任務を与えられたカルメリ旅団は、ユダヤ軍の精鋭部隊だった(なかにはアラブ系ユダヤ人からなるキルヤティ旅団など「筋のあまりよくない」部隊もあり、略奪だとか、魅力のとぼしい「任務」にのみ派遣された。キルヤティ旅団が「筋のよくない人材」からなるという記述は、イスラエルの公式文書にある)[17]。二〇〇〇人のカルメリ旅団は、現地人とおもにレバノン人義勇兵からなる、装備の乏しい五〇〇人規模の部隊と対峙した。彼らは粗悪な武器とわずかな銃弾しか持っておらず、ユダヤ側の装甲車や迫撃砲とは比べるまでもなかった。

イギリスという障壁がなくなるとは、「ハサミ」作戦が「パン種の一掃《ビウール・ハメーツ》」作戦になることを意味した。このヘブライ語は完璧な掃除を指し、過ぎ越しの祭りの前夜に各家庭からパンや小麦粉を一掃するユダヤ教の宗教的慣行に由来する。祭りのあいだ、これを口にすることは禁じられているのだ。残酷かつ妥当にもパレスチナ人をパンや小麦粉にたとえて、過ぎ越しの祭りの前夜の四月二一日に、ハイファの浄化が始まった。

　ユダヤ軍の攻撃が差し迫っていると事前に知ったイギリスのストックウェル司令官は、急いでその日のうちに「パレスチナ人指導部」を話し合いのため市当局に招いた。やってきたのは四人の憔悴した男たちで、彼らはその時間だけアラブ人コミュニティの指導者になったのである。というのは、その日の朝ストックウェルのオフィスで明らかになった未曾有の危機に立ち向かうべき地位には、誰もいなかったからだ。彼らがストックウェルを町の法と秩序の番人と信じていたことがこの話し合いからわかる。ストックウェルはイギリス将校として、住民はハイファから出て行ったほうがよいと忠告した。近代的な町として有名になった一八世紀半ば以来、多くの人が生活し、働いてきたハイファから出て行けと言うのである。話を聞いてストックウェルに対する信頼がしぼむにつれ、彼らは自分たちのコミュニティを守るのは無理だと悟り、最悪の事態に向けて備えることにした。イギリスが守ってくれないとしたら、追放される運命なのだ。そこで彼らはストックウェルに、組織だった形で町を出たいと述べた。カルメリ旅団は、パレスチナ人が大虐殺と大混乱のなか出て行くだろうと確信していた[18]。

　四人の男たちはすでにこの面会に来るまでの間に、ユダヤ軍の拡声器が手遅れになる前に出て行けとパレスチナ人の女性や子どもたちをせかすのを聞いていたはずだ。町の別の場所では、ユダヤ人市長シャブタイ・レヴィの正反対のメッセージが拡声器から流れていた。誰に聞いても良識人のこの人は、町に留まってくださいみなさんに害が及ぶようなことはありませんからと請けあった。指揮を執ったのはレヴィではなく、カルメリ旅団の作戦責任者モルデハイ・マクレフだった。マクレフは浄化作戦を指揮し、各部隊に簡単明瞭な命令を出した。「アラブ人を見たらみな殺せ。燃えるものにはみな火をつけ、爆薬で扉を破れ」（彼はのちにイスラエル軍参謀長官になった）[19]。

ハイファ市には武器を持たない数千人のパレスチナ人がまだ住んでいたが、この命令が一・五平方キロメートルの地区ですぐさま実行に移されると、人々は衝撃と恐怖のあまり着の身着のまま、自分が何をしているかさえわからず、一斉に逃げだした。人々はあわてて港に向かい、町から逃げ出す船かボートを見つけようとした。住民が去るや否や、ユダヤ軍は家屋に突入して略奪を行なった。

数日後にハイファを訪れたシオニスト幹部の一人ゴルダ・メイアは、家の中を見たとたん恐怖にとらわれた。出来上がった料理がテーブルの上に並べられ、子どもたちが床に投げ出した玩具や本はそのままで、一瞬のうちに生命が凍りついたかのようだった。メイアは、ロシアでポグロムが起きてすぐに家族とともにアメリカ合衆国へ逃れ、その後パレスチナにやって来た。この日目撃した光景は、数十年前にロシア人がユダヤ人にどんなひどいことをしたか、家族が彼女にしてくれた話を思い出させた[20]。だからといって、彼女もその同僚たちも、パレスチナの民族浄化を続けると決定するにあたり、何か影響を受けた形跡はまったく見られない。

四月二二日の夜明けから数時間経たないうちに、人々は港に押し寄せ始めた。町の一角ではすでに道路が避難する人でごった返していたため、アラブ人コミュニティの自称指導部は、この混乱状態に対して何かしら指示を出そうとした。拡声器は、港の脇の旧市場に集まり、航路による避難が準備できるまで待つよう呼びかけていたはずだ。「ユダヤ人はスタントン通りを占拠し、いまも進行中」と拡声器は叫んだ。

カルメリ旅団の戦時記録には、その後起きたことについての良心の呵責は、ほとんどみられない。旅団の司令官は、人々が船着き場近くに集まるよう指示されていることを知りながら、現在ロスチャイルド病院が建っているあたりの、市場と港を見下ろす山の斜面に三インチ迫撃砲を据え、集まった群衆を砲撃するよう部下に命じた。人々によく考える隙を与えず、一つの方向にだけ逃げ出させるためだった。オスマン朝期に作られた建築学的にも貴重な市場は、白いアーチ型の天蓋に覆われていたが、イスラエル建国後、見る影もなく破壊された。この市場に押し寄せた人々は、ユダヤ軍狙撃兵の格好の標的となった[21]。

ハイファの市場は、港の正門から一〇〇ヤード〔九一メートル〕も離れていなかった。銃撃が始まると、パニックに襲われた人々は当然そこを目指した。群衆は正門を監視していた警官を押しのけ、港へなだれ込んだ。停泊していたボートに大勢の人が突進し、町から逃げ出した。最近出版された生存者たちの恐ろしい回想記によって、その後何が起こったのか知ることができる。

男たちは友人を、女たちはわが子を踏みつけた。港にあったボートはすぐに、人間の積み荷でいっぱいになった。満員もいいところだった。多くのボートが転覆し、乗っていた人々もろとも沈んだ[22]。

この報告がロンドンに届くと、あまりにも恐ろしい事態に、イギリス政府に何か行動するよう要求する役人も現れた。自分たちが何もしなかったせいでパレスチナで起きた惨劇のひどさを、ようやく認識し始めたのだ。イギリス外相アーネスト・ベヴィンはストックウェルの行ないに激怒したが、ストックウェルの上司である陸軍司令官モンゴメリーは、彼を擁護した[23]。ハイファのパレスチナ人指導部とストックウェルの最後のやり取りは、手紙という形をとって多くを語る。

負傷者の救助を求められているのに、イギリス当局側に思いやりが見られないことに、われわれは悲しみ、きわめて不当な扱いを受けていると感じております。(24)

お次はサファド(25)

ハイファが陥落した時にまだ無事だった町は、パレスチナでほんの数えるほどで、アッカ、ナザレ、サファドくらいだった。サファドをめぐる戦闘は四月半ばに始まり、五月一日まで続いたが、それはパレスチナ人やアラブ解放軍がねばり強く抵抗したからではなかった。どちらも他のどの地域よりも必死に努力はしたが、ユダヤ軍が戦術上、まず周辺の農村部を先にして、それからサファドを侵攻するほうがよいと考えただけの話である。

サファドには九五〇〇人のアラブ人と二四〇〇人のユダヤ人が暮らしていた。ユダヤ人の多くは超正統派でシオニズムに何ら関心を持っていなかったし、まして隣人のアラブ人を攻撃するなど考えもしなかった。ユダヤ軍が比較的ゆっくり占領を進めたこともあって、現地の民族委員一一人は、他の都市よりもうまく対応できると錯覚したようである。民族委員会は公正な代表機関で、町の有力者やウラマー（イスラーム学者）、商人、地主、そしてサファドを中心に起きた一九三六年反乱の元活動家たちなどから成っていた。(26) サファドにはアラブ人義勇兵が四〇〇人以上と、かなり大勢いたのも、このような安全に関する誤解を招く要因だった。そのわずか半分しかライフルで武装していなかったのだから。サファドでは一月初旬から小さな衝突が起こるようになった。ハガナーの団員が、パレスチナ人の住宅地や市場に攻撃的な偵察を仕掛けたのがきっかけだった。カリスマ的なシリア人の将校イフサーン・カム・アルマーズ*は、ハガナーの特殊部隊パルマッハの執拗な攻撃から町を守った。
パルマッハの攻撃は当初は散発的で、脅威ではなかった。攻撃対象がサファド周辺の村落に限られていたからである。しかしそうした村落（本章で後述）を片付けてしまうと、四月二九日にはサファドだけに集中できるようになった。不幸なことに、有能なアルマーズがもっとも必要なこの時に、サファドの住民は彼を失ってしまった。義勇軍のガリラヤ地区部隊長アディーブ・シーシャクリーは、アラブ解放軍のなかでも無能と言っていい将校を後任に指名した（シーシャクリーは五〇年代にシリアの指導者の一人になる）。しかし軍事力の差を考えると、アルマーズでもうまくやれたかどうかは疑わしい。よく訓練された一〇〇〇人のパルマッハ部隊に立ち向かう四〇〇人のアラブ義勇兵という力の差は各地で見られ、一九四八年にユダヤ人のダビデがアラブ人のゴリアテと戦ったという神話の誤りを示している。[27]
パルマッハ部隊はほとんどの住民を追い出し、わずか一〇〇人の老人だけに残留を許したが、それもつかの間だった。六月五日、ベングリオンは素っ気なく日記に書き記している。「［キブツの］アイエレット・ハシャハルのアブラハム・ハヌキより、サファドには一〇〇人の年寄りしか残っていなかったのでレバノンに追っ払ったと報告あり[28]」。

亡霊の都エルサレム

エルサレムも破壊を免れなかった。サリーム・タマーリーは近著で、「永遠の都」から「亡霊の都」へあっというまに姿を変えたと指摘している。[29] ユダヤ部隊は一九四八年四月、西部のアラブ人地区を砲撃し、攻撃したのち占拠した。こうした比較的裕福な地区に住むパレスチナ人富裕層は数週間前に町から去っており、残っていた人々も家から追い出された。これらの住宅は、一九世紀末にパレスチナのエリートたちが旧市街の壁の外側に建て始めたもので、現在なおこの地区の建築的な美観を支えている。だが近年、こうした歴史的建築がいくつか失われた。不動産熱や奇をてらった建築趣味、土建屋の儲け主義などが合わさり、老後にエルサレムに押しよせる金持ちのユダヤ系アメリカ人向けの、巨大な邸宅や豪邸の並ぶ通りへ変貌したのである。

この地区はまだ英軍がパレスチナに駐留中に浄化され占領されたのだが、彼らは無関心を決め込み干渉しなかった。唯一、シャイフ・ジャッラーフ地区だけは、イギリス人地区司令官が介入を決めた。ここは旧市街の壁の外に造られた最初のパレスチナ人地区であり、有力者のフサイニー家とかナシャーシービー家とかハーリディー家といった名家が居を構えていたのである。

一九四八年四月には、ユダヤ軍に対する指示はひじょうに明確となった。「担当地区を占拠し、家屋をすべて破壊せよ」(30)。浄化作戦は一九四八年四月二四日に始まったが、完遂を前にイギリスによって中止されたのだった。シャイフ・ジャッラーフ地区の住人だったアラブ高等委員会事務局長フサイン・ハーリディー博士は、ここで何が起きたかとても重要な証言をしている。彼がイスラーム法学者であるムフティーに宛てて必死に打った電報はしばしばイスラエル課報機関に傍受され、記録文書《アーカイブ》に残っている(31)。ハーリディーは、ハガナーは二〇軒の家屋を爆破してしまったが、イギリス人司令官率いる部隊がこの地区をどのように救ったのか報告した。イギリスのこの決然たる姿勢をみると、委任統治憲章や国連分割決議が義務として定めているように、イギリスが他の場所でも介入していたら、多くのパレスチナ人の運命はどれほど違っていただろうと思ってしまう。

---

* 原文ではイハスーン（Ihasn）とされているが、イフサーン（Ihsan）が正しい。

しかし、エルサレムの他の地区（とくに西部）では、ハーリディーが半狂乱になって訴えたように、イギリスはたいてい何もしなかった。これらの地区は一月一日以降執拗に砲撃されていたが、シャイフ・ジャッラーフ地区とは異なって、イギリスはまさしく残忍な役割を演じた。ごく少数の武器を持っていたパレスチナ住民に、ユダヤ軍の攻撃から守ってやるからと保証して武装解除させ、突然、その約束を反古にしたのである。

ハーリディー博士は、カイロにいるアル＝ハーッジ・アミーンに宛てた一月上旬の電報で、怒りに燃えた市民が連日のように指導者と助けを求めて彼の家の前をデモ行進していると報告している。群衆の中にいた数人の医師が、病院は負傷者で一杯で、死体をくるむ白布が不足しているとハーリディーに訴えた。完全な無秩序状態となり、人々はパニックに陥っていた。

しかし事態はいっそう悪化した。[32] シャイフ・ジャッラーフ地区で攻撃が数日間中断したあと、パレスチナ人の住むエルサレム北部と西部は、ハイファで使われたのと同じ三インチ迫撃砲により絶え間なく攻撃された。シャアファート地区のみが持ちこたえ、降伏を拒んだ。カタモーン地区は四月末に陥落した。エルサレムのハガナーの情報部隊長イツハク・レヴィはこう振り返っている。「カタモーン地区の浄化が進むと、略奪が始まった。兵士も市民もそれに加わった。住宅に押し入り、家具や衣料や電化製品や食料を奪い取った[33]」。

ヨルダン人からなるアラブ軍団が戦闘に加わると状況は変わり、一九四八年五月半ばに浄化作戦は止んだ。一部のヨルダン人はすでに義勇兵として参加しており、そのおかげもあってユダヤ軍の進攻をいくぶん遅らせた。とくにカタモーン地区の占領をめぐっては、サン・シモン修道院でユダヤ軍と激しい戦闘が起きた。だが、レヴィやその同僚たちが言うように、ヨルダン人義勇兵はパレスチナ人地区を防衛するため英雄的な攻撃を試みたものの失敗した。大エルサレム全体で、八か所のパレスチナ人地区と三九の村が民族浄化され、残った住民は市の東部に移動させられた。これらの村は現在すべて姿を消したが、エルサレムでもっとも美しい住宅は今でも数軒残っている。パレスチナ人を追放するとすぐさま手に入れたユダヤ人の家族が住んでいるのだが、もともと所有していた人々の悲劇的な運命を無言で語りかけてくるのである。

アッカとベイサーン

都市の破壊は五月に入っても続き、六日に沿岸部のアッカと東部のベイサーンが占領された。五月のはじめ、アッカは、攻略する困難を味わうのがナポレオンだけではないことを再び世に知らしめた。隣接するハイファから大量の避難民が流入してたいへんな過密状態になっていたにもかかわらず、ユダヤ軍は連日の激しい爆撃をもってしてもこの十字軍都市を制圧できないでいた。しかし、約二〇〇年前に作られた水路を経由して、市の一〇キロ北にあるカーブリー貯水池から水を供給している弱点があらわになった。市が包囲されているさなか、どうやら貯水池にチフス菌が投げ込まれたらしい。国際赤十字の現地調査員はこれを本部に報告し、容疑者はほぼ間違いないとした。ハガナーである。赤十字はチフスが突然流行したと伝え、慎重な言い回しではあったが、外部からの汚染としか説明がつかないと指摘した。[34]

一九四八年五月六日、アッカの赤十字付属レバノン病院で、緊急の会合が開かれた。イギリスの医療チーム責任者のベバリッジ准将、イギリス陸軍ボンネット大佐、医療部局のマクレイン医師、赤十字現地調査員のド・メロ氏が、市の職員とともに、それまでに感染した七〇人の患者について議論した。水から感染したのは確実で、ハガナーが主張するように人口過密や非衛生的な環境のせいではないというのが彼らの結論であった。感染力は強く、イギリス兵も五五人感染して、エジプトのポートサイド病院に移送されていた。「こんなことはパレスチナで前代未聞だ」とベバリッジ准将はド・メロ氏に語った。水道が感染源であると知ると、住民は自噴井戸やアッカ北部の農業施設から引く水に切りかえた。すでにアッカから北部のキャンプへ避難していた住民も、感染拡大を防ぐために検査された。

チフスの流行と集中爆撃によって士気が下がるにつれて、住民は自分たちに向かって叫ぶ拡声器の声に耳を傾け始めた。「降伏するか自殺するかだ。お前たちを一人残らず滅ぼしてやる」(35)。フランスの国連監視官ペティ中尉は、ユダヤ軍はアッカを陥落させると、広範囲かつ組織的に略奪を行なったと報告している。家具や衣類、そのほか新たなユダヤ人移民に役立ちそうなものなら何でも略奪され、難民の帰還を阻むべく、奪い去られたのである。

ガザの水源を同じように汚染しようとする計画は、五月二七日、失敗した。ガザの井戸にチフス菌と赤痢菌を投げこもうとした二人のユダヤ人、ダヴィド・ホロンとダヴィド・ミズラヒが、エジプト兵に拘束されたのである。ヤディン将軍がこの件について、当時イスラエル首相になっていたベングリオンに報告したところ、彼は何も言わなかったが日記にはきちんと書いている。二人はのちにエジプト軍によって死刑に処せられたが、イスラエルからの公式な異議申し立てはなかった(36)。

アーネスト・ダヴィド・バーグマンは前述したカツィール兄弟とともに、イスラエルの生物兵器開発チームの一員だった。チームは一九四〇年代にベングリオンによって設立され、婉曲的にハガナー科学部隊と呼ばれた。一九四八年五月にエフライム・カツィールが責任者に任命されると、HEMED(科学部隊ハイル・マダーの頭文字で「甘さ/可愛いさ」を意味する)に名称が変更された。一九四八年の各作戦で主要な兵器にはならなかったものの、イスラエルが建国早々この組織を創設していたことは、将来的に非通常兵器を考えていた野心の表れである。[37]

アッカが占領されたのとほぼ同じころ、ゴラーニー旅団がギデオン作戦によってベイサーンの町を手に入れた。旅団はサファドのときと同様、周辺の村落を占領したのちベイサーンへ向かった。ハイファ、ティベリア、サファドの奪取に成功したユダヤ軍は自信にあふれ、優秀だった。大量追放に慣れており、一〇時間以内に家を出るよう住民に最後通牒を突きつけてベイサーンからすみやかに立ち退かせようとした。最後通牒は地元の有力者である民族委員会の一部に伝えられた。彼らはこれを拒絶し、長期の包囲に備えてあわてて食料を集めようとした。差し迫った攻撃に抵抗するため武器が用意されたが、めぼしいものといえば義勇兵が持ち込んだ二基の大砲だけだった。

ゴラーニー旅団の司令官ナフーム・シュピーゲルは、速攻をかけて多数の捕虜を確保し、捕虜交換に使いたいと考えた。先日のエルサレム旧市街とグッシュ・エツィヨン入植地の作戦でヨルダン軍が勝利を収め、数人のユダヤ人が捕虜として囚われたのである。パレスチナ人の怒った民兵集団が孤立したユダヤ人入植地のグッシュ・エツィヨンを攻撃したのだが、実のところ入植者たちを救助したのはアラブ軍だった[38]（グッシュ・エツィヨンは現在、西岸地区の大規模入植地である）。ユダヤ人の捕虜はこうした入植者や旧市街のユダヤ人地区住民などごく少数だったが、彼らは公正に扱われ、すみやかに解放された。それとは対照的に、数千人のパレスチナ人は、国際法に従えばすでにイスラエル国家の市民だったのに、捕虜として檻に閉じこめられた。

連日の激しい砲撃に空爆も加わり、ついにベイサーンの民族委員会は降伏を決めた。委員会は裁判官《カーディー》、地元の聖職者、町役人、豊かな商人たちからなっていた。彼らは〔ハガナーの情報部隊に所属する〕パルティ・セラたちと会い、降伏の条件について話し合った（この会合の前に委員会は、条件を相談するためにナーブルスに出かける許可を求めたが、認められなかった)。五月一一日、ベイサーンはユダヤ軍の手に渡った。パルティ・セラは、この町を防衛するはずだった古い哀愁漂う大砲をよく覚えている。第一次世界大戦期のフランス製の対空砲であり、この旧式の武器こそ、アラブ正規軍がやってくるまでパレスチナ人と義勇兵が有する軍事力の程度を示していたのだった。

すぐに、パルティ・セラたちは町の住民の「秩序だった追放」を監督することができた。一部の人はナザレに移送された。五月の段階ではまだナザレは占領されていなかったが、それも長くはなかった。ジェニーンに移送された人もいたが、大半はヨルダン川の向こう岸に追い払われた[39]。ベイサーンの住民がとくにパニックに襲われ怯えたようすで、あわててヨルダン川の方へ、そこからさらに仮設キャンプへ向かった光景を目撃者たちは回想している。ユダヤ軍は付近の他の作戦に忙殺されていたが、戻って来られたのはごく少数の人々だけだった。ベイサーンは西岸にもヨルダン川にもひじょうに近いため、気がつかれずに戻るのは比較的簡単だった。そうした人々も六月中旬までは留まっていられたが、イスラエル軍が銃口で脅してトラックに詰め込み、川の向こうへ再び追いやったのだった。

ジャッファの破壊

委任統治が終わる二日前の五月一三日、最後に残った都市ジャッファが陥落した。パレスチナの他の都市と同様ジャッファも、青銅器時代までさかのぼる長い歴史を有する。そこからローマやビザンチンといったすばらしい文明が生まれたのだった。この町を六三二年に征服し、アラブ色に染め上げたのは、ムスリムの司令官ウマル・イブン・アル゠アースであった。ジャッファ地方には二四の村と一七のモスクがあったが、今日ではモスクが一つあるだけで、村は一つも残っていない。

五月一三日、五〇〇〇人のイルグンとハガナー部隊が攻撃をしかけ、地元のキリスト教徒ミシェール・アル＝イーサーが率いるアラブ義勇兵が防衛しようとした。そのなかにはボスニアから来た五〇人のムスリムからなる特別部隊のほか、一九世紀半ばにドイツ人から入植したテンプル騎士団の二世もいて、自分たちの入植地を何とか守ろうとした（ガリラヤ地方のテンプル騎士団は抵抗せずに降伏し、ナザレ西部の美しい入植地ヴァルドハイムとベイトレヘムからすぐさま追い出された）。

結果的に、ジャッファはパレスチナで最大規模の防衛軍を擁することができた。総勢一五〇〇人の義勇兵が、五〇〇〇人のユダヤ人に立ち向かった。彼らは、四月半ばに始まり五月半ばに終わった三週間の包囲と攻撃に耐えた。ジャッファが陥落すると、五万人の住民はイギリスの仲介による「支援」を受けて追放された。ハイファほどの混乱はなかったとはいえ、ハイファの港で起きた惨劇を思わせる光景もみられた。住民をガザへ運ぶひどく小さな漁船に群衆が乗り込もうとしていたとき、ユダヤ軍が急がせようとその頭上に発砲したため、人々は文字どおり海へ押し出されたのである。

ジャッファの陥落をもって、ユダヤ占領軍はパレスチナの主な都市や町から住民を全員または大半を追い出したことになる。あらゆる階層、宗派、職業の住民は、その圧倒的多数が故郷を再び見ることはなかった。だが彼らのなかで政治に目覚めた人々が、ＰＬＯの結成などパレスチナ民族運動の再興をうながし、真っ先に帰還権を要求するのである。

浄化の継続

ジャッファとテルアビブ周辺の農村部は、多くがユダヤ軍の作戦によって破壊された。ハガナーとイルグンは、仕事を明確に分担していた。ハガナーは計画にしたがい、ある場所から次の場所に整然と移動するが、イルグンは予定されていない村で散発的に行動することを許された。三月三〇日にイルグンがシャイフ・ムワンニス村（現ムーニース）にやって来て住民を力ずくで追い出したのも、そのような次第であった。今日目にするテルアビブ大学のすばらしいキャンパスはこの村の廃墟の上に拡がっており、わずかに残った村の住宅は、大学教員向けの施設になっている。[40]

ハガナーとイルグンの暗黙の了解がなければ、シャイフ・ムワンニス村は助かっていたかもしれない。村の幹部たちは追放を逃れるためハガナーと友好関係を深めようとたいへんな努力をしたが、イルグンが現れて村をまるごと追放した当日は、その協定を結んだ「アラビスト」たちは、どこにも姿を見せなかった。[41]

農村部の作戦は、四月に入ると都市の破壊といっそう密接に関連するようになった。都市近郊の村では住民は捕えられ追放され、時には虐殺の対象となった。それは都市の追放を円滑に行なうための地ならしとして計画された威嚇行動だった。

顧問団のメンバーは、一九四八年四月七日に再び顔を合わせた。そして、テルアビブ―ハイファ間、ジェニーン―ハイファ間、エルサレム―ジャッファ間の幹線道路沿いの村をすべて破壊し、住民を追い出すことを決定した。結局、ごくわずかな小さな村以外に助かった村はなかったのである。[42]

こうしてイルグンはシャイフ・ムワンニス村を一掃し、その週にハガナーはこの地区の六つの村を占領した。四月二日のヒルバト・アッズーンを皮切りに、四月一〇日までにヒルバト・リッド、アラブ・アル＝フカラー、アラブ・アル＝ヌファイアート、アラブ・ザフラト・アル＝ドゥマイリーがすべて浄化され、一五日にシェルキスが続いた。四月末までには、ジャッファ―テルアビブ間でアル＝マンシーヤ、ビヤー

ル・アダス、そしてミスカという大きな三つの村がさらに占拠され破壊された。(43)
いずれも、まだアラブ正規兵が一人もパレスチナに来ていないうちに起き、当時もいまも歴史家があとをたどるのが困難なほどの勢いで進められたのだった。三月三〇日から五月一五日のあいだに二〇〇の村が占拠され、住民たちは追放された。これは重ねて言うべき事実である。アラブ諸国が侵攻したから「アラブ人」が逃げ出したというイスラエルの作り話は、それで根拠を失う。周知のとおり、アラブ政府がしぶしぶ自国軍の派遣をようやく決めた頃、すでにアラブ人の村のほぼ半分が攻撃を受けていた。五月一五日から、第一回目の停戦が成立する六月一一日までのあいだに、さらに九〇の村が破壊された。(44)
ユダヤ側の目撃者たちは、四月中に軍はもっと攻撃できたと思ったことをはっきり覚えている。パルティ・セラの証言はテルアビブにあるハガナー記録文書館《アーカイブ》で見つけることができる。それは近年歴史家から受けた公式のインタビューで、彼はそうした熱気に満ちた雰囲気を変化に富んだ言い回しで再現している。パルティ・セラはベイサーンの町を占拠し浄化したユダヤ部隊の一員で、何世紀もある季節だけこの地域で暮らしてきたベドウィンの大部族を追放するよう命じられた。彼は語っている。

われわれがこの地域からベドウィンを一掃したあとも、二つの村がまだベイサーンの膿［彼は化膿した傷口（膿）を指す言葉に、ファルンケルというイーディッシュ語を用いている］で汚染されていた。ファルーナ村とサームリーヤ村だ。村人は恐れていないと見え、まだ畑を耕したり道路を行き来していた。(45)

東部の攻撃で数多くの村が奪われ、その一つがシーリーン村である。この村の物語は、ユダヤ軍が無人としたマルジュ・イブン・アーミルやベイサーン渓谷のたくさんの村に降りかかった運命の典型だった。ここでかつてパレスチナ人が生き生きと暮らした痕跡を探しても、徒労に終わるだけである。

シーリーン村

シーリーン村は、一九四八年五月一二日に占領された。この村はベイサーン近郊のジフトリク領の一つだった。別名ムダーワラ領とも呼ばれ、オスマン帝国のスルタンが名義上所有する土地だが、パレスチナ人農民が代々耕作してきた。アル＝シャイフ・イブン・シーリーンという名のムスリムの聖者の墓所《マカーム》を中心に発展した村である。パレスチナでもこの地域の環境は厳しく、夏は耐え難いほど暑い。しかし墓所《マカーム》やそこから三キロ離れた水源の周辺に開かれた集落は、もっと気候に恵まれ淡水の豊富な村のようだった。勤勉な農民たちは井戸から汲んだ水を家畜で運び、この岩だらけの土地を小さなエデンの園に変えたのだ。車で行くことができないため、シーリーンは孤立したコミュニティだったが、なんどか行ったことのある人なら、その独特な建築様式を指摘できるはずだ。ここの家屋は黒い火山石と粘土を混ぜあわせてつくられ、木材と竹を編んだもので屋根を葺いている。

シーリーンは、村民が守り続けた集団農場の成功例として注目されていた。オスマン朝時代までさかのぼることができ、地方農業の資本主義化とシオニストの土地所有欲のもとでも生きのびた。村には三つの肥沃な果樹庭園《ブスターン》があり、オリーブ畑は（村の可耕地一万七〇〇〇ドゥナム〔一七〇〇ヘクタール〕のうち）九〇〇〇ドゥナム〔九〇〇ヘクタール〕にも広がっていた。土地はすべて村が所有し、家族の規模によって土地と収穫物は分配された。

シーリーン村にはまた、強力なツテもあった。有力者のゾウビー家はユダヤ人に協力的な氏族に属していたため、ユダヤ機関から追放を免除すると約束されていた。村長《ムフタール》のムバーラク・アル＝ハーッジ・アル＝ゾウビーは若く、高等教育を受けた人物で、非アラブ人とも友好関係を保ち、ハイファのユダヤ人市長シャブタイ・レヴィの友人であった。二人ともロスチャイルド卿の企業で働いていたためである。自分の村の住民七〇〇人は、近隣の村の運命を免れると彼は確信していた。

しかし村内にはアブー・アル＝ヒージャー家も暮らしていた。この一族は前ムフティーだったハーッジ・アミーン・アル＝フサイニーとその民族主義的な政党に忠誠を誓っていた。シーリーン村に関する一九四三年のハガナーの資料集《ファイル》によると、この一族の存在が村の運命を決めた。一九三六年の反乱にアブー・アル＝ヒージャー家では一〇名が関与したが、「逮捕されたり殺された人は一人もおらず、一〇丁のライフルは保有したままである」と調査書に記されていた。

シーリーン村ではこの二つの有力な一族が時折衝突することはあったが、一九三六年の反乱後は、パレスチナ各地でそうだったように、事態は改善した。そして委任統治の末期に、村が分裂していた一九三〇年代を水に流したのであった。

シーリーンの村長《ムフタール》は、村にキリスト教徒の小さな氏族もいるので、追放の免除はさらに確実だと期待した。この一族は他のすべての住民と良好な関係にあり、一人は村の教師だった。彼は四〇人のクラスを担当し、どんな政治的立場や氏族にも偏見をもたない次の世代を育てた。地元のモスクの導師《イマーム》であるシャイフ・ムハンマド・アル＝ムスタファーともっとも親しく、この導師《イマーム》は村のキリスト教会と修道院の守護者でもあった。

異なる宗教が平和に共存し調和していたこの小宇宙は、数時間もたたぬうちに廃墟となった。村人は抵抗しなかった。ユダヤ軍は有力な二つのムスリム一族とキリスト教徒を一堂に集め、ヨルダン川を渡るように命じた。そして、モスクや教会、修道院もすべての家屋とともに破壊した。果樹園の樹木は全滅した。現在は生け垣状のサボテンが、昔のシーリーン村だった瓦礫を囲んでいる。ユダヤ人はこの渓谷の不毛な土地を守り続けたパレスチナ人を真似ることはできなかったのだ。しかし一帯の水源はそのままで、誰にも使われることのないまま不気味な光景を呈しているのである。(46)

マルジュ・イブン・アーミルにおけるアラブ解放軍

ファウズィー・アル＝カーウクジーは、ユダヤ軍の占領に歯止めをかけようと、シーリーン村の西にあるマルジュ・イブン・アーミル（エズレル平野）の代表的キブツであるミシュマール・ハエメクを何度か攻撃したが、失敗に終わった。彼が入手できた一台の大砲でキブツを砲撃したところ、三人の子どもが直撃を受けて死んだ。イスラエルの歴史書には、イズラエル渓谷で見られた敵対行動は、この無惨な出来事が一件記載されているだけだ。

自分たちを送りだしたアラブ連盟に前線からよいニュースを届けようとアラブ解放軍は努力したが、近隣の村々は大して貢献できなかった。じつのところ、多くの村はその一帯のキブツと不戦協定を結んでいたのである。しかしアラブ解放軍にミシュマール・ハエメクを攻撃されると、キブツは報復に燃えたため、どの村も渓谷で増え続ける攻撃を免れることはできなかった。各キブツは、ユダヤ軍がこの地域の東部で開始した民族浄化を続行するよう主張した。ガリラヤ地方のキブツは、大半がシオニストの社会主義政党ハショメール・ハツァイールに属しており、なかにはもっと人道的な立場を選ぼうとする者もいた。七月にマパム〔統一労働者党〕の中心メンバー数人が、「無益な」浄化作戦が拡がっているようだ、とベングリオンに訴えた。ベングリオンはこの良心的なキブツの構成員たちに、この四月にここで第一次作戦が始まったのを喜んだのは君たちだったな、とすぐさまやりこめた。[47] 実際、一九四八年段階でシオニストのユダヤ人であるならば、それが意味することは結局たった一つしかない。パレスチナの非アラブ化に深く関与したのである。

三月一五日ごろにユダヤ人は大量追放を始め、それに対する直接の反応としてカーウクジーは四月四日、キブツのミシュマール・ハエメクを攻撃した。するとグバイヤ・アル＝タフター村とグバイヤ・アル＝ファウカー村がとりいそぎ標的となった。どちらの村も住民は一〇〇〇人を超えた。その日の遅くに、ヒルバト・アル＝ラウスというもっと小さい村に矛先が向いた。ここでも、いまではすっかりおなじみの民族浄化の特徴が見られた。住民の追放と家屋の破壊である。

ミシュマール・ハエメクが攻撃されたあとは、大きな村も標的となった。アブー・シューシャ、カフライン、アブー・ズライク、マンシー、ナグナギーヤ（実際にはナルナリーヤと発音される）といった村である。ジェニーンに向かう東の道路は、ユダヤ軍に追放され移動を強いられた数千人のパレスチナ人でいっぱいだったが、ここはシオニストの社会主義者らのキブツからそう遠くなかった。人口二五〇人とずっと少ないワーディー・アーラ村は、四月になって最後に一掃された。[48]

パレスチナの農村部の破壊を担当してきたイルグンは、ここでも活躍した。マルジュ・イブン・アーミル地方の残りのサッバーリーン村、スィンディヤーナ村、バリエカ村、ホッベイゼ村、ウンム・アル＝シャウフ村に報復攻撃をしたが、それはイギリス委任統治軍がまだ駐留していた頃だった。侵略軍の激しい迫撃砲のなかを逃げた村人もいれば、降伏の白旗を振り、すぐさま追放された村人もいた。サッバーリーン村では、武力で抵抗されたイルグンのチンピラ兵たちが激高し、罰として女性や老人、子どもたちを有刺鉄線のなかに数日間監禁した。今日、西岸地区のチェックポイントで、ちゃんとした許可証ではないと言われたパレスチナ人が何時間も閉じ込められている檻にそっくりである。武器を携帯していたパレスチナ人の若者七人はユダヤ軍に銃殺され、残りの村人は、まだユダヤ軍の手に落ちていなかったウンム・アル＝ファハムへ追放された。(49)

場所によって作戦や実施状況はバラバラだったが、そこから新しい行動パターンが生み出され、のちに他の部隊に採用された。カフライン村を占拠し住民を追放した数日後、軍は無人になった村で徹底的に破壊する技術を磨いた。(50) こうした演習は、一九四八年の戦争が終わってからも一九五〇年代まで何度も何度も繰り返されたのだった。

サファド周辺の農村部では、すでに衝動ではなく効率的な計画に基づく作戦に移行しており、「ほうき《マタテ》」という不吉な暗号名がつけられていた。この計画は、ティベリア―サファドを結ぶ高速道路沿いの村の浄化から始まった。最初に命令があったのはグワイル村だった。ティベリアが陥落すると、グワイル村の村長《ムフタール》は待ち受けていることが何かただちに理解した。何しろティベリアに一番近い村なのだ。

村長《ムフタール》はアラブ解放軍の義勇兵を率いるアディーブ・シーシャクリーに助けを求め、村人に武器を配ってはどうかと提案したが、シーシャクリーは断った。この知らせは村人を意気阻喪させ、女性や子どもたちは、ガリラヤ山地の反対側のアッカへ続くラーマに逃げ出し始めた。村長《ムフタール》は五〇人の農民を集めてハートゥーシュ（第一次世界大戦期に作られた猟銃）で武装させ、ユダヤ軍の攻撃を待ち構えた。四月二二日、ユダヤ軍は、習慣となりつつあったようにまず代表団を送り、おとなしく一斉に村を出て行くよう提案した。しかし今回、代表団はいつもと様子が違っていた。かつて村と友好関係を築いていた人々で構成されていたのだ。

代表団は、ティベリア―サファド間の道路沿いの村はすべて追放されることが決まっていると申し訳なさそうな口調で説明した、と会合に出席したパレスチナ人たちはのちに証言した。村長《ムフタール》は、村民がすでに逃げ出したことを隠し、みな「家を守るだろう」と言明した(51)。

村をすみやかに占拠すると、新たなパターンが見られた。一人のユダヤ兵が家屋の屋根に上り、捕えられた男のなかにドゥルーズがいないか尋ねたのである。彼は叫んだ。「もしいたら、その者は残ってよい。他はレバノンに行け」。

しかしこの選択肢さえ全員が対象ではなかった。占領軍は、レバノンに向かうことを「許可する」前に選別すると決めたのだ。このような選別作業はその後の追放作戦のモデルとなった一方、ナクバを生きのびたパレスチナ人の集団的記憶に深く刻み込まれ、今日まで脳裏を去らないままだ。一〇歳から三〇歳までの青少年が連れ出され、捕虜収容所に送られた。グワイル村の若者四〇人は、その後一八か月間家族と引き離され、過酷な経験をしたのである。

グワイル村には国連監視団が頻繁に訪れ、分割決議の実施状況を直接確認していた。彼らは追放を目撃したのである。ニューヨーク・タイムズの記者をはじめ欧米メディアの代表は各村に関する記事を本国へ送っていたが、その運命に対する一般市民の関心は薄れつつあった。いずれにせよ、欧米の読者は、事件の全容を一度も説明されることはなかった(52)。それにもまして、ホロコーストからわずか三年後に、ユダヤ国家の行動をあえて批判しようとする外国の特派員は、皆無だったようである。

ハイファ地方やその周辺で民族浄化作戦に弾みがつき、破滅に向けていちだんとペースが上がった。一五の村が次々と追放された。人口三〇〇人以下の小さな村もあれば、五〇〇〇人程度の大きな村もあった。アブー・シューシャ、アブー・ズライク、アラブ・アル゠フカラー、アラブ・アル゠ヌファイアート、アラブ・ザフラト・アル゠ドゥマイリー、バラド・アル゠シャイフ、ダームーン、ヒルバト・アル゠カサーイル、マンシーヤ、リーハーニーヤ、ヒルバト・アル＝シェルキス、サアサア、ワアラト・アル＝サリース、ヤージュールの各村である。こうした村がパレスチナの地図から抹殺されたが、それはイギリス兵や国連監視団、外国人記者でいっぱいの地域で起きたのだったのだ。

村人は、追放され逃亡するだけではすまなかった。多くの人はマルクス主義のキブツであるハショメール・ハツァイールに捕えられ、自宅をただちに手際よく略奪されて、爆破された。事態を憂慮する当時のシオニスト政治家らが、口頭で非難した記録が残っている。それは「新しい歴史家」に他の記録資料では見ないような残虐行為に関する材料を提供した。(53) こうした非難の記録は、今日ならむしろ、「感性の鋭い」ユダヤ人政治家や兵士が自分の良心の呵責を取り除こうとしたものと読むことができる。彼らはイスラエル精神の一部であり、その好例が、一九六七年六月の戦争〔第三次中東戦争〕で小規模な民族浄化作戦に関与したイスラエル軍兵士らの、おそらく自責の言葉をまとめた文集のタイトル「泣きながら撃つ」である。イスラエルの著名な作家アモス・オズたちは、こうした悩める兵士や将校たちを招き、レッドハウスが取り壊される前に、そこで「免責の儀式」を執り行なったのだった。

ホロコーストから三年後の一九四八年に話を戻すと、ほとんど無防備の民間人に残虐行為と戦争犯罪を働いたユダヤ人兵士たちは、こうした苦言を呈して良心の呵責を和らげたのである。

無辜の民を殺し追放しておきながら声を上げて泣くのは、ダレット作戦の道義上の意味に対処する戦略だった。ユダヤ機関は、かならずパレスチナ人をイスラエル国家で完全な権利を持つ市民にすると国連に約束したが、それを非人間的に扱うのも戦略だった。完全な市民になるどころか、パレスチナ人は追放されるか収容されるか殺害された。「わが軍はアラブ人の村へ進軍して占領する。住民はネズミのように逃げ去る」とヨセフ・ヴァイツは書いている。(54)

四月の段階では、軍事活動はまだ一律ではなかった。その後の数か月で広大な地域が浄化されたが、四月はまだ無傷のままの村もあるかと思えば、追放以上に過酷な目に遭い、住民が虐殺される村もあった。そのためパレスチナ人の村でどう行動するか、軍事命令も二種類あった。すなわち浄化（レタヘル）と攻撃（レハトリード）である。攻撃の詳細が定められたことは一度もなかった。都市や町、村への無差別攻撃や、公共交通機関に対するでたらめの銃撃などさまざまだった。[55] 四月一四日、ベングリオンはシャレットに書き送っている。「われわれは毎日、占領地を拡大している。新たな村の占拠は始まったばかりだ」。[56]

都市部近郊のいくつかの村では、都市住民が逃げ出すよう、虐殺を行なった。ティベリア近郊のナーセル・アル＝ディーン村やサファド近郊のアイン・アル＝ザイトゥーン村、ハイファ近郊のティーラト・ハイファ村がこれにあてはまる。この三つの村では、ハガナーのいう「一〇歳から五〇歳までの男」たちは、村人や近隣の町の住民を脅し恐怖に陥れるために処刑されたのだった。[57] 三件の虐殺のうち、ナーセル・アル＝ディーン村については、歴史家はまだ全容を解明していない。しかし他の二件については詳しく記録されており、アイン・アル＝ザイトゥーン村の事件は有名である。

アイン・アル＝ザイトゥーン村

三件のうちアイン・アル＝ザイトゥーン村の虐殺が一番有名なのは、いまのところパレスチナの大災厄に関する唯一の長編小説である、イルヤース・フーリー著『バーブ・アル＝シャムス』がその話を下敷きにしているからだ。この時代を舞台にした半分実話のイスラエル小説であるネティヴァ・ベン＝イェフダーの『結び目のあいだ』にも、同じ事件が登場する。[58]『バーブ・アル＝シャムス』はフランスとエジプトの共同制作で映画化された。[59] 映画の場面は、『結び目のあいだ』の描写にひじょうによく似ている。べン＝イェフダーは同書を、軍の記録と人々の証言に基づいて書いたのだった。この村はガリラヤ山脈と交わる峡谷にあり、マイルーンとサファドのあいだに位置する。温泉が点在し豊かな渓流の流れる村の美しい風景を、映画は忠実に描いている。

村はサファドから西に一マイル〔約一・六キロメートル〕とおあつらえ向きの場所にあり、占領に理想的な目標だった。地元のユダヤ人入植者もここを手に入れたがっていた。彼らは、委任統治の終了を見こんで近隣の土地を買い入れ始め、村人たちとぎくしゃくしていたからである。ハガナーのエリート部隊パルマッハは、一九四八年五月二日にダレット計画に従い、「ほうき」作戦でこの村を浄化しただけではない。パレスチナ村民から向けられてきた憎しみという「古いツケ」を清算するチャンスを入植者に与えたのだった。

作戦を任されたモシェ・カルマンはすでに、同じ地域のヒサース、サアサア、フサイニーヤで容赦ない攻撃を指揮し、成功させていた。部隊はほとんど抵抗を受けなかったが、それは駐留していたシリアの義勇兵が明け方に銃撃され始めるや、あわてて逃げ去ったためであった。迫撃砲で激しく攻撃したあと、組織的に手榴弾が投げ込まれた。カルマンの部隊が村に入ったのは、正午頃であった。女性や子ども、老人たちや、シリアの義勇兵と行動をともにしなかった数名の若者が、白旗を振りながら物陰から出てきた。彼らはただちに村の中心部に集められた(60)。

そして映画では、ハガナーの情報特殊部隊が「捜索と逮捕」ではなく「捜索と処刑」を実施するさまが再現される。まず、顔を覆った情報提供者が連れて来られ、村の広場に並ばされた男たちを細かくチェックする。諜報将校らが事前に準備したリストの名前と照合するのだ。選びだされた男たちは別の場所に連れて行かれ、銃殺された。反抗したり抗議する男たちも同様に殺された。映画は村人のユースフ・アフマド・ハッジャールに焦点を当てる。彼も他の人々と同じように降伏したが、「人間らしく扱われると思った」と兵士に言ったところ、パルマッハの司令官に顔をひっぱたかれ、罰として一〇代の若者三七人を無作為に選ぶよう命じられた。他の村人が村のモスクの倉庫に押し込められているあいだに、この少年たちは後ろ手に縛られ、銃殺されたのである。

ハンス・レブレヒトは自著で、こうした残虐行為の別の一面に触れている。「一九四八年の五月末、私は所属する部隊に仮設ポンプ場を作るよう命令を受けた。「さびれた」アイン・アル゠ザイトゥーン村の渓流の流れを変え、大隊に水を供給するためである。村は完全に破壊され、がれきのなかにたくさんの遺体があった。とくに村のモスクの近くで、女性や子ども、赤ん坊の大勢の遺体を見た。私は遺体を焼却するよう軍を説得した(61)」。

こうした生々しい描写は、ハガナーの軍事文書にも見出せる(62)。しかし、アイン・アル゠ザイトゥーン村で実際に何人の住民が殺害されたか知るのはむずかしい。軍事文書では、処刑も含めて全部で七〇人を銃殺したと報告されているが、他の資料ではもっと数が多い。ネティヴァ・ベン゠イェフダーはパルマッハの一員で、処刑があったとき村にいたが、彼女は小説のやり方で事件を語ろうとした。とはいえ彼女の物語は、村の男たちが手を縛られ銃殺されたようすをぞっとするほど詳細に描写しており、処刑者の数を数百人としている。

　しかしイェホナタンは大声でわめき続けた。そして突然メイルケのほうに振りかえり、こう怒り狂いながら立ち去った。「あいつはどうかしているぞ！　何百人もの人が縛られて横たわっている！行って奴らを殺せ！　行って何百人も殺せ！　こんなふうに縛られた人を殺すなんて狂っている。あの人たちに弾薬を浴びせるなんてきちがいだけだ！」……私は彼らが誰を思いえがいていたのか、誰が彼らの調査に来るのか知らなかったが、ことは急を要することはわかった。われわれは突然、戦時捕虜の手足の結び目をほどかねばならなくなったのだ。そのとき全員死んでいることに気づいた。「一件落着だ[63]」。

この説明によれば虐殺は、大量殺人がたいていそうであるように、「無礼な行ない」に対する「罰」というだけでなく、ハガナーがまだ大勢の村人を捕えておく捕虜収容所を用意していなかったために起きたのだった。しかし収容所ができたあとも、たくさんの村民を捕えたときは虐殺が起こった。一九四八年五月一五日以降にタントゥーラとダワーイメで起きたように。

また、イルヤース・フーリーに『バーブ・アル＝シャムス』の題材を提供したオーラルヒストリーによって、文書資料がすべてを明らかにするわけではないという印象が強められた。文書資料は、一九四八年五月のあの運命の日にどういう手段がとられたのか簡潔に述べるが、何人殺されたのかについては誤解を生じさせる。

前述したとおり、より組織的に追放できるように、各村は前例としてパターン化されモデルとなった。アイン・アル＝ザイトゥーン村では、ユダヤ軍は住民を村はずれに追い込むと、その頭越しに銃撃を始め、消え失せろと命じた。通常の手続きは次のように進められた。村民は故郷を追われる前に、あらゆる所持品を奪われたのである。

パルマッハはその後近くのビールヤー村を占拠した。そしてアイン・アル＝ザイトゥーンと同じように、サファドのアラブ人の士気をくじくため、すべての家屋を焼き払えと命令が下った[64]。この二つの村だけが一帯で残っていたのである。

ハガナーはここで、さらに複雑な任務に直面した。マルジュ・イブン・アーミル地方、およびこの渓谷とヨルダン川のあいだに広がる広大な平原をどうやって同質化するか、もっと言えばユダヤ化するかという任務であった。ベイサーンを占領するためにはるばる東に向かうか、ナザレに向けて北上するか。このときは、まだいずれも占領していなかった。

東部の任務終了

イガエル・ヤディンは四月に、この広大な地域の住民を減らすため、より断固たる努力を求めた。彼は各部隊に熱意が不足していると疑ったようで、抹殺を命じた村を本当に占拠し破壊しているか確認せよと、一帯のキブツのメンバーに直接書き送っている。[65]
しかしながら、兵士たちがためらっているのは動機や熱意がないためではなかった。じつは、作戦を制限していたのは諜報将校らであった。この地域のとくにナザレ市の近郊からアフーラーまでの一帯には、長年自分たちに協力し諜報活動を行なってくれた大氏族がいくつかあった。彼らも一様に追放すべきなのだろうか？
パルティ・セラなど現地の諜報将校は、ゾウビーという大氏族の運命をとりわけ気にかけていた。パルティ・セラは彼らを除外してほしいと望んだ。二〇〇二年に受けたインタビューで彼は、作戦を急ぐなか、軍が適切に人を選別できたかどうかわからないと説明している。セラによれば、ゾウビーとそうでない人々との違いを見分ける自分の能力にすべてかかっていたという。「ゾウビーの人間はいつも、他の村人たちとは違う外見をしていた。女ではなく男がだよ。女たちの違いはわからないし、年寄りの男もそうだ」。いずれにせよ、彼はのちにその努力を悔いた。ゾウビー一族は協力的ではないことがわかり、一九四八年以降、パレスチナ人としてのアイデンティティを強めたからである。「今じゃ連中はコレラ（ヘブライ語で「クズ」という意味）だ。食事をする皿の上に唾を吐きかけるんだ」と付け加えている。[66]

結局、ゾウビー一族の比率が高い村は無傷のまま残しておくことに決まった。シーリーン村の判断がもっとも「困難」だった。この一族はたった数人しかいなかったからである。すでに見たように、村の全員が追放された。パルティ・セラは一族の長に手紙を書いた。「君たちは残留が許された七つの村に属しているが、われわれは君たちを守れない。みなでヨルダンに行くよう勧める」[67]。彼らはそうした。

長年のあいだ、仲間のキブツ構成員たちは、セラがある村を「救った」ことを許そうとしない。ザライーン村である。「皆は私を、陰で裏切り者と呼んだ。しかし私は誇りに思っている」。ずっと後になって彼はインタビュアーにそう語った。[68]

圧倒的な軍事力に屈する

一九四八年にユダヤ軍は優勢だったし、シオニストの公式の神話が描くようにパレスチナ内のユダヤ社会全体が絶滅や破壊に直面する兆しなどまるでなかった。証拠はいくつかあるが、複数のエスニックマイノリティがパレスチナ陣営を離れ、ユダヤ軍に付くことに決めたのもその一つである。

まずもっとも重要なのは、ドゥルーズである。ムスリムを自任する宗派だが、イスラームの正統派はその主張を受け入れていない。ドゥルーズはイスマーイール派の分派、イスマーイール派自体もシーア派の分派である。アラブ解放軍がパレスチナに入ったさいに参加したドゥルーズが、この文脈でとくに重要である。一九四八年四月上旬、そのうち五〇〇人がアラブ解放軍を見捨て、ユダヤ軍に入った。その経緯は、一九四八年戦争におけるもっとも興味深い話だろう。離反者たちはガリラヤのユダヤ軍司令官に、寝返る前に偽の戦闘をして捕虜になるから、そこでシオニズムに忠誠を誓いたいと嘆願した。この偽の戦闘は実際に、シャファーアムル市近郊の、のちにどちらも破壊されたヒルバト・アル＝カサーイル村とハウシャ村で演じられた。それからドゥルーズは、大げさな名称の「血の盟約」を交わした(69)。

ヒルバト・アル＝カサーイル村とハウシャ村は、ユダヤ軍が国連分割決議でパレスチナ国家に定められた地域をはじめて攻撃し占領した村だった。委任統治が終わらないうちから、できるだけパレスチナの土地を占領しようというシオニズム運動の決意の現れだった。

ドゥルーズの離反が招いたさらに悲劇的な結果は、ユダヤ人がガリラヤで民族浄化を行なう道具として、主にドゥルーズ兵を使ったことだった。ドゥルーズはシオニズム運動と提携したため、パレスチナの他の人々とは否応なく疎遠になった。ごく最近になって、こうした孤立に若い世代が反発し始めたようだが、年長者や宗教指導者が絶対的な力を持つ家父長制社会で、これがいかにむずかしいことなのかも示されている。

パレスチナ北部のいくつかの村に住んでいたチェルケス人も、ユダヤ人の強大な軍事力に忠誠を示すことにした。そのうち三五〇人が、四月にユダヤ軍に加わった。ドゥルーズとチェルケス人の混成部隊はその後イスラエル国境警察の中核をなした。一九六七年に第三次中東戦争が勃発する前は、アラブ人地域の治安維持部隊となり、第三次戦争が始まると西岸地区とガザ地区でイスラエルによる占領を実施してゆくのである。

アラブ側の反応

ユダヤ軍が最初の村を占拠し破壊した一九四七年一二月、こうした攻撃を食いとめられるのはガリラヤだけだと思われた。ファウズィー・アル＝カーウクジーの支援があったからである。彼は二〇〇〇人からなる軍を指揮して、孤立したユダヤ人入植地を繰り返し攻撃し、住民たちに歓迎された（同じころ別の部隊も現在の西岸地区を通って近づいていた）。しかし結局のところこの試みは失敗に終わり、両軍の力関係は大して変わらなかった。カーウクジーの戦闘能力は、その戦略のせいで限界があった。彼は自軍を小さな部隊に分け、できるだけ多くの都市や町、村に送りこんだため、各部隊は満足に防衛できる能力がなかったのである。

こうした義勇兵部隊があるせいでパレスチナは直接衝突に追い込まれ、事態がさらに悪化する可能性もあったが、そうならなかった。逆にカーウクジーは、孤立した入植地やそれを助けに来たユダヤ人護衛部隊をなんども攻撃しながら、一九四八年一月に停戦を模索し始め、二月と三月はずっとそれを続けた。ユダヤ人が軍事的にあらゆる面で優位に立っていると知って、彼は顧問団と直接交渉しようとした。そのうちの何人かとは一九三〇年代から面識があったのである。

三月末、彼はイェホシュア・パルモンと接触したが、それについてトランスヨルダンのアブドゥッラー国王の許可を得ていたのは明らかであった。カーウクジーはパルモンに、ユダヤ軍はユダヤ国家に割り当てられた領域に留まり、パレスチナの割り当てについてはゆくゆく交渉してよいという不可侵条約を提案した。もちろんこの提案は拒否された。それにもかかわらずカーウクジーは、国連がアラブ国家に割り当てた地域にユダヤ軍が攻め込んでくるまで、なんら有効な攻撃を指揮したり仕掛けたりしなかったのである。

カーウクジーは停戦を提案しただけではなく、パレスチナのユダヤ人問題をアラブ連盟に持ち帰って検討してはどうかとも述べた。しかしパルモンは交渉の使節というよりは、スパイとして送りだされていた。彼はアラブ解放軍の貧弱な装備と戦意の欠如に驚いた。そしてこれこそが顧問団が聞きたい情報だったのだ[70]。

カーウクジーが現れたころ、エジプトのムスリム同胞団の義勇兵が南部の沿岸地域に到着した。彼らは熱意に溢れていたが、兵士や部隊としてはまったく無能なことは、彼らが防衛しようとした村があっという間に占領され無人化され破壊されたことで証明された。

一九四八年一月になると、アラブ世界では戦争をめぐる話題が隆盛を極めた。しかしアラブ諸国は概して、パレスチナを救う必要性について話すだけで何もしなかった。そのころ、ユダヤ人がパレスチナの村や住宅地を攻撃していると、フィラスティーン紙などの地元紙や日刊紙、ニューヨーク・タイムズをはじめとする外国の新聞が逐一報じていたのだが。

アラブ連盟の書記長でエジプトの政治家アッザーム・パシャは、その時点で国際連合が再度介入し、アラブ諸国がパレスチナで直接衝突しないようにしてほしいと望んでいた[71]。しかしこの国際機関も途方に暮れていた。興味深いことに国連は、もしパレスチナ人が分割案を拒否した場合にどうするか、それまでまったく考えていなかったのだ。国連は、イギリスやフランスなどの職員にすっかり任せて、パレスチナに割り当てた地域を併合する気があるかどうか近隣アラブ諸国に質問だけしていた。そして、そのうちヨルダンはすでに「アラブの」パレスチナを奪取する可能性についてユダヤ人と交渉していると知り、基本的には満足したのだった。ヨルダン人はやがてその地域の支配権を得た。ヨルダン川西岸地区と呼ばれるようになったこの地域の大半は一発の銃弾も発射されることなく併合された。他のアラブ諸国の指導者は、まだ堂々と行動する気にならず、自分たちが介入するのはパレスチナを解放するパレスチナ人を支援するためだとか、少なくともその一部の人を救うためだとか言い訳をし続けた。

アラブ諸国がどのくらい介入し援助をするかは、現場の状況に直接左右された。目の前で人口削減計画が進行しているのを見て、政治家は狼狽し、知識人やジャーナリストは恐怖を募らせたのだ。現地にはユダヤ軍の作戦の目的や範囲を完全に把握するに足るだけの各国代表がいた。一九四八年初頭という段階で、パレスチナ人を待ち受ける大災厄を疑う者はほとんどいなかった。しかしアラブ諸国は、もはや不可避の軍事介入をできる限り引き延ばし、早く終結できればそれに越したことはないと思っていた。彼らはパレスチナ人が負けると十分承知していただけでなく、圧倒的な軍事力を誇るユダヤ軍相手では勝ち目がないことにも気づいていた。じじつ、勝算がほとんどあるいはまったくないとわかっている戦争に、自国の兵を送ったのである。

アラブの指導者の多くは、パレスチナに迫りくる大災厄に対して斜に構え、心から心配する人はわずかしかいなかった。たとえ案じていても、不安定な自分の立場で関与したら何が起こるか、判断に時間を要した。エジプトとイラクはまだ解放戦争の最終段階で混乱していたし、シリアとレバノンは独立を勝ち取ったばかりの若い国だった。[72]ユダヤ軍が活動を激化させ、その目的が完全に明らかになって初めて、アラブ諸国はある種の協同歩調を志したのだった。すでに自国でぐらついていた立場を吹き飛ばしかねない嵐に巻き込まれないため、彼らは意思決定の場を、地域機構のアラブ連盟理事会に移した。前述したとおり、これはアラブ諸国の外相が創設したものだが十分に機能せず、決定は拒否されたり勝手に違う解釈をされたり、受け入れられても部分的にしか実行されなかったりした。パレスチナの農村や都市の現状が悲惨なほど明らかとなり、無視できなくなったあとも、同連盟は議論を長引かせたのである。そして一九四八年四月末にようやく、パレスチナに派兵することを決めた。そのときまでに、すでに約二五万人のパレスチナ人が追放され、二〇〇の村が破壊され、多数の町が無人化されていた。

正規軍を派遣しなければとアラブの指導者たちが自覚したのは、さまざまな意味で、マルジュ・イブン・アーミルでカーウクジーが敗北したときだった。四月四日に始まり一〇日間続いた戦闘で、カーウクジーはミシュマール・ハエメク・キブツの占領に失敗していたが、一九四八年五月以前のアラブ側の攻撃は、これが唯一だった。

パレスチナに行くという最終決定が四月三〇日に下される前は、アラブ諸国の反応はさまざまだった。アラブ連盟理事会はすべての国に対し、軍と義勇兵を派遣するよう求めたが、その要求に応じた国ばかりではなかった。サウジアラビアとエジプトは小規模な財政支援を、レバノンは限られた数の銃を約束した。唯一、しかるべき軍事的準備を進んでしてくれたシリアは、義勇兵を訓練しパレスチナに送るよう、隣国のイラクを説得した。(73)

義勇兵には不足しなかった。周辺のアラブ諸国では、多くの人々が自国政府が何もしないことに抗議してデモを行なうようになった。何千人もの若者がパレスチナのために自らの命を犠牲にしようとした。こうした感情の爆発についていろいろ文献はあるが、依然として謎のままである。

それを汎アラブ主義と分類するのは妥当とは言えない。おそらく、パレスチナとアルジェリアが、反植民地主義闘争の確固としたモデルになったというのが、もっともよい解釈であろう。他のアラブ地域では、延々とおもしろみのない外交交渉を続けたあげく民族解放を実現したのに対し、これは中東周辺のアラブ人青年の民族的情熱をかきたてた衝突であった。しかし重ねて強調しておきたい。バグダードやダマスカスの若者が、けっして宗教的ではないが聖なる使命と考えるもののために喜んですべてを捨てていくことの、これは部分的な分析でしかあるまい。

こうした状況でひとり異彩を放っていたのが、ヨルダンのアブドゥッラー国王である。委任統治後のパレスチナに関する共同合意をめぐるユダヤ機関との交渉を加速させるため、彼はこの機会を利用した。ヨルダン軍はパレスチナにいくつか部隊を出しており、村民が自分の家や土地を守るのをできるだけ助けようとする兵士もいたが、たいてい司令官に阻止された。ファウズィー・アル＝カーウクジーの日記から、パレスチナに駐留するアラブ軍団がアラブ解放軍に協力的でないことに指揮官が不満を募らせていたようすが読み取れる。[74]

ユダヤ軍が一九四八年一月から五月にかけて、強制的に約二五万人のパレスチナ人を家から追いだしているあいだ、アラブ軍団は何もしなかった。実際、ヨルダン側とユダヤ側のあいだで暗黙の合意が交わされたのが一月だった。一九四八年二月初旬、ヨルダンの首相はロンドンに飛び、委任統治後にパレスチナをヨルダンとユダヤ国家で分割することをユダヤ指導部とひそかに取り決めたと報告した。ヨルダンは分割決議でアラブ側に割り当てられた地域をほとんど併合するかわり、ユダヤ国家を攻撃する軍事作戦に加わらないというのである。イギリスはこの陰謀を承認した。[75]

アラブ軍団（ヨルダン軍）は、アラブ世界のなかでもっともよく訓練された軍隊で、ユダヤ軍と互角か、分野によっては優っていた。しかし国王とイギリス人参謀長官ジョン・グラブ・パシャは、ヨルダンの領域と定めた東エルサレムと現在の西岸地区だけに活動を制限した。

アラブ軍団がパレスチナを救うための限定的役割を決定した最後の会合は、一九四八年五月二日に開かれた。ユダヤ軍の最高将校シュロモ・シャミールは、アラブ軍団の二人の高官、ゴルディー大佐およびクローカー少佐と面会した。アラブ軍団の多くの高官がそうであったように、二人ともイギリス人だった。ヨルダン側は国王の伝言を携えており、わが国王はユダヤ国家を承認するが、貴国が「パレスチナ全土をほしがっているのか」どうか知りたがっていると述べた。シャミールは率直に答えた。「われわれが望むならば、可能でしょう。しかしこれは政治的な問題ですね」。それから二人の将校は、ヨルダン側が事態をどこまで理解しているのか説明した。ヨルダンは、ジャッファのような国連がアラブ国家に割り当てた地域をユダヤ軍が占領し浄化していることに気づいている、と。シャミールは、ジャッファの作戦はエルサレムまでの道を防衛するのに必要だったと正当化した。ヨルダンの二人の特使に、シオニストにしてみれば国連の指定したアラブ国家は西岸地区だけに縮小したと明言し、イスラエルは喜んで西岸をヨルダンのために「残してあげよう」と述べた[76]。

ヨルダンの将校はエルサレムの将来について合意を結ぼうとしたが、それは果たされないまま会合は終わった。もしユダヤ機関が進んでパレスチナをヨルダンと分け合うというのなら、その原則はエルサレムに応用されてもいいはずではないかというのだ。ベングリオンの忠実な代理として、シャミールはその申し出を拒絶した。彼はこのシオニストの指導者が、自軍はかなり強く、エルサレムを丸ごと手に入れられると信じているのを知っていた。数日後の五月一一日の日記に書いているとおり、アラブ軍団がエルサレムを奪うために、そして必要とあらば、委任統治後のパレスチナ全土（つまり西岸地区）を奪うために激しい戦闘をするだろうとベングリオンは気づいていたのである。

二日後（五月一三日）にはゴルダ・メイアとアブドゥッラー国王がアンマンで会談し、この件を正式に確認した。国王はこれまでになく緊張しているようだった。勝利を収めるためにめぐらせてきた謀略が実を結びつつあったのだ。ヨルダンは、一方でアラブ連盟加盟国に対して、パレスチナでアラブ諸国の軍事的努力の先頭に立つと約束し、他方ではユダヤ国家と合意に達するべく努力したのである。(77)

最終的に、国王がとる方針は、まぎれもなく後者となった。アブドゥッラー国王は、ユダヤ国家に反撃するアラブ諸国のすべての試みに真剣に参加していると見られるように何でもした。しかし実際は、ヨルダンの西岸地区併合にイスラエルの同意を得るのが主な目標だった。

アレク・カークブライド卿は、ヨルダンでのイギリス全権大使であり、大使と高等弁務官を兼任した。一九四八年五月一三日、カークブライドはイギリス外務大臣アーネスト・ベヴィンに宛て、次のように書いた。

アラブ軍団のイギリス人将校が、ハガナーとの交渉を仕切っている。この秘密交渉の目的は、両軍が占領しているパレスチナの領域を確定することと思われる。

ベヴィンはこう返信する。

本交渉はアラブとユダヤの戦争行為を回避するのが目的と見られ、小官はその合意に水を差しかねないいかなることもする気はまったくない。この合意が履行されるかどうかは、アラブ軍団のイギリス人将校次第である。それゆえアラブ軍団の将校を［パレスチナから］召還すべきでない。(78)

ベングリオンは、自分がヨルダン側に割り振った限定的役割を、彼らが当然のように守るだろうとは考えていなかった。そして新しい国家が民族浄化を行ないつつ、同時にアラブ軍団とも対峙するのに十分な軍事力を持つべきだと彼は確信を深めた。

ヨルダンとイスラエルが共謀したにもかかわらず、アラブ軍団は結局、併合のために戦闘を余儀なくされた。当初ヨルダン軍は、一発の銃弾も交えることなく望んだ地域の占領を許されていた。しかし委任統治が終わって数週間後、イスラエル軍はそれを力ずくで奪い返そうとした。ダヴィド・ベングリオンは、切望した七八％以上にユダヤ国家を拡げるために戦争はしまい、と決めたことを後悔したようだった。アラブ全般のやる気のなさは、逃すにはあまりにも惜しい機会をシオニスト運動に与えているように思えた。しかし彼は、ヨルダンの決意を過小評価していた。アブドゥッラー国王は、パレスチナの一部は自分のものだと断固として求め、戦争終結までアラブ軍団はその要求を死守したのである。別の言い方をすると、当初ヨルダン軍が西岸地区を占領したのは、事前にユダヤ側と合意していたおかげである。だが、それ以降もハーシム家の手元に残ったのは、ヨルダンのねばり強い防衛努力と、イラク軍がイスラエルを撃退した結果である。

この話を別の角度から見ることもできる。ヨルダンは西岸地区を併合して、二五万人のパレスチナ人を追放から救ったのである。一九六七年にイスラエルに占領され、より計画的で緩慢な（いまも続く）新たな追放の波に飲み込まれるまでのことではあるが。委任統治期のまさに最後の数日間のヨルダンの政策については、次章で詳述する。

パレスチナ人指導部は、留まった人々もばらばらで、完全な無秩序状態だった。一時だけのことだとむなしく期待し慌てて去った人もいた。ごく少数の人たちだけが残り、一九四七年一二月のユダヤ軍の攻撃や、一九四八年一月の民族浄化の開始に立ち向かうことを望んだ。残留し、民族委員会の正式なメンバーでい続けた人々もいた。民族委員会の活動は、一九三〇年代以来パレスチナ人の非公式政府であるアラブ高等委員会が調整し、指導することになっていた。しかしこの時までに高等委員会の半分が去っており、残った人々はうまく対処できないと悟った。だが、それまでことごとく失敗したにもかかわらず、そしてなんなく去ることを選択できたはずなのに、彼らは最後の最後まで、地域社会とともにあった。彼らとは、エミール・アル＝グーリー、アフマド・ヒルミー、ラフィーク・アル＝タミーミー、ムウイン・アル＝マーディー、フサイン・アル＝ハーリディーである。全員が、いくつかの民族委員会や、アラブ高等委員会議長ハーッジ・アミーン・アル＝フサイニーと接触していた。当時彼は住んでいたカイロで、近しい仲間のシャイフ・ハサン・アブー・アル＝サイードやイスハク・ダルウィーシュらとともに、事態の成り行きを見守っていた。アミーン・アル＝フサイニーは、一九三七年にイギリスによって追放されていた。この大混乱した、まだイギリスが駐留する時期に彼ははたして帰国できただろうか？ 彼は一度も戻ろうとしなかったから、この問いは現実的ではない。アミーンの親類で、彼の不在中はアラブ高等委員会の代行議長だったジャマール・アル＝フサイニーは、一月にアメリカ合衆国に去り、遅ればせながら国連決議に対し、外交活動を始めようとした。どう見ても、パレスチナ社会は指導者のいない国だった。

この文脈で、アブドゥル＝カーディル・アル＝フサイニーについて、もういちど触れるべきだろう。村人の自衛のために、自警団を作ろうとしたのが彼だからである。自警団は貧相な集団にしては立派すぎる「聖ジハード軍」*という名前をもち、四月九日まで持ちこたえたものの、装備と軍事経験ではるかに優るハガナー軍に敗れ、アブドゥル＝カーディルは殺された。

すでに言及した大ジャッファ地区のハサン・サラーマ、ニムル・アル＝ハワーリーも同じような努力を払った（アル＝ハワーリーはその後ユダヤ側に降伏し、一九五〇年代にイスラエル初のパレスチナ人判事となった)。彼らはボーイ・スカウト活動を自警団に改革しようとしたのだが、どれも数週間のうちに敗れた。[79]

したがって、委任統治が終了する前に、パレスチナ外部のアラブ義勇兵や国内の自警団によって、ユダヤ社会が戦闘に敗れるとか降伏を強いられるといった深刻な危機に陥ることはまったくなかった。それどころか、こうした外国人部隊や地元部隊は、ユダヤ軍の攻撃からパレスチナ住民を守ろうとしただけだったのだが、それさえ不可能だったのである。

しかしイスラエル、そしてとりわけアメリカの世論は、将来のユダヤ国家が破壊されるとか「第二のホロコースト」が起こりかねないといった神話を作り出すことに成功した。イスラエルはこの神話を利用してのちに世界中のユダヤ社会の広範な支持を獲得し、その一方でアメリカ庶民から見たアラブ人、なかでもパレスチナ人を悪魔化したのである。もちろん現地の実情はほぼ正反対で、パレスチナ人は大量追放に直面していた。イスラエルの歴史叙述はこの月を「もっとも過酷」だったと指摘するが、実際はパレスチナ人はただ、ユダヤ人社会に占領され破壊される運命から逃れようと必死になっただけである。それが終わったとき、イスラエルの浄化部隊を阻むものは何もなかった。

---

* もとのアラビア語名称から直訳し、「ジハード」の語はそのまま残した。原文では Holy War Army(聖戦軍)であり、これが一般的な訳語のようだが、ムスリムの義務である防衛戦争としてのジハードを、キリスト教的観念に由来する holy war に置き換えることには疑問が残る。

「本当の戦争」へ

一九四八年四月の後半になると、パレスチナ人にとって事態は表面的にはよくなったように見えた。アブドゥッラーはユダヤ側の交渉相手に、アラブ軍団はパレスチナに正規軍を送ることにしたと伝えた。三月と四月にパレスチナで起きた事件のせいで、アラブ世界の指導者たちには他に選択肢がなくなった。そこで軍事介入の準備を本格化した。その時、アメリカ国務省が新たな方策を採ろうと動き出しているという予期せぬニュースがワシントンから届いた。アメリカの現地駐在員は、追放が進行中であることを十分認識しており、分割案を実施せずに別の解決を図るべきだと母国の上司に提案していた。

米国務省はすでに一九四八年三月一二日には国連に対する新たな提案を作成していた。パレスチナを五年間国際信託統治下に置き、その間にアラブ側とユダヤ側が合意できる解決に向けて交渉するという内容だった。パレスチナの歴史上、アメリカが示した提案でもっとも理にかなったものとされるが、残念ながらこれが最初で最後だった。アメリカの国連大使ワレン・オースティンの言葉を借りよう。「パレスチナ分割は、もはや実行可能な選択ではないというのが合衆国の立場である」[80]。

国連は現在のマンハッタンの高層ビルに移転する前は、同じくニューヨークのフラッシング・メドウズにあったのだが、そこに集まった各加盟国はこの提案に賛成した。分割はパレスチナを平和にするどころか、実際にはさらなる暴力と流血をもたらしていると結論を下すのはとても道理にかなっている。しかし、論理というものは考慮すべき一側面ではあるが、強力な国内ロビーを敵に回したくないという願望とは別物であり、この場合は後者が優先された。シオニスト・ロビーがハリー・トルーマン大統領にきわめて効果的な圧力を加えていなかったら、パレスチナの歴史の流れはまったく異なっていただろう。それどころかアメリカ社会のユダヤ人シオニストは、パレスチナ（そしてのちには中東全体）に関するアメリカの政策に自分たちが及ぼす影響力について、重要な教訓を得たのだった。一九五〇年代から一九六〇年代初頭まで時間をかけて、シオニスト・ロビーは国務省のアラブ専門家を脇に追いやり、中東政策をキャピトル・ヒル〔連邦議会議事堂〕とホワイトハウスに託すのに成功し、そこではシオニストが大きな影響を及ぼしたのである。

しかしキャピトル・ヒルの勝利は簡単に得たわけではなかった。大統領の側近よりも注意深くニューヨーク・タイムズの記事を読んだ国務省の「アラビスト」は、トルーマンを必死に説得しようとした。信託統治の代案とまではいかないが、少なくとももっと時間をかけて分割案を再検討すべきであると。そして、両陣営に三か月間の休戦を提案するよう勧めた。

五月一二日の水曜日の午後、マクタル〔高等司令部〕と顧問団の例会は、新たな機関「人民委員会」の重要な会合があるため延期された。その三日後に、同委員会はイスラエル国家の政府となる。ベングリオンは、出席者のほぼ全員がアメリカの提案を拒否する決議に賛成したと主張している。歴史家はのちに、ベングリオンはアメリカ案を拒否するだけでなく三日後に建国宣言をすると定めた決議案を通すのに苦労したのだと言う。結局これは、それほど重要な会合ではなかった。顧問団はすでに民族浄化作戦を推し進めていた。ベングリオンは、作戦のこれまでの構想と計画に関与していないシオニスト・エリートが中止することなど許さなかったであろう。こうしてホワイトハウスは、新国家を承認する方針を採り、パレスチナ政策に関して、国務省は再び後方席へ追いやられたのである。(81)

四月の最終日、アラブ世界はある男をパレスチナ軍事作戦の指揮官に指名した〔ヨルダンのアブドゥッラー国王を指す」。ほとんどの指導者が、彼がユダヤ人と秘密協定を結んだことを知っていた。最大のアラブ国家エジプトが、アメリカの最後の発議が失敗とわかるまで軍事作戦に加わるか結論を出さなかったのは無理もない。指導者らは作戦が不首尾に終わることを知っていたのである。五月一二日にエジプト上院が可決した決議では、エジプト軍には「侵攻」準備として三日しか与えられなかった。そして戦場の様子から、これほど短い期間で準備するなど不可能だったことが証明された。[82] だが後述するように、他の軍も似たりよったりの状況だった。この四月と五月、イギリスは頼みの綱として踏みとどまっていた。しかしイギリスは、自らの裏表ある行動を説明することはできなかった。

イギリスの責任

イギリスはダレット計画について知っていたのだろうか？　知っていたと言う人もいるが、それを証明するのは容易ではない。一番しっくりくるのは、ダレット計画が採用されると、イギリスは自軍がまだ駐留しているにもかかわらず、もはや当地の法や秩序に責任はないと発表し、活動を自軍の防衛に限定したという説である。これはすなわち、ハイファー＝ジャッファ間の沿岸地区全体が無防備な空間となったため、シオニスト指導部は英軍に阻まれたり出くわす恐れすらなくダレット計画を実行できたということを意味する。さらに悪いのは、農村や町から英軍が姿を消すとは、パレスチナ全土で法や秩序が完全に崩壊したことを意味していたのである。日刊紙フィラスティーンなど当時の新聞には、都市中心部の強盗や不法侵入、農村部の略奪行為といった犯罪率の上昇に人々が不安を感じている様子が記されている。たとえばまた、イギリスという監視役が都市や町を引き揚げたとは、多くのパレスチナ人がもはや各自治体から給与を受け取ることができないことを意味した。行政窓口はたいていユダヤ人地区にあり、パレスチナ人が出向けば襲撃される恐れがあったのだ。

いまだにパレスチナ人が次のように語るのを耳にしたとしても当然である。「われわれが大災厄を被った責任は、ほとんどイギリスの委任統治にある」。アッカ近郊のソフマータ出身のジャマール・ハッドゥーラはそう言った。[83] 彼は生涯この裏切られたという気持ちを抱き続け、二〇〇一年にイギリス議会が設立したパレスチナ難民に関する中東調査共同委員会の前で再び明言した。委員会で証言した他の難民たちも、ハッドゥーラと同じように怒りと非難の思いを述べた。

たしかにイギリスは、早くも一九四七年一〇月以降、本気の介入は一切避け、ユダヤ軍が辺境地を支配しようとするのも傍観していた。だが、アラブ人義勇兵の小部隊の潜入を止めようともしなかった。一二月の時点でパレスチナにはまだ七万五〇〇〇人のイギリス兵がいたが、もっぱら委任統治政府の兵士や将兵、将校たちの撤退を防衛することに専念した。

一方でイギリスは、不動産譲渡証書といったきわめて重要なデータをユダヤ人指導部に提供するなど、より直接的に民族浄化を手助けした。植民地から撤退するときはいつも、文書を破棄する前に写真複写しておくのである。この一覧のおかげで、シオニストが大規模な追放作戦を行なうのに必要な最終的な詳細項目を村の情報ファイルに加えることができた。軍事力と残忍な人間は、追放と占領の初期に必要だが、同様に重要なのが官僚である。大規模な浄化作戦には住民の追放のほか戦利品の差し押さえがともなうため、効果的に実施するには官僚が不可欠なのである。

国連の裏切り

国連はパレスチナ分割決議に従って、その場に立ち会い、和平案が実現されるのを監視するはずだった。

パレスチナを、経済的に一体となった二つの独立した国家に分割するという案である。一九四七年一一月二九日に採択された決議には、ひじょうに明快な義務がいくつか含まれていた。国連は、一方の側が他方の側の市民または他の民族集団の所有地を収用しようとする、あらゆる企てを阻止すると誓っている。それが耕作地であれ、非耕作地（一年ほど休耕する土地）であれ。

国連の現地特使の名誉のために言うならば、彼らは少なくとも悪い状況がさらに悪くなっていると感じていたのだし、分割策を再考するよう求めてはいた。しかし民族浄化の開始を目撃し、報告する以上のことは何もしなかったのである。国連の調査団の立ち入りをイギリス当局が禁じたため、国連はパレスチナに少ししか接触できなかった。しかしこれは、国連委員会の立ち会いを求める分割決議に違反していた。イギリスは一九四八年五月一四日に委任統治期間が終わるまで、自軍の兵士や将校の目の前で民族浄化が起こるのを許し、多数のパレスチナ人を救ったはずの国連の介入を妨げたのである。五月一五日以降については弁解の余地はなく、国連は自分たちの土地を分割された人々を見捨てた。そしてその生命・財産は、一九世紀後半以来この土地を自らのものと主張してパレスチナ人を追い出し、彼らの場所を乗っ取ろうとするユダヤ人に引き渡されたのである。

原註

（1） Rivlin and Oren, *The War of Independence*, vol. 1, p. 332.
（2） 一九四八年四月六日のマパイ党の幹部会議で。
（3） カルメリ旅団への指令書から直接引用。Zvi Sinai（ed.）, *The Carmeli Brigade in the War of Independence*, p. 29.
（4） Binyamin Etzioni（ed.）, *The Golani Brigade in the Fighting*, p. 10.

(5) Zerubavel Gilad, *The Palmach Book*, vol. 2, pp. 924–5. Daniel McGowan and Matthew C. Hogan, *The Saga of the Deir Yassin Massacre, Revisionism and Reality.*

(6) デイル・ヤースィーン村の事件の描写と証言については、Daniel McGowan and Matthew C. Hogan, *The Saga of the Deir Yassin Massacre, Revisionism and Reality* から引用している。

(7) Ibid.

(8) 当時はデイル・ヤースィーン虐殺の犠牲者数を二五四人とみていた。ユダヤ機関、赤十字、ニューヨーク・タイムズ、エルサレムに拠点を置くアラブ高等委員会報道官のフサイン・アル＝ハーリディー博士が認めた数字である。この数字は、パレスチナ人のあいだに恐怖心を広げ、パニックのうちに大量出国させるため、意図的に大きくされたようである。浄化を目前にした村々で拡声器が使われたのは確かであり、もし自発的に退去しなければ恐ろしい結果になると人々に警告し、パニックを生み出し、地上部隊が侵攻する前に逃げるよう促したのである。

イルグンの司令官だったメナヘム・ベギンは、こうした噂の効果について *The Revolt* のなかで説明している。「「イルグンによる虐殺」という突飛な語を信じるよう誘導された国中のアラブ人は、際限のないパニックにとりつかれ、必死に一斉逃避を始めた。やがて逆上した大集団となり、手に負えなくなった。今日のイスラエル国家の領域内に住んでいた約八〇万人のうち、一六万五〇〇〇人しか残らなかった。このような展開の政治的・経済的な意義は計りしれない」。Begin, *The Revolt*, p. 164.

アルベルト・アインシュタインは、ニューヨーク在住の二七人の著名なユダヤ人とともに、一九四八年一二月四日付のニューヨーク・タイムズに掲載された書簡で、デイル・ヤースィーンの虐殺を非難した。「テロリストグループ（つまりベギン率いるイルグン）は、軍事目標ではなかったこの平和な村を攻撃し、子どもを含む二四〇人もの住民を殺した。そして生き残った数名を捕虜にしてエルサレムまで行進させた。ユダヤ社会の多くの者がこの行為に恐れをなし、ユダヤ機関はトランスヨルダン（ママ）のアブドゥッラー国王に謝罪の電信を送った。しかしテロリストは自分たちの行為を恥じるどころか、この虐殺を誇り、広く公表し、デイル・ヤースィーンの累々たる死体と破壊状況を見せるため、国内にいる外国特派員たちを招いた」。

（9） Uri Ben-Ari, *Follow Me*.

（10） とくに興味深いのは、現在極右の活動家で、シュテルン団の元幹部だったゲウラ・コーヘンが、アブー・グーシュ村を救った理由である。一九四六年に彼女が英国の刑務所から逃げるのを村民が助けてくれたからだった。Geula Cohen, *Woman of Violence: Memories of a Young Terrorist, 1945–1948* を参照。

（11） *Filastine*, 14 April 1948.

（12） Palumbo, *The Palestinian Catastorophe*, pp. 107–8.

（13） Ibid., p. 107.

（14） Flapan, *The Birth of Israel*, pp. 89–92 の要約を参照。

（15） この電信は傍受され、Ben-Gurion's *Diary*, 12 January 1948 に引用された。

（16） Rees Williams, the Under Secretary of States statement to Parliament, *Hansard*, House of Commons Debates, vol. 461, p. 2050, 24 February 1950 を参照。

（17） イスラエル・ガリーリの助手だったアルナン・アザリヤーフの回想によれば、新しいマクタルがラマト・ガンに移転する際、キルヤティ旅団の構成員にその防衛責任を負わせないようイガエル・ヤディンが求めたという。*Magor Rishon*, interview, 21 May 2006 を参照。

（18） Walid Khalidi, 'Selected Documents on the 1948 War', *Journal of Palestine Studies*, 107, Vol. 27/3 (Spring 1998), pp. 60–105 では、アラブ高等委員会のほか英国の書簡も用いている。

（19） Hagana Archives, 69/72, 22 April 1948.

（20） Central Zionist Archives, 45/2 Protocol.

（21） Zadok Eshel (ed.), *The Carmeli Brigade in the War of Independence*, p. 147.

（22） Walid Khalidi, 'Selected Documents on the 1948 War'.

（23） Montgomery of Alamein, *Memoires*, p. 4534.

（24） Walid Khalidi, 'The Fall of Haifa', *Middle East Forum*, XXXV, 10 (December 1959), letter by Khayat, Saad, Mu'ammar and Koussa from 21 April 1948.

（25） パレスチナ側の情報は Mustafa Abasi, *Safad During the British Mandate Period: A Social and Political Study*, Jerusalem: Institute for Palestine Studies, 2005（アラビア語）から引用した。これと同じものが 'The Battle for Safad in the War of 1948: A Revised Study' として *International Journal for Middle East Studies*, 36 (2004), pp. 21–47 に掲載されている。

（26） Ibid.

（27） Ibid.

（28） Ben-Gurion's, *Diary*, 7 June 1948.

（29） Salim Tamari, *Jerusalem 1948*.

（30） 一九四八年にエルサレムのハガナー情報部隊長だったイツハク・レヴィが、著書 *Jerusalem in the War of Independence* の二〇七頁でこれらの命令を再現している（こうしたインタビューは、のちに IDF archives に収録された）。

（31） この電報のうち一四通はベングリオンが日記で引用している。Rivlin and Oren, *The War of independence*, pp. 12, 14, 27, 63, 64, 112, 113, 134, 141, 156, 169, 170, 283 を参照。

（32） Ben-Gurion's *Diary*, 15 January 1948 の記述より。

（33） Levy, *Jerusalem*, p. 219.

（34） 赤十字国際委員会（ＩＣＲＣ）の delegate de Meuronon 6–19 May 1948 が送った Red Cross Archives, Geneva, Files

G59/1/GC, G3/82 は、腸チフスが突発的に広がったと報告している。

（35）いずれの情報も赤十字の資料および Salman Abu Sitta, 'Israel Biological and Chemical Weapons: Past and Present', *Between the Lines*, 15–19 March 2003 に基づく。Abu Sitta は *Hadahsot*, 13 August 1993 の Sara Libovitz-Dar の論文も引用している。彼女は歴史家 Uri Milstein にヒントを得て、「アッカ作戦に責任がある」ものの自分の質問に答えることを拒否した人物を追跡した。そして「当時深い確信と情熱によってなされたことが、いまや恥辱にまみれて隠されている」と結論づけた。

（36）Ben-Gurion's, *Diary*, 27 May 1948.

（37）Ibid., 31 Janury 1948 および HEMED の歴史に関する彼の註。

（38）Levy, *Jerusalem*, p. 113. だがその前に軍団がすでに降伏していた人々を攻撃したことについて彼は非難している。一〇九～一一二頁を参照。

（39）セラとのインタビュー（第2章註31を参照）。

（40）ウェブサイト www.palestineremembered.com における Hanna Abuied の証言。

（41）Morris, *The Birth of the Palestinian Refugee Problem*, p. 118.

（42）ヘブライ語版九五頁においてモリスは、ベングリオンはこの会合について日記で触れているという。

（43）Morris, ibid., pp. 137–67 で、これらのほとんどの作戦について言及している。

（44）数、手段、地図についてのもっとも詳細な情報は Salman Abu Sitta, *Atlas of the Nakbah* にある。

（45）セラとのインタビュー（第2章註31を参照）。

（46）Khalidi（ed.）, *All That Remains*, pp–60–1; the Hagana's Village Files; Ben-Zion Dinur et al., *The History of the Hagana*, p. 1420 から情報を得た。

（47）Ha-Kibbutz Ha-Meuchad Archives, Ahron Zisling Archives, Ben-Gurion letters.

（48）ニューヨーク・タイムズは、Khalidi（ed.）, *All That Remains*, Morris, *The Birth of the Palestinian Refugee Problem* お

よび Ben-Zion Dinur et al., *The History of the Hagana* と並んで本書の主要な情報源であり、ほとんどの追放や村の破壊について報じた。

（49） Morris, ibid., pp. 243–4.

（50） Palmach Archives, Givat Haviva, G/146, 19 April 1948.

（51） Nafez Nazzal, *The Palestinian Exodus from the Galilee 1948*, Beirut: the Institute for Palestinian Studies, 1978, pp. 30–3; Morris, *The Birth of the Palestinian Refugee Problem Revisited*, p. 130.

（52） ハーリディーは *All That Remainds* において、同紙の情報をかなり広範に用いている。

（53） Morris, *The Birth of the Palestinian Refugee Problem Revisited* の主要な情報源である。

（54） Weitz, *My Diary*, vol. 3, 21 April 1948.

（55） IDF Archives, 51/967 の各命令、とりわけ Files 16, 24, 42, 51/128/50 を参照。

（56） Ben-Gurion Archives, Correspondence Section, 23.02–30.1 doc. 113.

（57） Nazzal, *The Palestinian Exodus*, p. 29.

（58） Netiva Ben-Yehuda, *Between the Knots*.

（59） この作品の映画評は、*Al-Ahram Weekly*, 725, 13–19 January 2005 を参照。

（60） Khalidi (ed.), *All That Remains*, p. 437 の入手可能な資料一覧を参照。

（61） Hans Lebrecht, *The Palestinians, History and Present*, pp. 176–7.

（62） これは誰でも入手できる刊行物である。*The Palmach Book*, vol. 2, p. 304.

（63） Ben-Yehuda, *Between the Knots*, pp. 245–6.

（64） *The Palmach Book*.

（65） セラとのインタビュー（第2章註31を参照のこと）。

（66） Ibid.

(67) Ibid.

(68) Ibid.

(69) Laila Parsons, 'The Druze and the Birth of Israel' in Eugene Rogan and Avi Shlaim (eds), *The War for Palestine: Rewriting the History of 1948*.

(70) Ben-Gurion Archives, Correspondence, 23.02–1.03.48, doc. 70.

(71) Pappe, *The Making of the Arab-Israeli Conflict*, pp. 102-34 におけるアラブ連盟に関する議論を参照。

(72) Walid Khalidi, 'The Arab Perspective' in W. Roger Louis and Robert S. Stookey (eds), *The End of the Palestine Mandate*.

(73) Pappe, *The Making of the Arab-Israeli Conflict*.

(74) Qasimya Khairiya, *Fawzi al-Qawuqji's Memoirs, 1936–1948*.

(75) Shlaim, *Collusion* を参照。

(76) Ben-Gurion's, *Diary*, 2 May 1948.

(77) 同様の内容は、一九四八年五月八日の会合でハガナーの上級将校が報告した。また、五月一〇日にはアブドゥッラー国王からゴルダ・メイアへ伝えられている。メイアは、アブドゥッラーがユダヤ人との協定に署名しないであろうこと、そのため必然的に戦争に向かうだろうということを、シオニスト指導部に報告しなかった。しかしモシェ・ダヤンは、イラクとヨルダン軍がユダヤ国家を攻撃するという彼〔アブドゥッラー国王〕の約束を、英国が疑っていたことを一九七五年に認めている。五月八日の会合に関しては、*Yediot Acharonot*, 28 February 1975 におけるダヤンの発言、および Rivilin and Oren, *The War of Independence*, pp. 409–10 を参照。

(78) PRO, FO 800, 477, FS 46/7 13 May 1948.

(79) ニムル・アル＝ハワーリーは、一九五五年に *The Secret of the Nakba* というタイトルの戦事記をナザレで出版した（アラビア語）。

(80) Flapan, *The Birth of Israel*, p. 157 に引用されている。

(81) ベングリオンの立ち位置に関し、最近イスラエルの歴史家のあいだで興味深い議論があった。*Ha'aretz*, 12 and 14 May 2006 'The Big Wednesday' を参照。

(82) Wahid al-Daly, *The Secrets of the Arab League and Abd al-Rahman Azzam.*

(83) The Joint Parliamentary Middle East Councils, Commission of Enquiry – Palestinian Refugees, London: Labour Middle East Council and others, 2001 での証言。

第6章　まやかしの戦争と現実の戦争
一九四八年五月

タントゥーラで虐殺が起きたのは確かだ。私は表へ出て大声でそう言わなかった。全然自慢できることではない。しかし事件が公になった以上、誰かが真実を話すべきだ。五二年がたち、イスラエル国家は過去に向き合うのに十分強くなり成熟した。

アレクサンドローニ旅団副司令官エリ・シモニー
マアリブ紙、二〇〇一年二月五日

委任統治終了後の数週間で、ユダヤ軍は孤立したユダヤ人入植地のほぼすべてに手を伸ばした。そのうち二か所だけアラブ軍団に敗れたが、それはいずれも一九四八年の五月以前は、ヨルダンが占領し併合することに合意したヨルダン川西岸地区にあったからである(1)。

ヨルダンはまた、ムスリムの聖地でありユダヤ人地区でもある旧市街を含め、エルサレムの少なくとも半分はほしいと主張した。しかしこの件に関する事前合意はなく、手に入れるには戦うしかなかった。ヨルダンはとても勇敢に闘い、目的を達した。両者が戦ったのは、この時だけであった。イスラエル軍が占領し浄化し破壊しているパレスチナの村や町の近郊に駐留しながら、アラブ軍団が何もしなかったことと比べれば、まったく対照的である。

ベングリオンは五月一一日に顧問団を招集すると、この先ヨルダン軍がさらに積極的に攻撃した場合の影響を予測するよう仲間たちに求めた。この会合の結果は、ベングリオンがハガナーの各旅団司令官に送った書簡からわかる。そのなかで彼は、アラブ軍団がもっと攻撃的な姿勢をとっても、わが軍は本来の任務から気をそらしてはならないと述べている。「パレスチナの浄化は依然、ダレット計画の第一の目的である」(彼は過ぎ越しの祭りの「パン種の一掃」を意味するビウールや「根こそぎ」「殲滅」といった単語を使った)[2]。

顧問団の予測は正しかったことが証明された。アラブ軍のなかで最強で、ユダヤ国家にとってもっとも手ごわいはずのヨルダン軍は、アブドゥッラー国王がシオニスト運動と密かに取り決めを交わしていたため、パレスチナ戦争のまさに初日から中立であった。アラブ軍団のイギリス人最高司令官グラブ・パシャが、パレスチナにおける一九四八年の戦争を「まやかしの戦争」と呼んだのも当然である。グラブ・パシャは、アブドゥッラーがアラブ軍団の活動に制約を課したことを完全にお見通しだっただけでなく、汎アラブの協議や準備といった内情に通じていた。当時、アラブ諸国はイギリス人の軍事顧問を抱えていたが、彼らと同じく、パレスチナの救済作戦で他のアラブ軍がまったく役立たずなことは、グラブ・パシャもわかっていた。同業者らは「哀れなもんだ」と言ったが、アラブ解放軍もその対象だった[3]。

委任統治が終わってアラブの行動に変化があったとしたら、レトリックだけである。戦争の太鼓の音はそれまでよりもさらに大きくうるさく鳴り響いたが、世の中にはびこる無為と混乱と困惑を覆い隠すことはできなかった。アラブのある国と隣国で首都の様子は異なっていたかもしれないが、全体の状況はまったく一様だった。エジプト政府は委任統治終了二日前という、最後の最後になってようやくパレスチナに部隊を送る決定をした。確保した一万人の兵士のほぼ半分はムスリム同胞団の義勇兵だった。この政治運動組織はエジプトでもアラブ世界でも正統的なイスラームを復興すると誓っており、パレスチナをヨーロッパ帝国主義と戦う重要な戦場とみなしていた。しかし一九四〇年代になると、同胞団はエジプト政府のことも帝国主義の協力者とみなすようになり、比較的過激な構成員が暴力に訴えたため数千人が投獄された。その彼らがこの一九四八年五月に釈放され、エジプトの派遣軍に参加するというわけであった。しかし彼らはむろん軍事訓練を受けておらず、その熱意はともかく、ユダヤ軍の相手ではなかった。[4]

シリア軍は比較的よく訓練され、政治家たちの関心も比較的高かった。しかしフランス委任統治から独立して数年も経たないうちにパレスチナに派遣されたシリア軍の少数部隊はうまく機能せず、顧問団は一九四八年五月中にでも、ゴラン高原を併合してユダヤ国家の北東部の国境線をシリア本土へ拡大しようと考え始めたくらいだった。[5] もっと少人数で関心も低かったのがレバノン部隊で、戦争中ほとんどの期間をパレスチナとの国境手前で待機し、隣接する村をしぶしぶ守ろうとしたのである。

アラブ諸国のなかで、イラク軍の動きはもっとも興味深いものだった。イラク政府は自軍の数千人の兵に、ヨルダンの指針に従うよう命じていた。ユダヤ国家を攻撃せず、アブドゥッラー国王に割り当てられた西岸地区を防衛するだけにせよということだ。イラク軍は西岸地区北部に駐留していたが、指導者の命令を無視し、もっと積極的な役割を果たそうとした。そのおかげでアフーラーからハデラにかけて、ワーディー・アーラ一帯の一五の村は持ちこたえることができ、追放を免れたのである（これらの村は一九四九年の夏、二国間休戦協定に基づき、ヨルダン政府からイスラエルに割譲された）。

指導者の偽善によって行動を起こしたり制限したりとさまざまだったが、アラブ諸国の部隊は国連分割決議がアラブ国家に割り当てた地域に入り、三週間は持ちこたえた。孤立したユダヤ人入植地数か所を包囲し少しの間だけ占拠できたが、結局数日間で奪還されてしまった。

パレスチナに入ったアラブ軍は、補給線を延ばしすぎたことにすぐさま気がついた。それは、ただでさえ古くさく頻繁に調子が悪くなる武器の、弾薬の補給が止まってしまうことを意味した。そして将校たちは、何か国もの軍隊を調整する機関がなく、たとえ補給路を確保したとしても、自国では武器が払底していることに気づいた。アラブ軍に武器を供給したのは主にイギリスとフランスだったが、この二国がパレスチナへの武器禁輸を宣言したため、武器は不足していた。そのせいでアラブ軍の勢いは削がれたが、ユダヤ軍のほうは喜んで武器を調達してくれる業者をソ連や共産圏で見つけており、ほとんど影響がなかった。[6] 調整機関がないのは、アラブ連盟がアブドゥッラー国王を全アラブ軍の最高司令官に、イラク人将校を副司令官に任命した当然の帰結だった。ヨルダンは、一九四八年五月から七月にかけてアラブ軍の努力を水の泡にしたが、それを顧みることは一度もなかった。一方、一九五八年に政権についたイラク革命政府は、この大災厄に果たした自らの役割に関し、司令官たちを裁判にかけたのである。

それでもユダヤ軍が戦闘を繰り広げ、勇ましく応じねばならないくらいの数のアラブ兵はいた。国連がアラブ国家に割り当てた地域の真ん中とか、辺境部に取り残されているユダヤ人地区の周辺はとくにそうだった。アラブ部隊がパレスチナ域内に入り始めた五月一五日に、こうした攻撃されやすいユダヤ人地区からは撤退する、と戦略的な判断をベングリオンが下したためである。その日シリア軍の各部隊はダマスカス―ティベリアを結ぶ街道を進軍し、孤立した四つのユダヤ人入植地、ミシュマール・ハヤルデン、アイェレット・ハシャハル、ハツォール、メナヘミーヤを攻撃した。占領できたのはミシュマール・ハヤルデンだけで、停戦の初日（六月一一日）までそこに留まった。イスラエル諜報機関の言葉を借りれば、シリア部隊はその後反撃されパレスチナから駆逐されても「戦意をまったく見せなかった」[7]。

後年イスラエルの歴史家は、これらの入植地を一時的に見捨てたとベングリオンを非難した[8]。そうかもしれないが最終的にはいずれもアラブの手に残らなかったのだから、単純に軍事的観点から見ればベングリオンは正しかった。それに彼の計画では民族浄化作戦が最重要課題だったにもかかわらず、彼はこうした辺境地の運命も気にかけていたわけだ。

これはまた、一九四八年の戦争に関するイスラエルの神話と集団的記憶が、たいてい開戦から三週間以内に由来する理由を説明してもいる。現実の戦争では、イスラエル側の回復力や覚悟も試された。たとえばテルアビブは、最初の数日間、エジプトの戦闘機に爆撃されたが、それから数週間経つとおさまった。しかし、アラブ軍がいてもまったく民族浄化には歯止めがかからなかった。そして民族浄化に関する恐ろしい話は完全に忘れられたため、イスラエルは公式にも巷間でもこれに煩わされることは一切なかった。

さらに一九四八年五月後半の浄化作戦は、四月や五月前半のそれとまったく変わらなかった。大量追放は委任統治が終了しても何の影響も受けず、中断することもなく続けられた。一九四八年五月一五日まで民族浄化が行なわれ、同じ作戦がその翌日以降も実施されたのだ。イスラエルは、アラブ軍に対処しながら地域の浄化を続けるほど兵力に余裕があったのである。

以上から明らかなように、戦争が勃発すると、侵略軍に道を空けようとアラブ人指導者が呼びかけ、それに応えてパレスチナ人が自発的に逃げだしたというイスラエル建国神話は信用できない。パレスチナ人に留まるよう説得を試みたといまもイスラエルの教科書は主張しているが、まったくの作り話である。これまで見たように、何十万ものパレスチナ人が戦争が始まる前にすでに力ずくで追い出されていたのであり、開戦一週めにはさらに何万人もが追われる。多くのパレスチナ人にとって、一九四八年五月一五日という日付は、当時何ら特別な意味もなかった。五か月以上前から始まっていた民族浄化の恐ろしい日程に、新たな一日が加えられたに過ぎなかったのである。(9)

浄化《ティフール》の日々

ティフールとは、文字どおり「浄化」を意味するヘブライ語である。五月一四日の夕方にユダヤ国家が建国を宣言して以降、戦場の部隊に届く上層部の指令で、この単語は頻繁にあからさまに使われるようになった。パレスチナの農村部や都市部を破壊するためにイスラエル兵を送り出す前に、最高司令部が奮い立たせようと用いた類の言葉だった。激しい言葉が使われるようになったことが、前月と違うほとんど唯一の変化だった。その他は変わることなく、浄化作戦は続けられた。(10)

顧問団は会合を続けたが、ユダヤ国家が政府や内閣、軍事司令部、諜報機関などすべてを備えて既成事実化するにつれ、以前ほど定期的ではなくなった。顧問団のメンバーはもはや、追放のマスタープランだけに気を取られてはいなかった。ダレット計画は実行に移して以来うまく機能していたし、さらなる調整や指導は必要なかった。現在の主な関心は、二つの戦場で「戦争」を継続するのに兵力は十分なのかどうかであった。一つはアラブ諸国軍との戦いであり、もう一つは五月一五日に国際法上イスラエル国民となった一〇〇万人のパレスチナ人との戦いである。しかし五月末には、こうした懸念も薄らいだ。

顧問団の新たな動きといえば、新しいビルに引っ越した程度で、それは住民が追放されたシャイフ・ムワンニス村を見下ろす丘の上にあった。これがイスラエル軍の参謀本部司令部マクタルとなった。(11) 顧問団はこの見晴らしのきく場所から、五月一日に近隣のパレスチナの村を猛攻撃するさまを文字どおり観察することができた。この日の作戦は単独で実施されたのではなく、東部と北部でも同時に同じ作戦が進められた。

アレクサンドローニ旅団は、テルアビブとジャッファの東部と北部の村を浄化する任務を任されていた。それから北部へ移動し、他の部隊と合流してパレスチナの海岸沿いにハイファへ向かい、追放を始めるようにとの命令だった。

その指令は五月一二日に届いた。「一四日から一五日にかけてティーラ、カランスワ、カークーン、オールターー、ダナーバ、イクターバー、シュウェイカを占拠し、破壊せよ。さらにカルキリヤを占領せよ。ただし破壊はするな［カルキリヤはアレクサンドローニが占領できなかった西岸地区にあり、今日ではイスラエルが建設した高さ八メートルの隔離壁で完全に囲まれている］」[12]。二日とおかずに、次の指令がアレクサンドローニの司令部に届いた。「ティーラト・ハイファ、アイン・アル＝ガザール、イグズィム、クファル・ラーム、ジャバア、アイン・ハウド、マザールを攻撃し、浄化せよ」[13]。

旅団のルートをたどってみると、指令どおりの順序で村を攻撃したのではなく、この地域を系統立てて南から北に掃討することを優先し、自分たちが正しいと思う順序で各村を破壊したようだ。リストをやり遂げるのが全体的な目標であり、優先順位は記されていない。そのためアレクサンドローニは、テルアビブでは北部と東部の村から手をつけたのである。コフル・サーバーとカークーンの住民はしかるべく追放された。カークーンの占領ではレイプ事件が起きたと国連が主張し、ユダヤ兵らの証言で裏づけられた。

テルアビブとハイファのあいだに広がる南北に一〇〇キロ、東西に一五〜二〇キロの長方形をした地域には、全部で六四の村があった。最後に残ったのはこのうちフライディース村とジスル・アル＝ザルカー村だけだった。この二つの村でも追放が予定されていたが、近郊のユダヤ人入植地の人々が、ここを無傷

のまま残してほしい、農場や住居の非熟練労働者として村人が必要だから、と軍司令官を説得したのである。(14)

今日この長方形地帯はテルアビブとハイファを結ぶ高速道路二号と四号によって二つに分断されている。何十万人ものイスラエル人が毎日のように二本の道路を通るが、自分の通る場所や、ましてやその歴史について多少なりとも思いを寄せる人などほとんどいない。かつてにぎわっていたパレスチナ人地区は、現在はユダヤ人入植地、松林、釣り堀などになっている。

アレクサンドローニ旅団が沿岸部の長方形地帯を浄化するペースは、凄まじかった。五月後半だけで、マンシーヤ（トゥルカレム地域）、ブタイマート、ヒルバト・アル＝マナーラ、カンニール、ヒルバト・クンバーザ、ヒルバト・アル＝シューナを浄化したのである。勇敢にも激しい抵抗を見せたごく少数の村は、占拠できなかった。しかし七月にはこれらの村も同旅団に浄化された。つまり中部の沿岸では、民族浄化はまず五月、次いで七月と、二段階で展開したのだった。

五月後半のもっとも重要な「戦利品」は、タントゥーラ村であった。アレクサンドローニ旅団は、ここを一九四八年五月二一日に占領した。

タントゥーラの虐殺(15)

タントゥーラは、沿岸部ではもっとも大きな村の一つだった。侵略するアレクサンドローニ旅団にとって「目の上のこぶ」のようなものだったことが、旅団の軍事記録を見ればわかる。タントゥーラの運命は五月二二日に決まった。

タントゥーラは地中海沿岸の、大昔からあるパレスチナの村だった。当時としては大きな村で、約一五〇〇人の住民は農業や漁業、ハイファ近郊の単純労働などで生計を立てていた。村長《ムフタール》を含む村の有力者たちは一九四八年年五月一五日にユダヤ人諜報将校と面会すると、降伏条件を受け入れるよう求められた。降伏すれば村民は追放されると考えた有力者らは、降伏を拒絶した。

一週間後の五月二二日の夜、村は急襲された。はじめユダヤ人司令官は、拡声器を積んだ車両を村の中に乗り入れ、村人に降伏を求めようとしたが、この計画は実行されなかった。

村は四方から攻撃された。これは変則的なことだった。通常、同旅団は村の三方を塞ぎ、一方だけ「門を開けて」おいて住民を追い出す。今回は連携がうまくいかなかったせいでユダヤ軍は完全に村を囲んでしまい、結果的にひじょうに大勢の村民を捕えていることに気づいたのだ。

タントゥーラの住民は銃口に脅され、海岸へ追いたてられた。ユダヤ軍は女性や子どもを男性と引き離し、近郊のフライディース村に追いやった。一年半後にこの村にたどり着いた男性は、数人だけだった。

海岸に集められた数百人の男たちは、座ってイスラエル諜報将校シムション・マシュヴィッツの到着を待つように命じられた。彼は近くの入植地ギヴアト・アダーに住んでいたので、タントゥーラは彼の「所轄」だったのである。

マシュヴィッツは地元の情報提供者（アイン・アル＝ザイトゥーン村で覆面していた）とともにやってきて、男たちを一人ひとり選び出した。繰り返すが、イスラエル軍のいう「男」とは、一〇～五〇歳の男性を指す。そして小さなグループごとに離れた場所へつれていき、処刑した。男たちはタントゥーラ村の資料集《ファイル》をもとに事前に用意したリストに従って選ばれた。一九三六年反乱やユダヤ人の車列を攻撃した人、ムフティーと連絡を取っていた人、その他なんらかの「犯罪」に「関わった」と思われる人など、全員リストに載っていた。

処刑されたのは男だけではなかった。海岸で選別と処刑の手続きが始まる前に、占領部隊は家の中や通りで騒ぐ子どもたちを殺しまくっていた。部隊の工兵ジョエル・スコルニクはこのときの攻撃で負傷したが、入院後に他の兵士らから、これは「イスラエル軍のもっとも恥ずべき戦闘」だと聞いた。スコルニクによると、村に入ったときに村の内部から狙撃されてユダヤ兵は怒り狂ったという。海岸の事件が起きたのは、その後だった。村人が降伏のしるしに白旗を振った後に攻撃したのである。

スコルニクは、とりわけ二人の兵士が殺人を続けていたこと、そして近くのユダヤ人入植地ズィフロン・ヤアコヴから来た人々が止めなければ、ずっと続けていただろうということを聞いた。タントゥーラの虐殺に待ったをかけたのは、ズィフロン・ヤアコヴ入植地のリーダーであるヤアコヴ・エプシュタインだったが、「来るのが遅すぎた」とある生存者は苦々しく述べた。

ほとんどの殺害は、海岸で冷酷に行なわれた。何人かの犠牲者はまず尋問され、村のどこかに隠してあるらしい「巨大な武器庫」について聞かれた。彼らが何も言えないでいると（そんな大量の武器などなかった）、その場で撃ち殺された。

この恐ろしい事件の生存者の多くは今日、処刑を目撃したトラウマを抱えながら、シリアのヤルムーク難民キャンプで暮らしている。

あるユダヤ人将校は、タントゥーラの処刑について、こう述べている。


捕虜は集団ごとに二〇〇メートルほど離れた場所に連れていかれ、そこで銃殺された。兵士たちが司令官のもとにやって来て、「私のいとこは戦死しました」と言うと、それを聞いた司令官はその部隊に五〜七人選んで、処刑するよう命じた。次に一人の兵士がやって来て、自分の兄は戦闘で死んだと言った。兄一人に対する報復はさらに大きかった。司令官は部隊にもっと大勢選ぶよう命じ、彼らは銃殺されたのだった。

言いかえれば、タントゥーラで、ユダヤ人兵士や諜報将校による健常な若者たちの組織的な処刑が行なわれたのだ。証人の一人アブー・マシャーイフは、タントゥーラの友人のもとに滞在していた。マシャーイフはもともとキサーリヤ〔現カイザリア〕の出身だが、すでに一九四八年二月に村はユダヤ兵に破壊されていたのである。タントゥーラの若者八五人が虐殺されるのを目のあたりにした。彼らは一〇人ずつのグループに分けられ、共同墓地やモスクの近くで殺された。もっと多くが殺され、全体では一一〇人にのぼると彼は見ている。シムション・マシュヴィッツが作戦を指揮しているのも見た。「ステン〔軽機関銃〕を抱えた者が、人々を殺しました」。後にこう付け加えている。「みんなは壁沿いに立って、壁の方を向いていた。兵士が背後から人々の頭部を撃った。全員です」。そして、ユダヤ兵たちが明らかに楽しそうに処刑を見物していたと証言した。

ファウズィー・ムハンマド・タンジュ、別名アブー・ハーリドもこの処刑を目撃した。その説明によると、村の男性は女性と引き離され、七〜一〇人のグループにして処刑された。彼は九〇人の処刑を目撃している。

タントゥーラ村のムハンマド・アブー・サーリフも、九〇人の殺害を報告している。当時一七歳だったが、一人の父親がわが子らの面前で殺されたことは、強く記憶に残っている。アブー・サーリフはその息子たちの一人と親交を続けているが、その人は父親の処刑を見て正気を失い、いまだに回復していないという。アブー・サーリフ自身も家族のうち七人の男性が殺されるのを目撃した。

ムスタファー・アブー・マスリー（別名アブー・ジャミール）は当時一三歳だったが、選別の際一〇歳くらいと勘違いされたせいか、女性や子どものグループに入れられたおかげで助かった。彼は家族のうち一〇～三〇歳の一二人が幸運に恵まれず、射殺されるのを目撃した。アブー・ジャミールの証言を読むと、ぞっとさせられる。彼の父親は一家がよく知り信頼していたユダヤ人将校のもとに駆け込んで、家族をその将校と一緒に送り出した。だが父親自身はその後射殺された。アブー・ジャミールは、即決で一二五人が処刑されたと振り返る。シムション・マシュヴィッツは鞭を手に海岸に集められた人々のあいだを歩き回り、「ただ気晴らしのために」鞭打っていた。アニース・アリー・ジャルバーンも、マシュヴィッツに関する同様の恐ろしい話を語った。ジャルバーンは近くのジスル・アル＝ザルカー村から、大きな村のほうが安全だろうと考えて家族とともに逃げてきていた。

凶行が終わり、処刑が済むと、ズィフロン・ヤアコヴ入植地のモルデハイ・ショコレールの監督の下、二人のパレスチナ人が集団墓地を掘るよう命じられた。ショコレールはそのおぞましい作業をするため、所有するトラクターを運びこんだ。一九九九年に彼は、二三〇体の遺体を埋めたのを覚えていると言った。正確な数をはっきり記憶していた。「私が一体ずつ墓の中に置いたんですから」。

さらに数人のパレスチナ人が集団墓地を掘るのに加わったが、自分たちも殺されることに気づいた恐怖の瞬間について語っている。彼らが助かったのは、村の凄まじい暴力に割って入ったヤアコヴ・エプシュタインが到着し、海岸の殺害も止めたからに過ぎない。村の最長老で重鎮だったアブー・ファフミーは遺体の身元確認をするために最初に選ばれたうちの一人で、彼は九五体まで遺体を数えた。ジャミーラ・イフサーン・シューラー・ハリールは村人が遺体を荷車に積み、埋葬地まで運ぶのを見た。

生存者のインタビューは、ほとんどが一九九九年にイスラエル人研究生テディ・カッツが行なったものである。彼はハイファ大学で修士論文を執筆中、この虐殺事件を「たまたま見つけた」のだった。この修士論文が一般に知られると、大学は過去にさかのぼって彼の論文を失格とし、アレクサンドローニ旅団の退役軍人はカッツを名誉毀損で訴え法廷に引っぱり出した。カッツがインタビューした人でもっとも地位が高かったのは、のちにイスラエル国防軍の大将となったシュロモ・アンバールだった。アンバールは「あそこで起きたことは、忘れたい」と言って、目撃した詳細をカッツに語るのを拒否した。カッツが問いつめても、進んで語ったのは、次のことだけだった。

私はドイツ人と戦った事実とこの件を結びつけて考える［彼は第二次世界大戦中、〔イギリス軍の〕ユダヤ人旅団に所属していた］。ドイツ人はユダヤ民族にとって最悪の敵だったが、われわれは国際社会の定める戦争法に従って戦った。ドイツ人は戦争捕虜を殺さなかった。スラブ人の戦争捕虜は殺したが、イギリス人の戦争捕虜はユダヤ人［だとして］も殺さなかった。

アンバールは何かを隠していることを認めた。「当時話さなかったのだ。なぜ今になって話さなければならないのだね?」。戦友がタントゥーラで行なったことをカッツが尋ねた際、去来した光景を思えば、無理もないことである。

タントゥーラの件は、じつは早くも一九五〇年にすでに語られていたのだが、デイル・ヤースィーンの虐殺のように注目されなかった。ハイファの有力者ムハンマド・ニムル・アル＝ハティーブの回想録にその記述が見られる。戦闘から数日後、あるパレスチナ人が海岸で数十人のパレスチナ人が即決処刑されたと証言し、それを書きとめたものである。以下はその全文である。

五月二二日から二三日の夜、ユダヤ人は三方向から攻撃し、海岸からボートで上陸した。われわれは通りや家屋で抵抗したが、朝になるとあちこちで死体が目に入った。私はこの日のことを生涯忘れまい。ユダヤ人は女と子どもを全員一か所に集めた。連中は女たちの夫や父親、兄弟の死体を見せて脅かしたが、彼女たちは口をつぐんだままだった。

連中は男たちを別の場所に集め、いくつかのグループに分けて銃殺した。銃声を聞いた女たちがユダヤ人警護兵に尋ねると、「われわれの犠牲者の恨みを晴らしているのだ」と答えた。ある将兵は四〇名の男を選び、村の広場に連れて行った。四人ごとに分けてそのうちの一人を射殺し、残りの三人に死体を大きな穴に埋めるよう命じた。それからもう一人を撃ち、残りの二名に死体を穴まで運ぶよう命じた。(16)

アレクサンドローニ旅団は海岸で浄化作戦を完了すると、上ガリラヤに移動するよう指令を受けた。

カダス、マイルーン、ナビー・ヨシャウ、マールキーヤを占拠せよ。カダスは破壊すること。他の二つの村はゴラーニー旅団に引き渡し、その司令官が対応を決定する。マイルーンも占拠したのちゴラーニー旅団に引き渡すこと。(17)

これらの村が地理的に離れていることは、ひじょうに重要である。アレクサンドローニ旅団が破壊の道中でも意欲的なペースを維持するよう期待されていたことが、ここでも明らかである。

旅団の血痕

以上は、アレクサンドローニ旅団がパレスチナの海岸沿いに残した血痕の一部に過ぎない。その後他の旅団もさらに大虐殺を行なうのだが、一九四八年秋に起きたのがもっともひどかった。各地の民族浄化にパレスチナ人がついに少し抵抗したところ、それを受けてユダヤ軍はますます冷酷に残虐行為を行なったのである。

ゴラーニー旅団は、アレクサンドローニ旅団を手本とした。他の旅団がどういうわけか見逃した山あいの村を攻撃した。そのなかには、二月のハイファ浄化作戦で手つかずのまま残されたウンム・アル＝ズィナートがあった。また古代のメギド遺跡に近いラッジューンもそうだった。ラッジューンとウンム・アル＝ズィナート間を支配下におけば、マルジュ・イブン・アーミル地方の西側と、ワーディー・ミルク渓谷が沿岸部までユダヤ人の手に入る。

ユダヤ国家内にまだ残っているパレスチナの飛び地は通常よりも占拠に手間取り、完遂までさらに数か月かかることが一九四八年五月末にわかった。たとえば、同月に上ガリラヤの辺境まで支配地域を拡大しようとしたが失敗している。主な原因は、レバノンや地元の義勇兵が、ユダヤ軍の主要な攻撃目標であるサアサアのような村を果敢に防衛したためだった。

ゴラーニー旅団にサアサアの第二次攻撃を命ずる指令は、以下のようだった。「恒久的な駐留のために占拠するのではない。がれきや近場の連絡箇所に地雷を敷設し、村を破壊するために占拠すること」。しかしサアサアはさらに数か月間持ちこたえた。有能で熱意あるゴラーニー旅団にとってさえ、欲張りな計画だったことが明らかとなった。五月末頃には、次のような説明になる。「兵員不足の場合、(一時的に)浄化作戦を制限し、担当地区の敵の村の占拠・破壊にとどめてもやむなし」[18]。

このとき旅団が受けた指令は、従来の口頭による曖昧な指示よりも明確な言葉で表されていた。「レタヘル」か「レハシュミード」のいずれかの命令で村の運命は決まった。「レタヘル」は家屋を無傷で残すが住民を追放する浄化を意味し、「レハシュミード」は住民を追放後に家屋を爆破し、住民が戻るのを防ぐためにがれきに地雷を埋める破壊を意味した。虐殺の直接的な命令はなかった。しかし虐殺が起きても、完全に有罪とみなされることはなかった。

時には「浄化」か「破壊」か、地元の指揮官に決定がゆだねられた。「担当地区の村の浄化または破壊は、アラブ人の相談役またはシャイ[軍事情報]将校と協議のうえ、自ら判断すべし」[19]。

沿岸地区でアレクサンドローニ旅団とゴラーニー旅団がダレット計画の方法を熱心に応用している頃、カルメリ旅団はハイファ北部とガリラヤ西部に派遣された。この時期以降、カルメリ旅団は他の旅団と同じくワーディー・アーラ地帯を占領するよう命令された。ワーディー・アーラは一五の村がある渓谷で、ハデラ付近の海岸と、アフーラーに近いマルジュ・イブン・アーミル東端を結ぶ。カルメリ旅団は近隣のジャラマ村を四月二三日、カッバーラ村をその直後に占領したが、渓谷には侵攻しなかった。イスラエル司令部はこのルートを重要な補給路とみなしたが、占拠できなかった。すでに述べたように、ここは一九四九年夏、アブドゥッラー国王から割譲される。追放になんとか抵抗してきた多くのパレスチナ人にとって、無惨な結末であった。

創設されたばかりのイスラエル軍に属するイルグンは前月に続き、五月後半も沿岸部の村に投入された。その時点でハガナーが問題あり（少なくとも好ましくない）とみなしていた作戦を終わらせるためだった。しかしイルグンは、軍に正式に統合される前から大ハイファ地域の占領でハガナーと協力していた。ハガナーが一九四八年四月二九日にパン種《ハメーツ》作戦を始めるのを助けたのだった。この作戦には、アレクサンドローニ旅団、キルヤティ旅団、ギヴアティ旅団が参加した。三つの旅団はベイト・ダジャン、コフル・アーナ、アッバースィーヤ、ヤフーディーヤ、サッフーリヤ、ハイリーヤ、サラマ、ヤーズール、またジャッファ郊外のジャバーリヤとアブー・カビールを占領し、浄化した。

　五月の後半、イルグンはこの三つのハガナー旅団の任務を完了させるべく、大ジャッファ地域の担当となった。キルヤティ旅団と同様、イルグンも優秀な戦力とは考えられていなかった。イスラエル軍の司令官は「[水準の]低い兵士」、すなわち東方系《ミズラヒーム》ユダヤ人で構成されていると書いた。一九四八年六月に監督将校が提出した全旅団に関する報告書には、キルヤティが「将校は無論のこと下士官候補さえ一人もおらず、字の読めない連中」からなる「もっとも問題のある」旅団とある。(20)

　イルグンとキルヤティ旅団はジャッファ南部の掃討作戦を続けるよう命じられた。彼らのおかげもあって、パン種《ハメーツ》作戦は五月の半ばには完了した。この作戦で占拠され住民が追放された村やその周辺部は廃墟となり、現在その上にテルアビブの「白い都市」が建っている。テルアビブは一九〇九年にユダヤ人が地元の土地所有者から購入した砂丘に作った最初の「ヘブライの」町で、いまでは巨大都市である。

　イスラエルの軍事資料には、一九四八年五月二二日付のキルヤティ旅団長からの照会がある。村を破壊するにあたり、ダレット計画の指示するように爆薬を使うのではなく、ブルドーザーを用いてもいいかという問い合わせだ。この要望は、「戦争」がどれほどまやかしであったのかを示している。開始からわずか一週間の時期に、この旅団長には、担当する多数の村を通常よりのんびりとしたやり方で破壊し消し去るだけの余裕があったのだ。[21]

イツハク・ラビンが率いるハレル旅団は、どんな方法で破壊するか、少しも迷わなかった。民族浄化の次の段階に関する最終的な指令が下りる前日の五月一一日に、すでにベイト・マフスィール村を占拠したと報告している。村の西側の山稜は、いまはエルサレムの国立公園となっている。「目下家屋を爆破中。六〇〜七〇軒は破壊済み[22]」。

ハレル旅団はエツィヨニ旅団とともに、大エルサレム地域に焦点を合わせた。この「ブルガリア人」旅団の兵士たちは辺境のパレスチナ北東部の渓谷で破壊の任務を完遂したので、それなら西岸地区の北部や上ガリラヤ各地もすばやく占拠できるのではないかと高等司令部は考えた。しかしこれは欲張りすぎだったことがわかり、失敗した。

「ブルガリア人」と呼ばれていた彼らは、ジェニーンをおさえていたイラク派遣軍を追い出すことができなかったし、上ガリラヤを占拠できたのは、ようやく一〇月になってからだった。しかしハレル旅団が、パレスチナを広く民族浄化しつつ、(アブドゥッラーと協定を結んだのに)西岸地区北部を占拠し、レバノン南部にも侵攻できるだろうと厚かましくも信じていたことは、イスラエルが「生き残るための戦争」をしたという神話が隠す批判をまたもや暴露する。旅団はこのかん「十分な」成果を上げ、期待以上にたくさんの村を破壊し住民を追放したと誇ることができたのである。

「現実の」戦争と「まやかしの」戦争という二つの戦場は、五月のこの時期、一つに統合された。今や高等司令部は、アラブ諸国との国境地帯に部隊を派遣し、そこでアラブ派遣軍(一九四八年五月一五日にパレスチナに送られていた)と戦わせてよいと十分自信をもっていた。その頃ゴラーニー旅団とイェフタフ旅団は、シリアやレバノンとの国境で民族浄化作戦に専念していた。破壊を命じられた村でいつもどおりの作業を終えると、実際、邪魔されることなく任務を遂行できた。レバノンやシリアの兵士は、自らを危険にさらさないように、見て見ぬふりをするだけだったのだ。

報復作戦

しかしイスラエル軍も、つねに万能というわけではなかった。猛烈に急いで作戦を進めても滞ることはあり、パレスチナでの組織的な民族浄化や、進攻してきたアラブ正規軍との戦いで代価を払うこともあった。南部の孤立した入植地は、わずか数日ではあるが数か所がエジプト軍に占拠されてしまったし、シリア軍も数日間、三つの入植地を占拠した。まだ占拠していないアラブ人密集地域に輸送部隊を派遣する通常の任務でも、さらに犠牲が出た。一部の攻撃が成功し、二〇〇人以上のユダヤ兵が死亡した。

パレスチナ最北西部にあるユダヤ人入植地イェヒアムを目指した輸送部隊が攻撃を受けると、この地域を担当する部隊は、とりわけ復讐心に燃え冷酷に任務を実行した。イェヒアム入植地は、パレスチナ西部のレバノン国境から数キロ南にあった。一九四八年五月のベン・アミ作戦で村々を攻撃したユダヤ人部隊はとくに、輸送部隊の犠牲に報いるために村を壊滅させなければならないと告げられた。そこでスィミーリーヤ、ズィーブ、バッサ、カーブリー、ウンム・アル＝ファラジュ、ナフルの各村は、イスラエル軍のいちだんとむごい「破壊と追放」計画の対象とされた。「われわれの任務は、カーブリー、ウンム・アル＝ファラジュ、ナフルを占拠し、……男たちを殺害し、破壊し、放火するために攻撃することである」[23]。

特別に情熱をかけたため、パレスチナでアラブ人口のもっとも多い地域の一つがすぐさま無人化された。委任統治が終了する二九時間前、ガリラヤ北西部の村はほとんどすべて（いずれもアラブ国家の割り当て地区内だった）破壊された。これに満足したベングリオンは、新たに招集された議会でこう宣言することができた。

「西部ガリラヤは解放された」（実際にはハイファ北部のいくつかの村が占拠されたのは後日だった）。言いかえれば、パレスチナ人が九六％、ユダヤ人はわずか四％という人口比率と土地所有率がほとんど同じ地域を、ほぼユダヤ人だけの土地に変えるのに一日しかかからなかったのである。ベングリオンは比較的人口の多いカーブリー（一五〇〇人）、ズィーブ（二〇〇〇人）、最多のバッサ（三〇〇〇人）などの村民を追い出したことにとくにほっと安心した。

村の民兵とアラブ解放軍の義勇兵が抵抗したため、バッサを征服するには一日以上かかった。イェヒアム近郊でユダヤ人輸送部隊が攻撃された報復として、バッサ村にはとくに厳しく当たれと命令が下っていなければ、この抵抗だけでも（住民の追放よりもひどく）「罰する」理由となっただろう。このパターンは繰り返される。征服するのがむずかしい村は、「罰」を受けなければならなかった。一生心の傷となる事件がそうであるように、怖ろしい残虐行為は生き残った人々の記憶に深く刻み込まれる。犠牲者の家族は、そうした記憶を守り、何代にもわたって受け継ぐ。ニザール・アル＝ハンナーはそんな家族の一員で、祖母が目撃し心の傷を負った事件の記憶を持っている。

イスラエル軍がバッサに侵攻し、若い男全員に整列を命じて教会の前で処刑したとき、私の母方の祖母は一〇代でした。祖母は二人の兄がハガナーに殺されるのを見ました。一人は二一歳、もう一人は二二歳で結婚したばかりでした。(24)

虐殺のあとは徹底的に破壊されたが、村のギリシャ正教徒が礼拝に使う教会と、村の半数が使っていたドーム型のモスクは残された。ユダヤ人市民が収奪した未耕作地には、有刺鉄線で囲った数軒の家が今も残っている。村は広大で〔総面積二万五〇〇〇ドゥナム（二五〇〇ヘクタール）、うち一万七〇〇〇ドゥナムが耕作地だった〕、ここには現在、軍用飛行場、キブツ、住宅地がある。観察力のある人なら、かならず複雑な水道システムの跡に気づくだろう。それは村が一掃される少し前に完成したもので、村人の誇りだった。

イギリス委任統治領の市民は、国連の分割決議によってアラブ国家かユダヤ国家の市民になった。その多くがこれほど追放されているのに、国連は気づかないままだった。イギリスが撤退し、アラブ世界がパレスチナへ派兵して妨害する可能性があったにもかかわらず、結局、民族浄化の作業は中断することなく続いたのである。

まだ建国途上の新生イスラエル国家の指導部も軍司令部も、国土の浄化中に侵入してくるアラブ部隊を食い止める軍事力は十分あるとわかっていた。翌月になれば、ユダヤ軍の軍事力がさらに増大するのは明らかだった。六月初旬に各部隊に届いた指令は、地理的な距離からしても、各旅団に占領・破壊が割り当てられた村の数からしても、さらに大規模なものだった。

他方、アラブ軍総司令部は、統制力を瞬く間に失った。エジプト軍の指令官たちは空軍に望みを託したが、重大な局面であった五月後半に送り出した戦闘機は、数度のテルアビブ急襲を除けば大半の任務に失敗した。六月になると、エジプトをはじめアラブ諸国の空軍は別のことで頭がいっぱいだった。任務がパレスチナ各地を救援するよりも、アラブの支配体制を防衛するほうに絞られたのである。

私は軍事史の専門家ではないし、本書は戦争の軍事的な側面だけを扱う場でもない。本書は軍事戦略ではなく、それがもたらした結果、すなわち戦争犯罪に重点を置く。多くの軍事史家が、この五月を総括してとくにシリア軍の実績を評価しているのは興味深い。シリア軍は一九四八年五月に軍事行動を開始し、途切れながらも同年一二月まで続けた。じつは、その成果はきわめてお粗末だった。五月一五日から一八日までの三日間のみ、シリア軍の大砲や戦車や歩兵はときおり空軍の援護もあって、イスラエル軍にある程度脅威を与えた。だが数日経つとその努力は早くも散発的で効果がなくなった。第一次休戦が決まると、シリア軍は自国に戻って行った。

一九四八年の五月末までに、パレスチナの民族浄化は計画どおりに進められた。ベングリオンと軍事顧問らは、アラブ連盟がようやくパレスチナへ送ってくる軍隊の潜在能力を見積もり、こう結論を下した。アラブ軍がパレスチナ入りして一週間程度は、辺境地の孤立したユダヤ人入植地に対する攻撃は、義勇兵のそれまでの攻撃よりは効果を上げるだろう。しかしこの点を除けば、アラブ軍は最初にやって来た非正規の民兵組織と同じくらい無能で弱いだろう。

そう認識すると、楽観的な雰囲気が生まれた。それは、イスラエル軍の一二の旅団に宛てた西岸地区、ゴラン高原、南レバノンの占領について検討を始めよという指令にも表れている。五月二四日、ベングリオンは軍事顧問らとの協議後、これまでにないほど勝ち誇り権力欲にあふれた調子で日記に記している。

レバノンにキリスト教国家を建設し、南部の国境はリタニー川としよう。トランスヨルダンの首都アンマンを爆撃して軍隊を壊滅し、あの国を打ち負かそう。そうすればシリアは脱落する。もしもエジプトが戦闘を続けるなら、こちらはポートサイド、アレキサンドリア、カイロを爆撃してやろう。これは連中（エジプト人、アラム人、アッシリア人）が聖書時代に、われらの先祖にした仕打ちの報復である。[25]

その同日イスラエル軍は、東側の共産圏から四五口径の新型大砲の巨大な船荷を受け取った。イスラエルは今や、パレスチナ内のアラブ部隊だけでなく、アラブ軍を全部合わせたよりも多くの大砲を所有しているのだ。この取引をまとめたのがイスラエル共産党であったことは、指摘しておくべきだろう。

こうして顧問団は、「現実の戦争」が始まった頃抱いていた、二つの戦場で効果的・包括的に戦える軍事力があるかという懸念を払拭できた。いまでは、たとえば混住地域に残った小さなパレスチナ人コミュニティの扱い方をアドバイスするといった、顧問団のオリエント研究部門にふさわしい課題に関心を寄せることができた。残ったパレスチナ人はみな、それぞれの町の一区画に移動させ、移動の自由を奪い、軍事支配下に置けばよい、というのが顧問団の考案した解決策であった。

最後に、以下を付け加えておくと有益かもしれない。この年の五月に、軍事組織の中央部（ヘブライ語ではハミシュマル・ハツヴァアイと呼ばれる）とイスラエルの国内諜報機関シャバクによってIDF〔イスラエル国防軍〕の最終的な構造が決められた。もはや顧問団は必要なかった。民族浄化の機械は自らの動力で動き始めたのである。

五月の最後の日、アラブ義勇兵と正規軍の数部隊が、アラブ国家に割り当てられた地域にある複数の村を奪還しようと最後の努力をしたが、失敗に終わった。アラブ軍団のように十分訓練を積んだプロの軍隊でなければ、かなう相手ではなかった。アラブ軍団は西岸地区の数か所を防衛したが、そこはシオニストがユダヤ国家への編入を企てた地域ではなく、アブドゥッラー国王が戦利品にしようとした場所だった。この約束を国王は戦争終結まで守ったのである。しかし、エルサレムの運命に関して双方が合意できていなかったため、ヨルダン軍は重い代償を払った。戦死したヨルダン兵の大半は、聖地の東区域をアラブ軍団が落とす最中に倒れたのだった。

原註

（1）レヴィは著作のなかで、これらの飛び地を防衛しようと決定したのは、作戦全体からみれば無益な戦略的誤りだったと批判している。Levy, *Jerusalem*, p. 114.

（2）いずれの会合も Bengrion's *Diary* からの引用。

（3）グラブとのインタビュー。Glubb, *A Soldier with the Arabs*, p. 82 も参照のこと。

（4）Yehuda Sluzky, *Summary of the Hagana Book*, pp. 486–7.

（5）これは operative orders to the Brigades according to Plan Dalet, IDF Archives, 22/79/1303 所収。

（6）Amitzur Ilan, *The Origins of the Arab-Israeli Arms Race: Arms, Embargo, Military Power and Decision in the 1948 Palestine War.*

（7）IDF Archives, 51/665, File 1, May 1948.

（8）Pail, 'External'.

（9）実際、前述した本のなかには、この点について説得力をもって証明しているものがある。とくに、Khalidi (ed.), *All That Remains*; Flapan, *The Birth of Israel*; Palumbo, *The Catastorophe*,; Morris, *Revisited*.

（10）この命令は IDF archives, 51/957, File 16, 7 April 1948 で確認できる。49/4858, File 495 to 15 October 1948 も参照のこと［以下、IDF Archives, orders］。

（11）Maqor Rishon を参照。引っ越したのは、レッドハウスとベングリオンのアパートがエジプト機の直撃を受けたためだった。

（12）IDF Archives, 1951/957, File 24, 28 January 1948 to 7 July 1948.

（13）Ibid.

（14）Ilan Pappe, 'The Tantura Case in Israel: The Katz Research and Trial', *Journal of Palestine Studies*, 30（3）, Spring 2001, pp. 19–39 を参照。

（15）Ibid., p. 3; Pappe, 'Historical Truth, Modern Historiography, and Ethical Obligations: The Challenge of the Tantura Case', *Holy Land Studies*, vol. 3/2 November 2004 に基づく。

（16）Nimr al-Khatib, *Palestine's Nakbah*, p. 116.

（17）Sinai and Rivlin, *The Alexandroni Brigade*.

（18）IDF Archives, 49/6127, File 117, 13 April to 27 September 1948.

（19）Ibid.

（20）Hagana Archives, 8/27/domestic, 1 June 1948.

（21）註8を参照。

（22）Report to Yadin, 11 May 1948 in Hagana Archives, 25/97.

（23）Eshel (ed.), *The Carmeli Brigade in the War of Independence*, p. 172.

（24）二〇〇〇年七月一日付で、www.palestineremembered.com 上に投稿されている。

（25）Ben-Gurion's *Diary*, 24 May 1948.

第7章　浄化作戦の激化

一九四八年六月〜九月

第九条　何人も、ほしいままに逮捕、拘禁、又は追放されることはない。

第一三条（二）　すべて人は、自国その他いずれの国をも立ち去り、及び自国に帰る権利を有する。

第一七条（二）　何人も、ほしいままに自己の財産を奪われることはない。


国連決議一九四がパレスチナ難民の無条件帰還権を宣言する前日の一九四八年一二月一〇日、国連総会決議二一七A（Ⅲ）として成立した世界人権宣言より

六月初めまでに、破壊された村のリストには、近郊のキブツが防衛していた多くの村が加わった。ガザ地区のナジュド、ブライル、スィムスィム、カウファハ、ムハッラカ、フージュといった村の運命であった。これら友好的な村がいかにして残虐に攻撃され、家屋が破壊され人々が追い出されたか知った近郊の

キブツは、心から衝撃を受けた。[1] フージュにはアリエル・シャロンが私邸を建て、村の五〇〇〇ドゥナムの畑はハヴァト・ハシクミーム牧場となった。

国連の調停官フォルケ・ベルナドッテ伯爵が休戦を実現するために交渉中だったにもかかわらず、民族浄化は中断することなく続いた。

満足感をあらわにして、ベングリオンは一九四八年六月五日の日記にこう記している。「今日われわれはイェブナ（目立った抵抗はなし）とカークーンを占領した。浄化作戦《ティフール》が当地で継続中。他の前線の報告なし」。たしかに五月末には、民族浄化に再び関心を示す様子が日記に見られるようになった。ヨセフ・ヴァイツの協力で奪った村の名前とその土地面積、追放された住民の人数のリストを集め、日記に丁寧に記入している。もはや言葉を慎んだりしなかった。「これは占拠・追放した村の一覧である」。二日後、ベングリオンは自宅で会合を開き、このかん「アラブ人ども」の銀行から略奪した金や、没収した柑橘類農園ほかの資産の見積もりを行なった。財務大臣エリエゼル・カプランはベングリオンに対し、すでに奪ったパレスチナ人の全財産の没収を認可するよう説得した。戦利品をめぐって一触即発の略奪者たちの諍いを抑えるためであった。

戦利品の分配は、ベングリオン首相が夢中になったことの一つだった。彼は独裁者であると同時に、細かいことにうるさい人間であった。防衛の問題に取り憑かれていた一方で、組織的にパレスチナを破壊する際の些事で日記は溢れている。ダレット計画に基づき軍は多数の民家の爆破を命じられたためトリニトロトルエンが不足し、この件について軍の将校たちと交わした会話をベングリオンは何度も書き込んでいる。[2]

イスラエル軍はいまや勢力を増した巨大な嵐のように、破壊的な情熱を出し惜しみしなかった。ダイナマイトが不足した場合には家屋に放火し、攻撃したパレスチナ人の村の田畑や廃墟を焼き払うことも含めて、あらゆる手段が合法化された。(3) イスラエル軍の民族浄化作戦の拡大は、ベングリオン抜きで六月一日に開いた顧問団小会合で決まった。ベングリオン首相へのその後の報告によると、住民が村に戻ろうとしたため、必ずそれを阻止せよと軍に指示することを決めたのだった。政府内の比較的リベラルな人々もこの政策に反対ではないことを確認するため、ベングリオンは事前承認を要求し、一九四八年六月一六日に正式に全権委任を得た。(4)

六月初旬のアラブ軍の突発的な活動への対応を見ても、イスラエルがさらに冷酷になった様子が窺える。アラブ軍は射程内にあるものなら何でも砲撃した。エジプト空軍はテルアビブを四、五回攻撃し、六月四日にはベングリオンの自宅を直撃したものの、わずかな被害しか与えられなかった。イスラエル軍は報復としてアラブ諸国の首都を空爆し、相当数の被害者を出したが、パレスチナを救おうというアラブ側の活動は、すでに失速していた。アラブ軍団が、東エルサレムはヨルダンの一部であると強く主張したことがその主な理由であった。

戦争はだらだらと長引いた。ベングリオンはイスラエル軍の各戦場の分担を一人で決めたが、そのせいでユダヤ側の軍事的試みは、ヨルダン軍に対して優位になるための打撃をまったく与えられなかった。戦闘が継続したのはエジプト人義勇兵が粘り強さを示したためでもあり、とりわけムスリム同胞団は貧弱な装備や訓練不足にもかかわらず、ネゲヴ地方の戦線を保持した。エジプト人はまた、沿岸のパレスチナ人の町イスドゥード、ナカブ（ネゲヴ）の内陸の集落、エルサレム南西部の村を何度も死守した。自分たちの手に余ることを企てたと悟り、ついにイスラエルは国連の調停者、フォルケ・ベルナドッテ伯爵による休戦の提案を受け入れたのであった。

第一次休戦

休戦が効力を発した瞬間から、破壊がイスラエル軍の中心的な活動となった（休戦宣言は公式には一九四八年六月八日に出たが、実際は六月一一日に始まり、四週間続いた）。休戦のあいだ、イスラエル軍は人々が追放された数多くの村の大規模破壊に乗り出した。南部のマザール、ペタハ・ティクバ近郊のファイジャ、アッカ近郊のビヤール・アダス、ミスカ、ハウシャ、スイミーリーヤ、マンシーヤ。ダーリヤト・アル゠ラウハー、ブタイマート、サッバーリーンのような大きな村が、一日で破壊された。他にもたくさんの村が、一九四八年七月八日の休戦終了までに、地上から消し去られた。

次の段階に向けて六月中に軍事司令部が準備した度合いから、全体的にイスラエルが軍事力に自信を深めていることがわかる。それは、民族浄化作戦を継続するだけでなく、委任統治領パレスチナの七八％をすでに占領し、さらにユダヤ国家を拡大するための軍事力だった。空軍の大幅な強化も自信を持った一因だった。五月末段階で、イスラエル軍は一部門だけ不利な状況だったが、それがつまり空軍力だった。しかし六月に新型の戦闘機が船便で大量に届き、旧型機を補充できた。

一九四八年六月一日、ジェニーンとトゥルカレム、カルキリヤを占領し、ヨルダン川にかかる橋を制圧せんと「イツハク」作戦が始まった。前述したとおり、ジェニーンは五月に攻撃されたが、この一帯を守備していたイラク派遣軍が防衛に成功していた(5)。イスラエルの空爆作戦は主に、当時のイスラエル国家の国境沿いに限定されたが、軍事記録では、ジェニーンやトゥルカレムなど、パレスチナ内の村を空爆せよという指令も見つかっている。七月以降、民族浄化作戦のために航空機が執拗に使われ、すぐに避難できない人々を無差別に標的にして、村民の集団移動を力ずくで推し進めた。

六月上旬ベングリオンは、自軍の部隊をレバノン国境まで移動させ、上ガリラヤへの行軍に重点を置くだけで満足していた。レバノン軍は五〇〇〇人強で、うち二〇〇〇人が国境に駐留していた。アラブ解放軍の二〇〇〇人の義勇兵がレバノン軍を援護しており、そのほとんどはナザレの町周辺に駐留し、残りは少人数ごとに一帯の村に分散した。カリスマ的な司令官ファウズィー・アル＝カーウクジーのもと、義勇兵たちはイスラエル軍の攻撃が迫るなか、なんとか粘り強さを示そうと精いっぱい村を守り続けた。しかし彼らは兵士の数や軍事的能力で劣るだけでなく、粗悪な武器や銃弾の不足にも悩まされた。

アラブ解放軍の大隊の一つに、ヒッティーン大隊があった。その大隊長はある時、カーウクジーに連絡した。「本隊の装備は、泥が詰まって使えません。ライフル、マシンガン、車輛もです」。また、シリアからの補給線が一つしかなくて封鎖されることが多く、たまに開通しても別の問題があると苦情を述べている。ある時彼は次の電信を受けた。「タルシーハよりラーマへ物資移動用の車輛の要請に返信する。車輛燃料欠乏につき到着不能」（六月二九日送信、イスラエル軍情報部が傍受）。

アラブ正規軍がまったくいない状況で、ガリラヤはこのようにイスラエルの攻撃にさらされた。しかし早くも六月には、各村は抵抗のため突撃部隊を自ら申し出るようになった。これが今日なおガリラヤにパレスチナ人の村がいくつも存在する理由の一つであり、マルジュ・イブン・アーミルや沿岸部、内陸平原、ネゲヴ北部とは違うところである。

だが、パレスチナの村の捨て身の勇気は、戦場がどれほど残虐か説明してもいる。イスラエル軍は時を経るに従い、追放を促そうとこれまで以上に断固たる姿勢で即決処刑やあらゆる手段を使った。この戦略の餌食となった最初の村の一つがミアールで、ここには現在、セゲブ、ヤアド、マノフといった一九七〇年代に建てられたいくつかのユダヤ人入植地がある。

一九四八年に力ずくで奪われた土地の一部は数十年間無人のまま放っておかれ、近隣のパレスチナ住民が耕作することさえあったというのは皮肉な話である。一九七〇年代に、ユダヤ人とアラブ人の人口がほぼ等しいガリラヤで、イスラエル政府が「ガリラヤのユダヤ化」と呼ぶ容赦ない非アラブ化計画の一環で再収用するまで、そうした状態が続いた。イスラエルが二〇〇五年八月のガザ撤退でアメリカ政府から数十億ドルを引き出せると見込み、この計画を再開しようとしていることは明白だろう。

イスラエル兵がミアール村に侵攻した一九四八年六月二〇日当時、作家のムハンマド・アリー・ターハーは一七歳の少年だった。出身はサッフーリヤだが、イスラエル市民である彼がいまつくる詩や散文の多くは、ミアールで目撃した忘れられない事件の影響を受けている。あの日の夕暮れ、ターハーはトウモロコシの収穫でまだ忙しく畑で働く村人たちをイスラエル軍が無差別に撃ちながら近づいてくるのを見た。兵士たちは殺しまくるのに飽きると、家屋を破壊しはじめた。人々はその後ミアール村に戻り、七月半ばまで住み続けたが、イスラエル軍は再び占領して村人を永久に追放した。六月二〇日のイスラエル軍の攻撃で四〇人が殺害された。それは民族浄化作戦にともない虐殺された数千のパレスチナ人の一部であった。(6)

下ガリラヤおよびガリラヤ東部における村の占拠と浄化は、かつてない速さで進められた。六月二九日までに、アラブ解放軍が駐留していたクウェイカート、アムカー、テル・キーサーン、ルービヤー、タルビーハ、マジド・アル＝クルム、ムガール、イータルーン、マールキーヤ、サッフーリヤ、コフル・ヤーシーフ、アブー・スィナーン、ジュダイダ、ターカシュといった大きな村が、軍隊を投入する攻撃対象リストに載った。これらの村は、一〇日以内に陥落した。住民が追放された村もあればそうではない村もあり、理由は村ごとに異なっていた。

マジド・アル＝クルム村とムガール村は、いまもまだある。占領軍がマジド・アル＝クルム村で大量追放を始めると諜報将校のあいだで突然口論が起こり、その結果住民の半分が強制的な追放を免れた。[7] この村の名前を直訳すると「見事なブドウ園」である。アッカから遠からぬ距離にあり、ガリラヤでもっとも高い山々の北斜面にブドウ園やオリーブ農園が広がるなかに、この村はいまもある。

古代にはここはマジド・アッラー（アッラーの栄光）という名だったが、村の周りに広がるブドウ園が有名になると、改称された。村の真ん中には泉があり、それが農園や果樹園が周辺に多い理由である。南側にはオリーブの樹が植わり、東や西側は広大な耕作地に囲まれた、粘土で補強した石造りの家などは、たしかに太古の昔からそこにあったかのようだ。

マジド・アル＝クルム村は現在、イスラエルの差別的な政策に締めつけられている。パレスチナの村は発展を許されないが、ユダヤ人の入植地はその周囲に新たに建設され続けている。一九四八年以来、この村が愛国主義者や共産主義者の抵抗の拠点となって来たのはそのためである。政府は当時、家屋を破壊してさらに懲らしめたが、村人たちはそのがれきを残し、かつての抵抗や英雄的行為の記念とした。それは今日でも、アッカとサファドを結ぶ高速道路から見ることができる。

ムガール村もいまもあり、下ガリラヤ地方とティベリア湖を結ぶ斜面の眺めのよい渓谷に広がっている。キリスト教徒、ムスリム、ドゥルーズが数世紀にわたって共存していたこの村はユダヤ占領軍と向き合った。軍司令官はダレット計画を、ムスリムだけ追放せよという指示だと解釈した。計画が速やかに実施されたことを確認するため、彼は村の広場で全住民の目の前で、数人のムスリムを処刑した。これは他の人々が逃げ出すようにし向けるのに有効だった。[8]

ガリラヤ地方の他の村もムガール村と同じように住民が混住していた。そのため軍司令官は、誰を残し誰を追放するか選ぶ手続きは、今後は諜報将校に委ねるようにときつく命じられた[9]。ドゥルーズはいまや完全にユダヤ人に協力しており、ドゥルーズが住む村では、キリスト教徒は概して追放を免れた。

サッフーリヤ村は運に恵まれなかった。出発を急かす兵士たちが頭上を撃つなかで全住民が追放された。村が奪われたときアル＝ハーッジ・アブー・サリームは二七歳で、かわいい一人娘の父親であり、妻は次の子どもを身ごもっていた。親切でお人好しの父親と同居していて、村でも指折りの富農で温かい家庭だった。アブー・サリームにとってナクバは、他の村がいくつも降伏したと耳にしたときから始まった。「隣が火事になってから心配し始める」とはよく知られるアラブのことわざだが、大災厄に巻き込まれた村人の感情と混乱を表している。

サッフーリヤは、イスラエル軍がはじめて空爆した村の一つだった。七月になれば多くの村が空爆におびえることとなったが、六月はまだ珍しかった。恐怖にかられた女性たちは慌てて子どもを連れ、古代からある近隣の洞窟に逃げ込んだ。若い男たちは不可避の攻撃に備え原始的な銃を用意したが、アラブ諸国の義勇兵は駐留していた女子校から恐れをなして逃げだした。しかしアブー・サリームは、男たちとともに闘うために残った。ずっとのちに彼は、「アラブ解放軍の将校は、私や他の者たちに逃げろと忠告した」と回想し、それはもっともだと思ったと認めている。しかし彼はそのまま残ったため、その後起こった事件の重要な証人となったのである。

空爆後、地上攻撃が始まり、村だけでなく洞窟も対象となった。「ユダヤ人はたちまち女や子どもたちを見つけ出し、私の母を殺しました」。五三年後に彼は、新聞紙上で述べた。「母は〔ナザレの〕受胎告知教会に逃げ込もうとしましたが、ユダヤ人の投げた手榴弾がお腹に当たったのです」。アブー・サリームの父親は息子の妻を連れて、すでに降伏していたリーナ村へ逃げた。この村のキリスト教徒の一家が数か月間かくまってくれ、食べ物も衣服も分け与えてくれた。アブー・サリームの父親と妻は一家の果樹園で働き、親切にしてもらった。村人たちは衣類を村に置いてこざるを得なかったため、そっと持ち出そうと真夜中に戻ろうとした。イスラエル軍は数名を捕え、その場で撃った。二〇〇一年、八〇歳のアブー・サリームは、かつて暮らした自宅を高値で買い戻したいといまでも思っていると述べて話を終えた。だが、家族は復元することができない。音信不通になってしまった兄は、きっとどこかの移住先で子どもをもっているだろうが、これまで行方はわかっていない。

近郊の村の人々と同じように、サッフーリヤの村人もナザレに逃げこんだ。現在、ナザレの住民の六〇％は国内難民である。

翌月ナザレを占領したイスラエル軍の現地司令官は、住民を追い出さないと決定し、これによって近郊の村を追放された人々の多くが再度追放されずにすんだ。生き延びた他の村の人々とともに、サッフーリヤの村人も故郷の村の方角に向けて新しく家を建てたが、これはさらにつらい人生経験となった。残してきた自宅にユダヤ人入植者が住みつき、愛着ある村を次第にイスラエルのモシャヴ〔共同農業入植地〕に変えていくのを目のあたりにしたのだ。この入植地は、タルムード時代の町の名だとイスラエルの考古学者らが主張するジッポリと呼ばれた。

ナザレ市内の他の地区では、いまでもマアルール村やムジャイディル村の生存者たちと出会えるはずだ。彼らは七月に村が占領され、その廃墟の上にイスラエルの新興開発都市ミグダル・ハエメクがつくられると、そこからできるだけ近いナザレ市南部に移り住んだ。マアルール村は跡形もなくなった。ムジャイディル村には、パレスチナ人が生活していた証として二軒の教会と一軒のモスクだけが最近まで残っていた。モスクは二〇〇三年にショッピング・モールを建てるために破壊され、いまは教会だけがある。

ムジャイディル村には二〇〇〇人の住民がいたが、兵士たちが自宅にやってくる前に、多くはナザレに逃れた。どういうわけか、兵士たちは家屋に手をつけずに去った。一九五〇年、ローマ教皇の仲裁によりキリスト教徒は帰還の機会を与えられたが、ムスリムの住民も一緒でなければとそれを拒んだ。[10] するとイスラエルは村の半分の家とモスク一軒を破壊した。一九三〇年に建設されたアル＝フラー・モスクは高さ一二メートル、幅は八メートルで、クッターブ〔初等クルアーン学校〕の近所にあった。モスクの屋根から井戸に雨水を貯める精巧なシステムで知られていた。一九四〇年代には、背の高い立派なミナレット〔礼拝などを知らせる塔〕が増築された。

キリスト教徒の聖所も、同じく絵のように美しかった。ロシア正教の教会は、ずっと以前から壁はなくなっているものの、一部はいまもまだある。この教会はロシアのツァー、セルゲイ・アンドロフが、一八八二年に当地を訪問したことを記念して建てられた。他の宗派の人が正教に改宗することを期待し、ツァーは教会を建設するために寄付した。しかしツァーが去ったあと、パレスチナの正教会代表ニコディーム大司教は、自分に課せられた任務にこだわらず、あらゆる人の教育に熱心に取り組んだ。そして村のすべての宗派に教会を開放し、一日の大半は地域の学校として機能するようにした。

村には、ローマ・カトリック教会もあった。一九〇三年に建てられ、一階には男女共学の三言語の学校（アラビア語・イタリア語・フランス語で教育）が入っていた。全村民が利用できる地域診療所も併設されていた。この教会はいまもここにあり、この地を守るためにナザレから戻って来た旧家のアブー・ハーニー家が、美しい果樹園と学校の世話をしている。

パレスチナの他の場所と同じく、ムジャイディル村の歴史は詳しく語る価値がある。家や田畑がナクバでどのように破壊されたかだけでなく、共同体全体がその複雑な社会的ネットワークや文化的業績とともに、どのように消え去ったのかを示してくれるからだ。ムジャイディルでは、イスラエル軍がすばらしい建築的標本や、重要な社会的発展などを含め歴史をそっくり消し去った。ナクバのちょうど二〇年前、誇り高き村人たちは〔非公選の〕村長《ムフタール》を村社会のトップに据える古くからの伝統を変え、制度を近代化することに決めた。一九二五年にはすでに、村議会を選挙で決めた。議会の最初の事業は、村の道路沿いに街灯を設置することだった。

その他たくさんの面でムジャイディル村はユニークだった。宗教施設や近代的な設備はさておき、この村には比較的多くの学校があった。教会と提携した二校のほか、公立の男子校があった。同校には見事な木立があり、休息をとる生徒たちや校庭の真ん中にある泉、周囲の果樹に木陰を提供した。こうしたすばらしい建築物すべてを支える共同資産は、一八世紀に建てられた製粉場を主な財源としていた。近隣の村々もこの製粉場を利用しており、古参のユダヤ人入植地ナハラルの人々も同様だった（ナハラル出身のモシェ・ダヤンは、自分の父がこの製粉場を頼りにしていたと述べている）。

椰子の樹作戦

ムジャイディル村は、ナザレとその近隣の村を占拠する軍事作戦の一環で占拠され、その作戦名はヘブライ語で椰子の樹を意味する「デケル」だった。

破壊されたパレスチナの村をいま覆っているのは実際は椰子の樹ではなく松の樹であり、「保養と観光」のためユダヤ民族基金が植林した広大な緑地によって、その下の廃墟は隠されている。破壊されたルービヤー村を覆うように植えられたのも松の樹の森であった。後の世代が熱心に詳しく調査したおかげで、いまここを訪ねる人々は村の痕跡をたどり、亡くなった六〇人の慰霊式に参加できる。調査を主導したのは現在デンマーク在住の歴史家マフムード・イーサーだった。ルービヤー村は今日ゴラーニー・ジャンクションと呼ばれる大きな交差点の近くにある。ナザレとティベリアを結ぶ道路をガリラヤ湖方面へ降りる一つ手前の十字路である。

一九四八年六月、イスラエル軍が比較的容易にパレスチナの村々を占拠し浄化している頃に、長期間ではないが時折一帯が不屈の抵抗を見せ、しばらく続いた。それはたいていアラブ解放軍の義勇兵かアラブ正規軍（とくにイラク軍）が反撃を支援している場所だった。

カークーンもそうした村の一つだった。五月にアレクサンドローニ旅団から攻撃され占拠されたが、イラク軍が奪還した。イスラエル軍情報部は、この村に身を潜めるイラク兵とアラブ解放軍義勇兵は二〇〇人と予測し、六月三日にキッパ特別作戦を命じた（キッパとはヘブライ語で頂上、ドームのほか、縁なし帽を意味する）。だがそれすら過大な見積もりだったことがわかった。アレクサンドローニ旅団が再び村を奪還してみると、防御はずっと少なかった。

キッパ作戦の指令には、浄化を意味するまた別のヘブライ語が登場する。本書ですでに「ティフール」と「ビウール」については見てきたが、アレクサンドローニ旅団のD小隊は「浄化《ニクーイ》」作戦[11]を実行するようにと命じられた。どの言葉も、国際的な民族浄化の定義と一致する。

カークーンの攻撃は、イスラエルの軍警察が占領に不可欠な役割を果たすようはじめて命じられた作戦でもあった。軍警察は攻撃のかなり前に、追放した村民を入れる捕虜収容所を近郊に作っておいた。これはタントゥーラ村やアイン・アル＝ガザール村で直面した問題を避けるためだった。そうした村では、大勢の「兵士年齢（一〇〜五〇歳）」の男を占領軍が抱え込むはめになり、その結果多くを殺したのだった。

七月にイスラエル軍は、その前の二か月間で取りこぼした「僻地の村」をたくさん占領した。アイン・アル＝ガザール、ジャバア、アイン・ハウド、ティーラト・ハイファ、コフル・ラーム、イグズィムのように勇敢に持ちこたえていた海沿いの村はこのとき陥落し、ナザレ市やその周辺の多数の村も同様だった。

第一次休戦と第二次休戦の合間

一九四八年七月八日、第一次休戦は終わった。国連の調停者フォルケ・ベルナドッテ伯爵は一〇日間かけて次の休戦について交渉し、七月一八日に成立させた。前述したように、一九四八年五月一五日はイスラエルとアラブ軍の「現実の戦争」にとってはひじょうに重要な意味をもっていたが、民族浄化作戦にとってはまったくそうではなかった。同じことが二つの休戦期間についても言える。「現実の戦争」にとっては著しく重大な出来事だったが、民族浄化作戦にとっては取るに足らないことだった。ただし一つだけ条件がつく。大規模な浄化作戦は、「現実の戦争」中よりも、二つの休戦の合間のほうがずっとやりやすかったのだ。イスラエルは実際、第二次休戦が始まるまでにリッダとラムレという二つの町の、合わせて七万人もの住民を追放した。第二次休戦後にも再び、今度はパレスチナ南部と北部の両方で追い出しと追放、無人化という大がかりな作戦で、パレスチナの民族浄化を広範に行なっている。

第一次休戦が終わった翌日の七月九日から、ヨルダン、イラク、シリア、レバノンのアラブ部隊とイスラエル軍との散発的な戦闘は、一〇日間続いた。二週間もしないうちに、数十万人のパレスチナ人が故郷の村や町、都市から追放された。国連の「和平」案は、心理戦の恐怖、民間人の大量虐殺、追放、親族の処刑の目撃、妻や娘の虐待・連行、時には強姦をもたらした。イスラエルの工作兵は七月までに多くの家屋を爆破し、消し去った。パレスチナ人が期待できるような国際介入は一九四八年にはなかったし、パレスチナで進行する残酷な現実に外の世界が関心を寄せるなど当てにできなかった。国連監視団の救いの手もなかった。何人もの人が残酷な事件や殺害を間近で「監視」しながらうろついたが、何かしようという気はなかったか、またはできなかった。

しかし一人の国連特使は違った。フォルケ・ベルナドッテ伯は五月二〇日にパレスチナに到着し、九月にユダヤ人テロリストらに暗殺されるまで留まった。「あえて」国土を二等分に再分割する提案をし、すべての難民の無条件帰還を要求したのだ。

彼はすでに第一次休戦中に難民の帰還を求めたが、無視された。そして国連に提出した最終報告書でその提案を繰り返したため、暗殺されたのだった。しかし国連総会はその遺志を継ぎ、イスラエルが追放したすべての難民の無条件帰還を一二月に勧告したのは、ベルナドッテのおかげだった。イスラエルが国を挙げて無視した多数の国連決議のうちの一つ〔決議一九四号〕である。ベルナドッテは第二次大戦中、スウェーデンの赤十字総裁として、ナチスからユダヤ人を救おうと尽力した。だからこそイスラエル政府は、国連の調停者として彼を指名することに賛成した。わずか数年前に彼がユダヤ人に対して行なったことを、パレスチナ人に対しても行なうとは、イスラエルは予想していなかったのだ。

ベルナドッテは国際社会の何かしらの圧力をイスラエルにかけることに成功した。あるいは、そのような圧力の可能性を少なくとも作り出した。民族浄化作戦を計画したイスラエル人は、これに対抗するにはもっと外交官や外務大臣を直接関与させねばならないと気づいた。すでに七月には、新国家イスラエルの外交官や政治組織と外交団、軍事組織は協働していた。七月以前は、民族浄化作戦がどこまでイスラエルの外交官や高官のあいだで共有されていたのか、定かではない。しかし、次第に作戦の成果が世間に知られるにつれ、政府はイスラエルに都合の悪い国際的な動きを阻止する広報活動の必要に迫られ、自由民主主義が育ちつつあるという正しいイメージを海外に発信するよう職員に求め始めた。外務省職員は、国の情報部員と緊密に連携し、次の民族浄化作戦の段階について予告してもらい、人目に触れず確実に隠した。

ヤアコヴ・シムオーニは、この二つの政府機関の連絡係の任を果たした。オリエント学者であり、ヨーロッパ系ユダヤ人でもあるシムオーニは、イスラエルの状況を海外に宣伝するのに適任だった。彼は七月に事態が進展する様子を現地で熱心に見ていた。世界が再びパレスチナに目を向ける前に追放と占領を終わらせるチャンスはあると信じていた(12)。パレスチナとアラブ世界に関する専門知識により、シムオーニはのちにイスラエルのオリエント研究の第一人者になった。彼をはじめイスラエルの大学の研究者は、パレスチナの民族浄化や非アラブ化のあいだにそうした知識を得た人が多かったのである。

第二次休戦が始まるまでの一〇日間に、イスラエル軍は、アッカやナザレ周辺のガリラヤ地方の集落を最初の攻撃目標とした。七月六日、三つの旅団は「各村から敵を完全に消せ」と指令を受けた。民族浄化作戦を続行したくてうずうずしていたイスラエル軍が、第一次休戦を破れと命じられる二日前のことだった。「敵」とは武器を持たないパレスチナの村民やその家族を意味すると、ユダヤ人兵士はすぐさま理解した。兵士らの所属するカルメリ旅団、ゴラーニー旅団、第七旅団は、一〇月に上ガリラヤでの最後の民族浄化作戦にも関与する。作戦名を考える任にあった人々は、ここでほうきやハサミといった「浄化」の同義語から、樹木の名前へ方針を変えた。ナザレ地区では椰子の樹作戦、ヨルダン渓谷では糸杉《ブロッシュ》作戦といった具合だった(13)。

ナザレ市内でも周辺でも、浄化作戦は速いペースで実行された。五月に占拠を免れた大きな村も今回はあっというまに攻略された。アムカー、ビルウェ（著名なパレスチナの現代詩人、マフムード・ダルウィーシュが生まれた村である)、ダームーン、ヒルバト・ジッディーン、クウェイカートにはそれぞれ一五〇〇人以上の住民がいたが、あっけなく追放された。

椰子の樹作戦を指揮したのは第七旅団で、カルメリ旅団とゴラーニー旅団の増援部隊もいっしょだった。いま注目されているパレスチナ人のオーラルヒストリーには、旅団名はめったに登場しない。しかし第七旅団の名は何度も繰り返し挙がり、「テロリスト」とか「残忍な」といった形容詞とともに使われている。[14]

最初に攻撃されたアムカー村は、東西に伸びる海岸平野の多くの村と同じく、少なくとも六世紀にさかのぼる長い歴史があった。ムスリムとドゥルーズが混住していたという点でもアムカーは典型的で、住民は仲よく共存していた。しかしイスラエルの分断統治によってムスリムは追放され、ドゥルーズはよそのドゥルーズの村に行ってよいと認められたため、両者のあいだにくさびが打ち込まれたのである。[15]

約六〇年前に大規模に破壊されたにもかかわらず、いまでもアムカー村の痕跡はまだわかる。あたりを雑草が覆うなか、村の学校とモスクの廃墟は、はっきりと見てとれる。荒れはててはいるが、モスクのために村人が作り上げた見事な石組みを今日でも見ることができる。現在のユダヤ人「所有者」が倉庫にしているため中には入れないが、その大きさと独特な構造は、外からでも明らかだ。

椰子の樹作戦によって、西ガリラヤの占拠は完了した。しかしいくつかの村は、無傷で残った。コフル・ヤーシーフ、イブリーン、シャファーアムルで、いずれもキリスト教徒、ムスリム、ドゥルーズが混住する村だった。だが、「悪い」出自や所属が明らかとなった住民は追放された。実は占領される前に、何が待ち受けているか悟った多くの家族が村から逃げだしていた。完全に無人となったが、イスラエルが破壊した別の村の避難者が住むのを許されていまも残っている村もいくつかある。ある命令が下ったかと思えば次は逆の命令が下るといったやり方は困惑と大混乱を生みだし、追放する側でさえ当惑した。人々が混住する村で、ムスリムを中心に村人の半分を一気に追放せよと指示しておきながら、近隣の村を追われたキリスト教徒の避難民には、無人となったばかりの村に住んでよいと許可した。コフル・ヤーシーフ村やイブリーン村、シャファーアムルの町はその一例である。

このようにガリラヤのなかで住民が移動した結果、シャファーアムルは五月から六月にかけて周囲地域で作戦が始まると、難民が流入して膨れあがり、巨大な町となった。七月一六日に町は占領されたが、基本的に現状のままだった。つまり誰も追放されなかったのだ。これはナザレでも繰り返された例外的な決定だった。いずれも、指揮をとったのは現地司令官だった。

副参謀総長イガエル・ヤディンはその後、七月にシャファーアムルに行った際、アラブ人住民がそのまま住んでいるのを見て、すっかり面食らった。「町の連中は自由に歩きまわっています」、と彼は当惑してベングリオンに報告している。ヤディンはすぐさま外出禁止と、一連の「捜索と逮捕」作戦を命じた。しかしシャファーアムルのドゥルーズだけは放っておくよう特別の指示を出した。[16]

警官作戦

ある集落はかなり抵抗し、その地域の村は一〇日間戦った。ハイファ南部の沿岸地域がそれで、六つの村があったが、そのうち三つは第二次休戦が発表される前に陥落した。残りの三つは、休戦が実施された後に降伏した。

はじめに陥落した三つの村は、ティーラト・ハイファ、コフル・ラーム、アイン・ハウドだ。もっとも大きなティーラト・ハイファ村はハイファから南にわずか数キロしか離れておらず、人口は五〇〇〇人だった。今日ここは荒涼としたユダヤ人の住宅団地で、名前もよく似たティラト・ハカルメルである。カルメル山西部の丘陵に広がり、ハイファ周辺でとくに豊潤なデンヤー地区の端にある。デンヤーは（ハイファ大学のある）カルメル山頂からふもとへ次第に拡がったが、ハイファ市は慎重にもその二つ〔ティラト・ハカルメルとデンヤー〕を道路で結びつけないようにしたのだった。

ティーラト・ハイファはこの地域でもっとも人口が多く、二番目に広い村だった。十字軍時代にはサン・ヨハン・ド・ティーレと呼ばれ、キリスト教巡礼者や地元の教会にとって重要な場所であった。それ以降、ムスリムが多数派となっても、ティーラト・ハイファにはずっとキリスト教徒の小さなコミュニティがあり、両者はともに村のキリスト教の遺産とムスリムらしさに敬意を払った。一五九六年にはラッジューンの分区になったが、その住民はわずか二八六人だった。三〇〇年後に町になりつつあったが、オスマン朝末期に新たな中央集権政策の犠牲となり、大勢の若者がオスマン軍に徴兵され、その多くは戻って来なかった。

ティーラト・ハイファも、第二次世界大戦の終結後、厳しく困難な時代を生き延び、新しい時代の始まりを迎えた村だった。復興のきざしはあらゆるところに見られた。石と泥レンガの家が新しく建ち、男子校と女子校の二つの学校は改修された。村の基幹産業は、穀物や野菜、果物の栽培だった。この村は他のたいていの村よりも豊かで、それは近隣にすばらしい水源がいくつもあるおかげだった。村の自慢は一帯で高名なアーモンドだった。パレスチナには「ティーラト・アル＝ラウズ（アーモンドのティーラ）」という名の一族もある。観光も収入源で、今日もある聖ブロカルドス修道院の廃墟周辺が見所だった。

私が子どものころは、この村の跡地にできたユダヤ人住宅団地に灰色の四角いアパートが建ち並び、その周囲に村の古い石造りの家の廃墟がそこここに見られた。しかし一九六七年以降、地元自治体がそのほとんどを破壊した。それはイスラエル人にとっていまだに重要なイデオロギー的な意味で記憶を抹殺したというよりも、不動産の利潤を追求したためであった。

大ハイファ地域の多くの村と同様、ティーラト・ハイファ村は最終的に追放される前にユダヤ軍の猛攻撃を受けた。イルグンは早くも一九四七年一二月に攻撃して一三人を殺していたが、その多くは子どもや年寄りであった。イルグンの奇襲部隊二〇名は砲撃したのち、村はずれの家に近づき、火を放った。ティーラト・ハイファの女性や子どもは全員四月二三日から五月三日にかけて、イギリスの「調停」活動の一環で村から追い出された。こうしてユダヤ軍は、なんの外圧もなく大ハイファ地域を浄化できた。追い出された女性や子どもたちはバスで西岸地区へ移送され、男たちは村に残された。いくつかの旅団の精鋭を集めた特別部隊が、七月一六日、ティーラト・ハイファに送りこまれた。

コフル・ラーム村が襲われたのは、〔ティーラト・ハイファの陥落した〕その日遅くになってからだった。この村はティーラト・ハイファの南に位置し、それほど豊かではなかったが、水源に恵まれていた。村の北の境界あたりには、一五ほど泉が湧いていた。ハイファとテルアビブを結ぶ舗装した幹線道路を外れ埃っぽい未舗装の道をたどると、この村に行き着く。各住宅は切り出した石材、セメントの屋根、伝統的な木材のアーチからなる。七月に入っても村には防御壁も見張り塔もなかった。

この村が比較的貧しかったのは、周辺の村とはまったく異なる風変わりな土地所有制度のせいだった。耕地の半分は、ハイファ出身のアリー・ベク・ハリールとその弟のもので、二人は農地を貸して収穫高の分け前を得た。この賃貸契約を結んでいない家はわずかで、そうした人々は生計を立てるためにハイファまで通勤せざるをえなかった。村全体がハイファと密接に結びついており、農産物はたいていハイファで販売された。この村もナクバの三年前までは、人生はもっと輝かしく、将来が明るく見えたのだった。

コフル・ラームはとりわけ政治に無関心な村であった。一九四八年二月以来、周辺の村がすでに破壊されていたのに比較的おっとりと構えていたのは、それで説明できるだろう。ハガナーの資料集《ファイル》には、この村は穏健だと書いてある。しかし一九四〇年代初頭にはすでに、将来の運命を示唆する不吉な項目が詳しく記録されている。それによると、村には数名のサマリア人が住んでおり、もともとユダヤ教徒だったらしいが、一九四〇年代にイスラームに改宗したとある。シオニストの歴史家でありシオニズム運動の指導者であったイツハク・ベン＝ツヴィにとって、これはパレスチナ沿岸部にユダヤ人がずっと暮らしてきたことを示す十分な証拠であった。

当時のシオニストの学界は、ユダヤ人の居住の連続性というテーマに、とくに執着していた。ベン＝ツヴィ自身もすでに一九一八年にベングリオンとの共著をイーディッシュ語で出版しており、アラブ人のファッラーヒーン（農民）は、ローマ帝国による追放後もパレスチナにとどまったユダヤ人農民の子孫であると主張している。一九三〇年代と四〇年代に、ベン＝ツヴィはこの議論を発展させた。著書『ユダヤ人共同体の門《シャアル・ハイシューヴ》』でも同様に、ヘブロン山の村人たちは、じつはイスラームに改宗したユダヤ人だとの見解を述べた。

連続性が示されたからといって、一九四八年七月にコフル・ラーム村の人々が、新生ユダヤ国家の市民として残る権利を与えられることはなかった。村だけが、ユダヤ人の手に「当然の権利として返還された」のであった。生産高が比較的低く、人々が政治に無関心であっても除外の対象にはならず、ただ沿岸部のもっと抵抗する村と接していたおかげで、七月まで放っておかれたのだった。

コフル・ラーム村が消滅した一方で、同じ時期に占拠されたアイン・ハウド村は、まだ無傷であった。特定の村を表すのに「美しい」とか「魅力的」といった形容詞が使われてきたが、同時代の観光客や住民の多くもまさにそうしたものとして受け止め、彼らはその土地にあふれる特別な魅力や美、静穏さを表す名前を村に付けた。たとえばハイリーヤ（アラビア語で「地の祝福」を意味する）村の人々のように。イスラエルはその村を破壊し、テルアビブのゴミ捨て場にしてしまった。

アイン・ハウド村はまったく別格だった。この村は地域の多くの人々の心のなかで特別な位置を占めていた。村の有力者アブー・アル＝ヒージャー一族は特殊な癒しの力を持っていると信じられていたため、ハイファから南に一五キロにある村まで、沿岸からカルメル山脈へ向かって曲がりくねった道をのぼり、大勢の人が訪ねた。山から西岸に注ぎ込む川はたくさんあり、その流域のひとつにひっそりとアイン・ハウド村はある。村を占拠した部隊にボヘミアン型の人々がいたために、この絶景の地は無傷のまま残った。彼らはすぐに村の潜在能力に気づき、ここを発見した時のままにしておこうと決めた。その後戻って来て住み着き、芸術家のコロニーにした。そして何年ものあいだ、イスラエルでもっとも著名なアーティストや音楽家、作家たちを受け入れ、国内の「平和陣営」にしばしば加わった。サファドやジャッファの旧市街の破壊に耐え抜いた家屋のように、またとない芸術家村になったのである。

アイン・ハウド村はすでに五月に一度攻撃を受けており、アブー・アル＝ヒージャー一族の五家族が何とか撃退したが、七月一六日に降伏した。村民は追放され、パレスチナ名をヘブライ語読みに変更する業務を担う政府機関の命名委員会は、村をエイン・ホードと呼ぶことに決めた。アブー・アル＝ヒージャー一族の一つの家族が、東に数マイル離れた山中に避難場所を見つけ移り住んだ。そしてしぶとく勇敢に転居を拒否し、旧名のアイン・ハウドをつけた新しい村を少しずつ作りあげたのだった。

このアブー・ヒージャー一族の分家の成功は、きわめて注目に値する。彼らは当初、近隣のティーラト・ハイファ村に避難先を探したが、数日前にすでに占領されていたことを知った。その後近くの渓谷に追い立てられ、そこで何とか耐え抜いた。イスラエル軍司令官は「村の東の渓谷に避難民の抵抗地帯があり、浄化作戦を継続中(17)」と報告したが、この一家を追放することはできなかった。アイン・ハウドの他の村民は、もっとも遠い人はイラク、近い人はアイン・ハウドを見下ろせるカルメル山頂のドゥルーズの村と散り散りになった。

一九五〇年代にアブー・アル＝ヒージャー一族は、いまや森になってしまった故郷の村に、セメント造りの家屋を新築した。イスラエル政府が合法的な居住区として承認しなかったため、追放の脅威がつねにつきまとった。一九八六年に政府はこの新しい村を破壊しようとしたが、アブー・アル＝ヒージャー一族はあらゆる困難をものともせず、果敢に追い出し計画を阻止した。最終的に二〇〇五年、比較的リベラルな内務大臣がこの村を準承認とした。

他方でユダヤ人の芸術家村は衰退し、二一世紀になってからは最盛期よりも「魅力的」ではなくなった。かつてのモスクに作られたカフェバー「ボナンザ」を訪れる人も徐々に減った。ユダヤ人の村エイン・ホードの設立者で芸術家のマルセル・ジャンコは、ここをダダイズムの中心地にしたいと考えていた。二〇世紀初頭に起こった、古典的なグレコローマンの伝統に対抗して「原始」に価値をおく、反体制の芸術運動である。芸術の「原始的」精神を保持するため、ジャンコは村に前から建っていた石造りの家を乱暴な改修からなんとか守ろうとした。しかしこうした家屋はやがてヨーロッパ系ユダヤ人アーティストのモダンな住宅になり、格調ある古い学校の校舎は、展覧会や催し物など観光客を呼び込むための施設になった。

ジャンコ自身の作品には、現代のイスラエル左派がアラブ文化全体、とくにパレスチナ文化に示すレイシズムがはっきり見てとれる。文学や芸術作品や政治活動に見え隠れし、しかも幅をきかせるレイシズムである。たとえばジャンコの絵画にはアラブ人が描かれているが、それは必ず占領されたアイン・ハウド村の背景にとけ込んでいるのだ。

このようにジャンコの作品は、現在イスラエルが西岸地区に建てているぶ厚い分離壁に描かれた絵画の先駆けである。その近くをイスラエルの高速道路が通っているのだが、この高さ八メートルものコンクリート製の怪物に、壁の向こう側の美しい風景を描いてほしいとイスラエルの芸術家たちは要請された。もちろん、すぐむこう側にあるパレスチナの村やそこで暮らす人々は除いて。

ハイファ市の真南の沿岸部には、三つの村だけが残っていた。第一次休戦と二次休戦のあいまの一〇日間の戦闘で、ユダヤの大軍が占拠しようとしたが、失敗した。ベングリオンはまるでこれらの村に取り憑かれたように、第二次休戦の発効後も、占領活動を続けよと命じた。高等司令部は国連の休戦監視団に対し、この軍事活動は警備であると報告し、襲撃の暗号名に「警官作戦」と付けたほどだった。

三つのうちいちばん大きな村が、住民三〇〇〇人を抱えるイグジムだった。ここは、侵略者にもっとも長く抵抗した村でもあった。ユダヤ人入植地のケレム・マハラルはこの村の廃墟の上に建てられた。絵のように美しい家屋が数軒、現在も残っており、その一軒にイスラエル秘密機関の元長官が住んでいる。彼は最近、あるパレスチナ人の教授とともに「和平」案をでっち上げた人でもある。その内容は、一九六七年に占領した地域からイスラエルが完全撤退するのと引き換えに、パレスチナ難民の帰還権を無効にするというものだった。*

＊　「秘密機関の元長官」とは諜報機関シャバクの元長官であり、その後労働党の国会議員を努めたアミハイ・アヤロンのこと。二〇〇三年にパレスチナ人の大学教授サリー・ヌセイベとともに広報活動団体を立ち上げ、パレスチナ難民の帰還権を放棄するのと引き換えに、被占領地でのパレスチナ国家の独立を認めるという、パレスチナ側にとっては形骸的な解決策の支持を広げようとした。

警官（ヘブライ語で「ショテル」）作戦は、「休戦」からちょうど一週間後の七月二五日に始まった。少数の武装した村民が、勇敢にも数百人のイスラエル兵と激しく戦い、イグズィム村は三日間持ちこたえた。抵抗をくじくため、イスラエルは空軍を投入した。戦闘が終わると、全住民はジェニーンに追放された。生存者の証言によれば、戦闘で一三〇人の村民が死んだ。北部戦線のイスラエル諜報将校は、七月二八日に村に入り、「わが軍は二〇〇人の死体を回収した。多くがわれわれの爆撃で死んだ民間人である」と報告した。(18)

アイン・アル＝ガザール村はそれより早く陥落した。人口三〇〇〇人で、コフル・ラーム村と同じように、よそよりも生活は苦しかった。家屋は主にコンクリートでできており、この地域の建築物としては異例であった。各家にはたいてい専用の井戸と穴があり、深さ三メートルほどのものもあったが、住民はそこに小麦を貯蔵した。こうした伝統や、珍しい建築様式は、村の民族的な起源に由来するのかもしれない。アイン・アル＝ガザールは比較的新しい村で、「たった」二五〇年の歴史しかない（一方、比較的「古い」ユダヤ人入植地と言う場合、ほんの三〇〜三五年前に建てられたものであることが多い。一九世紀末に建設された入植地がごくわずかあるが）。アイン・アル＝ガザールの人々は、スーダンからシリアやレバノンへ仕事を探しに来て、この地に定住したのであった（フライディースやタントゥーラ、ダーリヤト・アル＝ラウハーといった近隣の村は、その数世紀前からあった）。

アイン・アル＝ガザールはシャイフ・シャハーダと呼ばれる宗教者の墓所《マカーム》があるため、ムスリムに人気の観光地である。攻撃される前に村を去った人々は、フライディース村とジスル・アル＝ザルカー村に避難したが、それは沿岸部にもともと六四あった村のうち、二つだけ無傷で残っていた村だった。村の長老たちは一九四八年からずっと、シャイフ・シャハーダの墓所《マカーム》を守ろうしてきた。イスラエル当局はその動きに気づき、記憶の継承を断ち切ってしまおうと、墓所《マカーム》をユダヤ教の聖地だと宣言した。アイン・ガザール村出身の難民の一人アリー・ハムーダは、ほとんど独力で墓所《マカーム》を守り、そのイスラーム的特徴を維持した。一九八五年には墓地を修復したため罰金を科され逮捕すると脅されながらも、彼は自分の聖なる信仰と、村の記憶を守り通した。

アイン・アル＝ガザールの人々は、第二次休戦が実効されると聞いて喜んだ。五月以来村を防衛してきた人たちでさえ、これでもう守りを緩めてもいいのだと考えた。おりしもラマダーン月にあたっており、七月二六日夕刻には、ほとんどの村人たちは断食後の食事を楽しむために通りに出たり、村に数軒しかない喫茶店に集まったりしていた。そこへ飛行機が姿を現して爆弾を落とし、群衆を直撃した。女性や子どもたちはあわてて逃げ、男たちは残ったが、すぐにユダヤ軍が村に入って来たと知った。[19]

パレスチナの農村部ではどこでもそうだったように、占領軍は「男たち」に一か所へ集まるよう命じた。例によって、覆面をした情報提供者と諜報将校がすぐに登場した。選ばれた一七名は、ほとんどが一九三六年反乱に参加した者で、人々は彼らがその場で殺されるのを目撃した。他の住民は追放された。[20]この日、抵抗地区の第六番目の村ジャバアに、同じ運命が待ちうけていた。

ダニー作戦

「ダニー」作戦という無垢な響きのコードネームは、ジャッファ―エルサレム間のほぼ中間に位置する、リッダとラムレという二つのパレスチナ人の町の攻撃に付けられたものである。

リッダはパレスチナの平野部にあり、標高は五〇メートルである。地元では「モスクの町」として記憶されており、アラブ世界で有名なモスクもいくつかあった。たとえば今日もその姿をとどめている大モスク、アル＝ウマリー・モスクは、マムルーク時代に十字軍からこの町を奪いとったスルタンのルクネッディーン・バイバルスが建てた。ダハミシュ・モスクも有名で、八〇〇人の礼拝者を収容でき、六つの店舗が隣接していた。

今日リッダはロッドというユダヤ人の住宅団地になり、テルアビブを中心とする大都市圏でもっとも貧しく恵まれない町である。ロッドはかつて長い間、イスラエル唯一の国際空港の名前だったが、今日はベングリオン空港と呼ばれている。

一九四八年七月一〇日、ダヴィド・ベングリオンはイーガル・アロンを作戦司令官に、イツハク・ラビンを副司令官に任命した。アロンはまずリッダを空爆するよう指令したので、リッダは空から攻撃される最初の町になった。その後町の中心部を直接攻撃し、残っていたアラブ解放軍の義勇兵は全員、退避した。近くに駐留していたヨルダン部隊が、イギリス人司令官グラブ・パシャから撤退を命じられたと知り、早々に持ち場を離れた者たちもいた。

リッダもラムレも国連分割決議でアラブ国家に割り当てられた地域だったため、住民も防衛に当たる兵士たちも、アラブ軍団が武力でイスラエルの占領に抵抗するはずと思いこんでいた。東エルサレムやラトルゥーン地区ではそうだったし、エルサレム西部のラトゥルーンは、リッダやラムレからさほど遠くはなかった。しかし彼らは間違っていた。撤退を決断したせいで、グラブ・パシャはのちに地位を失い、イギリスへの帰国を余儀なくされた。

義勇兵からもアラブ軍団からも見捨てられたリッダの人々は、旧式のライフルで武装し、町の中心にあるダハミシュ・モスクに避難した。数時間の戦闘ののち降伏したが、結局イスラエル軍によってモスクのなかで虐殺された。モスクのなかやユダヤ兵が殺害と略奪の限りを尽くした周囲の路上で、子どもを含め四二六人が殺されたとパレスチナの資料は報告している。モスクでは一七六人の死体が見つかった。翌七月一四日、ユダヤ兵は一軒一軒から住民を引きずり出し、西岸地区に向けて五万人の人々を歩かせた。その約半数は、すでに近隣の村から避難してきた人々であった。[21]

リッダで何が起きたのか詳細に追った記録が、一九九八年夏に公刊された。『ジャーナル・オブ・パレスタイン・スタディーズ』誌に掲載された社会学者サリーム・タマーリーの論文である。生涯をリッダで過ごし、七月のあの恐ろしい日の出来事を目撃したシュピロ・ムナイヤルのインタビューが載っている。彼は占拠やモスクでの虐殺、イスラエル軍が住居に乱入し、人々が引きずり出されるのを見た。どの家も略奪され、避難者が連れ出され、西岸に向かって歩くよう命じられるのを見た。それは一年でもっとも暑い季節、パレスチナでもっとも暑い地域の出来事だった。

彼は地元の病院で、若い内科医として働いていた。のちにパレスチナ解放人民戦線を結成し、リーダーとなる献身的な医師ジョルジュ・ハバシュは同僚だった。虐殺現場から次々に運び込まれる数え切れないほどの死体と負傷者について、彼は回想している。ハバシュもこれと同じおそろしい経験をし、それが脳裏を去らなかったからこそ、故郷の町と母国を一九四八年に踏みにじった者たちの手から取り戻すために、ゲリラ闘争の道を選んだのだ。

ムナイヤルは、目撃した痛ましい追放の場面についても語った。

兵士たちはその晩、占拠した地域の住居に押し入り、人々を集めて町から追い出した。ハルーバへ行くよう言われる者もいれば、バルフィールーヤと言われる者もいた。別の兵士は「アブドゥッラー国王のところへ行け。ラーマッラーに行け」と言った。行き先の決まらないまま出発する人々で通りは溢れていた。

当日この町にいた少数の外国人ジャーナリストも同じ光景を見ていた。そのうち二人は明らかに、イスラエル軍に誘われて攻撃に随行したアメリカ人で、今日「従軍記者」と呼ばれる人たちだった。一人はシカゴ・サン・タイムズ紙のキース・ウィーラーだった。彼はこう書いている。「彼ら［イスラエル軍］の行くところ、ほぼすべてのものが死んでいた。たくさんの死体が道端に転がっていた」。もう一人のニューヨーク・ヘラルド・トリビューン紙のケネス・ビルビーは、「情け容赦のない快進撃の後に残された、アラブ人の男や女や子どもたちの死体」を見たと報告している。ビルビーは二年後に出版した『近東の新しい星』という著作でも、これらの事件について書いた。

これだけの規模の虐殺を伝える新聞記事が、なぜアメリカで抗議を引き起こさなかったのか、不思議に思う向きもあるだろう。アメリカ兵がイラクの作戦でアラブ人に冷酷で残酷だったことにショックを受けた人々にとっては、リッダからの報告は妙に見覚えがあっただろう。ウィーラーのようなアメリカ人記者はそのころ、イスラエルの「電撃戦」や、ユダヤ兵の堅い決意に驚いていた。イスラエル軍の作戦に関するウィーラーの記事は、ビルビーの表現（「情け容赦のない快進撃」）と同じく、残念ながらパレスチナ人の死傷者や追放された人数について厳密な報告をしていない。従軍記者の報告は、完全に一方的なものだった。

もっと配慮があり偏向していないのは『ロンドン・エコノミスト』誌で、家屋が略奪を受けたり家族が殺されたり町が破壊された挙げ句に、残された住民が行軍を強いられた恐ろしい情景を読者に伝えている。「アラブの避難民たちは組織的に身ぐるみ剝がれ、未知の地へ歩かされた。家財道具や貯蔵品、衣類などすべて置いていかされた」。

ムナイヤルは組織的な略奪についても思い返した。

占領軍の兵士は東に向かうすべての道路を封鎖し、避難民、とりわけ女性を検査して、首や手首や指から金の装身具を、衣服に隠したお金や高価で軽くて運びやすいあらゆるものを盗んだ。

ラムラ（現在のラムレ）は、PLOでもっとも尊敬されたリーダーの一人、故アブー・ジハードことハリール・アル＝ワズィールの出身地で、彼は近隣に埋葬されている。住民一万七〇〇〇人のこの町は、二日前の一九四八年七月一二日に攻撃を受けていた。しかし最終的に占拠されたのは、イスラエルがリッダを奪った後だった。リッダは以前、ユダヤ軍のテロ攻撃の目標だった。最初に攻撃されたのは一九四八年二月一八日で、イルグンが市場を爆撃し、数人が死んだ。

リッダから届いたニュースに打ちのめされ、ラムレの有力者たちはイスラエル軍と協定を結んだ。表向きは、人々は留まってよいと許されていた。

イスラエル軍は七月一四日にラムレに入ると、すぐさま「捜索と逮捕」作戦を開始し、三〇〇〇人を集めて近くの捕虜収容所に移した。同じ日、軍は町の略奪も始めた。この地区の司令官は、イツハク・ラビンだった。彼はベングリオンの事務所に呼ばれ、リッダとラムレの運命について議論したことを回想している。「イーガル・アロンは「［リッダとラムレの］住民をどう処理しますか」と尋ねた。ベングリオンは手を振って答えた。「追い払え！」[22]」。

リッダでもラムレでも、住民は食料も水も持たずに西岸地区まで行軍を命じられた。多くの人がその途上で、のどの渇きと空腹で死んでいった。わずか数百人しか残ることを許されず、近隣の村から避難してきた人々と合わせると、この非人間的なやり方で「移送」させられたのは、合計五万人にのぼるとラビンは推定している。再びこう問わずにはいられない。ホロコーストから三年、惨めなこの人々が通りすぎるのを見たユダヤ人の心には、どんな思いが去来していたのだろうか。

この二つのパレスチナ人の町を放棄したアラブ軍団は、西部ではラトルゥーン地区を諦めず死守したので、この戦争で最大の敗北としてイスラエル軍の集団的記憶に刻まれることになった。敗北という苦い記憶は復讐心を惹起し、イスラエルがこの地域を占領した一九六七年に、その機会がめぐってきた。報復は直接ヨルダン人に対してではなく、パレスチナ人に向けられた。ラトルゥーン谷の三つの村、ビッドゥ、ヤールー、イムワースの住民は追放され、一掃された。この大規模な追放は、新たな民族浄化の波の始まりだった。

七月にアラブ軍団は、エルサレムの東のとくにシャイフ・ジャッラーフでも、イスラエルをみごとに撃退した。「占拠して破壊せよ」。ベングリオンは、この魅力的な地区を念頭におき、復讐心に燃えて軍に要求した。[23] アラブ軍団の果敢な抵抗のおかげで、今日もこの地区には多くの貴重な建物が残っており、アメリカン・コロニー・ホテルもその一つである。これは一九世紀末に〔旧市街の〕城壁の外に建てられた最初の家の一軒で、地元の有力者ラバーフ・アル゠フサイニーの邸宅だった。

椰子の樹作戦の継続

七月一一日のベングリオンの日記は、アラブ諸国連合軍よりもイスラエルの軍事力が優るという自信に溢れている。「ナーブルスを占領し、カイロ、アレクサンドリア、ダマスカス、ベイルートに重爆撃［を行なうよう命じた」[24]。ベングリオンの命令にもかかわらず、ナーブルスは占領されなかった。しかし、二つの休戦に挟まれた一〇日間の慌ただしい軍事活動により、別のパレスチナの町が占領された。ナザレの町である。

ナザレの物語は、数ある都市破壊をめぐる話のなかでも滅多にないものの一つである。比較的大きなこの町には、わずか五〇〇人のアラブ解放軍の義勇兵しかいなかった。マドゥルール・ベクの指揮のもと、彼らはもともとの住民だけでなく、近隣の村から逃げ込んだ数千人の避難民も守ることとなった。

ナザレ攻撃は七月九日に始まったが、この日は第一次休戦が終了した翌日だった。迫撃砲の攻撃が始まると、人々は強制的な立ち退きを予想し、自ら去ったほうがましだと決心した。しかしマドゥルール・ベクは、留まるように指示した。イスラエルが傍受したマドゥルールと他のアラブ軍司令官たちとの電信から、彼らがあらゆる手段で追放を食い止めるよう命令されていたことがわかっている。アラブ諸国の政府は、さらに大勢の難民が自国に流れこむのを防ぎたかったのである。町を出てすでに移動し始めていた人たちまで、マドゥルールは連れ戻した。しかし攻撃が激しくなると、圧倒的に優勢なユダヤ軍に抵抗しても無意味だと悟り、彼は人々に立ち退くよう勧めた。彼自身も七月一六日午後一〇時にナザレを放棄した。

ベングリオンはナザレの町を無人にしたいとは考えなかったが、それは単にキリスト教世界がこの町を注視していると知っていたからであった。しかし上級将官で作戦の総司令官であるモシェ・カルミルは、残っていた全員の追放を命じた（ベングリオンのメモによれば総勢一万六〇〇〇人で、うち一万人がキリスト教徒であった）[25]。だがベングリオンはカルミルに、命令を撤回し、住民を留まらせるよう指示した。彼は作戦の軍事司令官ベン・ドンケルマンに同意したのである。「ここでは世界がわれわれを見ている」。ナザレは、パレスチナの他のどの町よりも運がよかった[26]。一九六七年以前のイスラエルにあった唯一のアラブの町がナザレである。

しかし、留まることを許された人が全員、命が助かったわけではない。諜報将校は一軒一軒しらみつぶしに捜索し、事前に用意した被疑者や「好ましからざる者」の一覧にのっとって人々を拘束し始めた。占領の一日目に追放や逮捕された人もいた。パルティ・セラはナザレ出身の著名なアラブ人とともに、七冊のノートを手に歩きまわった。ノートには、イスラエルに協力してきた一族とか、他の何らかの理由で留まってよい人の名前がびっしり書き込まれていた。

ナザレ近郊の村でも、同様の経過をたどった。二〇〇二年にパルティ・セラは、自分ががんばったおかげで一六〇〇人が留まることを許されたと主張している。この判断を下したせいで、のちに彼は批判されたのだった。「ノートはなくしたよ」と彼はインタビュアーに語った。一人のベドウィンの名前を書き込むのを拒否したと回想している。「連中は皆、泥棒だ」と作戦中に同僚に言ったという。[27]

しかし、真に安全な人は一人もいなかった。パルティ・セラに同行した著名なアラブ人（匿名のままにしよう）でさえ。実際、戦後任命された軍政府初代長官は、何かの理由によってこの人を好ましく思わず、追放したいと考えた。パルティ・セラが間に入り、近しい友人でもあるこの人物をハイファに移住させると約束した。彼は「好ましい者」のノートに載った人でも、結局は一部が国外追放されたことを認めている。

さらに、ナザレとティベリアの間にある村を奪取しようと数か月かけて失敗したあげく、再度攻撃の対象とした。ヒッティーン村である。この村の一九三七年の写真は、まるで今日のトスカーナ地方かギリシャの観光パンフレットを引き写したようだ。ティベリアから北西に八キロ、海抜一二五メートルに位置するが、海抜ゼロメートル以下のガリラヤ湖が見渡せるため、もっと高所にあるように見える。絶景だ。

アーチ状の木材で屋根を葺き、果樹やサボテンの生け垣に囲まれたヒッティーンの石造りの家屋は、モノクロ写真でも鮮明である。村には車でかんたんに行けたが、一九四八年に強硬な抵抗に遭い、占領が困難なことが証明された。貧弱な装備しかない、たった二五人の義勇兵だったのだが。

ヒッティーン村の歴史は、一一八七年のサラーフッディーン〔サラディン〕と十字軍の有名な戦いまでさかのぼる。また、パレスチナのドゥルーズにとっての聖なる預言者、ナビー・シュアイブの墓があることでも名高い。パレスチナのドゥルーズは彼をモーセの義父エトロだとみなし、この墓所《マカーム》を自分たちの信仰と巡礼の地としている。ドゥルーズがすでに寝返り、自軍と同盟を結んだため、イスラエルはこの村を占拠する野心に駆りたてられた。ヒッティーン出身の難民がつくったウェブサイトでは現在、ドゥルーズに関する次のような言及がみられる。「彼ら〔ドゥルーズ〕は好むと好まざるとにかかわらず、依然パレスチナのアラブ人である」。ドゥルーズが同胞のパレスチナ人に対し、同情はもとより、連帯や共感をほとんど示さなかった事実を指すのは明白である。それどころか悲しいことに多くのドゥルーズは、自分も暮らしていたパレスチナの農村の破壊に加わったのだ(28)。

前述した数多くの村と同じように、ヒッティーン村がようやく繁栄しようというときに、ナクバに襲われたのだった。新しい学校と新しい灌漑システムは、やっと手に入れた豊かさのシンボルだったが、第七旅団が村にやってきて非常に残忍なやり方で浄化を始めた一九四八年七月一七日以降、ヒッティーンの住民はすべてを失った。多数が近隣の村に逃げたが、そこも一〇月に占領されたため、再び追放される。ナザレ近郊のすべての村の住民を追放する椰子の樹作戦は、これをもって完了した。

いまや地上軍は、創設間もないイスラエル空軍の援護を当てにできた。サッフーリヤ村とムジャイディル村は、沿岸部と同様に空から爆撃された。沿岸部のジャバア、イグズィム、アイン・アル＝ガザールは爆撃され、第二次休戦に入って降伏に追い込まれた。七月に展開したのは、むしろ空からの民族浄化だった。空爆は、パレスチナの大きな村にパニックを引き起こし、破壊をもたらす主要な道具となったが、それは実際に村を占領する前に住民を追い出すためだった。この新しい戦略は、一〇月に真価を発揮する。

しかし、イスラエルのパイロットはすでに七月後半には、眼下に広がる光景を見て爆撃がどれほど効果的であったか知ることができた。大慌てでかき集めた家財道具を運ぶ難民で幹線道路は溢れ、まだしも安全だと思える場所へ向けてゆっくり進んだ。現地の部隊にとって、これは見逃すには惜しい標的だった。北方方面司令部の一九四八年七月一七日付報告にはこうある。「わが部隊は、難民の目指すシャジャラ*に向かう一本道を繰り返し攻撃した[29]」。シャジャラ村はターブール山に近く、はじめてパレスチナに来たベングリオンを受け入れた「古株」のシオニスト入植地とはぎくしゃくした関係にあった。

しかし一九四八年の夏は、ベングリオンはキャリアを開始した北部にそれほど関心をもっておらず、南部を重視し、のちにそこで最期を迎える。七月に、民族浄化作戦がはじめてナカブ（ネゲヴ）地方まで拡大された。ネゲヴのベドウィンはビザンチン時代からここで暮らし、少なくとも一五〇〇年間、半遊牧生活を守り通してきた。一九四八年時点で九六部族からなる九万人のベドウィンがおり、すでに土地所有制や放牧権、水利権を確立させせつつあった。

ユダヤ軍はただちに一一部族を追放し、さらにイスラエルが軍事的制限区域に指定した保留地に、別の一九部族を強制移住させた。ここを出るには特別な許可が必要だった。ネゲヴ地方におけるベドウィンの追放は、一九五九年まで続いた[30]。

最初に狙われた部族はジュバーラートだった。一部はすでに七月に追放されていたが、部族全体は第二次休戦が公式に終了した一〇月中旬に、大部分はヘブロン、残りはガザ地区へ強制的に移住させられた。

イスラエルは一九六七年に再び彼らを追放し、この時はヨルダン川の東岸に移住させた。他の部族は、大半が一九四八年のうちに追い払われた。

存在しなかった休戦

一九四八年七月一八日に第二次休戦が発効するというニュースが届いたのは、民族浄化作戦にとってあまりよい時機ではなかった。いくつかの作戦は予定を早め、休戦に入る前に完了した。クーラやヒルバト・シャイフ・マイサルなどの占領がそれにあたる。イスラエルは期日までに、すでに占拠し浄化し終えていた二九〇の村に、リッダとラムレの二つの町と六八の村を加えた。

第二次休戦は効力をもった瞬間に破られた。イスラエル軍は最初の一〇日間で、ハイファ北部の要衝の村を占領し、ハイファの南部沿岸の村を占拠しなければならず、他の集落はしばらく放置した。こうしてダームーン、イムワース、タムラ、カーブール、ミアールは陥落した。これでガリラヤ西部の占領は完了した。

第二次休戦中も南部で戦闘は続いた。いわゆるファールージャ地区に留まるエジプト軍をなかなか打ち破ることができなかったためである。エジプト軍は、正式に戦争が始まった最初の週末に先発隊が足止めを食らった沿岸部に主力を傾けた。しかし敗北を喫し、少しずつ国境まで後退した。一方、第二遠征軍はエルサレム南部へ派遣され、緒戦で勝利を収めた。しかしネゲヴ北部へ送られた第三遠征軍は、七月半ば

＊　原文ではセジュラ（Sejira）だが、第5章に既出のシャジャラ（Shajara）だと思われる。

には沿岸部隊ともエルサレム南部隊とも切り離され、アラブの戦争計画で当初合流を予定していたヨルダンの援軍をむなしくあてにしていた。

七月の末頃イスラエル軍は、この地区に降伏を迫るため、包囲を強化し始めた。しかしエジプト軍は、年末まで持ちこたえた。エジプト軍はイスラエル軍に翻弄され、散り散りになってヘブロン山の丘陵からガザに近い地中海にいたるネゲヴ北部を脱出した。数世紀前に不毛のネゲヴ砂漠の端に定住した一帯の村はいまや猛攻撃を受け、次々と占領され追放された。ガザ地帯と西岸地区だけが、それぞれエジプト軍とヨルダン軍によって巧みに守られていた。一九四七年一二月以降すでに数十万人のパレスチナ人が追放されていたが、両軍のおかげでさらに多数の難民が増えずにすんだのである。

国連決議一八一で割り当てられたユダヤ国家内の「アラブ」集落を対象とするかぎり、休戦違反にはならないと気づき、シオニスト指導部は八月以降も作戦を続行した。エジプト軍と、なによりヨルダン軍が決然としていなければ、彼らはこの「ユダヤ国家」を、パレスチナの大半（じつは全土）に拡大したものとみなしただろう。次第に周囲と切り離された各村は、休戦を確認するため派遣された国連監視団がすぐそばで見守るなか、あっけなく浄化された。

八月にもユダヤ軍は、占領地域を改善するのに休戦の機会を利用した。これらは上層部の許可がなくてもかまわない現地司令官の指示だったのかもしれないし、あるいはこれまでシオニストに協力してきたのでその分け前にあずかりたいと考えた特定の集団の要請だったのかもしれない。ドゥルーズが暮らすカルメル地方のイスフィヤ村もその一つだった。ドゥルーズの有力者らは、村のベドウィンは泥棒だし、だいたい「相性が悪い」と主張し、追い出してほしいと要求した。

責任者の司令官は、村にとって完全なよそ者ではないかぎり、追放に関わる暇などないと言った。イスフィヤ村のベドウィンは、いまでもそこに住んでいる。地元で軽んじられ差別されているが、イスラエル軍が多忙でドゥルーズの要求を実行できなかったのは幸いだった。[31] こうした内輪もめは、アラブ軍と対峙する前線が比較的平穏なうちに、イスラエルが占領を制度化しようと決意したことを示している。

シオニスト指導部は、法律上は国連がアラブ国家に割り当てた領域にある占領ずみの土地をどう位置づけるのか、とくに重荷に感じていたようである。ベングリオンは、そうした土地を八月になってもまだ「管理地区」と呼んでいた。イスラエル領内ではないが、軍司法当局が統治する地区という意味である。イスラエル政府は、もともとパレスチナ人に割り当てられたこれらの地区の法的地位を曖昧にしておきたかったのだ。なぜ占領しているのかと国連に説明を求められるのを危惧したからだったが、それはまったく杞憂であった。国連がアラブ国家パレスチナと定めた領土におけるイスラエルの法的（実際には不法な）地位については、委任統治が終了し国際社会が一時的にパレスチナとその国民の運命に関心を寄せた頃にも、どういうわけか一度も持ち出されることはなかった。一九四九年五月にイスラエルが国連の正式加盟国になるまで、その名称は「管理地区」になったり「占領地区」になったりした。一九四九年五月、村や畑や家屋はすべてユダヤ国家イスラエルに「とけ込み」、あらゆる区別は消滅したのだった。

第二次休戦の破綻

第二次休戦は、一九四八年夏まで延長されたものの、両陣営で戦闘行為が続き、名ばかりの休戦だった。しかし国連は、イスラエル軍がゴラン高原とそこに唯一残るクネイトラの町を攻撃するのを防いだ。休戦最終日に、イスラエル軍本部にその命令は届いていたのである。ほぼ六〇年の歳月が経っているが、読めばぞっとさせられる。「当該の町を破壊するよう命ずる[32]」とイガエル・ヤディンは責任者の司令官に書き送っている。町がほぼ無傷でいられたのは一九六七年までで、この年ゴラン高原を占領したイスラエル軍に民族浄化された。一九七四年、ヤディンの簡潔な命令は文字どおり実行される。イスラエル軍はクネイトラを破壊し、完全にゴーストタウンにしたうえで、撤退合意の一環でシリアに返還したのだった。

一九四八年にイスラエルはゴラン高原を奪取しようと決めたが、シリア軍が徐々に撤退するにつれ、ゴランの丘陵地も、シリアの後背地もと目標を拡大していった。しかしユダヤ国家の指導部は、その多くがシリアではなくパレスチナを手に入れたがっていた。八月の時点で、まだ占領できていないものの、ベングリオンが将来のイスラエル国家に不可欠と考える主要な地域が三つあった。ワーディー・アーラ、上ガリラヤ西部、ネゲヴ南部だ。前者二つはパレスチナ人が多く居住する地域だったため、必然的に民族浄化作戦の標的となった。いずれにせよ八月は休戦期間中で、アラブ正規軍は縮小しており、完全に交戦域外の話であった。

一九四八年九月は八月とよく似ていた。アラブ正規軍との現実の戦闘は縮小し、イスラエル軍は前年一二月に着手した仕事を片づけようと考えた。なかにはとても無理な任務に送りだされた者もいた。イスラエルはパレスチナの七八％をすでに占領していたが、それを上回るようにというのである。九月には、ワーディー・アーラと西岸地区の北端（とくにカルキリヤとトゥルカレム）を占領せよという三回目の出撃命令もあった。これが「秋作戦」である。ワーディー・アーラ地域の侵攻を試みるも、再び撃退された。しかし一九四九年春に、二国間停戦合意の一環としてヨルダンのアブドゥッラー国王は譲歩し、この地域はイスラエルに編入される。今日多くのイスラエル人が「人口比」が逆転するのを恐れ、ここをパレスチナ自治政府の西岸地区へ戻したほうがよいと考えているのは、歴史の皮肉といってよい。西岸地区のバンツースタン〔南アフリカ共和国がアパルトヘイト政策に基づいて設置した黒人居住地域〕に閉じ込められるか、イスラエルで「ありがたく」二級市民になるか、いずれの選択肢にも心踊る見通しは一切ないが、少なくともワーディーの人々は、もっともな理由で後者を選んだ。イスラエルはこれまでどおり、住民抜きで領土だけを欲しがっていると、ちゃんと気づいていたからだった。ワーディーや、パレスチナの人口密集地域のすぐそばに隔離壁を建設しだして以降、イスラエルは二〇万人追放したのである。

一九四八年九月、ワーディー・アーラ地域の一五の村はすべて、イラク人部隊の援護を受けながら、侵略者を撃退する粘り強さと勇気を示した。このイラク人たちは、開戦時に西岸地区北部を防衛するためアラブ軍が派遣した部隊で、パレスチナの村を救うべく実際に戦い、成果を上げた数少ない近隣諸国の軍隊であった。アブドゥッルウーフ・アブドゥッラーズィク大尉もその一人で、タイタバーとカランスワという村の防衛を支援した。秋作戦が始まる数週間前に全イラク兵は撤退するよう命じられたが、彼は勇敢にも留まることを決意したのである。アブドゥル゠カリーム少佐とファルハーン大尉は、ザイターとジャットで要塞作戦の先頭に立った。ハーリド・アブー・ハムード・アシュラフ軍曹は、アティールの抵抗運動を指揮した。ナジーブ大尉とムハンマド・スレイマーン大尉はバーカ・アル゠ガルビーヤで、ハリール・ベクはアーラで、マムドゥーフ・ミーアーラーはアルアラで同じことをした。防衛線を組織し、指揮をとった若きイラク人将校たちの長い名簿は、深い感銘を与えてくれる。

ユダヤ軍はまた、九月にスニール作戦の準備も行なった。クネイトラなどゴラン高原の制圧を目論むまた別の作戦で、九月一四日に開始する予定だった。第一段階は二六日に延期され、結局「創世記《ベレシート》」という名の小規模なものに縮小されたが、この作戦には国連の地図ではユダヤ国内にあるシリアの要塞（前哨基地二二三）の奪取も含まれていた。

シリア防衛軍はイスラエルの攻撃を次々に撃退した。イスラエルは作戦を始める前に、シリア軍に所属するチェルケス人やドゥルーズの兵士を協力するよう説得しようとした。イスラエルはシリアとの国境で一九四九年春まで軍事行動を続け、前哨基地だけでなく村も占拠せよと命じられていた。一九四九年四月一日になると命令は見直され、攻撃は軍事基地に限定された[33]。

民族浄化作戦は、九月に入っても中央ガリラヤで続いた。イスラエル軍は、上ガリラヤとパレスチナ南部の大侵攻作戦を一か月後に控え、パレスチナ人集落を掃討したのであった。現地義勇兵とアラブ解放軍は複数の村で断固抵抗の姿勢を崩さず、なかでもイーラブーンは有名である。イスラエル軍の報告書には、不首尾に終わった攻撃についてこう記録されている。「本部隊は今晩イーラブーンを急襲。敵の抵抗を打ち破り、住民が去ったのを確認。損害を与え、家畜を殺したのち敵と交戦を継続しつつ部隊は撤退[34]」。言いかえれば、イーラブーンは占拠されなかったが住民の大半はすでに逃げ出していた。一方、タルシーハという村では、住民のほとんどがキリスト教徒のパレスチナ人で、彼らは多くが村に残り、守った。

いまから見れば、残ると判断したおかげで追放を免れたわけだが、しかしもし彼らの多くがムスリムだったら運命はまったく異なっていただろう。タルシーハは結局一〇月に占拠されたが、その後立ち退かされたわけではなかった。もし九月に占拠されていたら、やはり結果はまったく違っていたはずだ。一九四八年九月一九日に始まったアレフ・アイン作戦は、「タルシーハ〔の住民〕は北部に追放せよ」と命じたのだ[35]。

しかしこのような恩寵を受けることなど滅多になかった。上ガリラヤ西部やヘブロン南部地域、ベエルシェバや南部の沿岸部など、最後に住民が追放された村には、一切無縁の話だった。

原註

（1）Morris, *The Birth of the Palestinian Refugee Problem*, p. 128.

（2）Ben-Gurion's, *Diary*, 2 June 1948.

（3）ベイト・ティマ、フージュ、ビリーヤ、スィムスィムの四村について、ベングリオンは一九四八年六月一日の日記に記している。イスラエル国立文書資料館の 2564/9 from August1948 に、これら村々への放火の報告が見出せる。

（4）ベングリオンの日記による。

（5）Ibid.

（6）Naji Makhul, *Acre and its Villages since Ancient Times*, p. 28.

（7）テディ・カッツによるトゥヴィア・リシャンスキーへのインタビュー。Pappe, *Tantura* を参照。

（8）目撃談は、Salman Natur, Anta al-Qatil, ya- Shaykh, 1976（未刊行）による。国連文書を詳査した Michael Palumbo は、国連がイスラエルの即決処刑方式に気がついていたと書いている。*The Palestinian Catastrophe*, pp. 163–74.

（9）IDF Archives, 49/5202/58n, 1 June 1948.

（10）Israeli State Archives, 2750/11 a report of the intelligence officer to Ezra Danin, 29 July 1948.

（11）IDF Archives, 49/6127, File 117, 3 June 1948.

（12）Israeli State Archives, 2566/15, various reports by Shimoni.

（13）たとえばカルメリ旅団への指令は、Hagana Archives, 100/29/B にある。

（14）www.palestineremembered.com でオーラルヒストリーの証言を確認するとよい。

（15）Morris, *The Birth of the Palestinian Refugee Problem*, pp. 198–9.

（16）Ben-Gurion's *Diary*, 16 July 1948.

（17）IDF Archives, 49/6127, 1 June 1948, File 516.

(18) Report by the Intelligence Officer of the Northern Front to the HQ, 1 August 1948 in IDF Archives, 1851/957, File 16.
(19) *The New York Times*, 26 and 27 July 1948.
(20) Khalidi (ed), *All That Remains*, p. 148.
(21) Lydda in *The Encyclopedia of Palestine*.
(22) Dan Kurzman, *Soldier of Peace*, pp. 140-1.
(23) Ben-Gurion's *Dialy*, 11, 16 and 17 July 1948（まさに強迫観念といってよい）.
(24) Ibid. 11 July 1948.
(25) Ben-Gurion' s *Diary*, 18 July 1948.
(26) Ibid.
(27) セラとのインタビュー（第2章註31を参照）。
(28) Nazzal, *The Palestinian Exodus*, pp. 83-5.
(29) IDF Archives, 49/6127, File 516.
(30) ベドウィン追放に関する詳細な記録は、Nur Masalha, *A Land without a People: Israel, Transfer and the Palestinians* に見出せる。
(31) IDF Archives, File 572/4, a report from 7 August 1948.
(32) Ibid. 51/937, Box 5, File 42, 21 August 1948.
(33) Ibid.
(34) IDF Archives, 549/715, File 9.
(35) Ibid. 51/957, File 42, Operation Alef Ayn, 19 June 1948.

第8章　任務完了

一九四八年一〇月～一九四九年一月

コソボ州の少なくとも九〇％を占めていたアルバニア人が、一五〇万人以上も自宅から強制的に追放された。少なくとも一〇〇万人が州を出て、五〇万人が州内で難民となったと思われる。これは第二次世界大戦以降のヨーロッパでは、かつてない規模の組織的活動である。

コソボに関するアメリカ合衆国国務省報告

イスラエル国家となった地域のパレスチナ人住民は、一九四八年に八五％が難民となった。
二〇〇三年初頭にはパレスチナ人の難民と国内避難民は七〇〇万人以上にのぼると推定されている。

バディール資料センターによる統計資料

浄化を続けるイスラエル軍は、一〇月初旬にいくぶん苛々させられた。ガリラヤ（のとくに北部）では、カーウクジーのアラブ解放軍がまだパレスチナ人義勇兵を指揮していた。アラブ解放軍は、ガリラヤ北部の多くの村にいまなお駐留していた。どの村も国連がアラブ国家と決めた領内で、彼らはユダヤ軍の主に車輛や部隊を狙撃する、小規模のゲリラ戦を遂行しようとした。しかしこの抵抗は成果を生まず、ほとんど無意味だった。また、アラブの連帯を情緒的に示す最後の試みとして、レバノン正規軍が火力を増強してガリラヤ高地にあるマナーラというユダヤ人入植地を砲撃しようとしたが、無益に終わった。ガリラヤ南部では、大砲一台しかないアラブ人義勇兵がイーラブーンに残っていた。部隊の全滅が近いことを象徴していた。

それまで続いていた抵抗運動は、一〇月半ばのヒラム作戦の猛攻で一掃された。ヒラムとは旧約聖書に登場するティルス〔現レバノンのスール〕の王の名で、この地は上ガリラヤとレバノン南部をイスラエルが獲得するという野心的で膨張主義的な計画の標的の一つであった。集中砲撃と空爆により、ユダヤ軍はおよそ二週間でいずれも占拠した。

ヒラム作戦

この二週間は、ワーディー・アーラを防衛する勇敢な戦闘と並んで、ナクバにおけるパレスチナ人の抵抗の歴史上とくに印象的な期間とみなされている。イスラエル空軍は村人に投降を呼びかけるビラを約一万枚撒いたが、追放を免除すると約束はしなかった。降伏する村は一つもなく、ほぼすべての村が、イスラエル軍に立ち向かうことになったのである。

こうしてごく短期間だが、民族浄化が始まってから初めて、パレスチナの村は圧倒的に優勢なイスラエルの軍事力をものともせず、包囲に耐える要塞になった。地元の若者とアラブ解放軍残留兵の混合部隊は、打ち負かされるまで一、二週間、貧弱な武器で持ちこたえた。勇敢なこの五〇人の男たちがルメイシュを守った。デイル・アル＝カースィーにもそういった人々はいた。じつはその多くはもとからの住民ではなくサッフーリヤからの避難民で、また追い出されるのはごめんだと考えていた。彼らを指揮したのは、アラブ解放軍のアブー・ハムードなる人物だった。残念ながら、イスラエル情報局の資料やオーラルヒストリーからも、コフル・マンダーを防衛したアブー・イブラーヒームなど数名の将校の名前しか現在はわからない。しかし前述したワーディー・アーラの戦いのイラク人将校たちのように、みな民族浄化をくい止めようと精一杯のことをした英雄として、パレスチナや世界中の書物に明記されるべきである。だがイスラエルや概して欧米は、彼らを匿名のまま、アラブ人武装勢力とかテロリストとひとくくりにする。一九八〇年代までＰＬＯで戦ったパレスチナ人や、一九八七年と二〇〇〇年にガザと西岸でイスラエルの占領に抗議する二つの蜂起を指導した人たちの扱いかたと同じである。植民地化され追放され占領された人々を悪魔化し、それをやった側を賛美する現状をくつがえすには、本書だけでは不十分だと私は自覚している。

激しい空爆と地上からの猛攻撃にさらされ、この少数の戦士たちが破れたのは無理もなかった。地元の村民が降伏を決めると、国連の仲介を通じてアラブ解放軍の義勇兵が最初に撤退するのが常だった。しかしナクバのこの時期の特徴として、それまでパレスチナで一〇か月暮らした義勇兵たちは、村を防衛するために必死に戦ってからようやく撤退したのであり、司令部の撤退命令に従わないことも多かった。そんな義勇兵四〇〇人が、一〇月の数日間に命を落とした。

イスラエルの空爆は大規模で、パレスチナの村に甚大な「巻き添え被害」をもたらした。ラーマ、ソフマータ、マールキーヤ、コフル・ビルイムは、とくに猛攻撃を受けた。ぶじ残ったのはラーマだけで、他の三つの村は占領され破壊された。

上ガリラヤのほとんどの村は一〇月末にわずか一日で攻め落とされた。デイル・ハンナー、イーラブーン、アッラーバ、イクリット、ファッラーディーヤ、ミイリヤー、ヒルバト・イリビーン、コフル・イナーン、タルビーハ、タルシーハ、マイルーン、サフサーフ、サアサア、ジシュ、ファッスータ、カッディータ。この長いリストにはさらに一〇の村が加わる。追い立てられる村人もいれば、残ることを許される村人もいた。

この数日間に関していちばんの疑問はもはや、なぜ村から住民は追放されたのかではない。それよりも、なぜある村では残ることが許されたのかである。ほとんどの場合、現地司令官の決定次第だったのは明らかである。なぜジシュが無傷のまま残り、近隣のカッディータとマイルーンは力ずくで追い出されたのか。なぜラーマは残され、近くのサフサーフは完全に破壊されたのか。その理由ははっきりせず、以下の記述は大半が推測に基づく。

ラーマ村はアッカとサファドを結ぶ往来の激しい道路沿いにあり、すでに他の村から多数の避難民を受け入れて、過密状態だった。ラーマ村の面積と、ドゥルーズの村人が多いという二つの要素が、おそらく村民を追放しないという現場の決定に影響を与えたのだろう。しかし存続を許された村でも、時には数百人もの住民が戦時捕虜収容所に連れて行かれたり、レバノンに追放されたりした。実際、ヘブライ語のティフール（浄化）という名詞は、一〇月に入ると新たな意味をもつようになった。これまでと同じように村の完全な追放と破壊を意味したが、選択的な「捜索と追放」作戦といった活動まで含めるようになったのだ。

イスラエルは、ドゥルーズに協力の見返りとして、追放の免除だけでなく武器供与を約束し、分断統治政策が彼らには有効なことが立証された。一方でキリスト教徒のコミュニティは、あまり「協力的」ではなかった。イスラエル軍は当初キリスト教徒を機械的にムスリムとともに追放していたが、のちに沿岸中央部の一時収容所へ送り始めた。ムスリムは一〇月になると収容所に長期間留まることは滅多になく、イスラエル軍の言葉を借りれば、レバノンに「移送」された。しかしキリスト教徒は違う条件を提示された。ユダヤ国家へ忠誠を誓う見返りとして、短期間だが自分の村に帰ることを許されたのだ。彼らの名誉のために言っておくと、大半の人はそのような選考手続きに参加しようとしなかった。結果的に、軍はやがてキリスト教徒の村を、ドゥルーズのいないムスリムの村と同様に扱うようになった。

追放されたり投獄されたり殺されたりするのをただ待つのではなく、多くの村人が逃げ出した。占領する前の激しい爆撃は、状況によって数は異なるものの、多くの村民の逃避を引き起こした。しかし、大多数の人は、力ずくで立ち退かされるまで勇敢にもその地に留まった。さらに一〇月末には、イスラエル軍の「浄化」意欲が衰え始めた。人口の多い村が、最終的に存続することを許されたのである。このことは、なぜタールシーハやデイル・ハンナー、イーラブーンが今日も残っているのか説明する手掛かりとなるだろう。

厳密に言えば、今日でも国内にとどまっているのは、イーラブーンの住民の半数である。もともとの人口の半分は、レバノンの難民キャンプにいる。村に再定住することを許された人々は、おそろしい経験をした。占領中、村人はイーラブーンの二つの教会に避難した。おそれをなした群衆は小さな教会でひしめき合いながら、イスラエルの司令官の長い「演説」を聴かされ、恐怖に固まっていた。加虐的で気まぐれなこの人物は、村人を包囲し、二人のユダヤ人が不具になったと非難し、恐怖におののく群衆の前で数人の青年を報復としてただちに殺害すると述べた。一〇歳から五〇歳の男たちは戦時捕虜として連れ去られ、残った人々は強制的に追放された(1)。

はじめは村の全員が追放され、レバノンとの国境に向けて長い列を作って歩き、途中で数名が死んだ。するとイスラエル人司令官の気が変わり、追放を命じられた人の半数を占めるキリスト教徒に対し、やっと越えてきたガリラヤの岩だらけの峻厳な山道を戻るよう命じた。こうして七五〇人が村に戻ることを許されたのだった。

なぜ特定の村が残ることを許されたのかという疑問は、未解決のままである。また、なぜイスラエル軍が特定の村をきわめて残酷に扱い、他の村にはそうしなかったのかも理解できない。たとえばなぜ、一〇月最後の日に征服された村のなかでもサアサアとサフサーフは蛮行にさらされ、他の村々はそれを免れたのだろうか。

作戦中の戦争犯罪

前述したように、ユダヤ軍は一九四八年二月にサアサア村で虐殺を犯し、五人の子どもを含む一五人の村人を殺害した（第4章）。サアサアはジャルマク山*（現メロン山）に向かう幹線道路の途上にある。この山はパレスチナでもっとも高い。第七旅団の兵士は村を占領すると暴れ狂い、家の中や通りにいた者を無差別に撃った。彼らは一五人を殺害したほか、多数の負傷者を置き去りにした。もとの住民の強制退去後、村の廃墟にサーサー・キブツが建設された。この場所を除いて、軍はすべての家屋を破壊したのだった。

一九四八年にサアサアで起こったことを記録資料から時系列にそってまとめるのは容易ではない。しかし後世のために証言を残そうと決意した生存者たちによる、きわめて活発な取り組みがある。サアサアの難民は、大半がレバノンのトリポリ近くにあるナハル・アル＝バーリド・キャンプに住んでいる。一部はタイレ近郊のラシーディーヤ・キャンプにおり、残りはほとんどが同じ一族でガーズィーヤに暮らしている。また南レバノンのアイン・アル＝ヘルウェ難民キャンプにも少数おり、私も現在ガリラヤのジシュ村にいる生存者に会ったことがある。(2) 彼らは、故郷の村の占領をめぐる恐ろしいあの事件を再検証するのはむずかしいと見ている。

サアサアで起きた事件を正確に再構成するには、もっと情報を集めなければならないが、タントゥーラの生存者と同様に、彼らの話もイスラエル軍がこの村で虐殺を行なったことを示している。

サフサーフについては、もっとわかることが多い。ムハンマド・アブドゥッラー・アル＝ダギームはナクバの一五年前に生まれ、村の小学校に七年生まで通った。サファドの高等学校の一年次を修了したが、その年の五月に町はユダヤ人の手に落ちた。もはや学校に通えないため自宅にいたところ、一九四八年一〇月二九日、ユダヤ人とドゥルーズの混合部隊が村を侵攻した。

部隊は村に入る前に激しく砲撃し、それで殺された人々のなかにガリラヤでもっとも有名な歌手のムハンマド・マフムード・ナーセル・ザグムートがいた。村の西側のブドウ園で働いていた村人の一団が砲弾を受け、そのとき死んだのだった。歌手の家族が遺体を村に運ぼうとしたが、激しい爆撃のため仕方なくあきらめるのを少年は目撃した。

＊　原文はメヤルーン（Myarun）山としているが、現メロン山のアラビア語名はジャルマク山であり、アラビア語訳書でもジャルマク山としている。なお、第4章に同様の箇所があるが、ここの原文ではジャルマク山となっている。

アラブ解放軍の義勇兵を含め、サフサーフで防衛にあたっていた人は全員、何らかの理由でユダヤ軍を村の東側で待ち受けていた。しかし軍は西側から攻撃をしかけ、村はたちまち制圧された。翌朝人々は村の広場に集まるよう命令された。「被疑者」を見つけ出すおなじみの手続きが始まったが、今回はドゥルーズ兵も関与しており、捕われた大勢の人々のなかから七〇人の不運な男たちを選び出した。彼らは目隠しのまま離れた場所に移され、即座に銃殺された。イスラエルの記録文書がこの事件を裏付けている。(3) 残りの村人たちは出て行くよう命じられた。最小限度の身の回り品をまとめることもかなわず、イスラエル軍の銃撃が頭上をかすめるなか、近くのレバノン国境まで追いやられた。

イスラエルの軍事記録資料《アーカイブ》と異なり、口述証言では、ずっとひどい残虐行為が語られる。こうした目撃証言の多くが別の事件に関する資料で裏づけられているため、疑う理由はまったくない。四人の女性と一人の少女がみなの目の前でレイプされ、一人の妊婦が銃剣で突かれるようすを生存者たちは回想する。(4)

タントゥーラでそうだったように、死体を集め、埋めるために数人が残された。老人数名と少年五人だった。サフサーフとはアラビア語で「枝垂れ柳」を意味する。残虐行為に関するわれわれの主要な情報源のマフムード・アブドゥッラー・アル＝ダギームはいまでは老人となり、現在もアイン・アル＝ヘルウェ難民キャンプで暮らしている。彼の住む小さな小屋は、約六〇年前にここにたどり着いた時に植えた枝垂れ柳に囲まれている。サフサーフを思い出させるものは、これだけである。

ヒラム作戦で最後に陥落したのはブライダー村だった。住民が自分たちの家を守ろうと断固たる決意を示したため、最後まで残っていた。この村はレバノン国境にひじょうに近く、レバノン兵が防護壁を越えて村人とともに闘った。ガリラヤを防衛するためにレバノン人がやった、おそらくこれは唯一の重要な貢献だっただろう。一〇日間も、村は繰り返される攻撃や爆撃に耐えた。ついに事態が改善する見込みはないと判断し、住民たちはイスラエル軍が侵攻してくる前に逃げ出した。サフサーフの人々が経験した恐怖を味わいたくはなかったのだ。

かつてはほとんどパレスチナ人しかいなかったガリラヤ地方は、一〇月三一日までに完全にイスラエル軍に征服されたのだった。

掃討作戦

一〇月と一一月はガリラヤで浄化活動が続けられたが、イスラエルは「掃討作戦」という形式で実施した。基本的に、もともと対象ではなかった村を浄化するために「練り直した」作戦だった。イスラエルの政治エリートはガリラヤの「アラブ性」を確実に除去したかったので、追い立てる村をリストに加えたのだった。

一九四〇年代の直接的な追放に始まり、一九六〇年代の軍事占領、一九七〇年代の大規模な土地収用、一九八〇年代には大がかりな入植を進めるユダヤ化政策という具合に、イスラエルが「ユダヤ化」のために全力を傾けてきたにもかかわらず、いまでもガリラヤは本来の美しさ、中東の雰囲気とパレスチナの文化が残る、パレスチナで唯一の場所である。人口の半数がパレスチナ人という「人口比」のせいで、二一世紀初頭になっても多くのイスラエル・ユダヤ人は、この地を「自分たちのもの」と思えないでいる。

一九四八年の冬に戻ろう。イスラエルは自分たちに都合よく「人口比」を逆転させようとし、アッカ近郊のアラブ・アル＝サムニーヤという人口二〇〇人の小さな村や、デイル・アル＝カースィーという人口二五〇〇人の大きな村から住民を追放したのもその一環だった。[5] このほかイクリットとコフル・ビルイム、ガービスィーヤの三つの村については珍しい逸話があり、一九四八年一〇月に始まっていまだに結末を迎えていない。イクリットの話をすれば、他の二つの村に起きたこともかなりわかるだろう。

イクリット村はレバノン国境に近い山間部で、海岸から東に約三〇キロの位置にあった。イスラエルの大隊は一九四八年一〇月三一日にここを占領した。村人は抵抗せずに降伏した。イクリットはキリスト教マロン派の人々が暮らす村で、住民は新生ユダヤ国家に歓迎されると思っていた。大隊の司令官は村人に、ここにいるのは危険だから退去するように指示し、軍事作戦が終われば二週間以内に戻れると請け合った。一一月六日に村の人々は自宅を追い出され、軍のトラックでラーマに移送された。地元の司祭など五〇人が家や財産を見張るために後に残ったが、六か月後に戻ってきたイスラエル軍に追い払われた[6]。

これは、浄化の方法がどのように変化したかを示すもう一つの例である。イクリットや近郊のコフル・ビルイム村は公表された滅多にない事例であり、村人は長い過程を経て、イスラエルの裁判所を通じ補償を求めようと決意したのである。キリスト教徒の村民は国に留まってもよかったが、故郷の村にはいられなかった。しかし彼らは諦めず、軍に約束を守るよう求め、帰還権のために長い法廷闘争を始めたのだ。それからおよそ六〇年経つが、奪われた生活を取り戻す彼らの闘いはいまだに終わらない。

一九四九年九月二六日、防衛大臣はイギリス委任統治時代にさかのぼる緊急事態法をイクリットに適用すると発表した。占領した将校がかつて約束した村人の帰還を妨げるためだった。およそ一年半後の一九五一年五月二八日、イクリットの人々はイスラエル最高裁判所に提訴することにした。裁判所は七月三一日、追放は違法であると断じ、イクリットの人々が元の村に再定住するのを認めるよう軍に命じた。軍はこの裁定を退けるには、一九四八年戦争のさなかに追放を正式に命じられたことを示さねばならなかった。つまりパレスチナの他の村と同じように、イクリットを無人の村にせよという命令だ。イスラエルの裁判所は、五三〇の村の追放については、そのようにさかのぼって容認したのだった。なんのためらいもなく、イスラエル国防軍（ＩＤＦ）はただちに正式な命令を偽造した。一九五一年九月、ラーマ村に避難していたイクリットの元住人たちは、自分たちを「正式」に追放するという軍の公式命令を受け取り当惑した。命令は一九四八年一一月六日付となっており、ほぼ三年後に届いたというわけだ。

この問題にきっぱりけりをつけるため、イスラエル軍は一九五一年のクリスマス・イブに、教会と共同墓地のみを残してイクリットのすべての家屋を完全に破壊した。住民の帰還を阻むために近隣の村もこの年に同様に破壊され、カッディータ、デイル・ハンナー、コフル・ビルイム、ガービスィーヤといった村も含まれていた。[7] コフル・ビルイムとガービスィーヤの住民も、イスラエルの裁判所の〔帰還を認める〕明確な判決を得ていたのだが、軍はすぐさまイクリットと同じようにこれらの村を破壊し、「報復」した。そして自分たちは空爆などの軍事訓練をこの地域で行なったが、どういうわけか村は廃墟となり人の住めない土地になった、という馬鹿にした弁解をしたのだった。

イスラエルにしてみれば、村の破壊はガリラヤの「アラブ化」を阻止する戦いの一環だった。一九七六年、内務省事務次官のイスラエル・ケーニッヒは、ガリラヤのパレスチナ人を「国家という身体を冒す癌」と呼び、国防軍参謀総長のラファエル・エイタンは公然と「ゴキブリ」だと語った。ユダヤ化政策は勢いを強めてはいるが、これまでのところガリラヤを「ユダヤ的」にできていない。しかし今日、政治家や学者などひじょうに多くのイスラエル人が過去の民族浄化を認めて正当化し、将来の政策決定者にも勧めているため、この地域のパレスチナ住民はいまだに、再び追放される危険があるのである。

一九四九年四月になっても実際には「掃討」作戦は継続し、さらなる虐殺を引き起こすこともあった。ベドウィンのアル＝マワースィー一族が住んでいたヒルバト・ワアラ・アル＝サウダー村で起きたのがそれである。ガリラヤ東部にあるこの小さな村は、ヒラム作戦の度重なる攻撃に耐え、ただ一つ生きのびていた。あるとき攻撃がすむと、数人の村人が死んだイスラエル人兵士らの首を切断した。一九四八年一一月に第一次中東戦争が終わると、復讐が始まった。虐殺に関わった第一〇三大隊の司令官は、その様子をまざまざと報告書で述べている。村の男たちは一か所に集められ、部隊はそのあいだにすべての家に放火した。一五人がその場で処刑され、残る人々は捕虜収容所へ移送されたのである。(8)

イスラエルの反帰還政策

民族浄化作戦は一九四八年の年末にかけて、イスラエルの反帰還政策を二つのレベルで実施することに力点を置いた。第一は、国内のレベルで、住民を追い出したすべての村を破壊し、ユダヤ人の入植地か「自然」林に変えるというものだ。これは一九四八年八月のイスラエル政府の決定で始まった。第二は外交的なレベルで、イスラエルに難民の帰還を認めるよう強まる国際社会の圧力をかわすため、多大な努力を払った。二つのレベルは相互に密接に関わりあい、破壊の速度は意図的に上げられた。帰る家がなくなれば、難民の帰還問題を論ずる意味もなくなるのが目的だった。

難民の帰還を促す国際的な取り組みは、国連パレスチナ調停委員会（ＰＣＣ）が中心になって進めた。これはフランス、トルコ、アメリカ合衆国から一人ずつ、たった三人の小さな委員会だった。ＰＣＣは国連調停官のフォルケ・ベルナドッテ伯爵が要求していた、難民の無条件帰還を呼びかけた。国連総会でこの見解は圧倒的に支持され、一九四八年一二月一一日に採択された。この国連決議一九四は難民に対し、無条件帰還そして／あるいは、補償の受け取りという選択肢を与えた。

帰還を阻止する第三の取り組みは、浄化を免れた村や、すでに混住が進み「脱アラブ化」した町のいずれでも、パレスチナ人の人口比を統制するというものだった。イスラエル軍は一九四九年一月一二日に、この目的のため新たに「少数民族部隊」を設立した。ドゥルーズ、チェルケス人、ベドウィンからなるこの部隊はある特殊任務、すなわちパレスチナ住民が自宅に帰るのを邪魔するためだけに雇われたのだった。目的を果たすために彼らが取ったやり口は、一九四九年二月二五日付の少数民族部隊が提出した第一〇作戦の概略報告にうかがえる。

アッラーバ村とデイル・ハンナー村における捜索と身元確認の報告。デイル・ハンナーでは、身元確認のため招集した市民《エズラヒーム》の頭上に発砲。市民八〇名を収監。本作戦中、軍事警察の現地住民に対する「不適切」行為が数件発生。(9)

後述するように、「不適切」行為とはたいてい、あらゆる類の身体的・精神的嫌がらせを意味した。こうした行為に関する詳細な報告もあるが、曖昧な用語のせいでわかりづらい。

逮捕された人々はレバノンに追放された。だが、イスラエルが一九四九年春まで占領していた地域に避難した場合は、再び追放される可能性があった。少数民族部隊はようやく一九四九年一月一六日に、南レバノンからの選択的追放を中止し、ガリラヤ地方とかつての混住地域だけを対象とするように命じられた。その任務は明白で、ひそかに自宅に戻ろうとするかなりの数の難民を阻止することだった。故郷の村や家に戻って暮らしたいのか、個人財産を取り返したいだけなのか、目的は問われなかった。イスラエル軍が「潜入者」と呼んだ人々は大半が農民で、こっそり自分の畑で収穫したり、ほったらかされている樹から果物を摘もうとしたのだった。軍事境界線をそっと越えようとして、難民がイスラエル軍哨戒兵に頻繁に殺された。イスラエル軍の諜報報告書は、彼らに「弾が命中した」と表現する。一九四八年一二月四日付の報告では次のような記録がある。「ダルハミーヤ村に戻って財産を取り戻そうとしたパレスチナ人に弾が命中」[10]。

ある情報部隊はこうこぼしている。「主な障害は、シリア人が［向こう岸から］難民に向けて発砲することである。そこでわれわれは難民がヨルダン川を渡れるように撃ち返すのだ」[11]。川を渡ってヨルダンに行こうとしても、たいていハーシム家の王国に追い返された。王国は自国領内で日増しに難民コミュニティが増大し、すでにヨルダンの人口が二倍に増えたことに負担を感じ始めていたのだった。同報告書は、難民に自国の自由な通行を「許可した」レバノンを称賛している。

たとえ「逮捕と追放」作戦の対象にならず、「侵入者」や帰還者だからと狙撃されなかったとしても、村に残るのを許された住民は安心できなかった。イスラエルが決めた領域にある四〇〇の村のうち約五〇の村で居住が許可されたのだが（ワーディー・アーラ村は含まない）、そうした村でも村人の畑や住居をほしがるユダヤ人農民、とくにキブツの住人のせいで他の場所に追い立てられる危険はまだ十分あったからである。

ヨルダン渓谷のアシュドット・ヤアコヴ・キブツに近いダルハミーヤという小さな村でもそれが起き、一一月五日、キブツが耕作地を拡げられるよう立ち退かされた[12]。もっと不運だったのは、ハデラ市近郊のラムル・ザイター村である。一九四九年四月に一度、西岸寄りへ移動させられたのだが、一九五三年に若者向けの新たなキブツ入植地がその付近に移転することになったため、再び移住させられたのである。やってきたキブツの若者たちは、土地を手に入れただけでは満足せず、パレスチナ人の住宅を見えないところに移してほしいと政府に要求したのだった[13]。

こうしたキブツ居住者の露骨な要求は、追放する側の言葉遣いの変化とおおむね一致している。ヒラム作戦では、次のような命令がくだった。

捕虜について：難民《プリティーム》移送のためレバノンおよびシリア国境の各地点に車輌を配置する。戦時捕虜収容所はサファドおよびハイファ、一時収容所はアッカに設置する。ムスリム住民は全員移送すること。(14)

ガリラヤ地方を巡回し注意深く見張っていた国連監視団の眼前で、民族浄化の最終段階は一九四八年一〇月に始まり、一九四九年夏まで続いた。上空からも地上からも、北を目指す人の流れが目に付かない日はなかった。列を作る人々には、みすぼらしい身なりをした女性や子どもが圧倒的に多かった。若者は処刑されたり逮捕されたり、行方不明となったからだ。上空の国連監視団や地上のユダヤ人目撃者たちは、目の前を通りすぎる人々の苦しみについて、この頃には不感症となっていたに違いない。そうでなければ、眼前で繰り広げられる大量追放に口を閉ざしたことをどう説明できるだろうか。

国連監視団は一〇月にいくつかの結論に達し、イスラエルの政策が「アラブ人を生まれ育ったパレスチナから、武力や威嚇を用い追い立てている」と事務総長宛てに書き送ったが、事務総長はその報告を公にしなかった。(15)アラブの国連加盟国はパレスチナに関する報告に安全保障理事会の注意を喚起しようとしたが、無駄に終わった。国連はおよそ三〇年もの間、難民とは誰かが責任を負うものではない「人道的問題」であるというイスラエルの国連大使アッバ・エバンの意味不明なレトリックを無批判に受け入れていた。国連監視団は、一九四八年一〇月までにパレスチナのあらゆる村や町で続いた略奪の規模にも衝撃を受けた。約一年前に圧倒的に支持された分割決議にかんがみ、国連は民族浄化を非難する決議案を可決できたはずだが、そうしなかった。そしてさらに悪いことが起ころうとしていた。

建国途上の小帝国

小帝国を建国する夢をふたたび見たこの最終局面で、イスラエルはひじょうにうまくやっていた。イスラエル軍はユダヤ国家を西岸地区と南レバノンへ拡大するため、いまいちど警戒態勢に入った。二つの命令は、西岸（当時サマリヤとかアラブ三角地帯と呼ばれた）の言及のほうが明確だったことが違うくらいで、じつはイスラエルとトランスヨルダンの暗黙の了解を、はじめて明白かつ公的に破棄するものだった。現在西岸地区の北部にあるジェニーンの周辺を占領し、可能であればナーブルスまで向かえというのが命令の内容だった。攻撃は延期されたものの、その後数か月間、最高司令部はまだ占拠していない地域、とりわけ西岸地区にとりつかれた。一九四八年一二月から一九四九年三月にかけてイスラエルが計画した各作戦の名称はわかっており、そのうちもっとも有名なのはスニール作戦である。イスラエルとヨルダンがついに停戦合意を結ぶと、作戦は棚上げにされた。

最後のこうした作戦は、イギリスがヨルダンと結んでいた軍事同盟に対する懸念のため中止された。軍事同盟のもと、イギリス政府は少なくとも表向きには、イスラエルのヨルダン侵攻に武力で応じる義務を負っていた。イスラエルの閣僚は、イギリス・ヨルダン条約の範疇にイギリス政府が西岸地区を含めないとは思わなかったのである。興味深いことにベングリオンはあるとき、〔この頃中止された〕作戦に関してフランスの承認は得ているが、イギリスが報復するかもしれないので心配だ、と政府に報告している。[16] 周知のとおり、イスラエル政府がガマール・アブドゥン＝ナーセル〔のちのエジプト大統領〕の瀬戸際政策を利用して西岸地区全体を攻撃し、こうしたもくろみは結果的に一九六七年六月に復活したのである。

ベングリオンは、南レバノンを占領する必要性を含め、今後の予定を五人の委員会（みな元顧問団メンバー）と議論するため、「丘」と呼ばれたイスラエル軍の新本部に彼らを招いた。一〇月から一一月にかけて数回の会合を持ったが、それでベングリオンは昔の集まりを懐かしく思い出したに違いない。今回ベングリオンは、五人の意思決定機関に、西岸地区の将来的な占領について相談した。仲間たちは、西岸の占領に否定的な意見を強く主張した。メンバーの一人でイスラエル内務大臣のイツハク・グリーンバウムは言った。「パレスチナの他の場所でやったことをあそこでやるのは不可能だ」。すなわち民族浄化はできないというのである。グリーンバウムは「もしナーブルスのような場所を奪えば、ユダヤ世界はそれを維持するようわれわれに求めるだろう［するとナーブルスだけでなく、ナーブルス住民もわれわれのものになってしまう］」と述べた。[17] 一九六七年になってようやくベングリオンは、イスラエルが六月の戦争で占領した地域で大量追放を再現するのはむずかしいことを認めた。皮肉なことに、当時参謀総長だったイツハク・ラビンに大量追放を思いどどまらせ、「たった」二〇万人を追放するだけで満足するように説得したのは、おそらく彼であった。そしてベングリオンは、西岸地区からただちに撤退するようイスラエル軍に忠告した。ラビンは当時、政府のすべての人に支持され、この領域をイスラエルに併合すると主張していたのだった。

南レバノンを占領する計画は、レバノン側に攻撃の意図がなく、防衛の考えしかないという諜報報告に基づいていた。南レバノンの一三の村が陥落し、イスラエル側には彼ら言うところの「戦時捕虜」がさばききれないほど大勢取り残された。「捕虜」には村人と正規兵の両方がおり、結果的に追放はここでも起きたのである。一九四八年一〇月三一日、イスラエル軍はフーラー村だけで八〇人以上を追放し、サーリハ村では一〇〇人以上を虐殺した。後にユダヤ機関の事務総長となったシミュエル・ラヒスは、一人で三五人を殺害した廉で軍事裁判にかけられた。五月から七月まで民族浄化に自身も加わった司令官のドヴ・イルミヤは、この作戦が引き起こす事態を悟って愕然とした、IDFでは数少ない司令官の一人だった。彼は自分が見聞きしたあらゆる残虐行為について、声高に抗議を始めた。ラヒスを告発したのはイルミヤであった。ラヒスは懲役七年の刑を受けたが、間髪入れずにイスラエル大統領によって赦免され、後に政府の要職に就いたのである。[18]

イスラエルが一九七八年と一九八二年に再び南レバノンを侵攻すると、戦時捕虜「問題」は解決した。IDFは刑務所間の連絡網を構築し、南レバノン軍の手を借りながら、捕えた人々を尋問したり頻繁に拷問にかけた。ヒヤームにある刑務所は、イスラエルの残忍性の代名詞となった。

一九四八年の占領軍はある方法をよく用いたが、一九八二年から二〇〇一年の占領でもそれが見られた。被占領民に対する搾取や虐待行為である。レバノンに駐留するイスラエル軍司令官が最高司令部に提出した、一九四八年一二月一四日付の申し立てにはこうある。「南レバノンでは、兵士たちが食事を用意して持ってこいと村民に命じている」[19]。後年の西岸地区やガザにおけるイスラエル軍のありようをみると、これは虐待や侮辱的な行為の氷山の一角に過ぎないと思わざるをえない。イスラエル軍は南レバノンから一九四九年四月に撤退した。しかし、パレスチナにおける一九四八年の民族浄化を一九七八年と一九八二年に南レバノンまで拡げて、イスラエルの占領は数多くの敵意を生み、復讐心をかき立てたのである。

いまやガリラヤ地方はすべて、ユダヤ軍の手中にあった。赤十字はこの地域に立ち入り、残った人々、残ることを許された人々の状況を調査してよいことになった。こうした調査を赤十字に禁じれば、国連に正式加盟が認められにくくなるとイスラエルは知っていたからである。包囲と爆撃と追放の被害は、あらゆる場所で目にされた。一九四八年一一月、赤十字の代表は荒廃した光景について報告している。彼らが訪問した村はどこも、働き手である男たちが収監され、女性や子どもたちは従来の稼ぎ手を失い、完全な無秩序状態におかれていた。穀物は収穫されずに、畑で腐るままになっていた。そして農村地帯では、驚くべき勢いで疫病が広がっていた。赤十字は主要な問題としてマラリアを報告したが、さらにチフス、くる病、ジフテリア、壊血病の事例も多数見つかっている。[20]

南部と東部の最後の浄化

最後に残る戦線はネゲヴ南部だった。イスラエル軍は一九四八年一一月に到着すると、エジプト残留軍を駆逐してさらに南に向かった。紅海沿岸の漁村ウンム・ラシュラシュ（現エイラット市）に到着したのは、一九四九年三月だった。

作戦司令官のイーガル・アロンは、最強の旅団が人口集中地域の民族浄化作戦に投入されたことに気づき、今度のネゲヴ占領のために使いたいと考えた。「ネゲヴ旅団をハレル旅団と配置替えする必要があるし、それから第八旅団もほしい。敵は強く、防備を固めて十分な装備をしており、粘り強く戦うだろう。だがわれわれは勝つ」。[21]

しかし、いちばんの懸念はイギリスの反撃であった。イギリスがこの地域をほしがっていると、イスラエル側は誤解していたのである。もしくは、イスラエル軍がエジプト領に侵入しようとすれば、イギリス政府はエジプトとの同盟条約に基づき戦時態勢をとるはずだ。結局イギリスは、そのいずれの行動もとらなかった。イスラエル空軍は、ラファァハやガザ、アリーシュをあちこち無慈悲におそらく無意味に攻撃したのだが[22]。その結果ガザの人は、古くからの住民も難民も、一九四八年から今日まで、イスラエルによる空爆の犠牲者としてはもっとも長い歴史を生きているのである。

南部の最終作戦により、民族浄化の最前線でさらに無人化と追放の機会が生まれたのは当然であろう。イスドゥードとマジュダルという南部の海沿いの二つの町は一九四八年一一月に占領され、住民はガザに追放された。マジュダルに残っていた数千人は一九四九年一二月に追放された。それは「平時」だったので、左派のイスラエル人のなかには衝撃を受けた人もいた[23]。

一九四八年一二月は、ネゲヴに暮らすベドウィンの部族を大勢追放することに割かれた。タラービーンという大きな部族がガザに追放され、軍が残ることを許したのはそのうちわずか一〇〇〇人だった。タヤーハ族は二つに分けられた。半数はガザに追放され、残りは強制的にヨルダン方面へ追い立てられた。ハジャージュレ族の土地には鉄道が通っていたが、一二月までにガザに追いやられた。アザーズメ族のみが帰還に成功したが、一九五〇～五四年に再び追放された。アリエル・シャロンという、若く野心的な将校が率いるイスラエル特殊部隊一〇一部隊の格好の標的になったのである。イスラエルの部隊は、一九四八年秋に開始したベエルシェバ地区の追放を一二月に完了した。パレスチナの南端で何世紀も暮らしてきた人々の九〇％は、そこからいなくなってしまったのである[24]。

一一月と一二月、イスラエル軍はワーディー・アーラを再び攻撃した。しかし、義勇兵やイラク人部隊、地元の村民に阻止され、またもや計画が挫かれる場面もなんどかあった。アフーラーとハデラを結ぶ、車の多い国道六五号線で旅行をするイスラエル人は、こうした村の名前をよく知っている。はるかに強大な軍隊からこんども自衛に成功したのは、ムシャイリファ、ムスムス、ムアーウィヤ、アルアラ、バルタアア、シュウェイカといった村である。そのうち最大の村は、現在ウンム・アル＝ファハムという名の町となった。あの当時、村人はイラク兵の手ほどきを受け、「名誉の軍」という部隊を自分たちで組織した。この地域の村を占領しようとするイスラエルの五度目の攻撃は、「ヒドゥーシュ・ヤメイヌ・ケ・ケデム」すなわち「栄光ある過去の回復」という名称だった。攻撃をしかける兵士に特別な情熱をもってほしいという願いを込めたコードネームだったのだろうが、この企みはまたしても失敗する運命にあったのである。

ベエルシェバ―ヘブロン地区の作戦には別の不吉な響きの名前がつけられた。「ピュトン」〔ギリシャ神話でアポロが退治した大蛇の名〕である。ベエルシェバという人口五〇〇〇人の小さな町が一〇月二一日に占領されたほか、二つの大きな村クバイバとダワーイメが占拠された。いまガザに住んでいるハビーブ・ジャラーダは、銃を突きつけられてヘブロンへ追放されたベエルシェバの人々のことを覚えている。人々を追い出さないでと市長が占領軍に懇願した場面はとくに鮮明に記憶している。「われわれが必要なのは土地であって、奴隷ではない」とにべもない返事だった[25]。

ベエルシェバを守っていたのは、リビア人将校ラマダーン・サヌースィーが率いる、ムスリム同胞団出身のエジプト人義勇兵が中心だった。戦闘が終わると、捕われた兵士や武器の所持をイスラエル軍に疑われた地元の人は一か所に集められ、銃を乱射された。ジャラーダはこの日殺された大勢の人の名を覚えている。そのなかにはいとこのユースフ・ジャラーダや祖父のアリー・ジャラーダがいた。ジャラーダは捕虜収容所に入れられ、イスラエルとヨルダンが休戦した後の捕虜交換によって、一九四九年夏にようやく釈放された。

ダワーイメの虐殺

当時、ベエルシェバとヘブロンの間にダワーイメという村があった。この村で起きた出来事は、記録されたナクバの凶行のなかでも、おそらく最悪といってよいだろう。ダワーイメは第八旅団の第八九大隊に占領された。

前述したように、ベルナドッテ伯の国連調停に代わるものとして創設された国連パレスチナ調停委員会（PCC）は、ヘブロンから西へ三マイルほどのこの村で、一九四八年の一〇月二八日に何が起きたか調査するため、臨時会合を開いた。もともとの人口は二〇〇〇人だったが、四〇〇〇人の避難民も加わって人口は三倍となっていた。

一九四九年六月一四日の国連報告書（村の名前で検索すれば、いまではインターネットで簡単に手に入る）は、次のように述べている。

多くの点でデイル・ヤースィーンよりもずっと残忍なこの虐殺がほとんど知られていない理由は、このニュースを広がるままにすれば、デイル・ヤースィーンのときと同じ影響を農民の心理に及ぼすのではないか、と（この地域を支配していた）アラブ軍団が危惧したからである。つまり、さらなるアラブ難民の流出を恐れたのである。

ヨルダンは、無能で何もしなかったと非難されるのを心配したようだ。PCCに届いた報告は、主に村長《ムフタール》の証言に基づいていた。彼はハサン・マフムード・イフディブといい、その発言はたいていイスラエルの軍事報告書で裏付けられた。著名なイスラエル人作家アモス・ケイナンはこの虐殺に加わっており、一九九〇年代末に虐殺があったことを認めた。パレスチナ人の俳優で映画監督のムハンマド・バクリーがドキュメンタリー映画「一九四八年」を製作するため、インタビューした時のことである。

村長《ムフタール》の記憶によれば、一〇月二八日の昼の礼拝から三〇分後に、二〇台の装甲車がクバイバ方面から村に入り、それと同時に反対側から兵士たちが攻撃してきた。村を防衛していた二〇人は、たちまち恐怖で動けなくなった。装甲車に乗った兵士は自動小銃や迫撃砲を発砲し、半円状になりながら村に進撃した。通常どおり三方から村を囲み、一時間で六〇〇〇人を追い出すために東側を開けておいた。うまく行かないとみるると、多数の兵士が車輌から飛び降り、人々に向けて無差別に銃撃し始めた。多くの人が逃げ場を求めてモスクに駆け込んだり、イラーク・アル゠ザーグという近くの聖窟に逃げ込んだ。翌日思い切って村に戻った村長《ムフタール》は、モスクのなかに死体の山があるのを見て慄然とした。通りにはもっとたくさんの死体が散乱していた。男も女も子どももいて、そのなかに父親の死体もあった。洞窟に行ってみると、入り口は多数の死体でふさがれていた。村長《ムフタール》の勘定では四五五人が行方不明で、うちおよそ一七〇人が子どもと女性だった。

虐殺に加わったユダヤ人兵士も、恐ろしい現場の様子を報告している。頭がぱっくり割れた乳児たち、屋内でレイプされたり生きたまま焼かれた女性たち、刺し殺された男たち。これらの報告は数年後に提出されたものではなく、事件の数日以内に最高司令部に送られた目撃証言である。(26) タントゥーラやサフサーフやサアサアで起きたイスラエル兵による残虐な犯行は、前述したように主にパレスチナ人の証言やオーラルヒストリーをもとにして実態が浮かびあがった。私は彼らの表現が正確だと信頼してきたが、ダワーイメの残酷な報告によってその思いはいっそう強まった。

第八旅団の八九大隊は、参謀総長イガエル・ヤディンから最後にこう命じられた。「作戦の重要な一環として、心理戦と市民の「世話《ティプール》」に備えよ」[27]。

イスラエル軍の行なった大規模な虐殺はダワーイメが最後だと言えたのは、一九五六年までである。ヨルダンとの休戦合意でイスラエルに編入されたコフル・カースィム村で、この年に住民四九人が虐殺されたのだった。

民族浄化はジェノサイドではないが、非道な大量殺戮や虐殺行為を必ずともなう。数千人のパレスチナ人が、あらゆる出自・階級・年齢のイスラエル兵に無慈悲に残酷に殺された。確かな証拠があるにもかかわらず、彼らは誰一人、戦争犯罪で裁かれたことがない。

一九四八年にナタン・アルテルマンが作った詩にちらほら後悔の念が見られるとしても、「泣きながら撃つ」の別バージョンに過ぎず、高潔なイスラエル人が自分を許すためによくやる手なのである。ちなみにアルテルマンとは、一九四五年にパレスチナ人をナチスになぞらえたあの人である〔第4章参照〕。ヒラム作戦で北部の無実の市民が惨殺されたと聞き、彼は書いた。

ジープに乗って通りを横切った
若い、百獣の王子が
老夫婦が壁ぎわで立ちすくむ
天使のように微笑み、王子は言った
「この軽機関銃を試してみよう」

アルテルマンたちがどれほど深く悔いようが、軍がパレスチナの浄化作戦を完遂する歯止めにならなかった。無慈悲で残酷な程度は、むしろ強まっていた。最後の浄化作戦の始まった一九四八年一一月から一九四九年夏にシリア、レバノンと最終合意を交わすまで、さらに八七の村が占領された。うち三六の村は武力で無人化され、他の村では選ばれた人々が追放された。一九五〇年になると追放する側の勢いと意志がようやく衰えを見せ、すでにイスラエル国家とヨルダン支配下の西岸地区とエジプト支配下のガザに分割されたパレスチナにお暮らしていたパレスチナ人の多くは、さらなる追放を免れた。彼らはイスラエルとエジプトの軍事支配下に置かれ、弱い立場のままにされた。しかし彼らがいかなる苦難を被ろうとも、現在われわれがナクバと呼ぶ恐怖の年に経験したものよりは、はるかにましな運命であった。

原註

（1） Morris, *The Birth of the Palestinian Refugee Problem,* pp. 305–6.

（2） 難民たちの現在の居住地と、もと住んでいた村について詳しくは、Salman Abu Sitta, *Atlas of Palestine 1948* を参照。

（3） Nazzal, *The Palestinian Exodus,* pp. 95–6; Morris, *The Birth of the Palestinian Refugee Problem,* pp. 230–1; Khalidi,（ed.）, *All That Remains,* p. 497.

（4） オーラルヒストリーの証言については、www.palestineremembered.com 上に、ムハンマド・アブドゥッラー・エドガイムが投稿している（二〇〇一年四月二四日付）。実証的資料は、Hashomer Ha-Tza'ir Archives, Aharon Cohen, private collection, a memo from 11 November, 1948 に見出せる。

（5） サリームとシェハーダ・シュライデにインタビューしたエドガイムの証言による。
（6） Morris, *The Birth of the Palestinian Refugee Problem*, pp. 194–5.
（7） イクリットの公式ウェブサイトに、この事件に関する簡潔な記事がある。www.iqrit.org
（8） Daud Bader (ed.), *Al-Ghabsiyya; Always in our Heart*, Center of the Defence of the Displaced Persons' Right, May 2002（ナザレ、アラビア語）.
（9） IDF Archives, 51/957, File 1683, Battalion 103, company C.
（10） Ibid. 50/2433, File 7.
（11） Ibid. 51/957, File 28/4.
（12） Ibid. 51/1957, File 20/4, 11 November 1948.
（13） Morris, *The Birth of the Palestinian Refugee Problem*, p. 182.
（14） IDF Archives, 51/957, File 42, Hiram Operative Commands and 49/715, File 9.
（15） United Nation Archives, 13/3.3.1 Box 11, Atrocities September–November.
（16） IDF Archives, The Committee of Five Meetings, 11 November 1948.
（17） Ibid.
（18） *Ha-Oram ha-Ze*, 1 March 1978. イスラエルの現地司令官ドヴ・イルミヤの証言は、*Journal of Palestine Studies*, vol. 7/4 (Summer 1978), no. 28, pp. 143–5 に掲載されている。イルミヤは人数は語っていないが、これらの村と関わりのあるレバノンのウェブサイトには載っている。Issah Nakhlel, *The Encyclopedia of the Palestine Problem*, Chapter 15 を参照。
（19） IDF Archives, 50/121, File 226, 14 December 1948.
（20） Michael Palumbo, *Catastorophe*, pp. 173–4.
（21） Hagana Archives, 69/95, Doc. 2230, 7 October 1948.

(22) IDF Archives, 51/957, File 42, 24 March 1948 to 12 March 1949.
(23) *The New York Times*, 19 October 1948.
(24) 'Between Hope and Fear: Bedouin of the Negev', Refugees International's report 10 February, 2003 and Nakhleh, ibid., Chapter 11, parts 2–7.
(25) ハビーブ・ジャラーダはガザでヤーセル・アル゠バンナーのインタビューを受けており、二〇〇二年五月一五日付 Islam On Line にその内容が掲載されている。
(26) いずれも Morris, *The Birth of the Palestinian Refugee Problem*, pp. 222-3 による。
(27) 一連の戦略は心理戦と言うほかなく、ユダヤ軍はアラブ人を大量追放するために住民を恐怖にさらし混乱させた。ラジオはアラビア語でアラブ内部の裏切り者について警告し、自分たちは指導者たちから見捨てられているとか、アラブの民兵が市民に対して犯罪行為をしているといったパレスチナ人の声が流れた。ユダヤ軍は、病気の恐怖も広めた。あまり洗練していないが、拡声器のついたトラックを使うという戦術もあった。パレスチナ人に向けて村や町で、殺される前に逃げろと扇動したり、ユダヤ人は毒ガスや原子力兵器を使っていると脅したり、悲鳴やうめき声、サイレンの音や火災警報ベルの音など、「ぞっとさせる効果音」を流したりした。以下を参照。Erskine Childers, 'The Wordless Wish: From Citizens to Refugees', in Ibrahim Abu-Lughod (ed.), *The Transformation of Palestine*, pp. 186–8; Palumbo, *The Palestinian Catastorophe: The 1948 Expulsion of a People from Their Homeland*, pp. 61–2, 64, 97–8.

第9章　占領、そしてその醜悪な諸相

難民の訴えによると、セルビア軍は組織的にコソボ系アルバニア人を住居から追い立て、その際一四～五九歳の「兵士年齢」のアルバニア人男性を選びだした。セルビア人は、グロコヴァクのニッケル鉄工場を大勢のコソボ系アルバニア人の拘置所として使った。

アメリカ合衆国国務省によるコソボ報告、一九九九年

一〇～五〇歳の兵士年齢にあたるアラブ人は、少しでも不審な点があればみな拘束せよ。

IDF命令、一九四八年四月一三日
IDF文書 5943/49/114、戦時捕虜の扱いに関する指令

二〇〇〇年九月にインティファーダが始まって以来、二五〇〇人以上の子どもたちが逮捕された。現在少なくとも三四〇人のパレスチナ人の子どもがイスラエルの刑務所に収容されている。

『ピープルズ・ボイス』、二〇〇五年一二月一五日

一九六七年以来、イスラエルは六七万人のパレスチナ人を拘留した。

アラブ連盟公式声明、二〇〇六年一月九日

子どもとは、一八歳未満のすべての者をいう。

子どもの権利条約。自由を奪われた少年の保護に関する国連規則

イスラエルは実質的にパレスチナの民族浄化を完了したが、パレスチナ人にとっての苦難はこれで終わらなかった。およそ八〇〇〇人が一九四九年いっぱいを捕虜収容所で過ごした。その他の人々は街頭で暴行を受け、大勢のパレスチナ人がイスラエルの軍事支配のもと、さまざまなやり方でひどい目に遭った。自宅は略奪され続け、田畑は収用され、聖地は汚された。イスラエルは移動や表現の自由、法の前の平等といった基本的権利を侵害した。

冷酷な収監

浄化作戦が始まるとすぐに、パレスチナの村落で巨大な檻がよく見かけられるようになった。イスラエルの業務となった「捜索と逮捕」作戦で選びだされた男性の村人を収監するためだった（一〇歳の子どもから五〇歳の初老の男性まで幅があった）。彼らはのちに、統合した捕虜収容所へ移送された。イスラエルの「捜索と逮捕」作戦はひじょうに計画的で、国中すみずみで実施され、「櫛作戦」とか、「蒸留《ズィクーク》作戦」といった総称も使われた。(1)

この作戦は最初にハイファで始まった。ハイファが占領されてから数週間後だった。イスラエルの情報部隊は「帰還者」たちより後に町に入った。戦闘がおさまりパレスチナの町に静けさと日常が戻ったように思えたので、避難民は当然にも帰宅したいと考えたのだった。しかし「不審なアラブ人」に分類された者もいた。実際、できるだけ多くの「不審なアラブ人」を見つけるため、何をもって「不審」とするのか定義せずに、命令が下されたのである。[2]

今日でも西岸地区やガザの大半のパレスチナ人にとっておなじみの手続きだが、イスラエル軍はある町や村を封鎖するよう命じる。それから情報部隊が各住居の捜索を始める。「不審なアラブ人」だけでなく、特定の場所に「不法」滞在していると疑いをかけられ、引きずりだされる人もいる。たいていはただ自宅に住んでいる人なのだが。こうした襲撃で選びだされた人は、その後本部へ移送された。

すぐにハイファのパレスチナ人の間で、本部は恐怖の的となった。それは港の向こう側の山腹にあるハダール地区にあった。いまでもその建物はダニエル通り一一番にあるが、一九四八年にそこで繰り広げられた恐ろしい場面は、灰色の外観からはうかがえない。尋問のために逮捕され、ここに連行された人々は、国際法によると全員イスラエル国の市民なのだった。新たに発行された身分証明書の不所持はいちばん罪が重く、一年半の懲役となり、ただちに檻の一つに移送された。ユダヤ国家の占領地区で見つかった他の「不法」で「不審」なアラブ人と、ここで一緒に収監されるのだった。ハイファの尋問所に収容されたパレスチナ人に対する情報部員の残酷な行ないについては、最高司令部ですら時おり難色を示した。[3]

農村部も同様に扱われた。ほんの数か月前とか数週間前に受けた最初の攻撃を思いだす村人も少なくなかった。イスラエル人は今回、新たな方式を採用した。道路を封鎖して抜き打ち検査を行ない、新しい身分証明書を持っていない者を捕えるという、イスラエルが現在も被占領地でよくやることで有名なやり方である。身分証明書は居住地内の移動の自由を限定的に認めたが、その入手自体が脅迫の手段となった。イスラエル諜報機関は、審査に通った者にだけ証明書を与えたのである。

証明書を手に入れたところで、ほとんどの地域は立入禁止だった。そうした地域に行くには、他に特別許可書が必要だった。たとえば、ガリラヤに住む人が通勤や親族・友人を訪ねるため、ハイファとナザレを結ぶ道路のようなもっとも一般的な経路を使う場合も例外ではない。また、許可書を得るのも容易ではなかった。(4)

一時収容の檻から捕虜収容所へ移送された数千人のパレスチナ人は、一九四九年いっぱい惨めな生活を送った。こうした収容所は五か所あり、いちばん大きなのはイジュリール（現在のヘルツェリア近郊）に、二番目に大きなのがハイファ南部のアトリートにあった。ベングリオンの日記によれば、九〇〇〇人の捕虜がいた。(5)

当初、収容所の組織は混乱をきわめていた。一九四八年六月末に、ある将校が不満をもらしている。「大勢のアラブ人戦時捕虜と民間人捕虜が一か所に集中しているのは問題である。彼らをもっと安全な場所に移さねばならない」(6)。一九四八年一〇月までに、イガエル・ヤディンが直接指揮をとって収容所の連絡組織を確立し、混乱はおさまった。

戦時捕虜の扱いについてハガナーは、早くも一九四八年二月、次のように指針を定めている。「捕虜の釈放または除去にあたっては、諜報将校の承認を要す」(7)。つまり選別処置はすでに始まっており、即決で処刑が実行されていたのである。イスラエルの諜報将校たちは、人々が捕虜収容所に到着するや、たえず追い立て、配置した。そのため捕えられたパレスチナ人は、軍がつくった「より安全な」場所に着いても、まったく安全ではなかったのである。(8)

収容所の看守として元イルグンやシュテルン団の部隊を雇うことは最初から決まっていたが、捕虜を痛めつけたのは彼らだけではなかった。あるときハガナーの元上級将校イスカ・シャドミーが、二人のパレスチナ人捕虜を殺害したとして有罪を宣告された。彼の名はイスラエルに住むパレスチナ人の歴史のなかで、よく知られている。一九五六年一〇月に四九人のパレスチナ人が亡くなったコフル・カースィムの虐殺では、主犯の一人であった。だが虐殺に関与した件で処罰されることもなく、少数派パレスチナ人の処遇を統括する政府機関の高官となった。彼は結局、一九五八年に無罪が決定した。シャドミーの事例は、イスラエルがパレスチナ人市民を今日までどのように扱ってきたか、二つの特徴を明らかにしている。一つ目は、アラブ人に対する犯罪で起訴された人は、パレスチナ〔アラブ〕人の生活に影響を及ぼす地位に留まる傾向があること。二つ目は、彼らは決して処罰されないということである。最近では、二〇〇〇年一〇月に丸腰のパレスチナ人市民一三人を殺害し、その後さらに一七人を殺害した警官たちがそのよい例である。

このような捕虜収容所をたまたま訪れた軍将校は、憂慮して書いている。「最近、捕虜の扱いに関してひじょうに深刻な事例がいくつか見られる。軍の規律の緩みが、その野蛮で残酷な行ないに表れている(9)」。犠牲者ではなく軍を心配するこの声は、昔からイスラエル軍の「自己批判」の伝統であり、いまでもおなじみのものである。

もっと酷かったのは強制労働収容所であった。パレスチナ人捕虜を強制労働に利用する案は、イスラエル軍司令部が思いつき、政治家も認めた。この目的に特化した労働収容所が、サラファンドに一か所、テル・リトヴィンスキーに一か所（現テル・ハショメール病院）、三か所目はウンム・ハーリド（ネタニヤ近郊）に建設された。当局は、イスラエル経済と軍の機能の両方を向上させるような、あらゆる仕事に捕虜を使った。[10]

労働収容所から釈放されたタントゥーラの生存者は、かつてハイファの名士だったムハンマド・ニムル・アル＝ハティーブのインタビューで、自分の経験を振り返っている。当時に関する本を一九五〇年代に出版したアル＝ハティーブは、次のような証言を書き取った。

われわれ男たちは三〇〇人が、狭い檻のなか、いくらくっつき合っても〔座るスペースがなく〕、立っていた。丸三日間、何も食べられず、それからトラックに押し込められた。座る余地などなかったが、撃たれる恐れはあった。……頭を上げると罰として殴られ、血が流れて服が汚れた。……新しいキャンプにつくと、そこは占領されたアラブの村ウンム・ハーリドの廃墟だった。[11]

それから証言者は、収容所の毎日の強制労働について語った。採石場で働き、重い石を運ぶ。朝はジャガイモ一つ、昼に魚の干物半分。反抗すれば激しく殴られるため、文句を言っても無駄だった。男性一五〇人は一五日後、イジュリールにある第二収容所に移されたが、そこでも同様の扱いを受けた。「破壊されたアラブ人の家の瓦礫を片づけなければならなかった」。しかしある日、「英語を流暢に話す将校がやって来て、これからお前たちをジュネーヴ条約に基づく戦争捕虜として扱う、と言った。そして実際に環境は改善された」。

五か月後にウンム・ハーリドに戻ると、まるで別世界の光景が目に飛び込んできた、と彼は言う。看守は二〇名が逃亡したことに気づくと、「われわれタントゥーラ出身者を檻に入れ、服に油を撒き、毛布を没収してしまった」。[12]

赤十字職員は一九四八年一一月一一日に早くも視察し、「イスラエルの経済を向上させるために」戦時捕虜が現地の活動に利用されている、とそっけない報告を行なっている。[13] たまたまこういった慎重な言い回しをしたのではない。周知のように赤十字は、ナチスの強制収容所で起きていたホロコーストを見逃したことを遺憾とし、ユダヤ国家を非難したり批判するのに慎重だった。しかし少なくとも、報告書ではパレスチナ人捕虜の体験に光をあてたのである。なかには一九五五年まで収監されていた人もいた。

すでに述べたように、イスラエルに捕えられたパレスチナの民間人の扱いと、ヨルダンのアラブ軍団に捕えられたイスラエル人の扱いは、まったく対照的だった。ベングリオンは、イスラエル人捕虜が軍団からいかによい処遇を受けたかイスラエルの新聞が報道すると、気を悪くした。一九四八年六月一八日の日記にはこうある。「これは事実だが、〔こうした報道は〕孤立した地域の投降を加速させかねない」。

占領下での虐待

一九四八年も一九四九年も、捕虜収容所や強制労働収容所の外の生活がはるかに楽だったわけではない。赤十字代表団は占領下の庶民の暮らしについても、穏やかならざる報告をジュネーヴの本部に送っている。基本的権利の集団的侵害が、ユダヤ人が混住地域を攻撃した一九四八年四月に始まり、一九四九年まで続いた。とりわけジャッファで起きたことは最悪である、と書いてあった。

ジャッファがイスラエル軍に占領された二か月後、赤十字代表団は死体の山を発見した。そこでジャッファの軍政府長官との緊急会談を要請すると、長官は赤十字のゴウィー氏に対し、イスラエル兵の命令に従わなかったので撃たれたようだと認めた。彼によると、毎日午後五時から午前六時まで夜間外出禁止令が出ており、屋外で見つかった人は「射殺してよい」とはっきり謳っていた。[14]
イスラエル人は外出禁止令と封鎖に乗じてジャッファで他にも罪を犯しており、それは各地でも発生した。もっとも多いのは略奪で、公的に組織ぐるみで行なうものと、散発的に行なう私的なものの両方がある。公的な略奪は、イスラエル政府の指示を受け、イギリス政府がアラブ住民のために貯蔵しておいた砂糖、小麦粉、大麦と小麦、米の卸売店を攻撃対象とした。略奪品はユダヤ入植地に送られた。一九四八年五月一五日以前も犯罪は頻繁に起きていたが、イギリス軍は自分たちが法的権限を持ち責任を負う地区にユダヤ兵が乗り込むのを、ただ傍観したのだった。七月、ジャッファの軍政府長官は、組織的没収の進捗状況をベングリオンにこう報告している。

閣下の要請につきましては、「わが陸海空軍の必要物資は、すべて担当者に届けられ、可及的速やかにジャッファから搬出する」ことを確認致します。一九四八年五月一五日現在、トラック一〇〇台分の物資がジャッファから搬出され、港はいつでも稼働できます。物資を運び出して倉庫は空になっています。[15]

食料品店から略奪したこうした将校らは、ハイファなど占領した都市のパレスチナ住民に対し、公民館や宗教施設、非宗教施設が略奪に遭ったり荒らされたりしないと請け合っていたのであった。モスクや教会が汚され、修道院や学校が荒らされると、人々はすぐにこの約束は嘘だと悟った。絶望が高まるなか、国連監視団のF・マーシャル長官は、「ユダヤ当局は、宗教団体のあらゆる建物に敬意を払うと何度も保証したが、違反を繰り返している」という報告を国連に送った。[16]

ジャッファでは、白昼堂々と行なわれる押し込み強盗の被害もひどかった。略奪者たちは、家具や衣料品など、この国に押し寄せていたユダヤ人移民に役立ちそうなものをなんでも持ち去った。略奪はパレスチナ難民の帰還を妨げ、戦略的方針を推し進めるためなら残酷な措置もいとわないイスラエル最高司令部にとっていい理由になっていることが、国連監視団はわかっていた。

自分たちの強盗と略奪作戦を正当化するため、イスラエル軍はよく武器の捜索を口実にした。武器が実際にあってもなくても、さらに残虐なことを行なうきっかけとなった。捜査では頻繁に殴りつけ、最後はかならず大量逮捕で終わった。「多くの人がなんの理由もなく逮捕された」と、ジャッファの軍政府長官イツハク・チズィクはベングリオンに書き送った。[17]

ジャッファにおける略奪は、イツハク・チズィクでさえ抗議しなければと感じるほど激しくなり、彼はイスラエルの金融大臣エリエゼル・カプランに宛てた一九四八年六月五日付の書簡で、もはや自分の手に負えないと述べている。彼は抗議を続けるつもりだったが、七月末に抗議が完全に無視されたと悟り、やりたい放題の略奪と強盗の十字軍に負けたと辞任した。[18] イスラエルの公文書にある彼の報告の大半、とくにイスラエル兵による地元住民の虐待に関する箇所は、検閲で削除されている。抹消を免れた文面から、軍のあまりの残忍ぶりにチズィクが明らかに困惑していることが見てとれる。「彼らは住民を殴るのを止めない」。

チズィクもまるで無関係というわけではない。時おり家屋の破壊を命じ、多数のパレスチナ人商店に放火するよう指示したのである。しかし自分が支配している占領地域でのそうした集団行為は、統治者としての自分のイメージを傷つけるため、抑えようとした。彼はカプラン宛ての書簡で「遺憾です」と書いている。「家屋や店に放火するなと私がはっきり命じているときの兵士の態度」にがまんならなかった。

「兵士らは命令を無視するばかりか、アラブ人の前で私を馬鹿にします」。また、「軍がいりもしない多くの物資を略奪する」のを、ヤコブソン氏とプレシズ氏という二人の紳士が後押ししたと批判してもいる。[19]

最高司令部はアブラハム・マルガリートを調査に派遣し、一九四八年六月に報告を受けた。「多数の規律違反がみられる。特にアラブ人に対する態度（殴打や拷問）、悪意というより無知に基づく略奪でそれが顕著である」。マルガリートが弁明しているとおり、兵士たちが「アラブ人を苦しめ続ける」特別な地位にいたのも、無知のせいに他ならない。[20]

これを受けて同月、イスラエルの少数民族省長官ベホール・シトリートはジャッファを訪問した。ティベリア出身の比較的ハト派のこのイスラエル人政治家は、新国家でユダヤ人とパレスチナ人が共存する可能性を支持した。イギリス委任統治下では判事を務め、数年後に法務大臣となった。シトリートは、圧倒的に東欧出身者が多い政府のなかで、中東を代表する大臣だった。政府内でアラブ人関連の仕事はもっとも敬遠されたが、彼はそれこそまず取り組むべきだとけしかけた。

シトリートは、ニコラー・サアブやアフマド・アブー・ラバンなど、占領後もジャッファに残り、パレスチナ人社会の先頭に立つ人々と個人的に親交を深めた。一九四八年六月に、軍事占領下でこれ以上悲惨な生活にならないようにしてほしいと懇願されると、熱心に耳を傾け、そう言うのももっともだと認めた。しかし、何らかの手を打つまでに時間がかかった。

彼らはシトリートに、イスラエル兵たちが個人宅に押し入るのは、まったく意味がないと述べた。地元の民族評議会のメンバーなので、避難させられた人々から鍵を預かっており、軍に渡す用意があったからである。しかし兵士たちは押し入るほうを好んだ。シトリートが辞去したあと、このうち数名が「不正に資産を持ち出した」かどで逮捕されるとは、この時は知るよしもなかった。話に出てきた、無人の家の鍵のことだ。[21] 三週間後、アフマド・アブー・ラバンは、前回の会見以来、ほとんど何も変わっていないとシトリートに抗議した。「強盗に遭っていない住宅や店舗は、一軒もない」。港湾や商店は品物を略奪され、住民は食料を奪われた。[22] アブー・ラバンはあるユダヤ人とともに市内で工場を経営していたが、だからといって除外されるわけではなかった。工場は略奪に遭い、機械はすべて持ち去られた。

じつのところ、パレスチナ都市部の公的・私的略奪がひじょうに広範囲にわたっていたため、現地の司令官たちも抑えきれなかったのである。六月二五日、政府はエルサレムを苦しめている略奪と押収に関し、秩序をもたらすことにした。現地住民のダヴィド・アブラフィヤは「収用と処分」の責任者に任じられた。ベングリオン宛ての報告によれば、彼にとっていちばんの問題は、「治安部隊と民兵が許可もなく収用を続けている」ことだった。[23]

ハイファのパレスチナ人のゲットー化

イスラエルは人々を投獄したり、さまざまな方法でそのいちばん基本的な権利を侵害した。ユダヤ軍が一九四八年四月二三日にハイファを浄化した後もこの町に残ったパレスチナ人の経験から、それがわかる。細部は多少異なるにしても、全体をみれば占領下の少数派パレスチナ人の試練や苦難がよくあらわれている。

一九四八年七月一日夕方、ハイファのイスラエル軍司令官は、パレスチナ人の指導者たちを本部に呼びつけた。彼らは、約七万人のアラブ人住民が追放された後も町に残った三〇〇〇～五〇〇〇人の代表だった。ハイファの最貧地区ワーディー・ニスナースの一か所に市内各地の住民を移らせ押し込み「やすくする」ため、指導者に指示するのがこの会合の目的だった。カルメル山の中腹から頂上にかけて居住地を後にするよう命じられた人々のなかには、すでに長年ユダヤ人入植者に囲まれ暮らしてきた者もいた。司令官は指導者全員に、七月五日までに移動を終えるよう念押しせよと命じた。パレスチナ人指導者たちは、いきなり深い衝撃を受けた。彼らの多くが、国連分割決議を支持した共産党に属しており、戦闘が終わったいま、ユダヤ国家のもとで日常生活に戻れるだろうと期待していた。彼らはユダヤ国家の建国には反対しなかったのである。[24]

「理解できない。これは軍事命令ですか？　人々の状況を見て下さい。そんな移動を正当化するいかなる軍事的理由もありません」。のちに共産党のイスラエル国会議員となるタウフィーク・トゥービーは、抗議した。そしてこう締めくくった。「誰もが自宅にいられるようにして下さい」[25]。列席していたブルス・ファラフは叫んだ。「これは人種差別だ」。移住はパレスチナ人をハイファに「閉じ込めるものだ」とはっきり見抜いた。[26]

資料の淡々とした記述も、イスラエル人司令官の尊大で冷淡な反応を隠すことはできない。指導者らに対する、ぶっきらぼうな口調が聞こえてきそうである。

　君たちはそこに座って、私に忠告ができると考えているようだ。だが君たちをここに呼んだのは、最高司令部の命令を伝え実行に移してもらうためだ！　私は政治に関係ないし、関わることもない。私は命令に従うだけだ。命令が七月五日までに完了されれば満足だ。……君たちがやらないのであれば自分でやるまでだ。軍人だからな。[27]

司令官が長い独白を終えると、別のパレスチナ人指導者シャハーダ・シャルフが尋ねた。「持ち家の人も、立ち退かなくてはならないのですか?」軍司令官は答えた。「全員が出てゆくのだ」[28]。彼らはさらに、住民は強制移住の費用を自分で賄わなければならないと知らされた。

ヴィクトール・ハイヤートは、出立まで時間があまりないことをすべての人々にわからせるのに丸一日以上かかる、とこのイスラエル人司令官を説き伏せようとした。司令官は、四日間あれば「十分だ」と答えた。会合の書記は、その瞬間パレスチナ人代表がいっせいに大声を上げたと記録している。「短すぎる」。司令官は「変更はできない」と言い返した[29]。

彼らの苦難はこれで終わらなかった。押し込められたワーディー・ニスナース地区で、人々は強奪され虐げられ続けたのである。ここは今では、ハイファ市当局がハヌカーとクリスマスとイード・アル゠フィトル〔それぞれユダヤ教徒、キリスト教徒、ムスリムの祭〕をまとめて「平和と共存の祝祭」として毎年祝う場所である。攻撃したのは主にイルグンとシュテルン・ギャングのメンバーだったが、ハガナーも積極的に加わっていた。ベングリオンはそうした行為を非難はしたが、止めるために何の手段も講じなかった。その件を日記に書いて満足したのである[30]。

レイプ

レイプに関する報告資料は三種類あり、深刻なレイプ事件があったことはわかっている。ただし、ユダヤ兵の犠牲となった女性たちの正確な数を出すのはむずかしい。第一の資料は、国連や赤十字など国際機関が作成したものだ。まとまった報告書は一度も提出されていないが、個々の事件についての簡潔な説明は入手できる。たとえばジャッファの陥落直後に赤十字職員デ・メウロンは、ユダヤ兵が一人の少女を集団レイプし、その弟を殺したと報告した。彼は、パレスチナ人の男性は捕虜として連行されたが、女性はイスラエル人の意のままに放置されたとまとめている。イツハク・チズィクは前述したカプラン宛ての手紙にこう書いた。「貴殿はすでに、レイプに関してお聞きおよびのことと思います」。またその前にベングリオンに宛てて、「兵士の一団が家に放火し、父親を殺し、母親を負傷させ、娘をレイプしました」と報告している。

第三者が居合わせた場所で起きた事件ならば、わかることはもちろんもっと多い。しかしそれは、女性が他の場所でレイプされなかったという意味ではない。赤十字の別の報告は、一九四八年一二月九日に起きたおぞましい事件を伝える。アル＝ハーッジ・スレイマーン・ダウードは家族とともにシャウカ・アル＝タフター*へ追放されていた。その自宅に二名のユダヤ兵が押し入った。兵士たちは彼の妻を殴り、一八歳の娘を拉致した。一七日後、父親はようやく一人のイスラエル人中尉に抗議することができた。レイプ犯は第七旅団所属であると判明した。少女が解放されるまでの一七日間に何が起きたのか、正確に知ることはできないが、最悪のことは想像されよう(31)。

第二の資料はイスラエルの文書だが、レイプ犯が裁判にかけられた場合しか記録がない。ダヴィド・ベングリオンは個々の事件について報告を受けていたようで、日記に書き込んでいる。数日おきに「レイプ事件」という項目を設けた。チズィクから報告のあったある事件は、次のように記されている。「アッカで、少女をレイプしようとした兵士らの件。父親を殺害し、母親を負傷させたが、将校たちがもみ消した。少なくとも兵士一名が少女をレイプ(32)」。

ジャッファはイスラエル兵の残虐行為と戦争犯罪の中心地だったように思われる。特に第三大隊は残忍で、この町で起きたレイプ事件のほとんどにこの兵士の関与が疑われた。大隊の司令官は、ヒサースやサアサアで虐殺したり、サファドとその近郊で民族浄化を行なった兵士を指揮したのと同じ人である。最高司令部は、第三大隊をジャッファから撤退させたほうがよいと判断した。しかし、他の部隊も占領から三、四か月は女性に暴行を加えた。第一次休戦の期限が切れる七月八日に向けて事態は悪化し、占領した町の兵士の行動（とりわけ私的略奪とレイプ犯罪）にはベングリオンでさえ憂慮し、ユダヤ軍が「一〇日戦争」でナザレを占拠しても軍に立ち入りを認めない判断を下した(33)。

第三の資料は、加害者と被害者両方のオーラルヒストリーである。加害者の聞き書きで事実を把握するのはひじょうに困難であるし、被害者の場合もほぼ不可能である。しかしイスラエルがこの戦争でパレスチナの人々にふるったもっともおぞましく非人間的な犯罪は、被害者の証言によって少しずつ明らかになっている。

犯罪者は、何年も経って安全が確保されてはじめて話すことができるようだ。こうして最近ようやく、凄惨な事件が明るみに出たのである。一九四九年八月一二日、現ガザ地区の北端にあるベイト・ハヌーンからそう遠くないニリーム・キブツに拠点を置くネゲヴの兵士集団が、一二歳のパレスチナ人の少女を攫い、その晩キブツ近くの軍事基地に監禁した。その後数日間、この集団は少女を性奴隷とし、彼女の髪を剃り、輪姦し、最後に殺した。ベングリオンは日記にこのレイプについて書いているが、編集者によって削除された。二〇〇三年一〇月二九日、イスラエルの新聞ハアレツがレイプ犯たちの証言に基づいてこの話を公表した。少女の残酷な拷問と処刑に加わった二二人の兵士が裁判にかけられたが、裁判所が言い渡したもっとも重い刑は、殺人の実行犯に対する二年の懲役だった。

＊　原文ではシャカラ（Shaqara）としているが、この名のついた村の存在は確認できないため、アラビア語訳書中の記述に従った。

聞き書きを集めることで、占領下にパレスチナの村で起きたレイプ事件も掘り起こされた。五月にタントゥーラ村、六月にクーラ村、最後にヒラム作戦で占領されたいくつかの村の虐待やレイプ事件である。国連職員がこれらの村出身の大勢の女性にインタビューし、彼女たちが進んで自分の経験を語ってくれたため、多くの事件が裏付けられた。インタビューは事件から何年も経っていたが、当事者の女性や男性にとって、事件の名前や詳細を語ることがいかにむずかしいかがよくわかる。聞き手は、当事者が話したいことや話せたことは知っていることのごく一部だろうという印象を受けた。

証言者はまた、女性が身につけていた貴金属類をすべて冷酷に屈辱的に奪われたと報告している。兵士らは、女性たちに身体的な嫌がらせをし、タントゥーラではそれがレイプにまで至った。ナージヤ・アイユーブは言う。「兵士たちは私たちを取り囲んで触ろうとしましたが、私たちは抵抗しました。女性が屈服しないようすを見て、彼らはあきらめました。私たちが海岸にいると、二人の女性を捕え、身体を検査すると言って服を脱がせようとしました(34)」。

一九四八年から一九四九年にかけてパレスチナの地方でも都市でもユダヤ兵が行なった略奪行為のうち、パレスチナ人女性のレイプについては、伝統や恥の意識、トラウマが文化的・心理的な壁となって全容の解明を阻んでいる。イスラエルによるパレスチナ民族浄化の記録のこの一章は、誰かが十分な時間をかけて、きっと完成してくれることだろう。

分捕り品の山分け

戦争の嵐がおさまり、近隣諸国と休戦条約に署名すると、新生イスラエル国家の政府は占領体制をいくぶん緩め、都市にわずかに残るパレスチナ人の略奪やゲットー化を徐々にやめていった。一九四八年八月には、民族浄化の結果に対処する組織「アラブ問題委員会」が創設された。先述のとおりベホール・シトリートは、初代イスラエル外相モシェ・シャレットと並び、委員のなかではまだしも思いやりのあるほうだった。しかし顧問団の元メンバーも何人かいた。ヤアコヴ・シムオーニ、ガド・マクネス、エズラ・ダニン、ヨセフ・ヴァイツら、追放策を考案した人たちがみんないると知れば、残留パレスチナ人はひじょうに不安になるだろう。

八月、この新しい組織は主に、イスラエルに難民の帰還を認めさせようとする国際社会の圧力に対処した。再定住計画を成立させれば、この件に関わらなくてもよくなると見通していた。国際社会の主要国は支持するだろうし、もっとうまくいけば問題をすっかりあきらめる方向へと傾くだろう。イスラエル側は、パレスチナ難民は全員シリアとヨルダン、レバノンに再定住すべきだと提案した。これは一九四四年にはすでにユダヤ機関の会合で議論されていたことであり、驚くべき話ではない。

ベングリオンは主張した。「アラブ人の移送は他の民族よりたやすい。周りにアラブ国家があるのだから。……［パレスチナの］アラブ人が移送されれば、彼らの状況は改善されるのであって、悪くなることはない」。一方、モシェ・シャレットは「ユダヤ国家ができれば、アラブ人が移送される可能性はひじょうに高い(35)」と書きとめている。歴代のイスラエル政府が引き継ぐこの論法に、当時のアメリカ合衆国とイギリスは好意を示した。しかし両国も他の諸国も、それを前進させるために多大な努力を費やしたり、あるいはパレスチナ難民の無条件帰還を求める国連決議一九四の実現に向けて議論する気はなかったようだ。難民の権利について触れないでほしいとイスラエルが望んだとおり、彼らの運命はすぐに忘れ去られたのである。

しかし帰還や再定住だけが問題だったわけではない。一三〇万人のパレスチナ人から没収したお金も問題だった。この人々は委任統治パレスチナの元市民で、その財産はイスラエル当局が一九四八年五月以降に接収した銀行や機関に投資されていた。イスラエルは、現在抱え込んでいるパレスチナ人の財産問題に関して、再定住計画では言及しなかった。アラブ問題委員会には国立銀行の初代総裁ダヴィド・ホロヴィッツがおり、彼は「アラブ人が残した」財産を総額一億ポンドと見積もった。そして国際的な調査や監視に引っかかることを避けるため、解決策として「在米ユダヤ人に売却できるのではないか」と提案した。[36]

さらに、パレスチナ人が放棄を強いられた耕作地も問題であった。今後の可能性をもれなく考え、アラブ問題委員会の会合で発言したのは、またもやベホール・シトリートだった。「おそらく耕作地は一〇〇万ドゥナム〔一〇万ヘクタール〕ある。国際法に従えば、われわれはいっさい売却することはできない。帰還を望まないアラブ人から買い上げるしかないだろう」。ヨセフ・ヴァイツは遠慮なく話をさえぎった。「耕作地の処遇は、村の処遇と何ら変わりあるまい」。ヴァイツの提案によれば、解決策は領域内のすべての土地を対象とする必要があった。耕作地であれ住宅地であれ、すべての村と都市部を対象としなければならない。[37]

シトリートと違って、ヴァイツは内情に通じていた。彼は公式にはユダヤ民族基金（JNF）の入植地局長だったが、民族浄化が始まってからは急遽「移送委員会」の実質的トップも兼ねた。ヴァイツは側近のヨセフ・ナフマーニのような忠実な官吏や個人的な人脈によって、農村部のあらゆる土地奪取の情報を知っていた。ユダヤ軍は人々を追放し住宅を破壊する役割を担ったが、ヴァイツは破壊された村を確実に同基金に引き継ぐ仕事をしたのである。

ヴァイツの提案にシトリートは愕然とした。イスラエルが不当に手に入れた広大な土地が、当初の一〇〇万ドゥナムの三倍になってしまったからである。ヴァイツの次の提案は、国際法や合法性を気にする人間なら、誰もが驚く内容だった。ユダヤ民族基金の入植地局長は、こう断言したのである。「四〇〇台のトラクターさえあればいい。トラクター一台で三〇〇〇ドゥナムを耕作できる。耕作は食料調達のためだけではない。自分の土地に戻ろうとする人をすべて阻止するためだ。劣悪な土地は、民間部門か公共部門に売りはらえばよい」。

シトリートはさらに抗った。「この収用は、アラブ世界からパレスチナへ移住したときユダヤ人が失った財産の見返りだ、くらいは言ったほうがよいのではないか」。当時ユダヤ人移民は、非常に少なかった。しかし後にイスラエル外務省はこの「見返り」という考え方を気に入り、パレスチナ難民の帰還権に関する議論を抑えようと空しく努力するなかで、これを頻繁に宣伝に使ったのだった。一九四八年八月の時点では、シトリートの案は強制移送にイスラエルが関わっていることが露呈してしまう危険があったため却下された。ヤアコヴ・シムオーニは、相互の財産没収についてそのように言明しては、イスラエルがパレスチナで実施した追放――彼は「移送」と呼んだ――に注目が集まってしまうと戒めた。

ついにベングリオンはしびれを切らした。国際的な制裁を防ぐといった注意を要する課題は、アラブ問題委員会のような手際の悪い組織の仕事ではないと悟ったのだ。たとえばパレスチナ住民の帰還を認めるよう圧力をかけられることを避けるため、住宅を破壊するなど、既成事実をつくる仕事である。そこで彼は、パレスチナ人の財産と土地に関する決済委員会をその場で作り、ダニンとヴァイツを委員に任命した。その主な仕事は破壊と収用だった。

アメリカ政府がこの問題に関心を示したのは短期間、それも一度きりだった。ホワイトハウスが無関心な一方、国務省の職員は例外的に難民問題に関わる政策を取り仕切った。当然のことながら、イスラエルの基本姿勢に不満が高まった。アメリカの専門家たちは難民の帰還に関して合法的な代案はないと見ており、可能性を話しあうことさえ拒絶するイスラエルにかなり苛立っていた。

一九四九年五月、米国務省は、難民の帰還が和平の前提条件だと考えていると強硬な声明をイスラエル政府に送った。イスラエルの拒絶が届くと、アメリカ政府は制裁をほのめかし、約束していた借款を取り下げた。これに対しイスラエルは、七万五〇〇〇人の難民を引き受けるほか、二万五〇〇〇件の家族の呼び寄せも許可すると提案した。ワシントンはそれでは不足だとみなし、もとからの住民九万人と難民二〇万人のいるガザ地区を、まとめて引き受けるよう持ちかけた。一九四九年春までどちらの提案もまるで不十分とみなされていたが、国務省内の人事異動によってアメリカのパレスチナ政策は方針転換し、難民問題は完全に無視とまでは言わずとも、すっかり隅に追いやられてしまったのである。

アメリカが圧力をかけたこの短期間(一九四九年四~五月)に、ベングリオンは基本的に、収用した土地や無人の住居にユダヤ人移民を集中させた。国際社会の非難を懸念してシャレットとカプランが反対すると、ベングリオンはまたもや結社のような組織を作るよう命じた。ヨーロッパやアラブ諸国からまもなくやってくる数十万人のユダヤ人移民に対してこの組織は、パレスチナ人が町や都市に残した住居を奪い、人々を追放した村の廃墟に入植地を建設するよう勧めた。

パレスチナ人の財産の処分は、国の計画に従って整然と行なわれるものと考えられていた。しかし九月末になると、ベングリオンはジャッファやエルサレム、ハイファといった主要都市で法に則って接収することを断念した。同様に、無人の村や土地に殺到する貪欲な農民や政府機関を調整するのも不可能であることがわかってきた。土地の分配はユダヤ民族基金の仕事だったが、一九四八年戦争が終わると他の機関にも同様の権限が与えられた。なかでももっとも重要なのは、後述する資産管理局である。ユダヤ民族基金は、戦争の利権を分配する重要な役目は奪いとらなければならないと悟った。最終的に競り勝ったが、時間がかかってしまった。イスラエルはパレスチナ農村部の土地をあわせて三五〇万ドゥナム接収した。この概算には、一九四八年以降に破壊された村のすべての家屋や田畑が含まれた。この土地を最大限活かすやり方を中央政府が決めるまで、しばらく時間を要した。ベングリオンは、国連が難民の行く末を議論しているあいだ、ユダヤの民間機関・公立機関の全面買収を先送りした。一九四九年に第一回会合がローザンヌで開かれ、その後何度か難民問題を論ずるために設立された委員会は無益に終わった。ベングリオンはパレスチナ難民の無条件帰還を求める一九四八年一二月一一日の国連総会決議一九四のせいで、イスラエルの公的で合法的な手続きに基づいた接収が問題となることを知っていたのである。

集団的な追放に対する世界の怒りをかわそうと、イスラエル政府は今後得る財産のために資産管理局を設立し、先々については判断を引き延ばした。シオニストのかつての措置が典型的だが、この「現実的」な解決策は、「戦略的」に（つまり非居住者の財産を再定義して）変更を決めるまで、当面の方針となった。資産管理局はしたがって、全難民の帰還および（または）補償を認めるよう求める国連決議一九四のいかなる帰結も、イスラエル政府がかわすために機能した。追放されたパレスチナ人の私的・集団的財産をすべて資産管理局の下におけば、政府は誰からも所有権の申し立てはなかったと偽り、そうした資産をユダヤ人の公共・民間団体や個人に売却できたし、実際そうしたのだった。さらに、パレスチナ人地主の土地は政府の管理下に入ったとたん国有地となった。法によってユダヤ国家のものとなり、アラブ人には一切売却できなくなったのである。[38]

法律によるこの巧みなごまかしは、土地の分割案が最終的に決まらないかぎり、たとえば国防軍とか新移民やキブツ運動に一部の土地を（安値で）譲渡するため「戦略的」な暫定手段をとりうることを意味した。ユダヤ民族基金はそうした戦争利権をめぐる「顧客」の激しい争奪戦に直面した。当初は家屋や土地を含め破壊した町を丸ごと買いあげてうまく進んだ。一九四八年一二月、資産管理局は合計三五〇万ドゥナムある土地のうち一〇〇万ドゥナムを、直接ユダヤ民族基金に格安で売却した。一九四九年にも二五万ドゥナムをユダヤ民族基金に譲った。

その後資金不足により、貪欲なユダヤ民族基金の活動は停止に追い込まれた。そこで三件のキブツ運動とモシャヴ運動、民間の不動産業者が、同基金が買い損ねたものを喜んで分け合った。このうちもっとも強欲だったのは、イスラエル与党のマパイ党よりも左派のマパム党に属するキブツ運動ハショメール・ハツァイールであった。ここの構成員は、無人の土地だけでは満足せず、虐殺を生きのびたパレスチナ人地主が手放さなかった土地まで欲しがった。彼らは、公式に民族浄化が終わった後も住民が追い出されればよいと考えたのだ。だが誰もが、広大な土地を訓練場や駐屯地のために残しておきたいというイスラエル軍の要請に道を譲らなければならなかった。農村部の無人の土地は、一九五〇年になってもその半分はまだユダヤ民族基金が所有していた。

一九四九年一月の第一週に、ユダヤ人はクウェイカート、ラアス・アル＝ナークーラ、ビルウェ、サフサーフ、サアサア、ラッジューンといった村に入植した。マアルールとかジャラマなど北部の他の村には、イスラエル国防軍（ＩＤＦ）が軍事基地を建設した。多くの点で、新しい入植地は軍事基地と大して変わらないように見えた。かつて村人たちが家畜を連れてきた場所が、新たに要塞となったのだ。

パレスチナの人文的な地理は、丸ごと力ずくで変えられた。都市に見られたアラブらしさは、ジャッファの広大な公園やエルサレムのコミュニティ・センターをはじめとして大規模に破壊され抹消された。

ある民族の歴史と文化をぬぐい去り、かつての住民の痕跡をすべて消して、偽造したもので置き換えたいという願望が、こうした変化をもたらしたのであった。

ハイファがその好例である。早くも一九四八年五月一日（ハイファは四月二三日に占領された）、シオニストの将校たちはベングリオンに宛てて、いまがハイファのアラブらしさを変える「歴史的機会」だと書き送った。そのために必要なのは二二七軒の家屋を破壊するだけである、と彼らは説いた。[39] ベングリオンは、自ら望んだ破壊の光景を確認するためハイファを訪ねた。そしてこのタイプではもっとも美しいものの一つであったアーケードを壊すよう命じた。ティベリアについても同じ決定がなされた。約五〇〇軒の住居が破壊され、それはジャッファや西エルサレムに並ぶ数だった。[40] モスクに対するベングリオンの思いは独特で、支配を証明するための特別な存在であった。イスラエルの公的な略奪は、モスクはもちろん聖地にも及び、これらを新たに獲得した財産の一部とみなしたのである。

聖地の冒瀆[41]

一九四八年まで、パレスチナではあらゆるムスリムの聖地はワクフに属していた。ワクフとはイスラームの寄進制度で、オスマン帝国にもイギリス委任統治政府にも承認され、現地の宗教的権威でハーッジ・アミーン・アル＝フサイニーを長とするムスリム最高評議会の管理下にあった。一九四八年以降イスラエルは、すべての寄進地を資産ごと没収し、まず資産管理局に、その後国家に移管し、最終的にユダヤ人の公共団体や民間人に売り払ったのだった。[42]

キリスト教会も土地の接収を免れなかった。破壊された村の教会は、ワクフの寄進地と同じく所有地の大半を没収された。圧倒的多数のモスクとは異なり、ごくわずかだが無傷で残った教会もあった。多くの教会とモスクは徹底的に破壊されることはなく、「古代の」史跡のように放置され、イスラエルの破壊力を思い出させる「過去の」名残となっている。聖地のなかにはパレスチナでもとくに見事な名建築もあったが、永遠に失われた。アル＝ハイリーヤ・モスクはギヴアタイムという都市の下に消え、ビルウェの教会の瓦礫はいまやユダヤ人入植地アヒフードの耕地の下に横たわっている。ハイファ近郊の沿岸部サラファンドにあるモスクも同様に貴重な石造建築物だった（イギリス軍の広大な基地があったパレスチナ中部のサラファンドと混同しないように）。二〇〇〇年七月二五日、イスラエル政府は築一〇〇年のこのモスクをブルドーザーで破壊する許可を出した。国家の破壊行為を公務と認めないでほしいという、当時の首相エフード・バラクに宛てた陳情は無視されたのだった。

振り返ってみると、大多数の人が伝統と宗教の信奉に癒しと安息を得ていたパレスチナ社会にとって、イスラームの聖堂への侮辱が最大の苦痛であった。イスラエルはマジュダルとキサーリヤのモスクをレストランに、ベエルシェバのモスクを商店に変えた。アイン・ハウドのモスクはバーになった。ズィーブのモスクは行楽地の一角に入り、現在は国立公園を管轄する政府機関が所有している。無傷のモスクもあるが、それもイスラエル当局が、その神聖さを保護する義務はもうないと感じるときまでのことだ。たとえばアイン・アル＝ザイトゥーンのモスクの廃墟は、二〇〇四年になってミルク工場にされた。ユダヤ人所有者はモスクの建造年を記した石を除去し、壁をヘブライ語の落書きで埋めた。一方、二〇〇五年八月にイスラエルのメディアや世論や政治家は、その夏ガザ地区からユダヤ人入植地を一部撤退させ、跡地のシナゴーグはパレスチナ人に委ねるという政府の判断を酷評した。入植者たちはすべての宗教用品を取り外し、これらのシナゴーグは単なるセメント造りの建物となっていた。しかしそれが破壊されるとき、イスラエル中が嘆きの声を天高く響かせたのだった。

かろうじて残ったムスリムの聖堂やキリスト教会にしても、いつでも利用できるわけではない。ソフマータの教会とモスクは今日でも目にすることができるが、そこで礼拝したり、ただその場所を訪ねたい場合でも、ユダヤ人の農場を横切って不法侵入だと警察に通報される危険を覚悟しなければならない。ハイファ近郊のバラド・アル＝シャイフ・モスクに行こうとしても同じ目に遭う。ムスリムはまた、新興開発市キルヤト・シュモナに現在あるハーリサ・モスクの利用も拒否されている。ケレム・マハラルの住民はいまだに、一九世紀に建設された美しいモスクの利用を認めようとしない。このモスクはパレスチナでもっとも豊かな村、かつてイグズィム村だった場所の真ん中にある。

武力ではなく役人のごまかしのせいで利用できないこともある。ヒッティーン・モスクの場合がそれである。伝承によれば、十字軍に対する勝利を記念するため、一一八七年にサラーフッディーンが村の中心部にこのすばらしい建物を築いた。比較的最近のことだが、デイル・ハンナー出身の七三歳になるアブー・ジャマールは、パレスチナ人の子ども向けのサマーキャンプを通じてこのモスクの過去の栄光を復興し、礼拝を再開するのを応援したいと考えた。しかし教育省は、彼を欺いたのである。教育省高官はアブー・ジャマールに、もしキャンプを中止するなら、復興費を寄付しようと約束した。彼がその申し出を受け入れると、教育省はモスクをまるで高度保安設備のように有刺鉄線で封鎖した。近隣のキブツ住民は礎石に至るまですべての石を運び去り、跡地を自分たちの羊や牛を放牧するために使っているのである。

以下に、この一〇年ほどを簡単に列挙した。一九九三年、ユダヤ人狂信者がナビー・ルービーン・モスクを爆破した。二〇〇〇年二月、ワーディー・ハワーリス・モスクが破壊された。ムスリムのボランティアが建物の修復を終えた二週間後のことであった。完全に破壊活動の標的となった修復ずみのモスクもあった。破壊されたアイン・アル＝ガザール村のシャイフ・シャハーダの墓所《マカーム》は、二〇〇二年に全焼した。ベイサーンのアルバイーン・モスクは二〇〇四年三月に放火され崩壊した。ティベリアのアル＝ウマリー・モスクとアル＝バハル・モスクは二〇〇四年六月に同様の攻撃を辛くも逃れたが、ひどく損壊した。ジャッファのハサン・ベイ・モスクは定期的に投石され、預言者の名前を記した豚の頭を庭に投げ込まれ冒瀆された。二〇〇三年にはザルガーニーヤのアル＝サラーム（「平和」）・モスクをブルドーザーがすべて消し去ったが、それはこのモスクが再建された半年後だった。二〇〇五年にコフル・サーバー近郊のシャイフ・サムアーンの墓所《マカーム》は、何者かに攻撃され崩れ落ちた。

中世の偶像破壊時代のように、ユダヤ人の礼拝所にされたモスクもある。ワーディー・ハニーンとヤーズールのモスクは現在はシナゴーグになっており、ティベリアのサマーキーヤにある墓所《マカーム》のモスクや、コフル・イナーンとダーリヤの二つのモスクも同様である。ベングリオン空港に近いアッバースィーヤ・モスクもシナゴーグになったが、そのまま放棄された。いまは、「アラブ人を殺せ！」などの落書きで飾りたてられている。エルサレムの西側入り口にあるリフター・モスクはミクウェ（ユダヤ教の儀式に使う女性浴場）になった。

近年の標的は、イスラエルのいわゆる「非認可村」内のモスクである。ナクバのさなかに始まった追放の、これが直近の状況である。イスラエルの法に従えば、イスラエルの土地の大半は「ユダヤ民族」の所有となり、パレスチナ市民は閉め出されている。パレスチナ農民が土地を拡げようとか新しい村を作ろうとしても、ごくわずかな空間しか残っていない。一九六五年、政府はパレスチナ人地区の農村および都市部の発展のためのあらゆる基盤整備計画を廃止した。その結果パレスチナ人、とくに南部のベドウィンは、「非合法」の村を建設し始めたが、そこにはもちろんモスクもある。こうした村の住居やモスクは、常に取り壊される脅威にさらされているわけだ。イスラエル当局は、住民をひどく馬鹿にしたゲームをしかけた。住民に自分の家かモスクかの選択肢を与えたのである。フサイニーヤ村（一九四八年に破壊された村の名が付けられた）もその一つで、長い法廷闘争のすえモスクは救えたが、村は救えなかった。二〇〇三年一〇月には、当局はクタイマートにあるモスクの代わりに住居一三軒を残すことを提案し、モスクを取り壊した。

占領の固定

国際社会の圧力がおさまり、イスラエルは戦争の利権を分配するための明確なルール作りに取りかかった。アラブ専門委員会は、新国家の領土に留まり、いまではイスラエル市民となった対パレスチナ人政策をまとめた。総計約一五万人のこの人々は、「イスラエル・アラブ」となった。「シリア人」とか「イラク人」ではなく「シリア・アラブ」とか「イラク・アラブ」と呼ぶことにまるで意味があるかのようだった。イギリス委任統治期の一九四五年に公布された緊急事態令に基づき、パレスチナ人はほかならぬメナヘム・ベギン〔第4章参照〕の軍政下に置かれた。これらの法令は一九三五年のニュルンベルク法に匹敵し、表現や移動、団結といった基本的権利や法のもとでの平等を事実上排している。イスラエル議会の投票権と被選挙権は残されたが、厳しい制限をともなっていた。軍政は公式には一九六六年まで続いたが、意図や目的に関して言えば、この法令はいまも生きているのである。

アラブ問題委員会は会合を続けた。一九五六年になるまで、もっとも有力な委員のなかには、「アラブ人ども」をイスラエルから追放する計画を熱心に説く人々がいた。大量追放は一九五三年まで続いた。住民が銃で脅され退去させられた村は、ナハリヤ近郊のウンム・アル゠ファラジュが最後だった。軍は村に突入し、全住民を追い立て、それから村を破壊した。ネゲヴ地方のベドウィンは一九六二年まで追放の対象であり続け、この年にハワーシラ族が退去を強いられた。真夜中に七五〇人がトラックに乗せられ、追放されたのである。彼らの住居は破壊され、八〇〇〇ドゥナムの所有地は没収してイスラエル当局に協力した所帯に与えられた。委員会が検討した計画の多くは、さまざまな理由により実施されなかった。しかし、パレスチナ人歴史家ヌール・マサールハのおかげで内容が明らかになった。

こうした計画に反対するリベラルな考えのイスラエル人政治家たちがおらず、追放計画が実施されかけたときにパレスチナ人マイノリティ自身の確固たる意思がなかったら、われわれははるか昔に、現在ユダヤ国家の領土内に暮らしている「残留」パレスチナ人の民族浄化を目撃していたことだろう。しかし最後の危機が去ったように見えたとしても、身体的安全を確保して暮らすために彼らが支払った代償は計り知れない。土地を失っただけでなく、それとともにパレスチナ人の歴史と未来の精神が奪われたのである。政府はユダヤ民族基金の支援のもと、一九五〇年代からパレスチナ人の土地を横領し続けた。

土地の収奪：一九五〇～二〇〇〇年

破壊された村はいったん更地にし、ユダヤ民族基金の入植地局が、その土地をユダヤ人入植地にするかシオニストの森林にするかを決定した。一九四八年六月に入植地局長のヨセフ・ヴァイツは、イスラエル政府に次のように報告していた。「われわれは浄化作戦を開始し、瓦礫を撤去して、村を耕作地や入植地にする準備を始めた。いくつかは公園となるだろう」。ヴァイツは破壊作業の視察中、トラクターが村を丸ごと壊す様子を冷静に見たと誇らしげに報告した[43]。しかし世論に対しては、まったく異なるイメージを提示したのである。新しいユダヤ人入植地の「浄化」は、「砂漠を緑に変える」という謳い文句で説明された。ユダヤ民族基金の植林活動を、国土の緑化を目指す環境保全上の使命として売りだしたのだった。

植林は第一候補ではなかった。選考過程では、実際のところいっさい明確な方針がなく、場当たり的な決定を多少しただけだった。まず、ただちに収穫できる放置された耕作地があった。そして近い将来に作物を実らせる豊穣で広大な土地があり、「古参」のユダヤ人入植者に譲るか、新しい入植地設立のために取っておくか決める必要があった。前述したように、ユダヤ民族基金は一時期、キブツ運動がもち込んだ競争を回避するのに苦労した。キブツは占有許可を得る前から近隣の村を耕し始め、やり終えた仕事を盾に所有権を要求した。政府内では概して、土地はまず従来のユダヤ人入植地に、次に新しい入植地建設のために配分すべきという気持ちが強く、第三候補としてようやく植林という利用法が登場した。

一九五〇年に、イスラエルの国会クネセトは不在者財産法を通過させた。一方で資産管理局が戦争利権を扱う規定もいくつか導入したが、まだユダヤ民族基金の独占所有にはしなかった。イスラエルの新しい森林――ほとんどが一九四八年の民族浄化で破壊されたパレスチナ人の村の廃墟の上に植えられた――の排他的所有者となるにあたり、同基金は植林業務の管轄権を当然にも求めた農業省を打ち負かした。しかし政府は、イスラエルの森林管理人の権能だけでなく、「ユダヤ民族の利益」全体をかんがみた土地の筆頭管理人の完全な権能を同基金に与えるほうが得だと認識していた。同基金はその後ずっと、自らの所有地でなくても、非ユダヤ人すなわちパレスチナ人とのすべての取引を禁じ、「ユダヤ性」の保持に責任を負ったのであった。

ユダヤ民族基金が戦争利権を守るためどのように戦ったか、その錯綜する足取りをたどることは、本書の任ではない。しかし一つだけ挙げるなら、政府法案の活用である。ユダヤ民族基金法は一九五三年に成立し、ユダヤ国家を代表する土地所有者という独立した地位を同基金に与えた。同法やそれに続く、いずれも一九六〇年に成立したイスラエル土地法やイスラエル土地公社法など多くの法は、どれもその地位を強固にするものだった。それらはすべて、非ユダヤ人に対する土地売却や貸与をユダヤ民族基金に認めないと定める基本法だった。国有地全体に占める同基金の割合は一三%とされたが、それによって、同基金が管轄外の地区でも「民族の土地を守る」政策を施行できるという、もっと複雑な実態が見えなくなった。全国有地の八〇%を所有するイスラエル土地公社の仕事に、同基金は決定的な役割を果たし影響力を及ぼしたからである（残りの国有地は同基金と軍と政府が所有した）。

土地を法的に収奪しユダヤ民族基金の資産にする過程は、一九六七年に最終法案が国会を通過して完成した。農業入植地法は、ユダヤ人が同基金の土地を非ユダヤ人にまた貸しすることを禁じた（それまでは、売却と直接の賃貸のみ禁止されていた）。さらに、同基金の土地用に確保した水をその他の土地に送水しないと保証した（イスラエルでは水が不足しており、農業にとって十分な割り当ては必須である）。

一九四九〜六七年まで約二〇年のお役所仕事のすえ、ユダヤ民族基金関連法は非ユダヤ人への土地の売却・貸与・転貸を禁じ、国土の九〇%以上を占める国有地（民有地は七%）にそれを適用した。立法の主な目的は、イスラエルのパレスチナ人が自分や民族のために土地を購入し所有権を回復するのを防ぐためだった。パレスチナ人マイノリティに町や都市どころか、地方の入植地や農村の新規建設すら絶対に認めないのは、このためである（例外は一九六〇年代初頭に開発したベドウィンの三つの新開地である。政府はここを、定住部族の居住地と承認した）。人口の自然増加がかなり少ないイスラエルのユダヤ人は、植林予定地区を除けば、好きな場所にいくらでも入植地や村、町を建設することができたのである。

民族浄化で全人口の一七%となったイスラエルのパレスチナ人マイノリティは、わずか三%の土地でがまんを強いられた。建物の建築や居住が認められる土地は、二％にすぎない。残りの一％は農地として、なにも建設できないと定められている。つまり現在、一三〇万人がこの二％の土地に暮らしているのである。一九九〇年代に土地の私有化が始まったがユダヤ民族基金の方針は変わらず、土地の市場開放によってイスラエルのユダヤ人一般は恩恵を受けたが、パレスチナ人は蚊帳の外だった。しかしパレスチナ人は、所有地の拡大を禁じられただけではない。一九四八年の戦争以前に所有していた土地は、大半が一九七〇年代にガリラヤにユダヤ人入植地を建設するために没収され、二〇〇〇年代初頭にまたもや人種分離壁と新たな高速道路を建設するために収用されたのである。イスラエルのパレスチナ人の所有地は、七〇％が収用されたか利用できなくなった、と見積もる研究もある。[44]

ガリラヤの最後の収用は一九六七年以降に始まった。ユダヤ人入植地を建設し、ゆっくりとだが確実にパレスチナ人を追い出すという二つの目的がある点では、西岸地区の収用と似ている。

イスラエル土地公社とユダヤ民族基金が土地の最後の分担をめぐって争い始める前の一九六〇年代初頭に、後者は「最終《ソフ・ソフ》」作戦に乗り出し、ガリラヤで村人が所有する土地からパレスチナ人を追放しようとした。いまの土地を購入するか、他のやせた土地と交換するようユダヤ民族基金は提案したが、村民は拒否した。シオニストの民族浄化作戦と戦ってきた歴史において、彼らのこのゆるぎない姿勢は真に勇敢な一幕である。すると同基金は、この「頑固な」村の入り口に臨時の前哨基地をつくり、住民に心理的圧力をかけようとした。こうした非情な手段に訴えたものの、同基金が目的を達成したのは数件にすぎない。ハイファ大学地理学教授で政府と親密な関係にあるアルノン・ソフェルは、こう説明する。

> われわれは残忍だったが、しかしはじめから悪意があったわけではなかった。自分たちの存在が脅

> かされているという意識で行動した。そう思うようになったのには客観的理由がある。国土の一体性、とりわけ国の水輸送路［ガリラヤ湖から国の南部に至る水道］がなければ、アラブ人が水に毒を入れるだろうと信じ切っていたのだ[45]。

水路沿いのどこにもフェンスや監視所がないという事実をみれば、ここで示された懸念が本気かどうかは疑わしい。だが「国土の一体性」が必要というのは、本心のようである。イスラエルが一九四八年に大規模追放作戦を実行したのは、結局、それが大きな理由だったのだ。

パレスチナ人を土地から追放するには、法的所有者を駆逐し、彼らの帰還や所有権の回復を妨げなければならない。さらにパレスチナ人の村をユダヤ人だけの場所とか「古代」ヘブライ人の場所として作りかえる必要もあったのである。

原註

（1）IDF Archives, 50/2433, File 7, Minorities Unit, Report no.10, 25 February 1949.
（2）この命令はすでに一九四八年一月に何らかの形で下されていた。IDF Archives, 50/2315, File 35, 11 January 1948.
（3）IDF Archives, 50/2433, File 7, Operation Comb, undated.
（4）IDF Archives, 50/121, File 226, Orders to the Military Governors, 16 November 1948.
（5）Ben-Gurion's, *Diary*, 17 November, vol. 3, p. 829.
（6）IDF Archives, 51/957, File 42, report to HQ, 29 June 1948.

（7） IDF Archives, 50/2315, File 35, 11 January 1948.

（8） 以下を参照。Aharon Klein, 'The Arab POWs in the War of Independence' in Alon Kadish（ed.）, *Israel's War of Independence 1948–9*, pp. 573–4.

（9） IDF Archives, 54/410, File 107, 4 April 1948.

（10） 赤十字の文書を提供してくれたサルマーン・アブー・スィッタに感謝したい。G59/I/GG6 February 1949.

（11） Al-Khatib, *Palestine's Nakbah*, p. 116〔アラビア語訳本ではアラビア語原典から直接引用されているため、こちらから訳した〕.

（12） Ibid.

（13） 註10を参照。

（14） 註4を参照。

（15） Yossef Ulizki, *From Events to A War*, p. 53にも記載がある。

（16） Palumbo, *The Palestinian Catastrophe*, p. 108.

（17） 註4を参照。

（18） Dan Yahav, *Purity of Arms: Ethos, Myth and Reality, 1936–1956*, p. 226.

（19） 註15を参照。

（20） 註4を参照。

（21） Ibid.

（22） Dan Yahav, *Purity of Arms: Ethos, Myth and Reality, 1936–1954*, Tel Aviv: Tamuz 2002, pp. 223–30にある、アブー・ラバンへのインタビュー。

（23） Ben-Gurion's, *Diary*, 25 June, 1948.

（24） 会合の議事録全文については、Tom Segev, *1949–The First Israelis*, Jerusalem Domino, 1948参照。イスラエル国

立文書資料館でも読める。
(25) Ibid., pp. 69–73 を参照。
(26) Ibid.
(27) Ibid.
(28) Ibid.
(29) Ibid.
(30) Ben-Gurion's, *Diary*, 5 July 1948 を参照。
(31) IDF Archives, 50/121, File 226, report by Menahem Ben-Yossef, Platoon commander, Battalion 102, 26 December 1949.
(32) Ben-Gurion's, *Diary*, 5 July 1948.
(33) Ibid., 15 July 1948.
(34) Pappe, 'Tantura.'
(35) Ben-Gurion, *As Israel Fights*, pp. 68–9.
(36) Ben-Gurion's, *Diary*, 18 August 1948.
(37) Ibid.
(38) David Kretzmer, *The Legal Status of Arabs in Israel*.
(39) Tamir Goren, *From Independence to Integration: The Israeli Authority and the Arabs of Haifa, 1948–1950*, p. 337; Ben-Gurion's, *Diary*, 30 June 1948.
(40) Ben-Gurion's, *Diary*, 16 June 1948.
(41) 本節の情報はすべて，Nael Nakhle, *Al-Awda*, 14 September 2005（ロンドンで刊行，アラビア語）所収の論文に基づく。
(42) Benvenisti, *Sacred Landscape*, p. 298.

（43） Weitz, *My Diary*, vol. 3, p. 294, 30 May 1948.

（44） Hussein Abu Hussein and Fiona Makay, *Access Denied: Palestinian Access to Land in Israel.*

（45） *Ha'aretz*, 4 February 2005.

第10章　ナクバの記憶を抹殺する

過激な民族主義者は、ボスニアのセルビア人は他の民族とずっと共存してきたことを将来の世代に気づかれないよう、物的証拠をすべて抹消しようとする。歴史的なモスクや教会、シナゴーグも、国立の図書館、文書館、博物館も放火されたり、爆破されたり、取り壊されたりした。……彼らは、過去の記憶まで消去したいのだ。

Sevdalinka.net

イスラエル人は、七〇万本以上ものオリーブやオレンジの木をうち捨てた。これは、環境保全の実践を唱える政府によるまったくの蛮行である。なんとおぞましく恥ずべきことか。

南アフリカ共和国・水資源森林大臣ロニー・カスリルズの演説

二〇〇二年一一月三〇日、ロンドン

イスラエルの国有地を保持する国土省や国防軍、政府などの機関のほか、ユダヤ民族基金も土地所有者として、パレスチナの破壊された村に新しくユダヤ人入植地を建設しようと取り組んできた。土地の収奪には、接収し破壊し作り替えた場所の命名がともなう。パレスチナの地理をヘブライ化するため命名委員会が設立され、進んで加わった考古学者や聖書学者がその作業を後押しした。

この命名委員会は、すでに一九二〇年には事実上活動していた古い組織で、ユダヤ人が新たに購入した土地や場所にヘブライ語名をつける学者の集団だった。そして、ナクバの最中に武力で奪った土地や場所についてもその活動を続けたのだった。ベングリオンは一九四九年七月に命名委員会を招集し、ユダヤ民族基金（JNF）の下部組織とした。命名委員会は、なんの脈絡もなく名付けたわけではない。パレスチナには、大昔の、なかにはヘブライ文明など古代文明の廃墟の上に立っている村もあったからだ。とはいえ、そうした事例は限られていたし、どれも来歴ははっきりしなかった。「ヘブライの」遺跡なるものは、正確な所在地を確定できる可能性がほとんどないほど古代までさかのぼるし、そもそも立ち退かせた村の名前をヘブライ語にするのは、もちろん学術的な目的ではなくイデオロギー的な目的があった。土地を収用する際ひじょうに単純な物語が語られた。「エレツ・イスラエルが外国人に占領されていたあいだに本来のヘブライ語の地名は消されたり変化し、ときには外国風になったりした」。「古代」のイスラエルの地図を甦らせようという考古学的な情熱は、つまりアラブの土地（その地名と地理、とくに歴史）を脱アラブ化する体系的・学問的・政治的・軍事的な目論見にほかならない。

前述したように、ユダヤ民族基金は、一九五〇年代から六〇年代にかけて活発に土地を没収したが、それで終わったわけではなかった。同基金は、一九六七年の第三次中東戦争後、不在者資産管理局から引き継いだ大エルサレム地域の土地も所有した。そして一九八〇年代初頭にこの土地を、東エルサレムの「ユダヤ化」に熱心な入植者のNGOエルアドに譲渡した。このNGOは現在も活動しており、標的にしたスィルワーン村から「元のパレスチナ人住民を一掃したい」と公言して憚らない。エルサレム市は「違法建築・違法増築」を口実にスィルワーン村の数十軒もの家屋の破壊を命じたが、エルアドは二〇〇五年に市当局の支援を受けていた。

二一世紀になると、ユダヤ民族基金にとって土地の民有化が大きな課題となった。これは、ベンヤミン・ネタニヤフ政権（一九九六〜一九九九年）とアリエル・シャロン政権（二〇〇一〜二〇〇三年）が推進した政策で、同基金の支配力を制限するおそれがあった。だが、この二人の右派の首相はどちらもシオニズムと資本主義の板挟みになった。二人の後継者が将来どれだけの土地を同基金の手元に残してやるのか、時がたてばいずれわかることだろう。ただし、同基金がイスラエルの森林をがっちり押さえておくのは変わりないだろう。

森林はナクバを巧妙に否定し、かなり効果を上げている。そのため、その下に埋まっている村を追想したいパレスチナ難民にとって、森は闘争の舞台となってきた。難民は、植樹された松や杉の下には荒地しかないと主張するユダヤ民族基金と戦っているのである。

事実上の植民地主義とユダヤ民族基金

パレスチナの村を一掃した跡地に国立公園をつくることになり、どんな木を植樹するかは、ユダヤ民族基金に一任された。ほぼ最初から基金の執行部は、パレスチナにもともとある自然の植物相ではなく、針葉樹を選択した。国土をヨーロッパのような外観にしたかったらしいのだが、それを目標に掲げた公文書は見つからない。だが、松や杉を植樹したのは、発展途上の木材産業を応援する意味もあった、と公然と指摘されている。

国土をユダヤ人のものにすること、ヨーロッパ風の外観にすること、緑化することという三つの目的は、すぐさま一つに融合した。そのせいで現在イスラエル全土で固有種はわずか一一％しか残っておらず、全森林のうち一九四八年以前からある森林はわずか一〇％のみである。[1] 時折、もともとの植物相が思わぬかたちで回復することがある。松の木は、ブルドーザーでならした住宅跡地のほか、畑やオリーブ林も潰して植えられた。たとえば新興住宅街のミグダル・ハエメクでは、ユダヤ民族基金がパレスチナ人のムジャイディル村の廃墟を隠すために、松を一生懸命植えた。街の東側の入り口には松の並木が植わっているが、もともと森ではなく小さな木立に過ぎない。こうした「〔都会の中の〕緑地」は、パレスチナの破壊された村を覆い隠すイスラエルの新興住宅地でたくさん目にする（ティーラト・ハイファの上にティラト・ハカルメル、ハーリサの上にキルヤト・シュモナ、マジュダルの上にアシュケロンといった町がつくられた）。だが、この特殊な種は、現地の風土に適応できず、何度も処置を施したにもかかわらず病気に苦しみ続けた。その後ムジャイディル村の元住民の親戚が村を訪ねると、何本かの松は文字どおりに二つに裂け、その間からオリーブの木が、五六年も前にかぶせられた異質な植物相をものともせずに飛び出していた。

ユダヤ民族基金は、イスラエル国内とユダヤ人世界ではひじょうに責任ある環境団体のように思われているが、それは着々と植樹を続け、現地の植物相や景観をつくり直し、リゾート地や自然公園に向かう道路をいくつも整備し、ピクニック施設や遊び場を設置してきたやり方が評価されているからだ。ユダヤ民族基金の詳細なウェブサイトにあるさまざまなアイコンをクリックすれば、こうした場所への行き方が簡単にわかるし、公園の入り口や行楽地内の通路沿いにある各種の案内板の情報からも手がかりを得ることができる。こうして観光客はどこへ行くにせよ、たんに娯楽のためだとしても、情報がもらえるのだ。

ユダヤ民族基金の公園は、駐車場やピクニック場や遊び場や自然との触れあいを提供するだけでなく、特定の歴史がひと目でわかるような物も採用している。たとえば、家屋の廃墟、要塞、果樹園、サボテンなどだ。イチジクの木やアーモンドの木も多い。冬が終わりに近づき美しい早春に満開のこれらの樹々を見て、たいていイスラエル人は「野生」のイチジク、「野生」のアーモンドだと思い込む。しかしじつは人の手で植樹され育てられたものなのだ。イチジクやアーモンドの木、オリーブの林やサボテンの群生が見られるところは全部かつてパレスチナの村があった場所だ。いまだに毎年花が咲くが、現在残っているのは果樹だけだ。いまは放置されている段々畑のそば、ぶらんことピクニック用テーブルが置かれたヨーロッパ風の松林の下には、一九四八年にイスラエル軍に追放されたパレスチナ人の家屋と畑が埋まっている。だが、ユダヤ民族基金の案内板だけ見ている観光客は、かつてそこに人々が住んでいたことに決して気づかない。その人々とは現在、占領地に難民として暮らしているパレスチナ人、イスラエル国内で二級市民として暮らしているパレスチナ人、パレスチナ国外の難民キャンプで暮らすパレスチナ人のことだ。

言い換えればユダヤ民族基金の真の任務は、目に見えるパレスチナの遺物を、その上に植樹して隠すだけでなく、存在そのものを否定する物語を創作して隠すことであった。同基金のウェブサイトでも公園でも、最先端の映像装置でシオニズムの公式の歴史を上映し、いかなる土地も、ユダヤ民族や「エレツ・イスラエル」のナショナルなメタ物語の文脈に当てはめている。こうしてパレスチナはシオニズムが到来するまで「無人」で「不毛」な土地だったというおなじみの神話が滔々と語られ、シオニストは、ねつ造したユダヤ人の歴史と矛盾する歴史をそっくりすげ替えるのである。

イスラエルの保養の場である「緑地」は、歴史をしのぶのではなく完全に抹消しようとする。ユダヤ民族基金は、一九四八年以前からいまもまだ残っているものに逸話を添えて、郷土史を意図的に打ち消す。これは、自分だけの異なる物語を語る必要があるからではなく、「緑地」にされたパレスチナ人の村のあらゆる記憶を消滅させるためであった。このようにユダヤ民族基金が所有地で提供する情報は、イスラエルが否定の技巧を尽くし広く普及した、表象の分野における最高のモデルである。この方法は人々の精神に深く根ざし、パレスチナ人のトラウマと記憶の場を、イスラエル人の余暇と娯楽の空間に取り替えると き効果を発揮する。つまりユダヤ民族基金が「環境問題」という場合、イスラエル人がナクバを否定しパレスチナの悲劇の深刻さを隠蔽しようと努力しているという意味なのである。

イスラエルにおけるユダヤ民族基金のリゾート公園

ユダヤ民族基金の公式サイトは、砂漠に花を咲かせ、アラブの景観をヨーロッパ風に変えるのに貢献したと自ら宣伝している。「不毛な砂漠地帯」に森林や公園をつくったと誇り、「イスラエルの森林や公園はもとからここにあったわけではない。一九世紀末に最初のユダヤ人入植者が目にしたのは、日陰がまったくない荒れはてた土地だった」という。

ユダヤ民族基金は、「緑地」をつくっただけでなく、その管理も手がける。イスラエルの全市民に休息を与え、「環境を意識させる」ためにこうした森はある、と同基金は断言する。だが、樹木や遊び場の下に自宅が埋まっているパレスチナ難民の帰還を許さないのはもちろん、追悼行事もいっさい認めない、といった手続きをおもに同基金が担っていることは観光客には伝えられない。

公式サイトで紹介されているビルヤの森、ラマト・メナシェの森、エルサレムの森、サタープの森は広くて人気のピクニック場だが、現在のイスラエルでナクバとナクバの否定がもっともよくわかる格好の例である。

ビルヤの森

ビルヤの森は、サファド地方の南北に広がり、全体で二万ドゥナム〔二〇〇〇ヘクタール〕ある。人工の森としてはイスラエル最大であり、ひじょうに人気のある場所だ。この森の下には、少なくともパレスチナ人の六つの村の家屋と土地が埋まっている。ウェブサイトに書かれていることと隠されていることを取り上げると、ディーショーン、アルマー、カッディータ、アムカー、アイン・アル゠ザイトゥーン、ビールヤーの各村についてまったく言及がない。森のすばらしさと魅力が説明され、六つの村は影も形もない。「これほど広大な森なら、だれもが林や庭、泉、古いシナゴーグなど興味深い場所をたくさん見つけることができるのも不思議ではない［古いシナゴークかどうかわからないが、サファドの正統派ユダヤ教徒がかつて通っていた地区でモザイクの小さなかけらが見つかる］」。ユダヤ民族基金は数ある所有地のうち、冒険好きの人には謎を秘めた庭園をお勧めするが、それはかつてパレスチナの農民が農場の周囲に植えた果樹園だったものだ。パレスチナの目に見える遺物である庭園は、自然の本質でありすばらしい神秘だというわけだ。ほぼどこでも目にする段々畑は、同基金の自慢の作品だとサイトでも言っている。なかには、シオニストが接収するずっと前、数世紀もさかのぼることができる段々畑に手を加えたものもある。

それゆえパレスチナの庭園は自然の特質を備え、聖書時代・タルムード時代までさかのぼるパレスチナの歴史に影響を受けている。一九四八年五月に住民の多くが虐殺され、無人となったことでよく知られる村の一つ、アイン・アル＝ザイトゥーンも同じ末路をたどった。「アイン・アル＝ザイトゥーン」という名称は、次のようなかたちで出てくる。

大きなピクニック用テーブルと広い障害者向け駐車場を備えたエイン・ゼイトゥーン〔アイン・アル＝ザイトゥーンのヘブライ語表記〕は、行楽地でもっとも魅力的なスポットだ。かつてここにはエイン・ゼイトゥーンという名前の入植地があり、ユダヤ教徒が中世から一八世紀までずっと住み続けてきた。［ユダヤ人は］入植しようと四度試みたが失敗した。いまでは駐車場にはバイオトイレと遊び場が設置されている。駐車場の脇には、六日戦争〔第三次中東戦争〕で死亡した兵士の追悼碑が立つ。

この文章は、歴史と観光情報をかけあわせ、ユダヤ軍がわずか数時間で発展していたパレスチナ社会を壊滅させた事実を、イスラエルの集団的記憶から完全に消去している。

ユダヤ民族基金のウェブサイトは、アイン・アル＝ザイトゥーンの歴史をひじょうに詳しく説明している。ネット上でも現実でも、森をめぐる旅の物語を読んだ人は、パレスチナの村があった一〇〇〇年を丸ごとすっ飛ばし、紀元三世紀のタルムード風の集落を懐かしむ。最後は委任統治末期の三年間に光が当てられるが、それはこの場所が、ユダヤ人の地下組織がイギリス当局の監視をまぬがれ、兵を訓練し、密かに武器を蓄えた隠れ場でもあったからだ。

ラマト・メナシェ公園

ラマト・メナシェ公園は、ビールヤーの南部に位置する。この公園の下に、ラッジューン、マンスィー、カフライン、ブタイマート、ホッベイゼ、ダーリヤト・アル＝ラウハー、サッバーリーン、ブライカ、スインディヤーナ、ウンム・アル＝ズィナートの各村の廃墟が埋まっている。破壊されたダーリヤト・アル＝ラウハー村跡は公園の真ん中にあるが、ここには現在、社会主義組織ハショメール・ハツァイールのキブツであるラマト・メナシェが立っている。カフライン村の爆破された家屋の残骸[2]は、いまでも見ることができる。ユダヤ民族基金のウェブサイトは、森の中に「六つの村」があることについて、自然と人間の共生を強調して説明する。また、キブツを指すのに「クファル（村）」というきわめて不自然なヘブライ語を用いている。これは公園の下に埋まっている六つの村を指すわけではない。言語上のごまかしをし、上書きした写本のような効果をいっそう高めているのである。すなわち、ある民族の歴史を消去して、その上に別の民族の歴史を書き込むのである[3]。

ユダヤ民族基金のウェブサイトの言葉を借りれば、この場所の美しさと魅力は「並ぶものがない」。いちばんの理由は、庭園と「過去」の廃墟のある田舎そのものに魅力があるからなのだが、自然景観を守ろうという努力の背後には基本計画が隠れている。ここの自然も、公園がパレスチナの村の破壊を隠蔽しているせいで、「特別な魅力」を帯びる。ネット上でも現実でも、ユダヤ民族基金の自然ツアーは次々に公園のお勧めスポットを親切に案内してくれるが、どの場所にもアラブ式の名前がついている。じつは破壊された村の名前なのだが、しかしここでは、それ以前に人間が存在していたことをおくびにも出さない、自然や地理上の場所の名称として示しているのだ。ある場所から別の場所へ簡単に移動できるのは、「イギリス統治時代」に舗装された道路網のおかげである、と同基金は言う。だが、なぜイギリスはわざわざここの道路を舗装したのだろうか。もちろん、実在する村どうしを効率的に結び（そして支配する）ためである。だが、それはたとえ事実だったとしても、ウェブサイトから読みとることはきわめて困難である。

とはいえ、これが絶対確実な抹消の方法というわけではない。たとえば、森の小道が行き止まりになっていて、そこの案内板に書いていない情報をユダヤ民族基金のウェブサイトで知ることができる。この場所にはたくさんの廃墟が点在するが、なかでも「村の泉」がとくに静かなお勧めスポットになっている。ここカフラインのように、村の泉は、村の中心の広場近くにあることが多い。カフラインの廃墟はいまも「心の平穏」を与えてくれるだけでなく、近くのミシュマル・ハエメク・キブツで飼育する牛が低地に広がる牧草地に行く途中の休憩場所になっている。

エルサレムの緑化

あと二つの事例はエルサレムが舞台である。市の西側斜面には、「エルサレムの森」が広がっており、これを考案したのもヨセフ・ヴァイツである。一九五六年にヴァイツはエルサレム市長に対し、市の西側丘陵地は殺風景だと苦情を述べた。その八年前〔ナクバ以前〕は、もちろんそこには活気のあるパレスチナの村の家屋と耕地が広がっていた。一九六七年に、ようやくヴァイツの努力は実を結んだ。ユダヤ民族基金は、四五〇〇ドゥナムの土地に一〇〇万本植樹することを決定した。ウェブサイトの言葉を借りれば、「緑地帯でエルサレムを取り囲む」計画であった。南側の一角では、森林が、廃墟となったアイン・カーリム村まで達し、破壊されたベイト・マズミール村を覆い尽くしている。西端の森は、一九四九年になって初めて住民が追放され破壊されたホーリシュ*村の土地と家屋を覆った。森林は、さらに遠くのデイル・ヤースィーン、ソウバー*、サターフ、ジョウラ、ベイト・ウンム・アル＝ミースにまで広がっている。

ユダヤ民族基金のウェブサイトを覗くと、むかし「集約農業をしていた証拠」を森のなかで見つける特別な体験をすることができる。つまり、西側斜面に沿って切り開かれた段々畑がよくわかるのだ。ここの段々畑はパレスチナの村人がほんの二、三世代前に開拓したものだが、他の場所と同様につねに段々畑は「古代につくられた」ことにされる。

最後の事例は、破壊されたパレスチナのサターフ村で、エルサレム高地の標高が高いところに位置する名勝地の一つだ。ユダヤ民族基金のサイトはここの最大の見所を、「古代の」（ヘブライ語で「カドゥーム」）農業を再現したことという。「古代の」という形容詞は、サターフ村のどんな細かい説明にも使われている。小道も「古代の」ものだし、階段も「古代の」ものといった具合だ。だが実際にはサターフ村は、一九四八年に住民が追放され大部分が破壊されたパレスチナ人の村であった。ユダヤ民族基金にとって、村の遺物は散策コースの拠点で、「古代の場所」にあるそれらを目指して歩きまわるのである。ユダヤ民族基金は、パレスチナの段々畑とほぼ無傷の四〜五棟の建物をセットにして、「ブスタノフ」という新しい概念を思いついた（「ブスターン〔果樹庭園〕」に、パノラマを意味するヘブライ語「ノフ」を合わせた単語で、英語で「庭園の眺め」とでも言えばよいだろう）。同基金が考案した概念である。

---

* 原文では Beit Horish だが、アラビア訳本上の記述に従った。
* 原文では Zuba だが、アラビア語での表記に照らすとこのような読み方になる。

庭園はひじょうにすばらしい眺めで、エルサレムの知的職業の若者たちに人気がある。ここに来れば「古代の」「聖書の」耕し方を体験でき、ときには「聖書の」果実や野菜が実っていることさえあるからである。言うまでもなく、土地や庭園、この地域がパレスチナのものであるように、古代の耕し方は「聖書の」方法ではまったくなく、パレスチナのやり方なのである。

ユダヤ民族基金は、もっと冒険好きな人のために、サタープ村に「秘密の花園」と「さまよえる湖」も用意している。これは段々畑で見つけられる二つの宝物で、「六〇〇〇年前から人間が暮らし、第二神殿時代に最盛期を迎えた証拠」であるという。だが、一九四九年にアラブ諸国からユダヤ教徒の移民がパレスチナの村に移り住み、残っていた家屋を奪ったときは、段々畑にそんな謂われがあったのか定かではない。この新しい入植者が管理しづらいとわかって初めて、ユダヤ民族基金はパレスチナの村を行楽地につくりかえたのである。

一九四九年当時イスラエルの命名委員会は、その土地と聖書の関わりを探し求めたが、ユダヤ由来のものとの接点はいっさい見つけられなかった。そこでこんどは、村を取り囲むブドウ畑を、聖書の詩篇や雅歌に出てくるブドウ畑に関連づけるというアイディアを思いついた。この思いつきにあうように土地の名前を考え、夏のはしりの果物を意味する「ビクラ」と命名したが、イスラエル人もすでにサタープという名前に慣れていたので、これもあきらめたのであった。

ユダヤ民族基金のサイトにある物語や情報は、あらゆるところで広く目にする。イスラエルの国内観光ではたいてい、環境意識とシオニスト思想と過去の抹消が密接に関連しあっており、その観光を支える出版が盛んである。そのために編まれた百科事典や旅行ガイドブックや写真集が人気で、かつてないほどの需要がある。このようにユダヤ民族基金は、一方で物語を語り、もう一方で物語を抹消するため、一九四八年の犯罪を「環境保護化」したのである。ワリード・アル＝ハーリディーが説得力をもって指摘するように、「戦争の勝者は略奪して言い訳しても許されるのは、歴史学ではわかりきったことだ」[4]。

歴史をわざとぼかしたにもかかわらず、イスラエルの行楽地の下に埋められた村の運命は、かつてそこに暮らし、約六〇年経ついまも難民キャンプに住んで離散者コミュニティをつくっているパレスチナ人の未来と密接に結びついている。パレスチナ難民問題の解決は、入植地をめぐる紛争を公正で恒久的に決着を付けるための鍵だ。六〇年近くものあいだパレスチナ人は、一九四八年に国連が認めた帰還権をはじめあらゆる法的権利を認めるよう求め続けることにおいて、確固たる民族たり続けているのだ。そしてそのかんずっと、ナクバの否定と帰還権の拒絶を公式方針とするイスラエルに対峙してきたのである。

パレスチナの根深い紛争を公平に解決するチャンスが、これまでことごとくつぶされた要因は二つある。民族的に優れているとするシオニズムのイデオロギーと、「和平プロセス」だ。シオニズムに基づき、イスラエルはずっとナクバを否定してきた。和平プロセスには、この地域に正義をもたらそうという国際社会の意志が見あたらない。この二つが難民問題を恒久化し、公正で包括的な和平の実現を妨げているのだ。

原註

(1) ユダヤ民族基金ウェブサイトのURLは www.kkl.org.il、英語版は www.inf.org.il で一部見られる。本章に記した情報の多くをここから得ている。

(2) Khalidi (ed.), *All That Remains*, p. 169.

(3) イスラエルのヘブライ語では、「村 kfar」は通常「パレスチナ人の村」を意味する。つまり、「ユダヤの」村はなく、かわりにヘブライ語ではイシュヴィーム（入植地）、キブツィーム、モシャヴィームなどを用いる。

（４）Khalidi (ed.), *All That Remains*, p. 169.

第11章　ナクバの否定と「和平プロセス」

国連総会は以下のとおり決議した。故郷に戻り、隣人らと平和のうちに暮らしたい難民たちは、実行可能なもっとも早い段階でそうすることを認められなければならない。戻らない選択をした難民たちの財産および財産の損失・損害に対する補償は、国際法あるいは公平性の原則に基づいて、責任ある政府ないし当局が履行しなければならない。

国連総会決議一九四号（三）、一九四八年一二月一一日

アメリカ合衆国政府は、難民の帰還、民主化、人権の擁護について、全国どこにおいても支援する。

アメリカ合衆国国務省「民主主義・人権・労働局」二〇〇三年

イスラエルは国土から追放しそこねたパレスチナ人を一九四八年一〇月に確立した軍政下に置いた。西岸地区とガザ地区のパレスチナ人はアラブ諸国に占領された。その他のパレスチナ人は近隣のアラブ諸国に散り散りになり、国際支援団体の提供した仮設テントの避難所に入った。

一九四九年半ばに国連は、苦い結果に終わった一九四七年の和平案に取り組もうと踏み出した。だが国連が国際難民機関（ＩＲＯ）を巻き込まず、パレスチナ難民だけの特別な部局をつくったのは、間違った判断だった。ＩＲＯを蚊帳の外に置くと決めた背後には、イスラエルと海外のユダヤ・シオニズム組織がいた。ＩＲＯは第二次世界大戦後にヨーロッパのユダヤ難民を支援した組織だが、シオニズム団体は、パレスチナ難民とユダヤ難民を関連づけることはもちろん、比較することすら誰にもさせないよう妨害に必死だった。またＩＲＯは、難民に認められた最初の権利である帰還権を必ず推奨した。

こうして国連パレスチナ難民救済事業機関（ＵＮＲＷＡ）は一九五〇年に創設された。ＵＮＲＷＡは、国連総会決議一九四号が一九四八年一二月一一日以来求めてきた難民の帰還には関与せず、キャンプにたどり着いた約一〇〇万人のパレスチナ難民に雇用と支援金を与えるためだけにつくられたのだ。また、より恒久的な難民キャンプや学校、医療機関の建設を委ねられた。おおざっぱに言えばＵＮＲＷＡは、難民の日常生活の世話をするための組織だったのである。

こうした状況で、パレスチナ人のナショナリズムが再興するのに時間はかからなかった。彼らは帰還権の追求を活動の中心に据えつつ、ＵＮＲＷＡのかわりに教育や、さらには社会福祉や医療を提供する機関になろうとした。この初期のナショナリズムは運命を自らの手に取り戻そうとし、一九四八年に経験した追放と破壊の後で、新たな方向性とアイデンティティを人々にもたらした。こうした民族感情は、一九六八年にＰＬＯとして具現化された。その指導部は難民出身であり、イスラエルが一九四八年にパレスチナ人に与えた悪事に対する精神的・物質的な賠償の要求をイデオロギーの土台としていた。[1]

ＰＬＯをはじめ、パレスチナの大義をかかげるあらゆる団体は、否定の表明を二つ突きつけられた。第一は、国際的な和平の調停者による否定で、彼らはパレスチナの大義と関心事を、将来的な和平合意から抹消するわけではないが脇に置いておこうとする。第二は、イスラエル人がナクバを完全に否定することで、彼らは一九四八年に関与した民族浄化について、法的にも倫理的にも絶対に責任をとろうとはしない。ナクバと難民問題は、和平に関わる検討事項とはずっとみなされてこなかった。それを理解するには、一九四八年の犯罪をいまだにイスラエルがどれほど強く否定しているのか知らなければならない。そして、一方の真の脅威ともう一方の根深いアラブ人差別という、いずれもかなり企図された二つを結びつけて考えなければならない。

最初の和平の模索

一九四八年に大失敗したにもかかわらず、国連は、ナクバの二年くらい後まで、パレスチナ問題に正面から取り組もうとする気はあったように思われる。国連は和平をもたらすべく外交努力を始め、それは一九四九年春にスイスのローザンヌで開かれた和平協議で頂点に達した。ローザンヌ会議は国連決議一九四号に則っており、難民の帰還権の要求が中心議題であった。国連の仲介組織であるパレスチナ調停委員会（ＰＣＣ）にとっては、二国間の平等な土地の分割、エルサレムの国際管理、パレスチナ難民の無条件の帰還は、和平の基本であった。

アメリカ合衆国、国連、アラブ世界、パレスチナ人、イスラエルの外相モシェ・シャレットという関係者は全員、この包括的な取り組みを受け入れた。だがこの努力を、イスラエルの首相ダヴィド・ベングリオンとヨルダンのアブドゥッラー国王がわざと台無しにした。二人は、パレスチナの残りの部分を両者で分配することを熱望していたのであった。この年、アメリカの大統領選と、ヨーロッパの冷戦開始が重なったおかげで二人は勝利をおさめ、和平の機会がまたたくまに再び埋もれることが確定した。こうして二人は、パレスチナ／イスラエルの紛争史で唯一の、真の和平をつくりだす包括的な取り組みを挫折させたのであった。

パックス・アメリカーナに向けて

ローザンヌ会議が失敗に終わると、和平を求める気運はあっというまに消え去った。一九四八〜六七年の約二〇年間は、そうした動きは一切なかった。一九六七年六月の戦争〔第三次中東戦争〕が終息して、ようやく世界はこの地域の窮状に気づいた。少なくともそのように見えた。六月戦争は、旧委任統治領パレスチナ全土をイスラエルが完全に支配して終わった。イスラエルが迅速で壊滅的な電撃戦を実施した直後に和平交渉は始まり、当初はローザンヌ会議よりも開放的で突っ込んだ話しあいだった。はじめのうちはイギリスとフランスとロシアの国連代表が主導権を握ったが、まもなくアメリカ合衆国が会議を率いた。アメリカは中東に関するあらゆる議題からロシアを排除しようと考え、それがうまくいったのであった。

アメリカは、現実的な解決策を探るために勢力均衡をはかるというもっとも一般的な手法をとった。一九四八年以降、とくに六月戦争後にイスラエルの勢力はより強大となり、もはや疑う余地がなくなった。こうしてイスラエルは、かならずパックス・アメリカーナ〔アメリカ主導の平和〕の土台づくりに役立つような和平案を提出し、こんどは中東全体にそれを押しつけたのである。すなわち、その提案はイスラエルの「和平陣営」に授けられ、彼らが次の段階を形づくり問題解決に向けた指針を定めるような「常識」を示すことになったのである。したがって、その後のいかなる和平案も、パレスチナ和平に関し穏健派を装うこの陣営に迎合するものとなったのだ。

イスラエルは一九六七年以降、六月戦争で生じた新たな地政学的現実を利用して、次なる指針を定めた。さらに、国内で勃発した右派の「大イスラエル」と左派の「ピース・ナウ*」の政治論争もこの指針に反映させた（政府はすぐさまこの論争に、聖書を思わせるような「六日戦争」と名付けて発表した）。前者はいわゆる「失地回復派」〔罪の贖いによる王国の復活〕で、彼らにとってイスラエルが一九六七年に占領したパレスチナ地域は、ユダヤ国家が「取り戻した中心地」であった。ピース・ナウはパレスチナ占領地の「管理人」と呼ばれ、将来の和平交渉の切り札にできるように、その土地を死守したいと望んだ。大イスラエル陣営が占領地にユダヤ人入植地を建設し始めたときに、「管理人」的和平陣営は、すぐに和平交渉の対象にならない地域での入植地建設を問題視しなかった。つまり大エルサレム地域〔併合された東エルサレムおよび隣接する西岸地区の土地〕と一九六七年境界付近の〔既存の〕入植地群を容認したのだ。「失地回復〔贖い〕」として合意された土地にイスラエルが長年にわたって入植地を建設したため、和平陣営が交渉で提示する土地は、一九六七年以降徐々に狭くなっていった。

アメリカ合衆国の対パレスチナ政策決定機関は、イスラエルがこうした方針をとるや、イスラエル側の「譲歩」とか「妥当な手」、「柔軟な姿勢」だと言い始めた。これは、イスラエルによる〔欧米との〕挟み撃ち作戦の第一段階であり、どんな性質や傾向のものであれ、あらゆるパレスチナ側の観点をも完全に消し

＊　ピース・ナウはイスラエルの平和団体であり、パレスチナとの和平交渉によって紛争解決を目指すことを訴えている。軍事占領や入植活動には批判的であるが、イスラエル国家がユダヤ人国家であることを前提とした和平を目指している点で、明確にシオニスト団体である。レバノン戦争の一九八〇年代に大きな影響力をもった。

去るものであった。第二段階は、パレスチナを「テロリスト、不穏当、頑固」という西洋の見方で描くことであった。

和平プロセスから除外された一九四八年

イスラエルの採用した三つの方針、あるいは原則と言ったほうがいいかもしれないが、その第一は、イスラエル―パレスチナ紛争は一九六七年に始まった、というものだ。こうすれば、西岸地区とガザ地区の将来的な位置づけを確定する合意だけで紛争は十分解決できるということになる。つまり、両地区はパレスチナのわずか二二％を占めるだけなので、イスラエルはどんな和平案であろうと、本来のパレスチナ人の故郷のごく一部の話に過ぎないと簡単に矮小化できるのである。イスラエルはそれに満足せず、領土に関してさらに譲歩するようパレスチナに求め、現在もそれは続いている。アメリカふうにビジネスライクに要求することもあれば、イスラエルの左右陣営が合意した地図に基づき命じることもあった。

イスラエルの第二の原則は、西岸地区とガザ地区のあらゆる有形物はさらに分割することができ、この分割可能性こそが和平の鍵をなす、というものであった。イスラエルにとって分割できる有形物には、領土だけでなく、住民や天然資源も含まれている。

イスラエルの第三の原則は、ナクバや民族浄化も含めて一九六七年以前の出来事に関してはいっさい交渉に応じない、というものである。これは明らかに、イスラエルは和平の議題から難民問題を完全に除外し、パレスチナ人の帰還権を「出番のない選手」として試合に出さないことを意味する。第三の原則は、イスラエルの占領の終了と紛争の終了をまったく同じとみなし、第一・第二の原則から当然のように導き出される。もちろんパレスチナ人にとって一九四八年は問題の核心であり、その過ちを正さないかぎり、この地域の紛争に終止符を打つことはできないのだが。

パレスチナ人を露骨に蚊帳の外に置くこれらの方針を実現するために、イスラエルは有力なパートナーを見つける必要があった。そこで、当時のアメリカ国務長官ヘンリー・キッシンジャーを介して、ヨルダンのフセイン国王にはこう提案した。「労働党率いるイスラエルの和平陣営は、パレスチナ人を存在しないものとみなし、一九六七年にイスラエルが占領した土地をヨルダンと分割したがっている」。だがヨルダン国王は、分け前の土地では不十分だと考えた。フセインは祖父と同様に、東エルサレムやムスリムの聖地など西岸地区を丸ごと欲しがったのであった。

このいわゆるヨルダン・オプションを、アメリカは一九八七年までずっと支持していた。その年の一二月に、イスラエルの抑圧と占領に対するパレスチナ人の最初の民衆蜂起《インティファーダ》が起きるまでは。当初ヨルダンの方針が実を結ばなかったのは、イスラエルが気前よくなかったからである。後年PLOが全アラブや世界に正統性を認められなかったのは、フセイン国王があいまいな態度をとったことと、パレスチナ人の代理として交渉できなかったことが原因であった。

エジプトのアンワル・サーダート大統領も、一九七七年の和平工作において、似たような方針をイスラエルの右派の首相メナヘム・ベギン（一九七七～八二年在職）に提案した。イスラエルには占領したパレスチナ領土の支配を認め、パレスチナ人にはその領土内での自治権を与える、という案であった。実質的に形を変えた分割案であり、パレスチナ領土の八〇％を直接的に領有し、残りの二〇％を間接的に支配することをイスラエルに許すのである。

一九八七年に初めてパレスチナ人が蜂起すると、自治案はつぶれ、ヨルダンは今後の交渉から身を退くことにした。こうして、ようやくイスラエルの和平派はパレスチナ人を将来の和解相手と認めるようになった。当初イスラエルは、いつもどおりアメリカの助けを借りて、占領地のパレスチナ人指導部と交渉しようとした。この指導部はのちに公式の代表団として、一九九一年にマドリードで開かれた中東和平会議に参加が認められた。この会議は、第一次湾岸戦争でアラブ諸国が米軍のイラク侵攻を支持してくれた件について、アメリカ政府が示したお礼であった。だが中東和平会議は、イスラエルのせいで立ち往生し、何ひとつ成果を生まなかった。

イスラエルの「和平」原則は、イツハク・ラビン政権期に再び明確になった。ラビンは若い頃、将校として一九四八年の民族浄化に積極的に関与したが、それが今度は和平努力の再開を公約して首相に選出されたのであった。ラビンは一九九五年一一月四日、自国民に暗殺された。あの一九四八年からラビンがどれだけ本当に変わったのかを評価するには、あまりに早すぎる死だった。ラビンは国防相だった一九八七年には、第一次インティファーダで戦車に石で立ち向かったパレスチナ人の手足をへし折れと軍に命じていた。また、オスロ合意に調印する前は、首相として何百人ものパレスチナ人を国外追放に処した。さらに一九九五年のオスロ合意IIへと猛進し、西岸地区のパレスチナ人を効率的に数か所の指定居住地《バントゥースタン》に閉じ込めようとした〔パレスチナ自治政府が警察権と行政権をもつ主要六都市のA地区、イスラエルが警察権をもちパレスチナが行政権をもつB地区、イスラエルが警察権と行政権をもつC地区に分割した〕。

ラビンの和平努力の柱はオスロ合意であり、その和平プロセスは一九九三年九月に動き始めた。その陰には、やはりシオニズム思想がある。ナクバなどかけらも勘案されなかった。オスロ合意を立案したのは、当然イスラエルの「和平陣営」にいる知識人たちで、彼らは一九六七年からずっとイスラエルの公の席で重要な役割を果たしてきた。彼らは「ピース・ナウ」という議会の外の活動で組織化され、自分たちの側に付く政党も複数押さえていた。だがピース・ナウは一貫して一九四八年問題をはぐらかし、難民問題を論点から外し続けた。一九四八年の出来事と犠牲者を忘れ去った和平のため、ピース・ナウは一九九三年にヤーセル・アラファートというパレスチナ人のパートナーを見つけたようだ。イスラエルはオスロ合意でパレスチナ人をぬか喜びさせたが、アラファートがオスロで仕掛けられた罠にはまったために、パレスチナ人はさらに悲惨な結末を迎えることとなった。

それは暴力の悪循環であった。イスラエルの弾圧に対して必死になったパレスチナ人は、イスラエル軍にも市民にも自爆攻撃をしかけたが、その結果いっそう苛烈な報復となってはね返った。すると今度はもっと若いパレスチナ人（その多くが一九四八年に難民になった家の出身）が、自爆攻撃は占領地を解放する唯一の手段だと訴えるゲリラ集団に加わった。びくついたイスラエルの有権者は、再び右派を政権に就けたのだが、最終的に右派政権の政策も、前政権とほとんど変わらなかった。ネタニヤフ政権（一九九六〜一九九九年）は、統治という観点ではすべからく失敗し、今度はエフード・バラクが率いる和平派の労働党が一九九九年に政権に返り咲いた。バラクはあらゆる分野で野心的過ぎたため一年もしないうちに選挙で敗北し、パレスチナ人との和平だけが今後の政治的キャリアを守るただ一つの方法のように思えた。

帰還権

バラクにとってはたかだか保身のための戦略的なかけひきにすぎなかったものを、パレスチナ人は、オスロ交渉の山場だと勘違いした。アメリカのクリントン大統領がバラク首相とアラファート大統領をキャンプ・デーヴィッドのトップ会談に招いた二〇〇〇年夏も、パレスチナ人は紛争の終結に向けた真剣な交渉を期待した。実際そうした希望はオスロ合意に組み込まれていたはずだった。一九九三年九月の合意文書では、パレスチナ指導部に対して次のように確約している。もしパレスチナ側が五〜一〇年の猶予期間に同意するのであれば（その間にイスラエルは占領地から一部撤退する）、新たな和平交渉の最終局面で紛争を議題に取り上げよう、と。いまこそその最終局面なのだから、「紛争の三つの要点」、つまり帰還権とエルサレム問題とイスラエルの入植地の将来について議論する時だとPLOは考えた。

PLOは和平の対案を提示しなければならなかったが、オスロ合意の正体を見抜いた者は、一九八〇年代後半に台頭した急進派イスラーム運動も含め、みな去っていたせいでPLOは分裂した。PLOはこの任務をこなす能力がないと自覚しており、不幸なことにロンドンのアダム・スミス研究所という見当違いのところに助言を求めた。同研究所の指示のもと、純朴なパレスチナ側の交渉人らは、ナクバおよびそれに関するイスラエルの責任を最優先の議題としたのであった。

当然彼らは、アメリカ主導の和平の枠組みがどういうものか完全に読み誤っていた。恒久的な入植地に関する案件など、協議事項を決めてよいのはイスラエル側だけだった。さらに、キャンプ・デーヴィッドではイスラエル側の提案しか話しあわず、アメリカはその案を全面的に支持した。イスラエルは、西岸地区およびガザ地区の一部から撤退し、パレスチナ人には本来のパレスチナの一五％ほどを残してやると提案した。しかも、その一五％の土地も、イスラエルの幹線道路や入植地、軍事基地、防壁のせいでバラバラの小さな区画に分断されていた。

イスラエル案にエルサレムが入っていなかったのはひじょうに重要である。パレスチナの首都がエルサレムになることは絶対にないという意味だからだ。それは難民問題が解決されないということでもあった。

言い換えれば、この提案の仕方が将来のパレスチナ国家の範囲を定め、国家の地位や独立といった概念を徹底的に歪めたのである。そうした国家の概念は第二次大戦を受けて認められてきたものであり、国際的な支持を得て一九四八年にユダヤ国家が独立を主張したのもこうした概念に基づいていたのだが、それがいまや歪められたのだ。アラファートは、これまで手にしたことのない本物の権力を犠牲にして、たまたま転がり込んできた特権に浮かれたために、いまや弱り切っている。その彼でさえも、イスラエルが全パレスチナ人の願いを無にしたのに気づくと、さすがに署名を断った。

アラファートはおよそ四〇年にわたって、パレスチナの民族運動を体現してきた。その主たる目的は、イスラエルが一九四八年に犯した民族浄化を法的にも倫理的にも認めさせることである。どのように民族浄化が起きたのかという認識は、時がたつにつれ、戦略や戦術とともに変化したが、全体的な方針はなんら変わらない。とりわけ難民の帰還権を認めるべきだという要求は、一九四八年の国連決議一九四号によってすでに国際的に承認されているからである。もし二〇〇〇年のキャンプ・デーヴィッドの提案に署名をしたら、わずかながらもパレスチナ人が自力で手に入れたものに対する裏切になっていただろう。アラファートは署名を拒否したため、アメリカとイスラエルからすぐさま仕返しされ、戦争屋と呼ばれた。

アリエル・シャロンが二〇〇〇年九月にエルサレムのハラム・アッシャリーフ〔神殿の丘〕を挑発的に訪問すると状況はさらにこじれて、この屈辱は第二次インティファーダの引き金となった。第一次インティファーダと同様、このときも最初は武器を持たない民衆の抗議行動であった。だが、イスラエルが報復として死者を出す暴力をふるうと武力衝突へエスカレートし、戦力にひじょうに差があるミニ戦争が今なお荒れ狂っている。世界は、この地域最強の軍隊がアパッチ・ヘリコプターと戦車とブルドーザーで、武器を持たない一般市民や疲弊した難民を攻撃するのを傍観している。攻撃にさらされた市民や難民のなかから、装備の乏しい小さな民兵団が、勇敢ではあるが無駄な抵抗をするため立ち上がろうとしているのだ。

ラムズィー・バールードの『ジェニーンの捜査』には、二〇〇二年四月三日から一五日にかけてイスラエル軍がジェニーン難民キャンプを侵攻し虐殺した件に関する目撃証言が収められており、臆病な国際社会と無情なイスラエル、勇敢なパレスチナ難民について語る(2)。ラフィーディア・アル゠ジャマルは、三五歳で五人の子どもの母親であるが、二七歳の妹ファドゥワーが殺害されたときのことをこう語った。

軍隊は村に入るとまず高い建物の屋根を占領し、モスクの最上階に陣取りました。妹は看護師でした。侵攻を受けたすべての地区に野外病院が設置され、その一つに配属されていました。

朝の四時ごろ、私たちは砲弾の炸裂する音を聞きました。妹は、負傷者を手当するため、すぐに野戦病院へ行くことになっていました。だから家を出たのです。助けを求める叫び声が聞こえたので、なおさらです。妹は白衣を着ていましたが、私はまだ寝間着のままでした。私はスカーフをかぶって、彼女が通りを渡るのに付き添いました。家を出る前に、私は妹に礼拝のために手を洗うよう言いました。彼女は信心深く、こんな時代はとくにそうでした。砲弾が落ちたときも恐怖は感じませんでした。救助を必要としている人がいると思っただけでした。

外に出ると、近所の人たちも外にいましたので、負傷者がいないか尋ねました。話をしていると、イスラエル軍の銃弾が雨のように降ってきました。私は左肩に傷を負いました。イスラエル兵はモスクの最上階を占拠しており、銃弾はその方角から飛んできました。私は妹のファドゥワーに負傷したことを伝えました。私たちは街灯の下に立っていたので、服装から私たちが誰なのかがはっきりわかったと思います。妹は私を助けようとしましたが、頭を私にもたせかけました。おびただしい銃弾を浴びたのでした。ファドゥワーは私の足下に崩れ落ち、私は地面に倒れました。銃弾は私の足にも当たりました。頭を私に預けている妹に「祈りなさい」と言いました。死にかけているとわかったからです。でも、あんなに早く亡くなるとは思いませんでした。お祈りを最後まで終えることもできなかったのです。(3)

国連の安全保障理事会は四月二〇日に決議一四〇五号を採択し、事実調査団をジェニーン難民キャンプに送ることにした。だが、イスラエル政府が協力を拒むと、国連事務総長のコフィ・アナンは調査を断念した。

パレスチナ人にとってキャンプ・デーヴィッド会談の唯一の収穫は、地元や地域、そして世界の人々にまで、一九四八年の大災厄について一瞬ではあったが関心を持ってもらえたことだった。イスラエルはもちろん欧米の人々までパレスチナ問題に深い関心を寄せ、この紛争が今後の占領地だけでなく、イスラエルが一九四八年にパレスチナから追い出した難民がいることに大きく関わっていると気づいた。これはオスロ合意の後では、かなり困難な課題であった。当時、パレスチナの稚拙な外交戦略のせいで、この問題は完全に脇へ押しやられていたからである。

実際ナクバは長らく和平プロセスの協議事項からひじょうに巧みに外されていたので、キャンプ・デーヴィッド会談でいきなりパレスチナ問題が俎上に載ると、イスラエル人はパンドラの箱を目の前で開けられたように感じたのだった。イスラエル側の交渉人にとって、一九四八年の大災厄に関し自国の責任が問われかねない事態は最悪である。イスラエルがこの「危機」にすぐさま対処したのは言うまでもない。メディアと国会は、ただちに広範な世論づくりに取りかかった。イスラエルの交渉人は、パレスチナ難民が一九四八年以前の自宅に帰還する権利について、だれも議論すらしてはならなかった。国会は迅速にこの趣旨の法案を可決した。バラク首相はキャンプ・デーヴィッドへ向かう飛行機のタラップを上りながら、同法に対する支持をはっきり表明した。(4)

この年のイスラエルのパレスチナ人の「扱い方」は、シオニズムの計画全体の倫理的な正当性に大きな疑念を抱かせるものだった。しかし、イスラエル政府が帰還権に関するあらゆる議論を徹底的にじゃまするのは、一九四八年をめぐる議論を心底恐れているからでもある。ゆえにイスラエル人は、事件を否定する仕組みを死守しなければならない。それは、和平交渉でパレスチナに告発されるのを阻止するためだけではない。それよりはるかに重要なのは、シオニズムの本質と倫理的基盤について議論が起きるのをぜったいに防ぐことであった。

パレスチナ人をイスラエルの活動の犠牲者と認めることは、イスラエル人にとって少なくとも二つの理由で大きな苦痛をもたらす。それを認めれば、イスラエルは一九四八年にパレスチナを民族浄化して有罪であるという過去の不正義を受け入れることになってしまう。また、イスラエル国の建国神話そのものを問い、国の未来に避けがたい影響を及ぼす倫理的な問題が多数生じる。

パレスチナ人を犠牲者と認めることと、根強い精神的不安は結びついている。一九四八年に何が「起こった」のかイスラエル人の自己認識を問い直すよう迫るからである。主流派のイスラエルの民衆は、たいてい次のような歴史を教わっている。一九四八年にイスラエルが委任統治下のパレスチナの一画に独立国家を建国できたのは、初期のシオニストらが「空いていた土地に入植し」、「砂漠に花を咲かせた」からだ、と。

パレスチナ人が負ったトラウマをイスラエル人は認めることができない。それは、パレスチナ民族の物語と、いまだにトラウマであるナクバの物語の語り方を比べれば、いっそうはっきりする。長期にわたる血なまぐさい紛争でパレスチナ人が犠牲になるのが「自然」で「当たり前」だったとしたら、イスラエルは「パレスチナ人犠牲者説」をここまで危険視しなかったであろう。いずれの側も「状況に巻き込まれた犠牲者」ということにすれば、政治家や歴史家をはじめどんな人も本来負うべきであった倫理的責任を免れ、かわりに曖昧で当たり障りのない概念を使ってもよくなる。しかし、多くのパレスチナ人の願いは、イスラエルが自覚的にいまも行なっている悪事の被害者であると認められることである。イスラエルのユダヤ人がこれを受け入れると、自分こそ被害者だという立場が揺らいでしまう。そうなれば国際的な規模で政治的な意味をもつし、はるかに重大なことだが、イスラエルのユダヤ人の精神に倫理的・経験的な影響を及ぼすかもしれない。つまり、イスラエルのユダヤ人は、自分が見てきた酷い悪夢と自身がそっくりになっていると認めざるをえなくなるのだ。

キャンプ・デーヴィッド会談でイスラエルは怯える必要はなかった。二〇〇一年九月一一日にアメリカ合衆国が攻撃され、その前年にパレスチナで起きた第二次インティファーダをイスラエルが徹底して弾圧したため自爆攻撃が増えてからは、議論を始めようというういかなる勇気ある試みも跡形もなく消散してしまい、否定というかつての慣習が報復とともに再び登場したのである。

二〇〇三年に、ロードマップ〔行程表〕の採択と、多少大胆な発案であるジュネーヴ合意[*]の調印により、

---

* 二〇〇三年にシオニスト左派のイスラエル労働党の一部と、パレスチナ自治政府の一部が発表した和平合意で、ヨルダン川西岸地区のユダヤ人入植地の一部をイスラエル領とするかわりに、西

和平プロセスは表面的には復活した。ロードマップは、アメリカ、国連、EU、ロシアの四者からなる仲介組織の政治的な産物であった。カルテットが提示した和平への青写真は、アリエル・シャロン(二〇〇一年と、二〇〇三〜二〇〇六年、病気で政界を引退するまで首相)の政策に具現化されたように、イスラエル大衆の合意を得ることができた。二〇〇五年八月にイスラエルがガザ地区から撤退するという大スクープを提供し、シャロンは西洋諸国によい人と思わせることに成功した。しかし、イスラエル軍はガザ地区を現在も外側から支配している(暗殺部隊を使って上空から「標的」を探すなど)。今後、西岸地区のどこかから出て行くイスラエルの入植者や兵士がいるかもしれないが、西岸地区全体の支配は継続するだろう。四者の和平協議で、一九四八年の難民に一言も触れていないのはその象徴である。

ジュネーヴ合意は、二一世紀初頭にイスラエルの和平派が提示できるものとしてはほぼ最善の策であった。この提案をプログラムとして示すことができたときには、その提案に関わった人は、イスラエル側もパレスチナ側もともにもはや権力の座にはいなかった。だからどれほど合意案が華々しく宣伝されても、それが政策としてどれだけ効力があるのか不明である。合意文書では、西岸地区とガザ地区に限り、パレスチナ人の帰還権が容認されている。同文書は、民族浄化の事実は認めていないが、選択肢として補償を提示する。しかし、文書が「パレスチナ国家」と定めた領土に世界でもっとも人口密度の高いガザ地区を含めているので、パレスチナ人の帰還に有効な解決策だと言いながら自分でふいにしてしまっている。

奇妙に聞こえるかもしれないが、ジュネーヴ合意文書は、イスラエルがユダヤ人国家であると、交渉相手のパレスチナに明確に承認してもらうものであった。つまり、どんな犠牲を払っても(民族浄化までして)、ユダヤ人を多数派にするためにイスラエルがこれまで行なってきたあらゆる政策を支持するという意味である。したがってジュネーヴ合意を締結した善意の人々は、パレスチナの和平にとってもっとも重大な障害である要塞国家イスラエルも支持していることになる。

原註

（1）一九六四〜六八年の、私が「ニセPLO」と呼んできたものについては、Ilan Pappe, *A History of Modern Palestine: One Land, Two Peoples* を参照。

（2）Ramzy Baroud (ed.), *Searching Jenin: Eyewitness Accounts of the Israeli Invasion 2002.*

（3）Ibid., pp. 53–5.

（4）字義どおり「二〇〇一年帰還権拒絶保護法」と名づけられた。

岸地区に隣接する同面積のイスラエル領土をパレスチナ領とすることや、限定的ながら難民の「帰還」を認めようというもの。イスラエルの和平派の提示できる限界として、パレスチナ側に大幅な譲歩を求める内容であったが、結局のところ、イスラエルとパレスチナ双方で広い支持を得ることなく、この合意は立ち消えとなった。

第12章　要塞国家イスラエル

［ガザ地区からの］撤退計画には、和平プロセスを凍結するという意義がある。和平プロセスが停滞すれば、パレスチナ国家の建設は妨害され、難民や国境やエルサレムに関する議論も中止される。パレスチナ国家なる案は、内容にかかわらず、これまでわれわれの検討課題からまるごと除外されてきた。［アメリカの］大統領はそれを支持し上下両院も承認している。

アリエル・シャロン政権報道官ドヴ・ワイスグラス
ハアレツ紙、二〇〇四年一〇月六日

それゆえ、生きのびたければ、殺して殺して殺しまくらなければならない。来る日も来る日も毎日だ。……殺さなければ自分が死ぬ。……一方的な分割は「和平」を保証しない。ユダヤ人が圧倒的多数を占めるシオニズム的ユダヤ国家を保証するのである。

ハイファ大学地理学教授アルノン・ソフェル
エルサレム・ポスト紙、二〇〇四年五月一〇日二〇〇六年一月二四日の真夜中に、イスラエル国境警察の精鋭部隊が、国内のパレスチナ人の村ジャルジューリヤーを制圧した。住居に突入して三六人の女性を引きずり出し、最終的にはそのうち八人を国外追放に処した。八人の女性は、西岸地区の元の自宅へ戻るように命じられた。なかにはジャルジューリヤー村のパレスチナ人男性と長年連れ添っている人や、妊娠中の人、子どもが大勢いる人もいた。彼女たちは突然夫や子どもたちから引き剝がされたのである。イスラエル国会のあるパレスチナ人議員が抗議したが、政府も裁判所もメディアもこの決定を支持した。治安警察たちは、少数派のパレスチナ人住民が「人口統計上の問題」から「人口統計上の脅威」へ変化するおそれがあれば、ユダヤ人国家は迅速に容赦なく行動を起こすことをイスラエル社会に実演してみせたのだった。

国境警察がジャルジューリヤー村を急襲したのは完全に「合法」であった。二〇〇三年七月三一日に、イスラエル市民と結婚したパレスチナ人はイスラエルの市民権や永住権はもちろん、一時的な居住権さえ得られないという法律が国会で採択されていた。ヘブライ語で「パレスチナ人」とは、つねに西岸地区およびガザ地区のパレスチナ人と離散パレスチナ人を意味し、「イスラエルのアラブ人」とは区別されている。そうやってイスラエルのパレスチナ人が、パレスチナ民族とはまるで違うかのようにするのだ。この立法を主導したのは、リベラルなシオニストのアブラハム・ポラズで、中道政党シヌイの議員であった。彼は、この法案を「防衛策」だとした。一二〇人の国会議員のうちこの法案に反対したのは二五人だけだった。当時のポラズの説明によると、イスラエルにどれだけ長く暮らしていようが、すでに「イスラエル市民」と結婚し家庭をもっている「パレスチナ人」は、「西岸地区に戻らなければならない」。

国会でアラブ人議員は、この人種差別法について最高裁判所に上告したイスラエル人グループに属していた。だが最高裁が棄却すると、その熱意はしぼんだ。[1] 最高裁の判決は、このグループが、イスラエルの議会制度にも司法制度にもまるで相手にされていないことを示した。また、最高裁がいかに正義よりもシオニズムを守りたいかが、あらためて明白となった。イスラエル人はよくパレスチナ人に対して、お前たちは中東地域で「唯一の民主主義国家」に暮らし選挙権を持つことをありがたく思うべきだ、と言う。だが、投票によってほんとうに政治的権力や影響力が得られると幻想を持つ人などいない。

「人口統計上の問題」

ジャルジューリヤー村の急襲とその根拠となる法律は、イスラエルの少数派であるパレスチナ人が近年の国内選挙でいかに重大な争点だったかの表れである。二〇〇六年の選挙期間中、シオニスト政党は左派から右派にいたるまで、いずれもイスラエル国内のパレスチナ人の「人口統計上の問題」対策を公約に掲げた。アリエル・シャロンはガザ地区からの撤退こそが最善だと判断したが、労働党は国内のパレスチナ人の人口を確実に抑制するのに最適だとして隔離壁を支持した。ジュネーヴ合意の運動、ピース・ナウ、和平と治安の協議会、* アミ〔アミハイ〕・アヤロンの調査グループ〔二四七頁の訳注参照〕、ミズラヒ民主の

＊ 和平と治安の協議会は、イスラエル軍、モサドやシン・ベトといった諜報機関、警察など出身の、治安問題の専門家らでつくった政策提言グループ。治安維持の観点から現実的な政治解決を訴えている。第一次インティファーダ下の一九八八年に創立した。

虹[*]など、国会の外の組織も「人口統計上の問題」に関してそれぞれの処方箋をもっている。

パレスチナ人の政党の議員一〇人とアシュケナズィーの超正統派ユダヤ人という変わり者の議員二人[*]を除いて、イスラエルの今国会の議員は全員、「人口統計上の問題」を最終的に解決するという秘策を公約に掲げて選挙に勝ち、国会に送りこまれた。イスラエルの占領政策や占領地の支配の縮小案(だが占領地の半分以上から撤退することは絶対にない)から、より思い切ったそして広域にわたる案まで、その戦略はさまざまである。たとえば、アヴィグドール・リーベルマン率いるイスラエル・ベイテイヌ(わが家イスラエル)というロシア系の右派政党と、いくつかの宗教政党は、パレスチナ人を西岸地区へ「自発的に移送」すると臆面もなく主張するが、民族浄化をすると婉曲に言っているだけのことである。つまりシオニストは「人口のバランス」をとるために、イスラエルが国際法上違法に支配している占領地を手放すにせよ、「やっかいな」人口集団を「縮小」させるにせよ、問題を解決すると言っているのだ。

これは何ら新しい話ではない。すでに一九世紀末に、シオニストは「人口問題」が夢を実現するうえで大きな障害であるとみなし、その解決法も認識していた。テオドール・ヘルツルは一八九五年、「われわれは貧困層を、気づかれないうちに国境の向こうへ追放するために全力を尽くすだろう。わが国ではいっさい仕事を与えず、移送先の国々で職を斡旋するのだ」、と日記に書き記している。[(2)] ダヴィド・ベングリオンは一九四七年一二月にはっきりと、「多数派であるユダヤ人が人口のわずか六〇%しか占めないうちは、安定した強いユダヤ人国家は不可能だ」と述べた。[(3)] そして、いずれイスラエルは、この「深刻な」問題に「新しいアプローチで」対処しなければならなくなるだろうと警告した。

その翌年ベングリオンが「新しいアプローチ」として民族浄化を開始したため、パレスチナ人は新生ユダヤ人国家の総人口の二〇%以下に減少することが確実となった。二〇〇三年一二月にベンヤミン・ネタニヤフは、ベングリオンが不安を煽った数値を再利用した。「イスラエル国内のアラブ人が人口の四〇%を占めれば、ユダヤ人国家はおしまいだ」「だが、二〇%でもまだ問題はある。この二〇%との関係がこじれたら、政府には強硬手段をとる権利がある」[4]と端的に語った。

イスラエルは短い歴史のなかで一九四九年と一九八〇年代の二度も、大量のユダヤ人移民によりそれぞれ一〇〇万人ほど人口を増やした〔建国直後とソ連邦崩壊期〕。そのおかげでパレスチナ人の比率は、占領地を除くイスラエル総人口の約二〇%に抑えられているのである。現在の政治家にとって、これこそ問題の核心である。エフード・オルメルト〔前首相、二〇〇六〜〇九年在職〕は、もしイスラエルが占領地にとどまりその住民を公式にイスラエルの人口に算入すれば、一五年以内にパレスチナ人がユダヤ人よりも多くなると知っている。それゆえ、ヘブライ語で「一か所に集まること」「(イスラエルへの) 集合」を意味する「ヒトカンスート」政策を選んだ。それは、西岸地区の大部分を併合しつつ、パレスチナ人の多い地域

* ミズラヒ民主の虹は、中東イスラーム圏出自のユダヤ人「ミズラヒ」の権利向上のための市民団体。ヨーロッパ出自のユダヤ人が中心のイスラエル社会にあって、比較的差別されることの多いミズラヒ(多くが実はユダヤ教徒のアラブ人)が、差別の撤廃やミズラヒ文化の承認、アラブ・パレスチナ人との関係の再構築を訴えている。

* 二人の議員とは、超正統派の政党「ユダヤ教トーラー連合」の議員を指す。ユダヤ教超正統派の基本思想は、古代イスラエル王国の滅亡を神の罰であり、王国の復活はもっぱら終末における神の赦しによるととらえるため、世俗的なシオニズム運動は、むしろユダヤ教に反するとさえ考える。国政に参加し政治的な妥協をはかっているが、シオニズムには距離を置く。

をイスラエルの直接支配から外す政策であった。言い換えれば「ヒトカンスート」とは、できるだけたくさんパレスチナの土地を奪い、なるべくパレスチナ人を少なくするという、形を変えたシオニズムなのである。高さ八メートルの分厚いコンクリート板、鉄条網、有人の監視塔のある隔離壁をうねうねと六七〇キロにもわたって建設したのも、隔離壁が全長三一五キロの「グリーンライン」(一九六七年六月の境界線)の二倍以上に達するのも、そのためだ。たとえオルメルト政権が継続し「併合」が進んだとしても、彼の目標とする安定したユダヤ人国家を建てる予定であるパレスチナの土地の八八%には、なお多数のパレスチナ人口が残ることになるだろう。その人数がいったい何人になるのか正確にはわからない。中道か左派に属するイスラエルの人口学者は少なく見積もっており、この数字であれば「撤退」が妥当な解決策と思われる。(5) だが、右派の人口学者はもっと多く見積もる傾向がある。ただどの人口学者も、ユダヤ人よりパレスチナ人の出生率が高いことを考えると、「人口統計上のバランス」は現状のままではないという点では一致する。したがって、オルメルトは近いうちに、撤退は解決策ではないと結論を出すだろう。

イスラエルで主流のジャーナリストや学者、政治家は、「人口統計上の問題」についてかつては抑えて論じなければならなかったが、いまではその縛りはなくなった。国内では、人口問題の核心は何か、誰に影響を与えるのか、説明が必要と思う人はいない。国外では、九・一一後にイスラエルの「アラブ人」や占領地のパレスチナ人は「ムスリム」だといったん思いこませれば、それから人口政策を支持してもらうのは簡単だった。とくにアメリカ連邦議会の支持をもっともあてにしていた。二〇〇三年二月二日付の日刊大衆紙マアリヴは、「イスラエルでは児童の四人に一人がムスリムだ」という見出しで新局面を表し、この事実がイスラエルの次の「時限爆弾」になるだろうと報じた。パレスチナ人ではなく「ムスリム」の人口が年率二・四%で増えるのは、もはや問題を超えてすでに「危険」になっている、と。

二〇〇六年の国政選挙を目前にして識者らは「人口バランス」の問題について意見を戦わせたが、それはまるで、欧米の多数派市民が移民問題とか移民の受入の是非を語るのと同じ口ぶりだった。しかしパレスチナでは、現地住民の将来を決定するのは移民社会の側であって、その逆ではない。前述したようにベングリオンは、一九四八年二月七日にテルアビブからエルサレムへ車を走らせ、ユダヤ軍がエルサレム西のはずれにあるパレスチナ人の村から住民を追放済みなのを見て喜び、エルサレムがいかに「ヘブライ」化したのかをシオニスト指導者の集まりで報告した。

だが、シオニストの「ねばり強さ」にもかかわらず、かなり大きなパレスチナ人コミュニティが民族浄化を生きのびた。その子孫もいまでは大学生となり、政治学や地理学の教授らは、「人口バランス」がイスラエルにとっていかに深刻な問題なのか講義する。エルサレム・ヘブライ大学に運よく特別枠で入学したパレスチナ人の法学部生は、おそらくルツ・ガヴィソン教授に出会うだろう。彼女は市民権協会前会長で、最高裁判事候補でもあるが、最近この件について強硬な姿勢を明らかにした。ガヴィソンはこの考えは世間に広く支持されているとし、「イスラエルにはパレスチナ人口の自然増加を抑制する権利がある」と言い切ったのであった(6)。

大学のキャンパスの外では、パレスチナ人は自分が問題視されていると意識せざるを得ない。シオニスト左派から極右までイスラエル人社会が自分たちの追放を切望していることを、パレスチナ人は毎日のように思い知らされる。自分や家族の存在がまだ問題でしかないあいだは、イスラエルが諸外国に対して自由で民主的である振りをしているかぎり自分たちは守られていると感じられるだろうが、しかし、存在が「脅威」になったと耳にするたびに、パレスチナ人が不安になるのも当然だろう。イスラエルがパレスチナ人は脅威だといちど公式に宣言すれば、イギリス委任統治期からずっと抱えこんできた緊急事態法の対象にされることをパレスチナ人は知っている。そうした体制になれば、家屋は破壊され、新聞は発禁になり、住民は追放されるだろう。

一九四八年にイスラエルに追放されたパレスチナ難民の帰還権は、同年一二月の国連総会で承認された。この権利は、国際法に基づいており、あらゆる普遍的正義の概念にも合致する。おそらくもっと意外なことに、本書第11章で述べたように、現実の政治から見ても、帰還権は筋が通っている。イスラエルが、パレスチナ民族の収奪に過去も未来も果たす大きな役割を認めないかぎり、そして民族浄化だと認識してその結果を受け入れないかぎり、イスラエル―パレスチナ紛争を解決するためのいかなる試みもかならず失敗する。それは、パレスチナ人の帰還権に関してオスロ合意が不調に終わった二〇〇〇年に明確となった。

ところがシオニストはあいかわらず、「黒人」（アラブ）の世界に「白人」（西洋）の砦を築いて防衛することを目標に掲げてきた。パレスチナ人の帰還権を拒絶するのは、最終的にアラブ人に数で圧倒されるのではないかというイスラエル・ユダヤ人の恐怖心によるところが大きい。自分たちの砦が危機に瀕するかもしれないという恐怖心から、世界じゅうに非難されようとももはや気にならないというイスラエル人の強い感情が生まれるのである。いかなる犠牲を払ってもユダヤ人は圧倒的多数であり続けるという方針が、その他のあらゆる政治的関心はおろか市民の問題さえも押しのけている。また、ユダヤ教は贖罪を求めるものだが、イスラエルは世界の世論を傲慢にも軽視し、批判をかわす自分本位の傾向がある。イスラエルの立ち位置は、中世の十字軍とは異なる。十字軍が樹立したエルサレム王国は、周囲のムスリムに攻め込まれないよう分厚い壁で城を守り、約一世紀ものあいだ難攻不落の孤島であり続けた。自分で現実を歪め、そこに囚われていたのだ。もっと最近の強迫観念の事例としては、アパルトヘイト全盛期の南アフリカ共和国における白人入植者を挙げることができる。パレスチナの十字軍のように、ボーア人〔オランダをはじめヨーロッパから南アフリカに入植した白人〕も白人だけの居留地を守ろうとしたが、ごく短期間しか持ちこたえられずに崩壊した。

本書の冒頭で見たように、シオニストは一九二二年頃、パレスチナに東欧ユダヤ人の入植地をつくり、大英帝国はこれに力を貸した。イギリスがパレスチナで政治的国境を定めると、シオニストは将来のユダヤ人国家を念頭において、具体的な地理用語としてエレツ・イスラエルを定義できるようになった。植民地主義者は地盤を固めるために大量のユダヤ人移民を夢見たが、ホロコーストのせいで「白人」のヨーロッパ・ユダヤ人の数は減ってしまった。また、シオニストはがっかりしたが、ナチスの襲撃を生き延びたユダヤ人は、米国移住か、恐怖を体験したヨーロッパの生活を選んだ。そこでイスラエルのアシュケナズィー指導部は、しぶしぶではあったが、中東や北アフリカの一〇〇万人のアラブ人ユダヤ教徒〔アラブ系ユダヤ人〕に対して、パレスチナ領土内の居留地に来てはどうかと促した。ここにシオニズムの差別的な一面が表れており、宗教が同じ人を差別しているだけに、より痛烈である。このアラブ世界からやってきたユダヤ人の集団はミズラヒーム[7]と呼ばれ、彼らは脱アラブ化という不快な経験をした。移民の第二・第三世代にあたる研究者（なかでもエラ・ショハット、サミ・シャローム・シトリート、イェフダー・シェンハヴが有名）は、近年その経験を次々に明らかにしている。シオニストからみれば、このアラブ人ユダヤ教徒〔アラブ系ユダヤ人〕を脱アラブ化する収奪ですら、結局成功物語になってしまう。イスラエル国内のパレスチナ人マイノリティという小さな存在に脅かされることなく、ユダヤ人居留地はがっしりと堅固な土台に支えられている、と幻想を持ち続けることができたのだ。

一九六〇年代半ばに、アラブ世界と初期のパレスチナ民族運動が、要塞国家イスラエルが作り出した現実を拒否することが明白になると、イスラエルは支配領土の拡大を決定し、一九六七年六月にパレスチナの他の地区と、シリア、エジプト、ヨルダンの一部を制圧した。シナイ半島は一九七九年に「和平」の見返りとしてエジプトに返還されたが、一九八二年にイスラエルはレバノン南部をミニ帝国に取り込んだ。拡張主義政策は居留地を守るために不可欠となったのである。

イスラエルは二〇〇〇年五月にレバノン南部から撤退し、二〇〇五年八月にガザ地区から撤退したが、これは政府が頑強な要塞国家の維持を最優先課題にしたことを意味する。そのために核戦力、アメリカの無条件支援、強大な軍事力が必要とされた。居留地の境界を最終的に画定するにあたり、シオニズムの実利主義が再び登場した。国際法によればいかなる国家も一方的に国境を定めることはできないが、だからといってそれで要塞国家の分厚い壁を突き崩せるわけではない。パレスチナの約九〇%の土地も含め、電流フェンスや有形・無形の壁で囲んだものを、現在のイスラエル世論は国家とみなす。

一九四八年にベングリオンがゆくゆくはパレスチナの七八%でよいと顧問団に「承諾」させたように、問題はいかに広い土地を手に入れるかではなく、現地パレスチナ人の将来をどうするかなのである。イスラエルが切望する九〇%の土地には、二〇〇六年時点で約二五〇万人のパレスチナ人がおり、六〇〇万人のユダヤ人と国家を共有している。ガザ地区と、西岸地区でイスラエルが望んでいない地域にも二五〇万人のパレスチナ人がいる。イスラエルで主流の政治家やユダヤ人市民にとって、この人口バランスがもはや悪夢なのである。

だがイスラエルは、パレスチナ人の帰還権について、交渉の席に着くことさえ断固拒絶している。ユダヤ人が多数派の現状を維持するためであり、交渉した結果紛争が終結したとしても自分たちの足元が揺らいでしまうからである。イスラエル国家はおよそ二〇年も、ユダヤ人は圧倒的多数を占めると言えなかった。それは一九八〇年代に旧ソヴィエト連邦からキリスト教徒が流入したり〔ユダヤ系であるという建前で〕、外国人労働者が増えたりしているせいであり、そして世俗的なユダヤ人が「ユダヤ」国家でユダヤ人性を定義することがますますむずかしくなっているせいである。国家という船の船長たちはこの現実を知っているが、警鐘とは受け止めていない。彼らは、国民を「白人」、すなわち非アラブ人にし続けることをなによりも目標としているからだ[8]。

イスラエル政府は、ユダヤ人移民を増やそうとしたが失敗し、国内のユダヤ人の出生率を上げようとしたが失敗した。また、パレスチナ紛争の解決策として国内のアラブ人を減らすこともできなかった。それどころか、イスラエルがもくろんだあらゆる解決策は、アラブ人の増加をもたらした。大エルサレム地域、ゴラン高原、西岸地区内の大入植地まで編入したためである。一九九三年以降紛争終結のためにイスラエルが出した案は、中東地域のアラブ諸国の承認を得ていたかもしれないが（エジプト政府とヨルダン政府がそうだが、いずれもアメリカ合衆国の影響下にあるのは間違いない）、アラブ諸国の市民はまったく納得していなかった。アメリカ軍がいまちょうどイラクでやっているような、アメリカが中東を「民主化」するやり方も、「白人」の要塞国家で暮らす不安をぜったいに軽減してはくれない。というのも、イスラーム世界はイラク侵攻とイスラエルをほとんど同一視しているからだ。要塞国家では社会的暴力の発生率は高いが、大勢の市民の生活水準は下がり続けている。だが、こうした問題はまるで放置されている。環境とか女性の人権と同様に、国家的な課題としては軽視されている。

パレスチナ難民の帰還権を拒絶することは、「白人」居留地を防衛し続け要塞国家を擁護すると宣言しているようなものである。現在、要塞国家を声高に支持するミズラヒームのユダヤ人は、アパルトヘイトがお気に入りだ。そのなかでも少数ではあるが、とくに北アフリカ出身の人々は、アシュケナズィームのユダヤ人が享受している快適な生活を期待する。だが、アラブの遺産と文化を裏切った見返りとして、完全に受け入れてもらえるわけではないと、彼らも気づいている。

それでも、解決策は単純なように思われる。アラブ世界に残る最後の植民地ヨーロッパの居留地として、イスラエルはいつの日か市民の民主主義国に自ら変わる以外に選択肢はないのだ。

そしてこれは実現できる。パレスチナ人とユダヤ人は、あらゆる困難にもかかわらず、この長く不安な時代に親密な社会関係をイスラエルの内外で築いてきたし、それを考えれば可能なはずだ。また、パレスチナという引き裂かれた地の争いに終止符を打てることもはっきりした。シオニストの社会工学ではなく人間を尊重して社会をつくる道を選んだイスラエルのユダヤ人を見れば、それは可能なはずだ。和平は私たちの手の届くところにある。大多数のパレスチナ人は、数十年にわたるイスラエルの野蛮な占領に人間性を奪われるのを拒み、何年もの追放や弾圧にもかかわらず和解を望んでいるのだ。

だが、チャンスはいつまでもあるわけではない。イスラエルは今でも、怒りに満ちた国である運命なのかもしれない。人種差別と狂信に活動をしばられ、報復を求めるため国民性は歪められているのだ。パレスチナの破壊された村や町の上にイスラエルが要塞国家を建てた年に、パレスチナ人の生活は絶望と悲嘆へ変わった。パレスチナ人の仲間たちに対して、絶望と悲嘆に負けないで私たちを信頼してほしいなどと、私たちは期待をかけることが筋違いであるのはもちろん、それを彼らにお願いすることさえいつまでもできないだろう。

原註

（1）　アラブ人議員は三つの政党に属している。共産党（ハダシュ）、アズミー・ビシャーラの国民民主主義党（バラド）、イスラーム運動の比較的現実路線の一派が設立した統一アラブリスト。

(2) 一八九五年六月一二日の記述。ヘルツルは、パレスチナにユダヤ人社会を建設する案から、ユダヤ人国家建設案に移行する件を検討している。Michael Prior による原文ドイツ語からの翻訳による。'Zionism and the Challenger of Historical truth and Morality', in Prior (ed.), *Speaking the Truth about Zionism and Israel*, p. 27.

(3) 一九四七年一二月三日の、マパイセンター前での演説から。Ben-Gurion, *As Israel Fights*, p. 255 に再録。

(4) *Yediot Achronot*, 17 December 2003 で引用されている。

(5) 「撤退」(disengagement = 関係解消) とはもちろん、シオニストの新語法であり、「占領の終結」といった言葉の使用を避け、西岸地区とガザ地区を占領するイスラエルに国際法上課される義務を免れるため、発明されたのである。

(6) Ruth Gavison, *Ha'aretz*, 1 December, 2005 では「アラブ人の」自然増加と言っている。

(7) イスラエルのアラブ系ユダヤ人を指すミズラヒームは、一九九〇年代初頭に使われ出した。エラ・ショハットによれば、暗黙の対義語を「アシュケナズィーム」のままにしながら、ミズラヒームという用語は「多くの含意を凝縮している。それは東洋世界の過去を讃えている。まさにイスラエルで発展した汎オリエントのコミュニティを承認し、アラブ・ムスリム的東洋との共生が復活した未来を喚起させる」(強調点引用者)。Ella Shohat, 'Rupture and Return: A Mizrahi Perspective on the Zionist Discourse', MIT Electronic Journal of Middle East Studies 1 [2001].

(8) 一九八〇年代にイスラエルがエチオピアから呼び寄せた「黒い」ユダヤ人は、ただちに辺境の貧しい地域へと追いやられ、今日のイスラエル社会でほとんど目に映らない存在となっている。彼らへの差別は強く、その自殺率も高い。

エピローグ　グリーンハウス

テルアビブ大学は、イスラエルの他の大学と同様に、学問研究の自由を守ることに熱心である。テルアビブ大学の教員会館はグリーンハウスと呼ばれており、もともとはシャイフ・ムワンニス村の村長《ムフタール》の家だった。しかしここの夕食に招待されたり、この国や町の歴史に関するワークショップに参加したことがあっても、事実はぜったいにわからなかっただろう。

教員会館のレストランのメニューには、この建物は一九世紀に建てられ、「シャイフ・ムーニース」なる金持ちの男が所有していたと書いてある。破壊されたシャイフ・ムワンニス村〔第5章参照〕に住んでいた「顔のない」人々と同様、彼は架空の場所にいる架空の人物となっている。この村の廃墟の上に、テルアビブ大学のキャンパスは建設された。言い換えるならグリーンハウスは、シオニストがパレスチナの民族浄化を計画したのを認めないことの象徴である。民族浄化計画が最終的に承認されたのは、ここからそう遠くない海沿いのヤルコン通りに面したレッドハウスの三階であった。

テルアビブ大学が学問研究にほんとうに熱心ならば、たとえば経済学者はパレスチナが一九四八年の破壊で受けた被害総額を見積もり、将来の和平と和解に向けて交渉を始められるように一覧表を作成できたのではないか、と考える人もいるだろう。パレスチナ人が所有していた民間企業、銀行、薬局、ホテル、バス会社も、パレスチナ人が経営していた喫茶店、レストラン、工房も、パレスチナ人が就いていた行政、医療、教育分野の役職も、シオニストがパレスチナを奪取するとすべて没収され、跡形もなく消え、破壊され、ユダヤ人の「所有物」となった。

テルアビブ大学のキャンパスを散歩する地理学の教授なら、イスラエルが収用した難民の土地について、客観的に総面積のデータを挙げられたかもしれない。数百万ドゥナムの耕地と、それとは別の約一〇〇〇万ドゥナム〔一〇〇万ヘクタール〕の土地を、国際法や国連決議はパレスチナ国家の領土とみなす。地理学者はこれに、イスラエル国家が何年にもわたってパレスチナ市民から奪った四〇〇万ドゥナムを加えるだろう。

哲学の教授なら、ナクバでユダヤ軍が行なった大虐殺の道徳的な意味について、すでにじっくり考えていることだろう。パレスチナ側の資料は、イスラエル軍の文書とオーラルヒストリーの両方をあわせ、一九四七年一二月一一日のティーラト・ハイファから、一九四九年一月一九日のヘブロン地区ヒルバト・イッリーンまでの三一件について、虐殺の事実を確証したと記載する。この他に少なくとも六件の虐殺があったと思われる。ナクバを系統立てて追悼する記念館はまだない。だが、それができれば、虐殺で亡くなった人全員の名前を突き止められるだろう。このつらい哀悼の作業は、本書の執筆中も少しずつ進められている。

テルアビブ大学から車で一五分のところにコフル・カースィム村がある。一九五六年一〇月二九日、イスラエル軍はこの村で、畑から戻ってきた四九人の村民を虐殺した。一九五〇年代にはキビーヤ村、一九六〇年代にはサムーウ村、一九七六年にはガリラヤの各村、一九八二年にはサブラーとシャティーラ、一九九六年には〔レバノンの〕カーナ、二〇〇〇年にはワーディー・アーラ、二〇〇二年にはジェニーンの難民キャンプで虐殺があった。さらに、イスラエルの有力な人権団体ベツェレムは、この他にも数多くの殺害を把握している。イスラエルは絶えることなくパレスチナ人を殺し続けてきたのである。

テルアビブ大学の歴史学教授なら、戦争と民族浄化の完全な全体像を提供できたかもしれない。彼らは軍や政府の公式文書、必要な記録資料をなんでも見られる特権があるからだ。しかしその大半は、支配的なイデオロギーの代弁者を務めて満足している。歴史学者たちは文献で一九四八年を「独立戦争」と述べ、それに参加したユダヤ兵士や将校たちを賛美し、彼らの犯罪を隠し、犠牲者を非難する。

ユダヤ人がみな、一九四八年にイスラエル軍が残した殺戮のあとを見ないわけではない。追放され、傷つけられ、拷問を受け、レイプされた人々の叫びに耳を貸さないわけでもない。そうした光景や声は、生き残った人やその子どもや孫たちにより、私たちに届けられている。一九四八年に何が起きたか真実に気づき、パレスチナで猛威を振るった民族浄化の道徳的な意味を十分理解したイスラエル人はむしろ増えているのだ。そういった人々は、イスラエルがずっとユダヤ人を圧倒的多数派にするために、民族浄化計画をまた始める危険性も認めている。

彼らのなかに見うけられるのは、過去や現在の和平調停者たちにまったく備わっていない政治的英知である。難民問題こそ紛争の要であり、難民の運命は何らかの解決をもたらすための軸であることをしっかり理解しているのだ。

そのように大勢に逆らうイスラエル人は確かに少なく、ごくまれではあるが、存在する。彼らはパレスチナ人と同じように報復ではなく返還を願い、引き裂かれたパレスチナの地で和解と和平をもたらす鍵をともに手にしている。彼らは毎年ユダヤ暦にのっとったイスラエルの祝日である「独立記念日」に、約五〇万人の「国内」パレスチナ難民と破壊された村を訪ねるナクバへの旅を実施している。そこでゾフロート（ヘブライ語で「思い出すこと」）などNGOのスタッフの姿も見ることができるだろう。このNGOは、今日ユダヤ人入植地やユダヤ民族基金の森となっている場所に、破壊されたパレスチナ人の村の名の標識を掲げる活動を熱心に行なっている。二〇〇四年に始まった「帰還権と公正な平和のための会議」に行けば、少数派のイスラエル人の発言も聞くことができる。この会議で私も含めたイスラエル人は、国内外のパレスチナ人の友人とともに、難民の帰還権に関するみずからの責任を再確認し、その犯罪の恐ろしさを矮小化したり事件を否認するあらゆる企みに抵抗し、ナクバの記憶を守るために戦い続けることを誓った。永続的で包括的な平和がいつの日かパレスチナの地で実現するために。

しかし少数派のイスラエル人が変化をもたらすのを待たずに、パレスチナの地とその民であるユダヤ人とアラブ人は、一九四八年の民族浄化の結果に向き合わなくてはならないだろう。本書の冒頭で述べたことをここで繰り返し、締めくくりとしたい。この犯罪が完全に忘れられ、われわれの心や記憶から消え去っていることに当惑すると。だがその代償が何だったか、私たちはもう気づいている。一九四八年にパレスチナの現地民の半数を追放したイデオロギーは今なお生きており、情け容赦なく、時には目に見えない形で、今日ここで暮らすパレスチナ人を浄化し続けているのである。

このイデオロギーがいまだに影響力を持つのは、パレスチナの民族浄化がどのような段階を踏んだか見過ごされてきたからだけではない。時が経つにつれて、シオニストが甚大な被害を隠蔽する新たな言葉を発明し、ひじょうにうまく話を取り繕うようになったからである。ガザ地区やヨルダン川西岸地区からパレスチナ人が大勢追放されたことを隠すため二〇〇〇年以降使われている「撤退」とか「再配置」といった遠回しだが見え透いた表現がその典型である。次にかつてパレスチナ領土で、現在はイスラエルの直接軍事支配下にある約一五％の土地を、「占領」という誤った呼び方をすることがある。そしてその他は、

「解放された」土地、「自由な」土地、「独立した」土地と言われている。

確かにパレスチナ人の多くは、軍事支配下にはいない。が、なかにはもっとひどい状況の人もいる。撤退後のガザ地区を考えてほしい。そこでは人権派の弁護士さえも住民を守れなかったのだ。軍事占領に関する国際条約では、住民は保護されないからである。イスラエル国内のパレスチナ住民は、一見いい暮らしをしているように見える。イスラエルの生活は、ユダヤ人ならかなりよいが、パレスチナ市民でもそこそこよい。大エルサレム地域に住んでいなければ、パレスチナ人だってかなりよい暮らしだろう。大エルサレム地域でイスラエルは、この六年にわたって住民を占領地域か、ガザ地区や西岸地区にある法も自治政府もない地域へ送り出してきた。後者は、一九九〇年代の失敗に終わったオスロ合意によってつくられた。

したがって、占領下にいないパレスチナ人は多いものの、この先民族浄化を恐れない人など、難民キャンプの人も含めて一人もいない。運の善し悪しというパレスチナ人の序列ではなく、イスラエルの優先順位の問題だと思われる。本書が刊行される現在も、大エルサレム地域の住民は民族浄化に耐えている。イスラエルが建設中の隔離壁は本書の執筆中に半分完成したが、その近隣の住民が次の標的となるだろう。いちばん安全だと錯覚しているイスラエルのパレスチナ人も、将来は標的にされるかもしれない。最近の調査でイスラエルのユダヤ人の六八％は、パレスチナ人の「移送」を望むと答えたのだ。[1]

イスラエルの対パレスチナ政策を動かすイデオロギーを正しく認識しなければ、パレスチナ人もユダヤ人もお互いに救われない。イスラエルに関する問題は、ユダヤ性では決してない。ユダヤ教は多くの側面をもち、そのほとんどが平和と共存について確固たる基盤を与えてくれる。問題はシオニストの民族的な特性である。シオニズムには、ユダヤ教のような多元的共存という幅がなく、とくにパレスチナ人に関しては皆無である。パレスチナ人は決してシオニストの国家や空間に属することのかなわぬまま、闘い続けるだろう。願わくは、彼らの闘争が平和のうちに成就しますように。それがかなわなければ、絶望的で報復を繰り返す、終わりのない砂嵐となり、旋風のようにすべてを飲み込むだろう。アラブやムスリム世界だけでなく、イギリスやアメリカ合衆国といった大国でも荒れ狂い、全世界を破壊する脅威の嵐となるだろう。

二〇〇六年夏にイスラエルはガザとレバノンを攻撃したが、これは嵐がすでに荒れ狂っていることを示す。ヒズブッラーやハマースのような組織はイスラエルの軍事力と対決し、(執筆時点では)何とか攻撃に持ちこたえている。しかし当分終わりは見えない。中東でこれら抵抗運動を支援するイランとシリアが、今後標的となるだろう。壊滅的な紛争と流血の恐れがいまほど高まったことはない。

原註

(1) *Ha'aretz*, 9 May 2006.

訳者あとがき

本書は、Ilan Pappé, *The Ethnic Cleansing of Palestine*, Oneworld Publications, 2006 の全訳である。パレスチナ現代史のなかで最も大きな影響をもった一九四八年のイスラエル建国という出来事の前後に、もとのパレスチナ住民が計画的かつ組織的に虐殺・追放を受け、パレスチナ社会が壊滅させられたこと（パレスチナ人はアラビア語で「大災厄《ナクバ》」と呼んでいる）を、シオニストによる「民族浄化《エスニック・クレンジング》」として一貫して分析し描きなおした研究書であり、この分野において決定的に重要な書物である。

著者のイラン・パペ氏は、一九五四年、イスラエルのハイファ市に生まれたユダヤ系イスラエル市民であり、氏の両親はナチスが台頭するなかで一九三〇年代にドイツからパレスチナに移住してきた。パペ氏は、後述する事情もあり、ハイファ大学の専任講師を経て、現在はイギリスのエクセター大学教授であり、同大のパレスチナ研究所の所長なども務めている。

パペ氏は、一九八四年に博士論文『イギリスとアラブ・イスラエル紛争　一九四八―五一年』[1]を書き、本格的にイスラエル建国期を中心とするパレスチナ／イスラエルの歴史研究者となっていき、一九九二年には、『アラブ・イスラエル紛争の形成　一九四七―五一年』[2]を刊行した。この二著は、パペ氏の業績のなかで最も重要かつ論争的な本書の土台となる、初期の研究である。

　こうした研究によってパペ氏は、「新しい歴史学者《ニュー・ヒストリアン》」と呼ばれる研究者たちの一員と見なされるようになった。彼らの登場の背景には、一九八〇年代以降、イギリスおよびイスラエルの外交文書や軍事文書が機密指示から解除され、公開されはじめたことが挙げられる。それまでのイスラエル建国をめぐる公的な歴史記述、「国の正史」は、ユダヤ人の離散と帰還という物語を基調としてきた。すなわち、古代イスラエル王国がバビロニアやローマ帝国に攻め滅ぼされ、ユダヤ人は「イスラエルの地《エレツ・イスラエル》」から各地に離散を強いられて、長く「土地なき民」となっていたが、近代シオニズム運動によるユダヤ人国家の建設が実現し、「民なき土地」であるエレツ・イスラエルに帰還した、というわけである。パレスチナの地におけるイスラエル建国は、こうして「土地なき民に、民なき土地を」というスローガンによって表現され、正当化されてきたのであった。必然的にこの正史からは、故郷を奪われた推計八〇万〜一〇〇万人のパレスチナ難民および虐殺されたパレスチナ人の存在は、意図的に黙殺され抜け落ちてしまう。

　新しい歴史学者《ニュー・ヒストリアン》たちは、このイスラエルの正史＝建国神話を、新たに開示された文書や自ら発掘した史料などをもとに実証史的に批判し、隠蔽されてきた起源の暴力、すなわちパレスチナ人の村の破壊と虐殺と追放とを丹念に記述していくのである。パペ氏と並んで、長年オックスフォード大学で教鞭をとったアヴィ・シュライム（Avi Shlaim）、ベングリオン大学教授のベニー・モリス（Benny Morris）、ジャーナリストでもあるトム・セゲヴ（Tom Segev）といった名前が知られている。また、イスラエルの文脈では、これまでの正史の歪みを見直し修正するという意味で、彼らの研究潮流を「歴史修正主義《リヴィジョニズム》」と呼ぶこともあるが、これは、ホロコーストや南京大虐殺を「史実でない」と否定するという意味で歴史修正主義の語が使われる欧米や日本とは用法が正反対であるため、注意を要する。

こうした歴史研究の動向のなかで、他の研究者からパペ氏を、そしてパペ氏自身の先行する前記二著作から本書をそれぞれ際立たせているのは、主に次の二つの事情による。

第一に、たんに外交や軍事に関する文書史料を発掘し分析するにとどまらず、パペ氏がアラブ・パレスチナ人の歴史家との対話や共同研究を積極的に取り入れながら、歴史叙述における語り方《ナラティヴ》にひじょうに自覚的になっている点だ。本書の随所で、パレスチナ人の歴史家、たとえばワリード・アル＝ハーリディーやヌール・マサールハといった名前に言及していることも特徴的である。歴史学というのは必然的に、その認識と論述とにおいて、歴史学者が生身の人間として背負わざるをえない（払拭することができない）立場性《ポジショナリティ》を反映しているのであり、パペ氏もまたイスラエル人であることやユダヤ人であることから自由であるわけではない。そのことに自覚的であればこそ、むしろ積極的に、立場の異なるアラブ・パレスチナ人の歴史家の見解を取り入れ、自らの歴史認識とのあいだを架橋《ブリッジ》することをパペ氏は実践しているのであり、その努力は、双方の多くの歴史家の参加を得たパペ氏編の論集『イスラエル／パレスチナ問題』（一九九九年初版／二〇〇七年改訂版）[3]、および、パペ氏が被占領地であるヨルダン川西岸地区のビールゼイト大学のパレスチナ人社会学者ジャミール・ヒラールと共同編集した『壁を越えて――イスラエル・パレスチナ史のナラティヴ』（二〇一〇年）[4]に明示されている。

第二に、パペ氏がイスラエル建国という出来事を、パレスチナ人に対する「民族浄化《エスニック・クレンジング》」に基づき歴史的に不公正なものであるとはっきりと認め、反シオニズムの立場を鮮明にしている点である。他の新しい歴史学者《ニュー・ヒストリアン》たちがイスラエル建国時の暴力性を認めつつも、どんな国家にも一定の偶発的な暴力がつきものであるとして計画性を否定したり（モリスに顕著である）、あるいは、暴力性をイスラエルの多様性・重層性のなかに回収したり（セゲヴに顕著である）、結局のところシオニズムに対して反対の立場をとることができないでいるのと比較すると、パペ氏の立場は際立っている。とりわけ、イスラエル建国時にシオニストがパレスチナに対して行使した暴力が「民族浄化」であり、その責任者が国際的に裁かれるべき犯罪であることを打ち出した本書の衝撃は大きかった。

パペ氏はこうした立場と方法をたずさえて、パレスチナ人歴史家たちとの交流を深め、学生だけでなく市民らとの対話を惜しまず、歴史の研究と教育の実践を重ねていった。そして、それゆえにパペ氏は、イスラエルで講師を務めていたハイファ大学で、「非国民」であるかのような人身攻撃にさらされた。そのため世界的に評価されているパペ氏の研究業績のほとんどはヘブライ語では刊行されず、偉大な業績にもかかわらずハイファ大学では「講師」扱いのまま、正教授への昇進は妨げられていた。本書刊行後まもなくの二〇〇七年にパペ氏がイスラエルを離れ、イギリスのエクセター大学へ移らざるをえなかった理由の一つには、こうした事情があった。

イギリス移住後のパペ氏の執筆活動は旺盛であり、また「橋渡し《ブリッジング》のナラティヴ」プロジェクトの流れもあってか、イスラエル国内のパレスチナ人についての著作[5]、ヨルダン川西岸地区およびガザ地区の被占領地に関する著作[6]を出したほか、さらにイスラエルの「アラブ系ユダヤ人」、すなわち中東アラブ世界出身のユダヤ教徒アラブ人でイスラエルに移住した人びとについての著作[7]も準備している。イスラエル／パレスチナの国家形態や民族アイデンティティに関わるあらゆる問題を網羅する勢いだが、それだけ世界がパペ氏の見解を欲していることの証左でもあろう。

とはいえ、専門研究から言えば、パペ氏の真骨頂はイスラエル建国期のパレスチナ史の批判的研究であり、そのなかでも決定的な仕事が本書であることは、近年の多岐にわたる諸著作に埋もれさせずに、再確認しておくべきであろう。

本書の訳者二人は、パペ氏がちょうどイスラエルからイギリスへ移動する直前の時期であった二〇〇七年はじめ、東京大学「共生のための国際哲学交流センター（UTCP）」によって日本に招聘された同氏を講演者とする連続企画に携わった。そのときはそれぞれ異なる聴衆を前に、三つの異なる講演が行なわれた。第一に、日本の市民に向けた、本書のエッセンスとなるパレスチナの民族浄化に関する講演（市民グループ「ミーダーン〈パレスチナ・対話のための広場〉」との共催）。第二に、イスラエルの歴史認識論について、主に中東研究者を対象としたレクチャー（イスラーム地域研究東京大学拠点研究グループ2「中東政治の構造変容」との共催）。第三のUTCP主催の講演は、異なるナラティヴの架橋について、広く人文学研究者を聴衆とするものだった。この三講演と質疑応答の全体については、幸運にも一書に編訳し、『イラン・パペ、パレスチナを語る』として日本語で刊行することができた[8]。いま読み返しても、イスラエル建国つまりパレスチナの大災厄《ナクバ》の歴史に関して、その基本的事実関係からその認識論争、さらに他地域・他分野への敷衍可能性までを論じており、パペ氏の業績や取り組みの全体像を知ることのできる良書であり、かつこれまでパペ氏の発言を日本語で読むことのできる唯一の書籍であった。

本書の翻訳について法政大学出版局の奥田のぞみさんから打診を受けたのは、同講演集の刊行からまもなくの頃であったと思う。パペ氏の著作そのものを日本語で読むことのできる環境をつくることは、日本社会におけるパレスチナ／イスラエル認識を正すうえできわめて重要であり、なかでも決定的に重要な本書の翻訳を選んでいただいたことは、とても嬉しい提案であった。本来であれば、もうとっくに出版されていなければならなかったのだが、翻訳作業中に東日本大震災が起こり、とくに訳者の一方がその後に続く原発災害に巻き込まれたためにしばらく作業が中断してしまった。またそれを言い訳に訳者双方が作業を遅延させた側面もあり、本書の刊行はだいぶ遅れてしまった。まず編集者の奥田さんに、そして読者のみなさんに、深くお詫びしたい。

本書の翻訳の分担は、プロローグ、第3〜9章、エピローグが田浪亜央江であり、第1・2章、10〜12章が早尾貴紀である。当然、双方の訳稿はお互いに交換して、誤訳のないように努めるとともに、訳語の統一もはかった。さらに、編集者の奥田さんには、日本語での読みやすさという観点から、一文一文綿密なチェックをしていただき、具体的な改訳提案をいただいた。本書が少しでも読みやすいものとなっていたら、それは奥田さんのおかげである。奥田さんには、訳者らの力不足をお詫びするとともに、深く感謝したい。

二〇一二年には本書のアラビア語訳書がベイルートのパレスチナ研究所より信頼度の高い訳文によって刊行され[9]、その影響もあってか、近年ナクバに関心をもつアラビア語話者が、ナクバを指すのに「民族浄化《タトヒール・アル＝イルキー》」という語を使うことも増えている。アラビア語固有名に関しては、特に田浪が同書のアラビア語版および本書でも言及されているワリード・アル＝ハーリディーの『残されたもの』を参照し、英語表記では反映されない長母音の確認などを行なった。アラビア語テキストからの引用箇所（序章冒頭のムハンマド・アリー・ターハーの詩、および第九章のムハンマド・ニムル・アル＝ハティーブの証言）はアラビア語版から翻訳し、英語版では誤記と思われる箇所については修正して訳注を加えた。その他、文献表記などで単純な誤記と思われる箇所について、断りなく補正した部分もあるが、些細なことであるためあえて訳注は加えていない。

今年二〇一七年は、一九四七年の国連パレスチナ分割決議一八一から七〇年であり、来年二〇一八年は一九四八年のイスラエル建国から七〇年である。パレスチナ／イスラエル問題はそうした年数の区切りと関係なく存続しているとはいえ、節目というものが歴史と現在を振り返り、改めて考察を深める機運につながることも確かである。本書の刊行がそれに資することができれば、訳者としては幸いである。

（1） Ilan Pappé, *Britain and the Arab-Israeli Conflict, 1948–1951*, Macmillan Press, 1988.
（2） Ilan Pappé, *The Making of the Arab-Israeli Conflict, 1947–1951*, I.B. Tauris, 1992.
（3） Ilan Pappé (ed.), *The Israel-Palestine Question: A Reader*, Routledge, 1999/2007.
（4） Ilan Pappé and Jamil Hilal (eds.), *Across the Wall: Narratives of Israeli-Palestinian History*, I. B. Tauris, 2010.
（5） Ilan Pappé, *The Forgotten Palestinians: A History of the Palestinians in Israel*, Yale University Press, 2011.
（6） Ilan Pappé, *The Biggest Prison on Earth: A History of the Occupied Territories*, Oneworld Publications, 2017 および、Ilan Pappé and Naom Chomsky, *Gaza in Crisis: Reflections on Israel's War Against the Palestinians*, Haymarket Books, 2010/2013.
（7） Ilan Pappé, *The Arab Jews: History of a Forgotten People*, I.B. Tauris (forthcoming).
（8） イラン・パペ（語り）、ミーダーン〈パレスチナ・対話のための広場〉（編訳）『イラン・パペ、パレスチナを語る――「民族浄化」から「橋渡しのナラティヴ」へ』柘植書房新社、二〇〇八年。
（9） 'Ahmad Khalifa (tr.), *al-Taṭhīr al-'Irqī fī Filasṭīn*. Mu'assasat al-Dirāsāt al-Filasṭīnīya, 2012.

訳者

田浪亜央江（たなみ　あおえ）
広島市立大学国際学部准教授。国際交流基金中東担当専門員，成蹊大学アジア太平洋研究センター主任研究員などを経て，2017年4月より現職。専攻は中東地域研究，パレスチナ文化研究。単著に『〈不在者〉たちのイスラエル 占領文化とパレスチナ』（インパクト出版会，2008年），共著として『パレスチナを知るための60章』（明石書店，2016年），『変革期イスラーム社会の宗教と紛争』（明石書店，2016年），『世界は広島をどう理解しているか　原爆七五年の五五か国・地域の報道』（中央公論新社，2021年）等があり，「ミーダーン〈対話のための広場〉」メンバーとしての共訳書に『イラン・パペ，パレスチナを語る』（柘植書房新社，2008年），共編書に『〈鏡〉としてのパレスチナ――ナクバから同時代を問う』（現代企画室，2010年）がある。

早尾貴紀（はやお　たかのり）
1973年生まれ。現在，東京経済大学教授。専攻は社会思想史。
単著に『ユダヤとイスラエルのあいだ（新装版）』（青土社，2023年），『国ってなんだろう？』（平凡社，2016年），『パレスチナ/イスラエル論』（有志舎，2020年），『希望のディアスポラ』（春秋社，2020年），共編書に『シオニズムの解剖――現代ユダヤ世界におけるディアスポラとイスラエルの相克』（平凡社，2011年），『ディアスポラから世界を読む――離散を架橋するために』（明石書店，2009年），共訳書に，『イラン・パペ，パレスチナを語る』（柘植書房新社，2008年），サラ・ロイ『ホロコーストからガザへ――パレスチナの政治経済学』（青土社，2009年），ジョナサン・ボヤーリン/ダニエル・ボヤーリン『ディアスポラの力――ユダヤ文化の今日性をめぐる試論』（平凡社，2008年），監訳に，エラ・ショハット/ロバート・スタム『支配と抵抗の映像文化』（法政大学出版局，2019年）などがある。

著者

イラン・パペ（Ilan Pappé）

1954年，イスラエル・ハイファ市生まれ。ハイファ大学講師を経て，現在，イギリス・エクセター大学教授，同大学パレスチナ研究所所長。イスラエル建国期のパレスチナ現代史を中心としたパレスチナ / イスラエル史研究。1984年に“Britain and the Arab-Israeli Conflict, 1948-1951”で博士号取得。主著に，*The Making of the Arab-Israeli Conflict, 1947–1951* (I.B. Tauris, 1992)；*A History of Modern Palestine* (Cambridge University Press, 2004)；*The Ethnic Cleansing of Palestine* (Oneworld Publications, 2006= 本書) などがある。近年は，ヨルダン川西岸地区・ガザ地区の被占領地，イスラエル国内のアラブ・パレスチナ人，アラブ世界出身のユダヤ教徒（アラブ系ユダヤ人）に関する著作も相次いで出版している。著書の日本語訳に『イスラエルに関する十の神話』（法政大学出版局，2018年），日本での講演録として，『イラン・パペ，パレスチナを語る』（柘植書房新社，2008年）がある。

サピエンティア　50

パレスチナの民族浄化

イスラエル建国の暴力

2017年11月1日　初版第1刷発行
2024年4月10日　　第3刷発行

著　者　イラン・パペ
訳　者　田浪亜央江・早尾貴紀
発行所　一般財団法人　法政大学出版局
〒102-0071　東京都千代田区富士見2-17-1
電話03（5214）5540／振替00160-6-95814
組版　言海書房／印刷　平文社／製本　誠製本
装幀　奥定泰之

ISBN 978-4-588-60350-1　Printed in Japan

索　引

あ　行

か 行

さ 行

た 行

な 行

は　行

ま　行

や 行

ら 行

わ 行

参考文献

Baroud, Ramzy (ed.), *Searching Jenin: Eyewitness Accounts of the Israeli Invasion 2002* (Seattle: Cune Press, 2003)

Bar-Zohar, Michael, *Ben-Gurion: A Political Biography* (Tel-Aviv: Am-Oved, 1977) (Hebrew)

Begin, Menachem, *The Revolt: Story of the Irgun* (New York: Henry Schuman, 1951)（メナヘム・ベギン『反乱——反英レジスタンスの記録　上下』滝川義人訳, ミルトス, 1989年）

Bein, Alexander (ed.), *The Mozkin Book* (Jerusalem: World Zionist Organization Publications, 1939)

Ben-Ari, Uri, *Follow Me* (Tel-Aviv: Maariv, 1994) (Hebrew)

Ben-Artzi, Yossi (ed.), *The Development of Haifa, 1918-1948* (Jerusalem: Yad Yitzhak Ben-Zvi Institute Publications, 1988) (Hebrew)

Ben-Eliezer, Uri, *The Emergence of Israeli Militarism, 1936-1956* (Tel-Aviv: Dvir, 1995)

——— *The Making of Israeli Militarism* (Bloomington: Indiana University Press, 1998)

Ben-Gurion, David, *Diary,* Ben-Gurion Archives

——— *In the Battle* (Tel-Aviv: Am Oved, 1949) (Hebrew)

——— *Rebirth and Destiny of Israel* (New York: Philosophical Library, 1954) (ed. & trans. from Hebrew by Mordekhai Nurock)

Ben-Yehuda, Netiva, *Between the Knots* (Jerusalem: Domino, 1985) (Hebrew)

Bierman, John and Colin Smith, *Fire in the Night: Wingate of Burma, Ethiopia and Zion* (New York: Random House, 1999)

Cohen, Geula, *Woman of Violence: Memories of a Young Terrorist, 1945-1948* (New York: Holt, Rinehart and Winston, 1966)

Cohen, Hillel, *The Shadow Army: Palestinian Collaborators in the Service of Zionism* (Jerusalem: Hozata Ivrit, 2004) (Hebrew)

al-Daly, Wahid, *The Secrets of the Arab League and Abd al-Rahman Azzam* (Cairo: no publishing house, 1978) (Arabic)

Davis, Uri, *Apartheid Israel: Possibilities for the Struggle Within* (London: Zed Books, 2004)

Dinur, Ben-Zion et al., *The History of the Hagana* (Tel-Aviv: Am Oved, 1972) (Hebrew)
Eshel, Zadok (ed.), *The Carmeli Brigade in the War of Independence* (Tel-Aviv: Ministry of Defence Publications, 1973) (Hebrew)
Etzioni, Binyamin (ed.), *The Golani Brigade in the Fighting* (Tel-Aviv: Ministry of Defence Publications, no date) (Hebrew)
Even Nur, Israel (ed.), *The Yiftach-Palmach Story* (Bat-Yam: Palmach Publications, no date) (Hebrew)
Farsoun, Samih and C. E. Zacharia, *Palestine and the Palestinians* (Boulder: Westview Press, 1997)
Flapan, Simcha, *The Birth of Israel: Myths and Realities* (New York: Pantheon Books, 1987)
Gelber, Yoav, *The Emergence of a Jewish Army* (Jerusalem: Yad Ithak Ben-Zvi Institute Publications, 1996) (Hebrew)
Gilad, Zerubavel, *The Palmach Book* (Tel-Aviv: Kibbutz Meuhad, 1955) (Hebrew)
Glubb, John Bagot, *A Soldier with the Arabs* (London: Hodder and Stoughton, 1957)
Goren, Tamir, *From Independence to Integration: The Israeli Authority and the Arabs of Haifa, 1948-1950* (Haifa: The Arab-Jewish Centre of the University of Haifa, 1996) (Hebrew)
Hussein, Hussein Abu and Fiona Makay, *Access Denied: Palestinian Access to Land in Israel* (London: Zed Books, 2003)
Ilan, Amitzur, *The Origins of the Arab-Israeli Arms Race: Arms, Embargo, Military Power and Decision in the 1948 Palestine War* (NewYork: New York University Press, 1996)
Kadish, Alon (ed.), *Israel's War of Independence 1948-1949* (Tel-Aviv, Ministry of Defence Publications, 2004) (Hebrew)
Khairiya, Qasimya, *Fawzi al-Qawuqji's Memoirs, 1936-1948* (Beirut: PLO Publications, 1975) (Arabic)
Khalidi, Rashid, *Palestinian Identity: The Construction of Modern National Consciousness* (New York: Columbia University Press, 1997)
Khalidi, Walid (ed.), *All That Remains: The Palestinian Villages Occupied and Depopulated by Israel in 1948* (Washington: Institute for Palestine Studies, 1992)
——— *Palestine Reborn* (London: I.B. Tauris, 1992)
al-Khatib, Nimr, *Palestine's Nakba* (Damascus: no publishing house, 1950)
Kimmerling, Baruch, *Zionism and Territory: The Socio-Territorial Dimensions of Zionist Politics* (Berkeley: University of California, Institute of International Studies,

Research Series, No. 51, 1983)
Kretzmer, David, *The Legal Status of Arabs in Israel* (Boulder: Westview Press, 1990)
Kurzman, Dan, *Genesis 1948: The First Arab-Israeli War,* with a new introduction by Yitzhak Rabin (New York: Da Capo Press, 1992)
——— *Soldier of Peace* (London: Harper Collins, 1998)
Lebrecht, Hans, *The Palestinians, History and Present* (Tel-Aviv: Zoo Ha-Derech, 1987) (Hebrew)
Levy, Itzhak, *Jerusalem in the War of Independence* (Tel-Aviv: Ministry of Defence Publications, 1986) (Hebrew)
Lloyd George, David, *The Truth about the Peace Treaties* (New York: Fertig, 1972)
Louis, W. Roger and Robert S. Stookey (eds.), *The End of the Palestine Mandate* (London: I.B. Tauris, 1985)
Makhul, Naji, *Acre and its Villages since Ancient Times* (Acre: Al-Aswar, 1977)
Mandel, Neville, *Arabs and Zionism before World War I* (Berkeley: California University Press, 1976)
Masalha, Nur, *Expulsion of the Palestinians: The Concept of 'Transfer' in Zionist Political Thought, 1882-1948* (Washington: Institute for Palestine Studies, 1992)
——— *A Land Without People: Israel, Transfer and the Palestinians, 1949-96* (London: Faber & Faber, 1997)
——— *The Politics of Denial: Israel and the Palestinian Refugee Problem* (London: Pluto, 2003)
Mattar, Philip (ed.), *The Encyclopedia of Palestine* (Washington: Institute of Palestine Studies, 2000)
McGowan, Daniel and Matthew C. Hogan, *The Saga of the Deir Yassin Massacre, Revisionism and Reality* (New York: Deir Yassin Remembered, 1999)
Milstein, Uri, *The History of the Independence War* (Tel-Aviv: Zemora Bitan, 1989) (Hebrew)
Montgomery of Alamein, *Memoirs* (London: Collins, 1958)
Morris, Benny, *The Birth of the Palestinian Refugee Problem, 1947-1949* (Cambridge: Cambridge University Press, 1987)
——— *The Birth of the Palestinian Refugee Problem Revisited* (Cambridge: Cambridge University Press, 2004)
——— *Correcting a Mistake* (Tel-Aviv: Am Oved 2000) (Hebrew)
Nakhleh, Issah, *The Encyclopedia of the Palestine Problem* (NewYork: Intercontinental

books, 1991)
Natur, Salman, *Anta al-Qatil, ya-Shaykh* (no publishing house, 1976) (Arabic)
Pail, Meir, *From Hagana to the IDF* (Tel-Aviv, Zemora Bitan Modan) (Hebrew)
Palumbo, Michael, *The Palestinian Catastrophe: The 1948 Expulsion of a People from their Homeland* (London: Faber & Faber, 1987)
Pappe, Ilan (ed.), *Arabs and Jews in the Mandatory Period –A Fresh View on the Historical Research* (Givat Haviva: Institute for Peace Research, 1992) (Hebrew)
——— *Britain and the Arab-Israeli Conflict, 1948-1951* (London: St. Antony's/ Macmillan Press, 1984)
——— *A History of Modern Palestine: One Land, Two Peoples* (Cambridge: Cambridge University Press, 2004)
——— *The Israel/Palestine Question* (London and New York: Routledge, 1999)
——— *The Making of the Arab-Israeli Conflict, 1947-1951* (London: I.B. Tauris, 1992)
Porath, Yehosua, *The Emergence of the Palestinian Arab National Movement, 1919-1929* (London and New York: Frank Cass, 1974)
Prior, Michael (ed.), *Speaking the Truth about Zionism and Israel* (London: Melisende, 2004)
Rivlin, Gershon and Elhanan Oren, *The War of Independence: Ben-Gurion's Diary* (Tel-Aviv: Ministry of Defence, 1982)
Rivlin, Gershon (ed.), *Olive-Leaves and Sword: Documents and Studies of the Hagana* (Tel-Aviv: IDF Publication, 1990) (Hebrew)
Rogan, Eugene and Avi Shlaim (eds.), *The War for Palestine: Rewriting the History of 1948* (Cambridge: Cambridge University Press, 2002)
Sacher, Harry, *Israel: The Establishment of a State* (London: Weidenfeld and Nicolson, 1952)
Schölch, Alexander, *Palestine in Transformation, 1856-1882: Studies in Social, Economic and Political Development* (Washington: Institute for Palestine Studies, 1993)
Segev, Tom, *1949-The First Israelis* (Jerusalem: Domino Press, 1984)
Shafir, Gershon, *Land, Labour and the Origins of the Israel-Palestinian Conflict, 1882-1914* (Cambridge: Cambridge University Press, 1989)
Shahak, Israel, *Racism de l'état d'Israel* (Paris: Authier, 1975)
Sinai, Zvi and Gershon Rivlin (eds.), *The Alexandroni Brigade in the War of Independence* (Tel-Aviv: Ministry of Defence Publications, 1964) (Hebrew)
Sitta, Salman Abu, *Atlas of the Nakbah* (London: Palestine Land Society, 2005)

Sluzki, Yehuda, *The Hagana Book* (Tel-Aviv: IDF Publications, 1964) (Hebrew)

——— *Summary of the Hagana Book* (Tel-Aviv: Ministry of Defence Publications, 1978) (Hebrew)

Smith, Barbara, *The Roots of Separatism in Palestine: British Economic Policy, 1920-1929* (Syracuse: Syracuse University Press, 1984)

Smith, Charles D., *Palestine and the Arab-Israeli Conflict* (Boston and New York: Beford/ St. Martin's, 2004)

Stein, Kenneth, *The Land Question in Palestine, 1917-1939* (Atlanta: University of North Carolina Press, 1984)

Sternhell, Zeev, *The Founding Myths of Israel: Nationalism, Socialism, and the Making of the Jewish State* (Princeton: Princeton University Press, 1998)

Tal, David, *War in Palestine, 1948: Strategy and Diplomacy* (London and New York: Routledge, 2004)

Tamari, Salim, *Jersualem 1948: The Arab Neighbourhoods and their Fate in the War* (Jerusalem: The Institute of Jerusalem Studies, 1999)

Teveth, Shabtai, *Ben-Gurion and the Palestinian Arabs: From Peace to War* (New York: Oxford University Press, 1985)

Ulizki, Yossef, *From Events to A War* (Tel-Aviv: Hagana Publication of Documents, 1951) (Hebrew)

Weitz, Yossef, *My Diary,* manuscript in *Central Zionist Archives,* A246

Yahav, Dan, *Purity of Arms: Ethos, Myth and Reality, 1936-1956* (Tel-Aviv, Tamuz, 2002) (Hebrew)

表1　1945年のパレスチナにおける土地所有比率　（単位：%）

行政区	パレスチナ人所有	ユダヤ人所有	公有地・その他
アッカ	87	3	10
ベイサーン	44	34	22
ベエルシェバ	15	1 以下	85
ガザ	75	4	21
ハイファ	42	35	23
ヘブロン	96	1 以下	4
ジャッファ	47	39	14
エルサレム	84	2	14
ジェニーン	84	1 以下	16
ナーブルス	87	1 以下	13
ナザレ	52	28	20
ラムレ	77	14	9
ラーマッラー	99	1 以下	1
サファド	68	18	14
ティベリア	51	38	11
トゥルカレム	78	17	5

注：「公有地」という区分は，オスマン朝の土地所有制度を引き継いだイギリス委任統治下のもので，委任統治政府所有地と，個人および団体による借地を含む。
出典：*Village Statistics* (Jerusalem: Palestine Government, 1945)。

表2　1946年のパレスチナにおける人口比率　（単位：%）

行政区	パレスチナ人	ユダヤ人
アッカ	96	4
ベイサーン	70	30
ベエルシェバ	99	1以下
ガザ	98	2
ハイファ	53	47
ヘブロン	99	1以下
ジャッファ	29	71
エルサレム	62	38
ジェニーン	100	0
ナーブルス	100	0
ナザレ	84	16
ラムレ	78	22
ラーマッラー	100	0
サファド	87	13
ティベリア	67	33
トゥルカレム	83	17

出典：*Supplement to a Survey of Palestine* (Jerusalem: Government Printer, June 1947)。

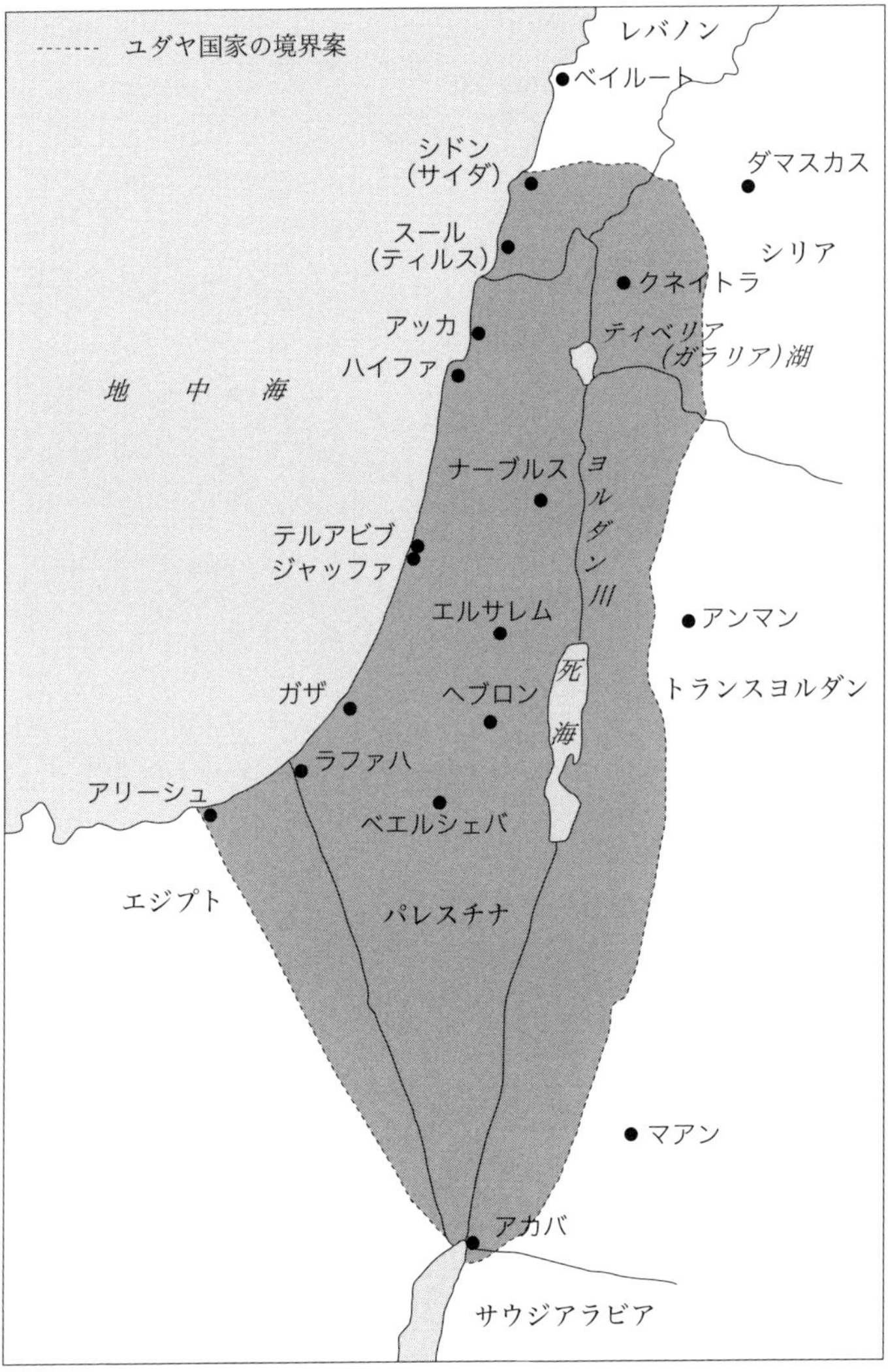

1　1919年のパリ講和会議に正式に提出された地図。世界シオニスト機構が主張するパレスチナの範囲が示されている

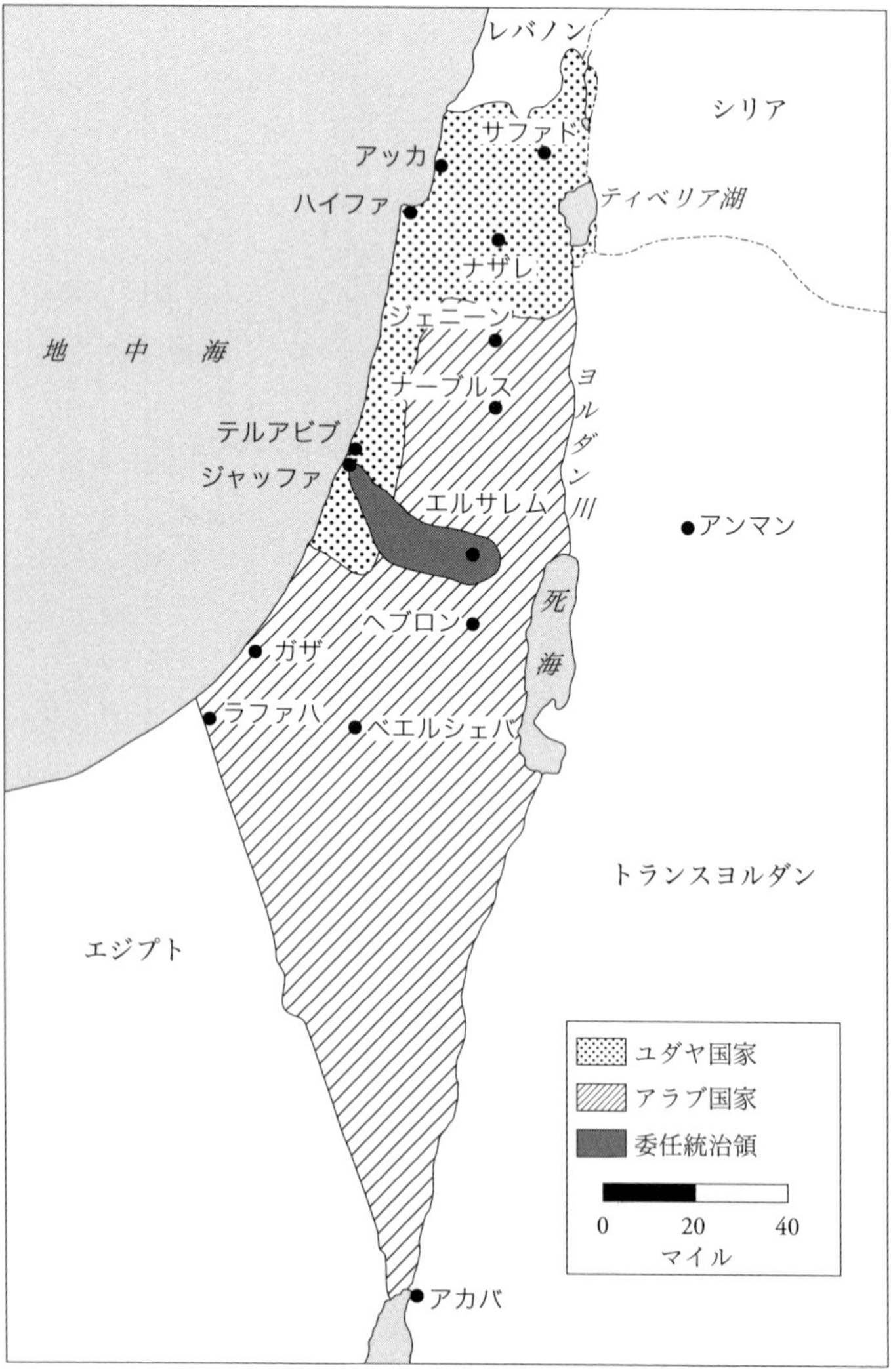

2　ピール委員会による分割案（1937年）。翌年パレスチナ分割委員会（ウッドヘッド委員会）A案とされる

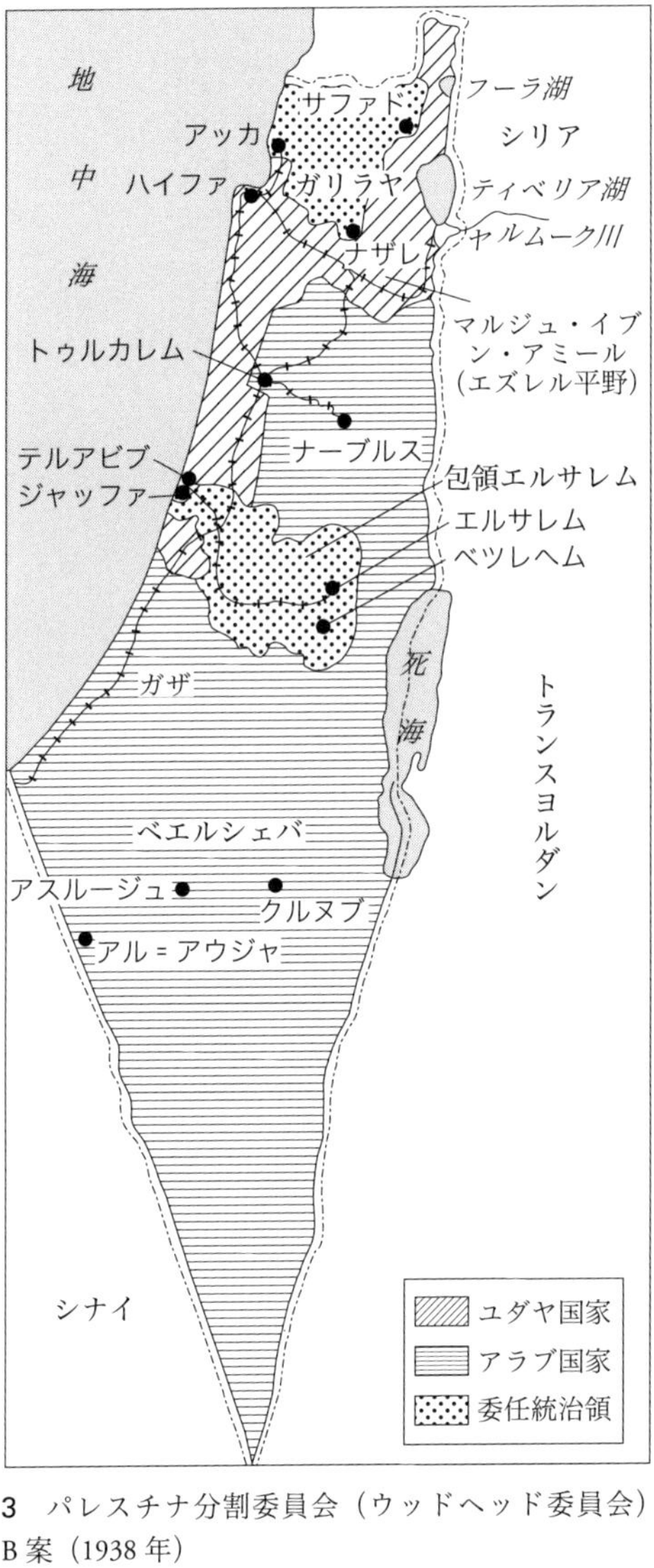

3　パレスチナ分割委員会（ウッドヘッド委員会）B案（1938年）

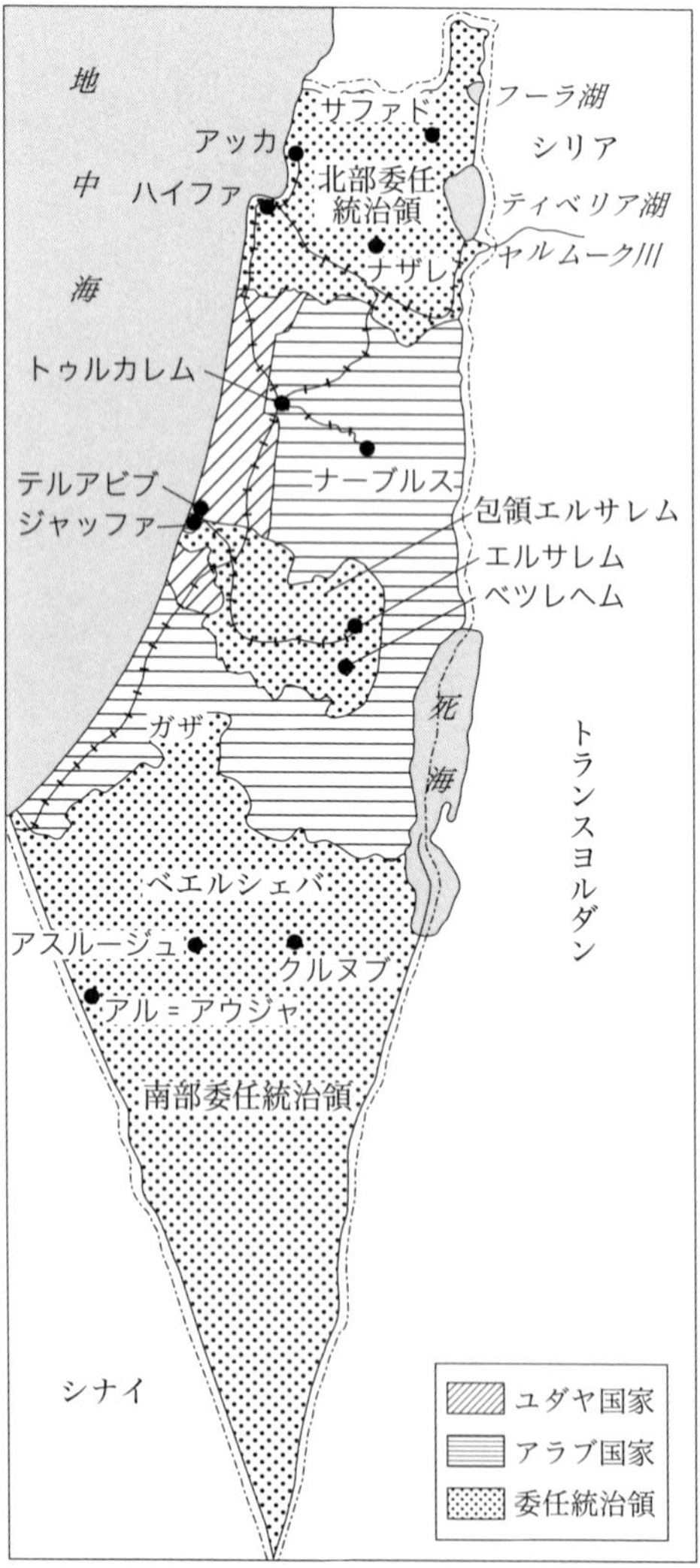

4　パレスチナ分割委員会（ウッドヘッド委員会）C案（1938年）

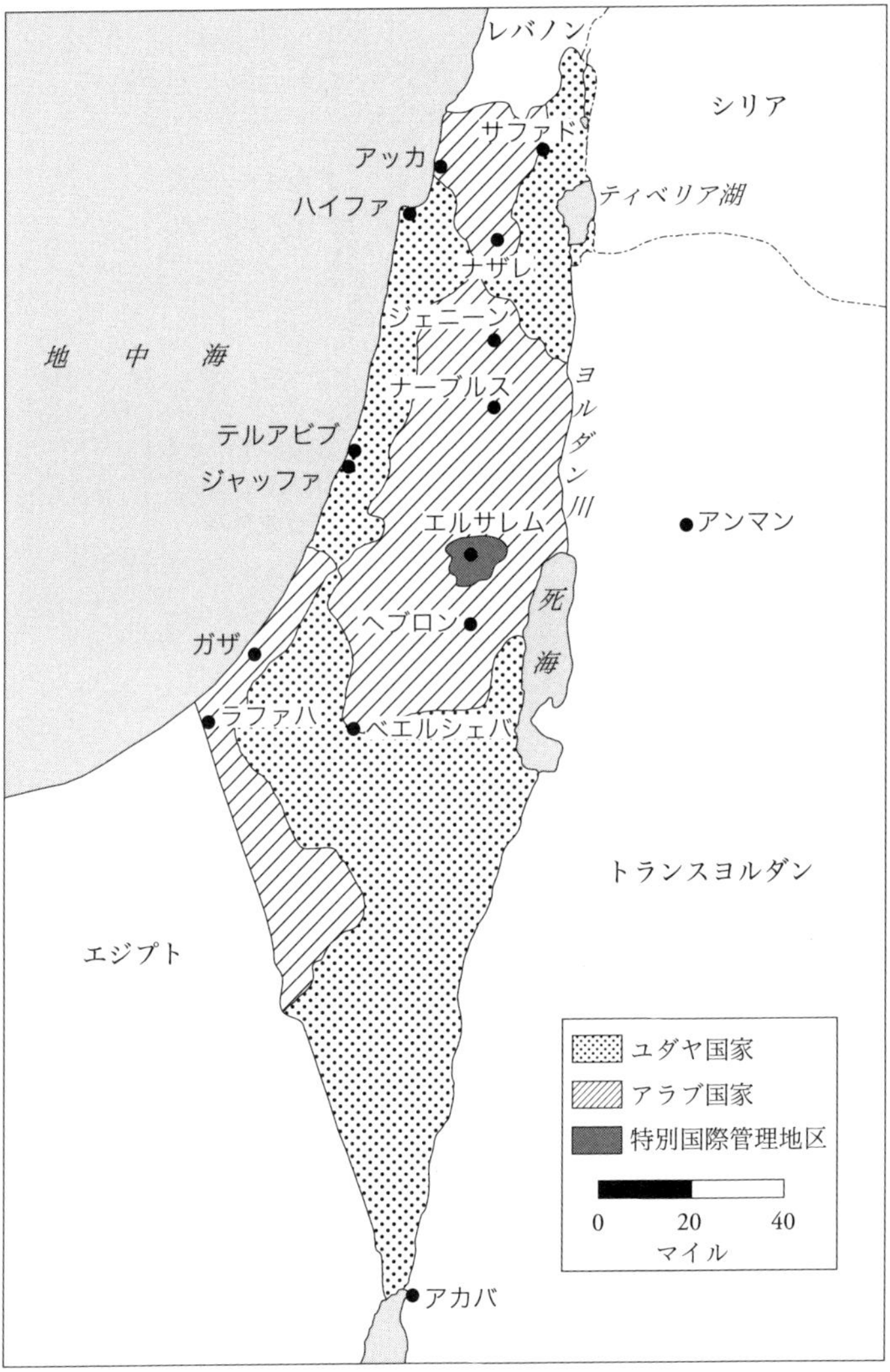

5　パレスチナ分割を決めた国連総会決議 181（1947 年 11 月 29 日）

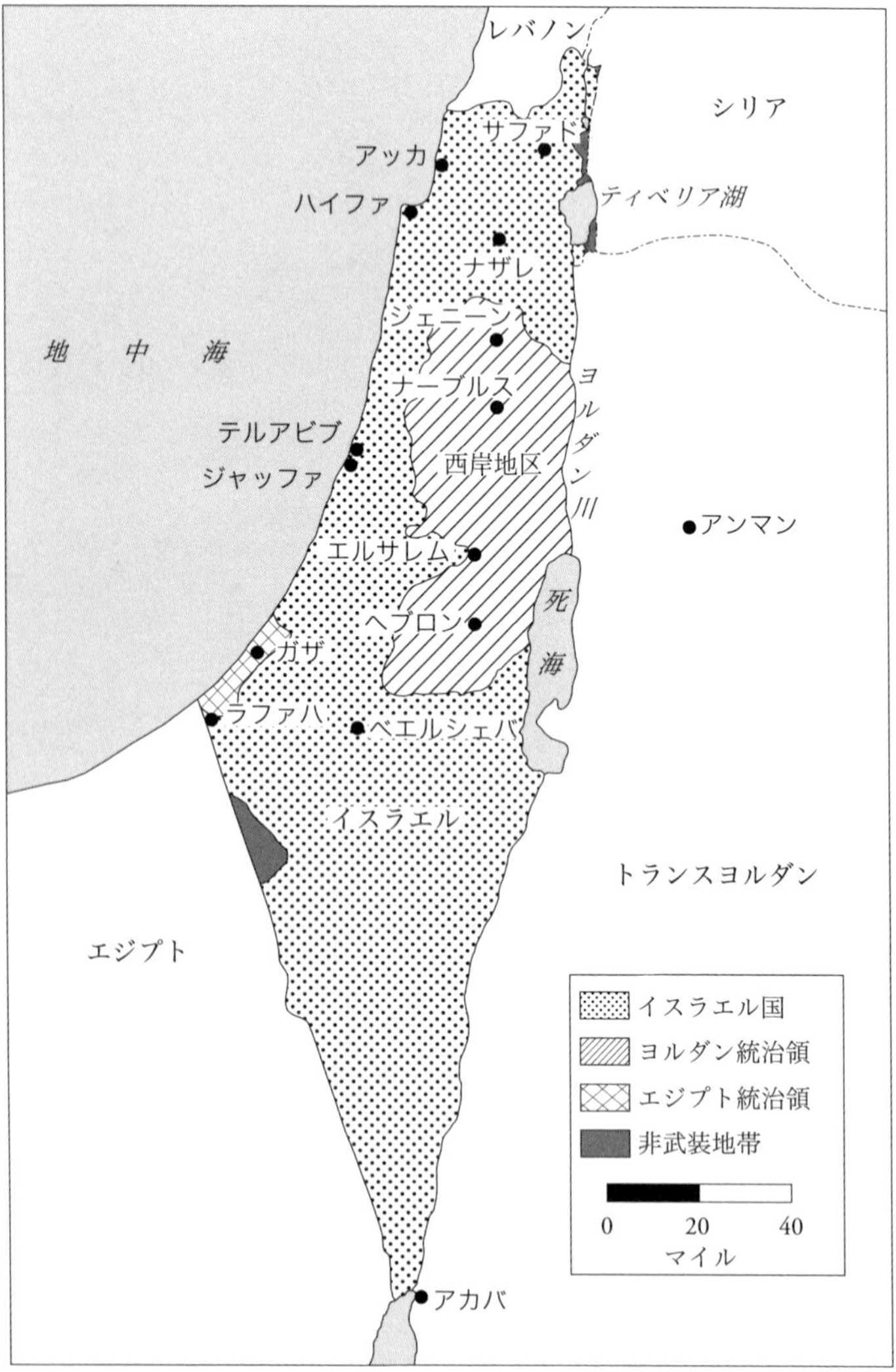
レバノン
シリア
サファド
アッカ
ハイファ
ティベリア湖
ナザレ
ジェニーン
地中海
ナーブルス
ヨルダン川
テルアビブ
ジャッファ
西岸地区
アンマン
エルサレム
死海
ヘブロン
ガザ
ラファハ
ベエルシェバ
イスラエル
トランスヨルダン
エジプト
イスラエル国
ヨルダン統治領
エジプト統治領
非武装地帯
0
20
40
マイル
アカバ

6　休戦合意（1949 年）

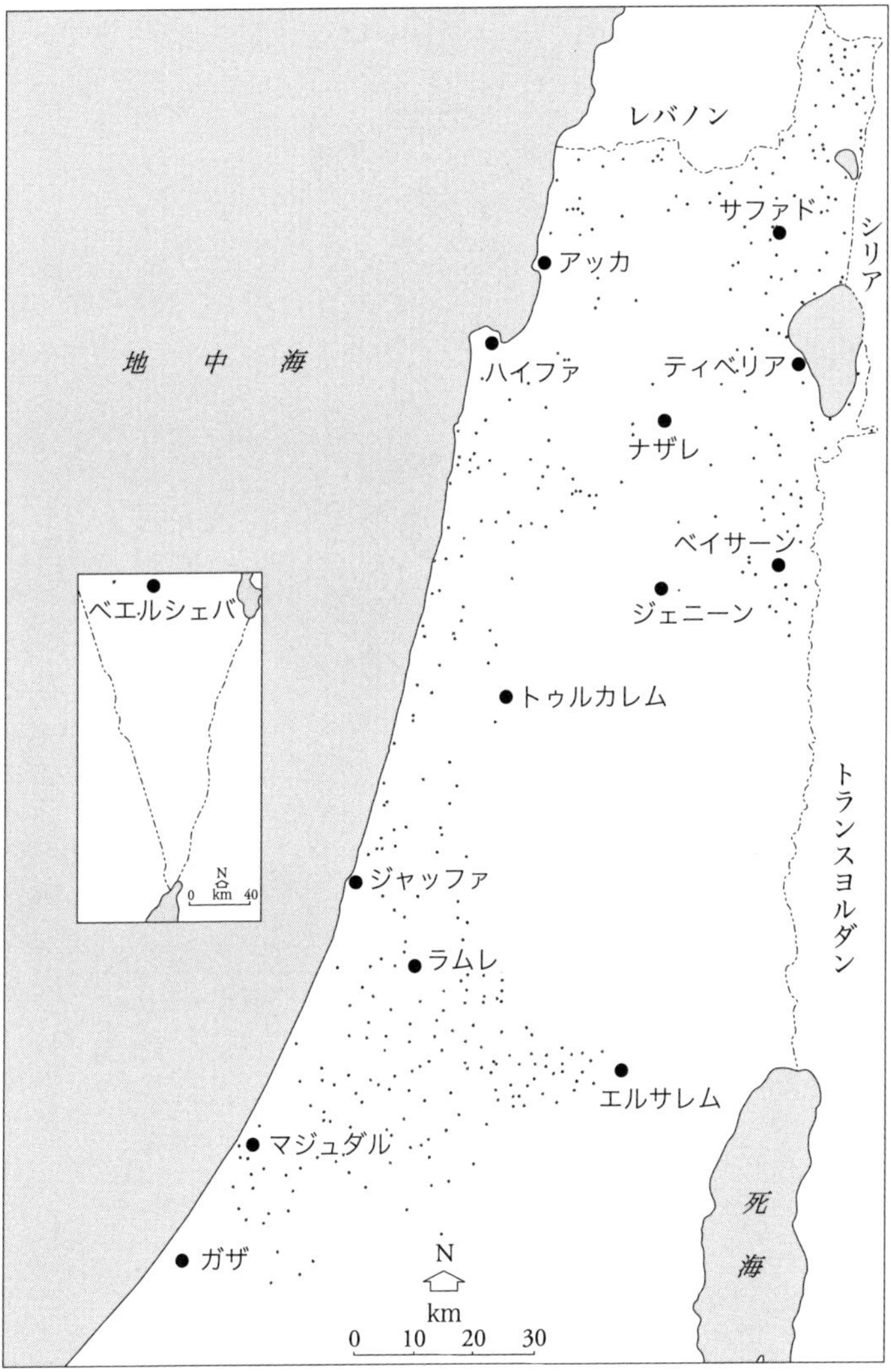

7　1947 ～ 1949 年に住民が追放されたパレスチナの村

関連年表

1878 年	パレスチナ初のシオニスト農業入植地（ペタハ・ティクヴァ）
1882 年	2 万 5000 人のユダヤ人移民が主に東欧からパレスチナへ入植開始
1891 年	ドイツ人のモーリス・ド・ヒルシュ男爵がユダヤ人のパレスチナ入植を支援するユダヤ人植民協会（JCA）をロンドンに設立
1896 年	オーストリア＝ハンガリー帝国のユダヤ人記者，テオドール・ヘルツルがユダヤ人国家建設を提唱する『ユダヤ人国家（*Der Judenstaat*）』を出版。ユダヤ人植民協会がパレスチナで活動開始
1897 年	シオニスト会議がパレスチナにユダヤ人の郷土建設の呼びかけ。社会主義シオニズムの提唱者ナフマン・スィルキンがパンフレットで「ユダヤ人のためにパレスチナを明け渡させるべき」と主張。スイスでの第 1 回世界シオニスト会議で世界シオニスト機構（WZO）を設立，「パレスチナにユダヤ人の郷土を」と訴える決議
1901 年	ユダヤ民族基金（JNF）設立，世界シオニスト機構のためにパレスチナで土地取得。もっぱらユダヤ人のみが使用
1904 年	ティベリア地区でシオニスト入植者とパレスチナ人農民が衝突
1904–14 年	4 万人のシオニスト移民がパレスチナに到着，ユダヤ人が総人口の 6% に〔第 2 次アリヤー〕
1905 年	イズレイル・ザングウィル〔イギリスの作家でシオニスト〕が，ユダヤ人はアラブ人を追い払うべきだ，さもないと「大規模な在留異邦人問題に関わるはめになる」と発言
1907 年	最初のキブツ建設
1909 年	ジャッファの北部にテルアビブ建設
1911 年	〔A. ルピンが〕シオニスト執行部宛の覚書で「一定人口の移送」に言及
1914 年	第一次世界大戦勃発
1917 年	バルフォア宣言でイギリスの外務大臣が「パレスチナにユダヤ人の民族的郷土建設を支持する」と確約。駐エルサレムのオスマン軍がイギリス人司令官アレンビーに降伏
1918 年	アレンビー率いる連合軍がパレスチナを占領。第一次世界大戦終結，オスマン帝国のパレスチナ支配終了
1919 年	エルサレムでの第 1 回パレスチナ・アラブ会議でバルフォア宣言を拒否し独立を要求。シオニスト評議会のハイム・ヴァイツマン〔議長，のちに世界シオニスト機構代表，初代イスラエル大統領〕

	がパリ講和会議で「イングランドがイギリス人のものであるようにパレスチナはユダヤ人のものであるべき」と主張。他の評議会メンバーは「できるだけ多くのアラブ人を国外移住するよう説得すべき」と発言。ウィンストン・チャーチル〔当時イギリスの戦争大臣〕が「パレスチナへと導かれることを確約され，自分たちの都合で地元住民が一掃されることを当然とみなしているユダヤ人がいる」と記す
1919–33 年	3 万 5000 人のシオニスト移民がパレスチナに到着し，ユダヤ人の人口比は 12% に，土地所有率は 3% に〔第 3 次アリヤー〕
1920 年	シオニストの地下軍事組織ハガナー創設。サン・レモ講和会議の最高理事会でパレスチナ統治がイギリスに委任される
1921 年	シオニストの大量移民に対してジャッファで抗議活動
1922 年	国際連盟理事会がイギリスによるパレスチナ委任統治を承認。パレスチナの人口調査で，ムスリム 78%，ユダヤ教徒 11%，キリスト教徒 9.6%，総人口 75 万 7182 人
1923 年	イギリス委任統治領パレスチナが公式に施行
1924–28 年	6 万 7000 人のシオニスト移民がパレスチナに到着（半数がポーランド出身），ユダヤ人の人口比は 16% に上昇，土地所有は 4% に〔第 4 次アリヤー〕
1925 年	パリでシオニズム修正主義政党が結党，パレスチナおよびトランスヨルダンにユダヤ人国家の建設を主張
1929 年	「嘆きの壁」に関する権利をめぐりパレスチナで暴動，主にイギリス植民地政府によって 133 人のユダヤ人と 116 人のアラブ人が殺害
1930 年	国際連盟が「嘆きの壁」に関するユダヤ人とアラブ人の法的地位を定めるための国際委員会を設立
1931 年	イルグン（エツェル）がアラブ人に対する軍事行動を強化するために創設される。人口調査で総人口 103 万人，ユダヤ人は 16.9%。イギリスのパレスチナ開発局長が「土地を失ったアラブ人」はシオニストの植民地化によるものと報告
1932 年	初の本格的パレスチナ人政党「イスティクラール（独立）党」結党
1935 年	シオニスト組織による武器の密輸がジャッファ港で発覚
1936 年	パレスチナ民族委員会が「代表なくして課税なし」と要求

1937年	ピール委員会がパレスチナを分割し，33%の土地をユダヤ人国家にと勧告。一部のパレスチナ住民を移送するとした。イギリス植民地政府がすべてのパレスチナの政治組織を解散，5人の指導者を追放，パレスチナ人の反乱者を裁く軍事法廷を設置
1938年	イルグンの爆撃で119人のパレスチナ人が死亡。パレスチナ人の爆撃と地雷で8人のユダヤ人が死亡。反乱を鎮圧するためにイギリスが増援部隊を派遣
1939年	修正主義シオニスト指導者のジャボチンスキーが「アラブ人はエレツ・イスラエルにユダヤ人のための場所を空けねばならない。〔ソ連が〕バルト三国の市民を移送できたのだから，パレスチナのアラブ人も移動させられるはずだ」と記す。イギリスの庶民院〔下院〕が，パレスチナの10年後の条件付き独立〔アラブ人とユダヤ人の統一国家として〕と，以後5年間にわたる年1万5000人のユダヤ人移民の受け入れを定めた「マクドナルド白書」を承認。第二次世界大戦勃発
1940年	パレスチナ人の土地をシオニストが取得するのを防ぐ土地移転規制を施行
1943年	〔移民受け入れを〕5年に限定していた1939年の「白書」を延長
1945年	第二次世界大戦終結
1947年	イギリスがパレスチナからの撤退を国際連合に通告。国連，パレスチナ特別委員会（UNSCOP）を任命。UNSCOP，パレスチナ分割を勧告。11.29 パレスチナ分割に関する国連決議181を可決。ユダヤ人によるパレスチナの先住アラブ人の大量追放始まる
1948年	1. アブドゥル＝カーディル・アル＝フサイニー，分割に抵抗する組織結成のため，10年の亡命を経てパレスチナに帰国。1.20 イギリス，各地の支配的な〔民族〕集団に土地を譲り渡す計画を立てる。2. ユダヤ人とアラブ人の戦争開始。2.18 ハガナーが徴兵を布告し，25～35歳の男女を召集。2.24 米国連大使，安保理事会の役割は分割の実施よりも平和維持であると表明。3.6 ハガナー，兵士の動員を布告。3.10 パレスチナの民族浄化計画であるダレット計画の仕上げ。3.18 米トルーマン大統領，シオニストの大義への支持を確約。3.19–20 アラブ指導部が，国連安保理提案のとおり，分割ではなく停戦および限定的な信託統治の受諾を決定。ユダヤ人側は停戦を拒否。3.30–5.15 ハガナーが沿岸

	部「浄化」作戦を実行，ハイファ―ジャッファ間の沿岸部のパレスチナ人を追放。4.1 チェコからはじめての武器がハガナーに届く。ライフル4500丁，軽量マシンガン200丁，銃弾500万発など。4.4 ハガナーがダレット計画に着手。テルアビブ―エルサレム間の道路沿いの村を占領，住民を追放。4.9 デイル・ヤースィーン村の虐殺。4.17 国連安保理で停戦を求める決議。4.20 アメリカがパレスチナ信託統治案を国連に提出。4.22 ハイファでパレスチナ住民の浄化。4.26–30 ハガナーが東エルサレムを攻略，同地区はイギリスの支配下へ。ハガナー，西エルサレムを占領しパレスチナ人を追放。5.3 17万5000～25万人のパレスチナ人が故郷を追われたとの報告。5.12–14 チェコの武器がハガナーに届く。5.13 アラブ軍団，ユダヤ軍に対する報復としてユダヤ人居住地を攻撃。ジャッファがハガナーに降伏。5.14 イスラエルが国家独立を宣言，イギリスの委任統治終了。米トルーマン大統領，イスラエル国家を承認。5.20 ベルナドッテ伯〔スウェーデンの外交官〕，国連パレスチナ調停官に任命。5.22 国連安保理，停戦要求の決議。6.11–7.8 第1回停戦。7.8–18 戦闘再開，イスラエル国防軍（IDF）がリッダとラムレを占拠。7.17 IDFがエルサレム旧市街を攻撃，占拠には至らず。7.18–10.15 第2回停戦も，IDFが複数の村を占拠して停戦破棄。9.17 ユダヤ人テロリストが国連調停者ベルナドッテ伯をエルサレムで暗殺。後任はラルフ・バンチ〔アメリカの政治学者〕。10.29–31 ヒラム作戦でパレスチナ人数千人が追放。11.4 国連安保理，即時停戦と軍の撤退を求める。国連，パレスチナ人難民の帰還に関する決議194を可決。イスラエルはパレスチナ人の帰還を阻止。11月–1949年 IDF，国境に近いレバノン領の村落から住民の追放を開始
1949年	2.24 イスラエルとエジプト停戦。2月末 IDF，ファルージャ地区〔ガザの北部〕から2000～3000人の住民を追放。3.23 イスラエルとレバノン停戦。4.3 イスラエルとヨルダン停戦。7.20 イスラエルとシリア停戦